作者简介

杨天勇，男，1966 年出生，贵州遵义人，贵州警察学院法律系教授，长期从事法律文书学、法律语言学、司法笔录学等课程的教学工作，长期从事法律写作、法律语言及相关领域的学术研究。出版专著一部，主持完成省级社科规划课题项目 1 项，完成省级调研课题 2 项，主持完成“一带一路”公安院校合作项目 1 项，主持完成校级课题 4 项，完成校级教学改革项目 2 项，在省级学术期刊上发表学术论文 40 余篇，在省部级学术论文评选中获一等奖 1 项、二等奖 2 项、三等奖 2 项。教学课件获得第十六届全国多媒体教育软件大奖赛高等教育课件二等奖。因工作出色，三次荣立三等功。

任晓宏，女，1985 年出生，贵州省石阡县人，法学硕士，贵州警察学院法律系讲师，长期从事法律文书写作课程教学和研究。

普通高等学校应用型教材 法学

法律文书写作实训教程

杨天勇　任晓宏　编著

中国人民大学出版社
·北京·

序

美国大法官霍姆斯指出，法律的生命不在于逻辑而在于经验。法律文书写作能力的培养和提升，必经法律情境中文书写作的反复实训。市面上法律文书写作训练一类的教材很多，《法律文书写作实训教程》一书的特别之处在于：一是在项目编排上，依案件性质、案件处理的流程编排，突破了传统的按制作主体编排的习惯。这样编排的好处是，学生思维集中，一以贯之。二是在实训的设计上，有实例阅读训练，有法律思维训练，有语病修改和语感提升训练，有文体写作训练。既有单项训练，又有综合训练。始终围绕着文书写作技能这个主线，开展可谓“立体性、全方位”的训练。这在法律文书写作训练上具有开拓性意义。三是在实例选择上，以“新、精、典”为原则，选择新近案例、典型性案例、能举一反三的实例。学生通过对规范的实例的学习，掌握法律文书写作的基本要求，学而有样；通过对新近的文书的学习，了解当前法律文书的现状；通过对有问题的文书进行判断与修改，明确法律文书容易出错的地方，从而加以注意，并提升自己对文书整体的把控能力。阅读本教材时我发现作者注意吸收各家之长，既注意法律文书写作理论的铺垫和学科的交叉，又注意跟进法律职业发展中的新问题。同时，本教材是作者二十多年的法律文书写作教学经验的总结，难能可贵。

《法律文书写作实训教程》一书秉承了学以致用、学用结合、活学活用的“实学”思想，强调理论联系实际、脚踏实地，注重实效，以社会主义核心价值体系为基础，贯彻习近平法治思想，引导学生从国家法治建设的角度、社会和谐的高度来处理法律问题。

作为法学教学改革的尝试，《法律文书写作实训教程》一书在以下几方面做了可喜的探索：

一是在突出强化职业能力的培养与训练方面进行了探索。本教材把文书写作训练放在真实的法律职业情境中进行，在分析实例的逻辑结构、对事实的叙写方法、对理由的论证方法之后进行真实的写作体验，有助于学生法律职业综合能力的提高。

二是在充分尊重学生、以学生为主体的基础上，进行了自主性与能动性学习方面的探索。本教材中布置了大量的课后活动，有写作要求，有方法指导，有方向提示，既有利于提高学生参与的兴趣，又有利于学生自主学习，独立自主地组织实训。

三是本教材要求学生把完成作业与反思相结合，对符合写作规律和教育规律的教学方法进行有力的探索，有利于学生技能的提升和自信心的树立。

四是在案例讨论中，在训练学生法律思维的同时对课程的内容、方式进行了探索。本教材中的案例均为现实生活中发生过的经典案例，为我们展现了社会中纷繁复杂的矛盾冲突，对法科学生熟知民情、国情，了解与正视社会现实深有启发，使学生在案例分析、讨论中感受到匡扶正义、扶危济困的强烈的社会责任感与使命感。

基于以上所述，我认为，《法律文书写作实训教程》在培养学生法律职业知行统一方面能够起到良好的作用，对于实现应用型、复合型、创新型卓越法律人才的培养目标，是一种比较好的教学方法上的尝试和教学内容上的开拓。

中国法学会法律文书学研究会会长、中国政法大学教授

马宏俊

编写说明

一

文书，指的是一种记录信息、表达意图的文字材料。法律文书，是在处理法律事务或解决法律问题过程中形成的有目的、相对完整的文字材料。显然，法律文书是法律活动的文字载体，既记录了法律活动的过程，又记录了法律活动的结果，还反映了法律工作者的素质，对于法律工作者来说，还是一个非常重要的工具。法律文书写作课程具有较强的综合性与实践性，在支撑法学专业培养目标，帮助学生整合法学知识，解决复杂实务问题等法律职业能力培养方面起着非常重要的作用。因此，各高等院校法学专业均开设了法律文书写作课程。

教材是教学的蓝本。传统法律文书写作的教材，通常是以依制作主体分类编排内容为体例，总论部分一律是讲法律文书的基本要素、写作原则和要求，文体部分常规讲文书概念、文书结构内容和写作要求，几十年不变。所以，传统的法律文书写作课程是“以格式为中心”的教学，重视法律文书的文本结构、要素、基本要求等内容，忽视了法律文书文本形成过程训练，也就是学生的写作能力没有形成，造成教学与实践需要严重脱节。有人说，造成这种现象的原因是中国没有写作学学科。因为缺乏写作学理论支撑，所以所有写作课程都是这样，文学写作、公文写作课程是这样，法律文书写作课程也是这样。

法律文书写作课程开设的目的是培养学生的实际写作技能，然而实际上的教学不能培养能力，教学目标落空。这就是目前该课程存在的最大问题。为了解决法律文书写作课程的痛点问题，我们一直苦苦思考，上下求索。2004 年，我们编写了《法律文书格式与实例》，希望学生多阅读案例、增加训练，形成能力；2009 年，我们探索理论教学与项目训练相结合的模式；2013 年把项目训练的内容，换成现实中真实的案例，试行“卷宗”式教学模式。这是因为，缺乏从内化到外化的写作理论指导，蜻蜓点水式的实践训练，难以满足社会对法治人才的要求。

2019 年，为了响应教育部“教学革命”和课程思政的号召，我们经过理性思考，以及多次、反复的研讨，总结前期教学改革探索的经验，制定了课程建设方案。我们的指导思想是：一要全面贯彻“以学生为中心”的教育理念，重视学生发展、学习方法、学习产出。二要坚持“法治中国”的国家战略，贯彻价值引领、品格塑造的课程思政理念。在教学中融入习近平法治思想，践行“德法兼修”，培养学生的法治视野。三要坚持新文科建设原则，融入社会主义先进文化。

为此，我们重构教学内容，重新设计教学模式和教学过程。一是采用 OBE 成果导向理念，推进学生自主学习、小组合作学习、小组探究式学习。为此，我们提出模块化、项目化、三段六环节任务驱动的教学模式，持续改进，不断完善。二是借鉴布鲁姆教育目标分类法，构建学会知道、学会去做、学会发展的分层学习目标和评价体系，强调记忆事实性知识、理解概念性知识、应用程序性知识，推行反思复盘学习过程，提高元认知能力。三是借鉴费曼学习法，在教师指导、启发下，让学生在讲述知识、演示案例、讨论案例、文书训练中，构建知识，培养法律思维，在学习成果的自评、互评中提升高阶能力，在实现课程目标的同时，实现专业人才培养的目标。四是在课程内容与资源建设方面，设计了刑事法律文书、民事法律文书、行政法律文书、非诉讼法律文书这四大学习模块，在模块下，设计实训项目。教师在教学中可以根据课时安排和实践需要选用项目。在实训项目下，设计具体学习任务，包括：写作原理学习、实例分析、语言表达与修辞训练、法律思维训练和文体写作训练。

本书四大学习模块的22个实训项目、近60个文书实例、近50个法律思维案例、22个真实的文书写作情景，正是我们教学改革的成果。

二

撰写一篇法律文书最能体现作者的素质与能力，最突出的是两个方面：一是案件事实的认知与表达，二是依案说理。自然，案件事实的认知与表达和依案说理就是法律文书写作教学的重点和难点。

（1）案件事实的认知与表达。

案件事实即法律事实，就是法律规定的能够引起法律关系产生、变更和消灭的现象。法律事实是要用证据证明成立的事实，证据是事情在过去某个事件发生后留下来的痕迹。证据要相互印证，形成闭合的链条才能证明事实成立。所以，能站在国家战略高度、社会和谐的高度、处理社会问题的高度，从众多案件材料中萃取证据，说明某一法律事实成立，是法科学生的重要技能。法律文书写作课程重在培养学生的语言表达能力，前提是要培养学生善于鉴别、整理制作法律文书的基础材料的能力。

（2）依案说理。

《最高人民法院关于加强和规范裁判文书释法说理的指导意见》中指出："裁判文书释法说理的目的是通过阐明裁判结论的形成过程和正当性理由，提高裁判的可接受性，实现法律效果和社会效果的有机统一；其主要价值体现在增强裁判行为公正度、透明度，规范审判权行使，提升司法公信力和司法权威，发挥裁判的定分止争和价值引领作用，弘扬社会主义核心价值观，努力让人民群众在每一个司法案件中感受到公平正义，切实维护诉讼当事人合法权益，促进社会和谐稳定"。该指导意见站在法治国家和法治社会的高度阐明了裁判文书释法说理的价值。有人作过这样的描述：如果说裁判文书样式是裁判的骨架，语言运用是其血肉，那么说理就是其灵魂。这里所说的是说理在裁判文书中的地位和作用。裁判文书是法律文书中最具代表性的文书，也是法科学生必须要掌握的文体。

我们通常把法律文书中的"说理"分成事理、法理、情理三个类型。事理是事物的道理，万事万物都有它存在、运行、消亡的道理。事理只有在法理中才有意义。同样，情理也只有在法理内，或者说在法的尺度范围中说情，才有意义。对法科学生的要求不是懂这些道理就行，而是要能恰当地表达出来。

我们想说的是，叙事与说理的背后是法律思维。剪裁、折叠、重构案件事实，只不过是一种技巧，关键是我们站在什么立场上去剪裁、折叠、重构案件事实。制作者在写作法律文书时有没有切实维护诉讼当事人的合法权益，心中想到的是不是促进社会和谐稳定？我们要教会学生在主流价值观下去阐明事理、释明法理、讲明情理，合理运用说理技巧，增强说理效果，让当事人感觉到公平公正。这才是社会主义新时代法律工作所追求的价值观。

三

法律文书是文章的一种，学习文章写作，技巧就是不断练习。但是，我们认为，要学会写作一篇符合要求的法律文书（前提是具备基本法学理论、基本实体法和基本程序法知识），应该要有三个阶段：第一阶段是模仿，第二阶段是情境练习，第三阶段是修改提高。

（一）模仿

一切学习都从模仿开始。法律文书写作模仿的前提是分析范文，即要认真学习法律文书实例。

（1）分析实例的逻辑结构。

以刑事自诉状为例：一般刑事自诉状的目的，都是要让对方受到刑事处罚并赔偿自己的损失。要达到这个目的，就要说明对方的行为是犯罪行为并对自己造成了损害。要说明对方的行为是犯罪行为并对自己造成了损害，就要在列举事实并证明这个事实成立的情况下，分析论证这个行为是符合某法律条文内容的。

我们学习实例，就是要分析实例中以上环节是否齐全，每个环节是如何写作的，是否能实现其目的，对我们写作类似文书有什么启发。

（2）分析实例中事实的叙写方法。

任何案件的处理都离不开案件事实，案件事实要能反映案件经过。案件事实，首先是法律事实。法律事实是要用证据证明成立的事实。

案件事实，最终以文本为载体存在。事实是用语言陈述出来的。法律事实要用证据证明，证据要形成链条。在农业社会，房里有声音时能确定房内有人，在工业化社会还能这样认定吗？所以，证据与事实的认定也是随着时代发展的。1994 年湖北佘祥林杀妻冤案、1998 年河南赵作海杀人案等都说明，证据链条有瑕疵，不能找到问题所在就草草处理案件，必然导致冤假错案。

学习实例，就是要分析实例中案件事实的要素是如何确立的、如何表述的、证据链条是否严密。

（3）分析实例中理由的论证方法。

案件中的理由，包括两大方面的内容：一是认定事实的理由，证明认定的案情事实是确凿无疑的；二是适用法律的理由，证明对案件的处理决定是合情、合理、合法的。

《最高人民法院关于加强和规范裁判文书释法说理的指导意见》中指出："裁判文书释法说理的目的是通过阐明裁判结论的形成过程和正当性理由，提高裁判的可接受性，实现法律效果和社会效果的有机统一；其主要价值体现在增强裁判行为公正度、透明度，规范审判权行使，提升司法公信力和司法权威，发挥裁判的定分止争和价值引领作用，弘扬社会主义核心价值观，努力让人民群众在每一个司法案件中感受到公平正义，切实维护诉讼当事人合法权益，促进社会和谐稳定。"

分析实例中的理由，应着重分析：

一是事理，即认定的案件事实及其根据和理由。对此，分析实例是如何做到案件事实认定的

客观性、公正性和准确性，

二是法理，即分析实例是如何围绕证据的关联性、合法性和真实性进行全面、客观、公正的审查判断的，如何对法律适用进行说理的，说理的推理过程是怎样的。

三是情理。实例中如有情理，要分析文书是如何说出情理的、情理与法理是否协调、这种说法是否符合社会主义核心价值观。

四是文理，即分析实例语言的规范、准确、逻辑情况，分析实例是如何增强说理效果的。

（二）情境练习

所谓情境练习，就是在真实的案例情境中去做法律文书写作练习。

在真实的案例情境中，法律文书制作者往往要亲自提炼事实，亲自寻找法律法规，亲自查询相关案例，亲自确定文书主旨，亲自设计文书提纲等。但是，做好这一切的前提是要具备一定的法律思维能力。如何在纷繁复杂的事实信息中提炼出符合法律规范的事实来，如何在面对纷繁复杂的事实信息和众多相应法律法规时确立己方观点、实现己方目的等问题背后支持我们的就是法律思维。所以，我们认为，在学习法律文书写作的同时，应当进行法律思维的训练。

（1）法律思维训练

对于法律思维，今天依然是众说不一，没有统一的说法。但有一些基本规则是得到一致认同的，最基本的规则是：凡事讲规则、凡事讲权利、凡事讲程序、凡事讲终局、凡事讲预期、凡事讲权威等。

比如，我们普通人解决纠纷的标准，可能是道德、习俗，但是法律人用的是“权利思维”，即把问题转化成权利，再根据权利情况进行处理。

例如，在美国，堕胎一直是道德上和政治上争议不断的问题。自由派，特别是女性主义者，主张女性的自由、自主，支持堕胎。保守派，特别是基督教团体，却认为堕胎是邪恶的，是杀人，应该被禁止。问：面对堕胎问题，在法律中作相应规定，你认为应当怎么做？

根据法律人解决问题的方法，首先是把“主张女性自由”这个观点转化成法律权利，其实就是女性的身体隐私权；再把“堕胎就是杀人”这个观点转化成法律权利，其实就是胎儿的生命权。这样就找到解决问题之道：在怀孕的前三个月，女性和她的医生具有完全自主的堕胎权利，政府不得干涉；在孕中三个月，政府可以以保护孕妇健康为理由管制堕胎，比如说只允许具有执业资格的医生来做手术；在最后三个月，胎儿已经成型，政府可以管制，甚至禁止堕胎。

法律思维训练，其实就是将上述类似的案件拿来给学生讨论，在讨论中联系法学原理和法律规则，慢慢地形成思维习惯，这种思维习惯就是法律思维。

（2）文书实训

技能的形成，一定需要长期实践。社会百工，师傅带徒弟，一般要三年。法律文书写作技能的形成，也需要一定时间的实践和训练。

本书的训练分四个模块：刑事法律文书、民事法律文书、行政法律文书和非诉讼法律文书。前面三个模块主要是诉讼文书训练，有 20 个项目，最后一个模块有 2 个非诉讼文书训练项目，加起来共有 22 个训练项目。文书项目的选择，具有典型性、常用性、重复性特点，属于叙议式法律文书，都是比较难写的文书，写好一种，能起到举一反三的效果。

当然，法律文书写作是一种综合性活动，是法律知识、写作知识与社会知识等多方面知识的体现，同时还能反映出一个人的价值观。所以，要写出一份符合法律规范、具有强大说服力和社会公信力的法律文书，文书写作者只有法学知识还远远不够。

为此，我们设计了两个训练环节：一是文书写作后的经验交流，二是文书写作后的反思总结。

文书写作后的经验交流环节，旨在于交流写作体会的同时，了解别人对同一问题的看法，发现人与人思维的不同。

文书写作后的反思总结环节，重在于反思总结中了解自己、发现不足、总结经验，在反思中总结出属于自己的写作经验，建立信心。

(三) 修改提高

人们常说，好文章是改出来的。所谓“诗文不厌改，佳作出苦心”是也。

当年，曹雪芹写《红楼梦》时，是在“悼红轩”中对原稿“披阅十载”“增删五次”后才定稿的。

托尔斯泰《战争与和平》的写作时间达五年之久，在这五年里，他重写八遍，誊抄了七遍。高尔基说：“托尔斯泰把本书的校样看到七次之多，而且每次都是改得差不多等于完全重写。”

巴金也曾经明确而坚定地表示：“我愿意做一个‘写到死，改到死’的作家。”

无数有成就的写作者的创作实践都证明，好文章是改出来的。

因此，我们在实训中设计了修改的环节。

一是病句修改。在修改别人的病句的过程中建立自己的文书语感。

二是语感提升训练。这个训练是给一段不规范或语句形式不美或者修辞有问题的文稿，让学生修改，目的在于让学生在修改别人的文稿的过程中提升自己的表达能力。

三是学生习作修改。在要求学生反复修改自己习作的同时，鼓励学生之间进行一对一的习作修改，并写出修改意见。

四

需要说明：一是，实例中涉及有关法律条文和有关叙述不通顺的地方，本着尊重历史、尊重现实的态度，保留其真实性，没作改动，请读者注意鉴别。二是，书中引用和使用材料的出处，因为叙述原因，未能一一指出，请原作者原谅。书中部分内容采二维码形式，请读者扫码获取。

由于时间仓促，加上水平有限，书中难免有错漏，敬请指正，谢谢。

作　者

2022年5月于贵阳

目 录

模块一 刑事法律文书

模块二 民事法律文书

模块三　行政法律文书

模块四 非诉讼法律文书

模块一

刑事法律文书

项目1　提请批准逮捕书

一、实训目的

（1）通过实训，认知和记忆提请批准逮捕书的法律依据与适用条件。

（2）理解提请批准逮捕书的基本结构、格式和写作要求。

（3）能根据案情，运用法律法规知识制作一份合格的提请批准逮捕书，在实训中培养分析问题的能力、语言运用能力，为今后从事相关法律实务工作奠定坚实的基础。

二、实训原理

（一）概念及作用

提请批准逮捕书是公安机关对有证据证明存在犯罪事实且有逮捕必要的犯罪嫌疑人，提请同级人民检察院批准逮捕时制作的一种文书。它是公安机关提请逮捕犯罪嫌疑人的法律依据，也是人民检察院审查批准逮捕犯罪嫌疑人的依据和基础。这样可以有效防止错捕错押，保护公民合法权益不受侵犯，提高办案质量。侦查终结后，该文书存入诉讼卷。

（二）法律依据与适用条件

《刑事诉讼法》

第80条　逮捕犯罪嫌疑人、被告人，必须经过人民检察院批准或者人民法院决定，由公安机关执行。

第81条　对有证据证明有犯罪事实，可能判处徒刑以上刑罚的犯罪嫌疑人、被告人，采取取保候审尚不足以防止发生下列社会危险性的，应当予以逮捕：

（一）可能实施新的犯罪的；

（二）有危害国家安全、公共安全或者社会秩序的现实危险的；

（三）可能毁灭、伪造证据，干扰证人作证或者串供的；

（四）可能对被害人、举报人、控告人实施打击报复的；

（五）企图自杀或者逃跑的。

批准或者决定逮捕，应当将犯罪嫌疑人、被告人涉嫌犯罪的性质、情节，认罪认罚等情况，作为是否可能发生社会危险性的考虑因素。

对有证据证明有犯罪事实，可能判处十年有期徒刑以上刑罚的，或者有证据证明有犯罪事实，可能判处徒刑以上刑罚，曾经故意犯罪或者身份不明的，应当予以逮捕。

被取保候审、监视居住的犯罪嫌疑人、被告人违反取保候审、监视居住规定，情节严重的，可以予以逮捕。

第87条　公安机关要求逮捕犯罪嫌疑人的时候，应当写出提请批准逮捕书，连同案卷材料、证据，一并移送同级人民检察院审查批准。必要的时候，人民检察院可以派人参加公安机关对于重大案件的讨论。

《最高人民法院关于适用〈中华人民共和国刑事诉讼法〉的解释》

第169条　被逮捕的被告人具有下列情形之一的，人民法院可以变更强制措施：

（一）患有严重疾病、生活不能自理的；

（二）怀孕或者正在哺乳自己婴儿的；

（三）系生活不能自理的人的唯一扶养人。

根据《全国人民代表大会和地方各级人民代表大会代表法》的规定，县级以上的各级人民代表大会代表，非经本级人民代表大会主席团许可，在本级人民代表大会闭会期间，非经本级人民代表大会常务委员会许可，不受逮捕或者刑事审判。

（三）结构内容与制作方法

提请批准逮捕书是叙述型文书，由首部、正文、尾部组成。

第一部分为首部，包括标题、发文字号、犯罪嫌疑人基本情况和因本案被采取强制措施的情况。

（1）标题、发文字号。

标题由发文机关和文种构成，成两行式；发文字号其中的代字为“×公刑提捕字”。

（2）犯罪嫌疑人基本情况。

1）犯罪嫌疑人身份情况。依次写明犯罪嫌疑人的姓名（曾用名、别名、绰号）、性别、出生日期、出生地、身份证件种类及号码、民族、文化程度、单位及职业、居住地（包括户籍所在地、经常居住地、暂住地）、政治面貌。其中政治面貌要写明是不是人大代表、政协委员，是哪一级、哪一届的代表或委员。

2）违法犯罪经历。写明犯罪嫌疑人接受刑事处罚、治安处罚的情况，于何时、因何原因被何机关给予何种处罚。

（3）因本案被采取强制措施的情况。

写明何时被采取何种强制措施，主要写清被拘留的时间和被关押的处所。

对共同犯罪的案件，一案需要同时逮捕多个犯罪嫌疑人时，对犯罪嫌疑人的基本情况应根据其在共同犯罪中的地位和作用，按首要分子、主犯、从犯、胁从犯的顺序依次写明。

第二部分为正文。正文是提请批准逮捕书制作的重点，由案件办理情况、犯罪事实、证据、理由和法律依据四部分构成。

（1）案件办理情况。

这包括四个要点：案件性质、案源、立案时间和犯罪嫌疑人归案时间。具体表述为：“犯罪嫌疑人×××涉嫌××一案，由×××举报（控告、移交）至我局，我局于××××年××月××日立案侦查，已于××××年××月××日将犯罪嫌疑人抓获归案。”

这段固定用语独立成段，其中案源部分写明是由公民举报、当事人控告，还是上级交办、其他部门移交或公安机关在工作中发现。

（2）犯罪事实。

叙写犯罪事实用固定用语“经依法侦查查明”开头。对犯罪事实的叙述要注意把犯罪构成要件的情节反映出来，写清犯罪的时间、地点、动机、目的、手段、经过和危害结果等。对一人犯数罪或一罪包括数个犯罪行为的，经调查只获取其中一罪或一罪中一两个犯罪行为证据材料的，只需把查证清楚的犯罪事实写入提请批准逮捕书中，满足“有证据证明有犯罪事实存在”的条件即可。对有待于查清、证据不足的犯罪事实可以暂不写人。对共同犯罪的，既要写清共同犯罪的事实，又要写清各自在犯罪活动中的地位、作用及应负的罪责。

在叙写完已有证据证明的犯罪事实之后，根据制作条件的要求还要说明可能判处徒刑以上刑罚和有逮捕必要的事实。主要写明犯罪嫌疑人行为的情节恶劣程度，后果的严重性，有继续危害社会可能性，毁灭罪证或畏罪潜逃等有逮捕必要的事实。

（3）证据。

另起一段，开头用固定用语“认定上述事实的证据如下”，接着写明认定上述事实的各种相关证据。

（4）理由和法律依据。

1）概述罪状。开头用固定用语“综上所述”领起下文，接着用一句话根据犯罪构成概述认定的犯罪事实，写明犯罪嫌疑人的犯罪性质、行为特征及危害程度。

2）法律依据。针对上述犯罪事实，引用追究刑事责任的法律依据，即犯罪嫌疑人的行为已触犯《刑法》的具体条款、涉嫌何种罪名。最后引用移送提请批准逮捕的法律依据，即《刑事诉讼法》第80条、第81条。

第三部分为尾部，包括致送机关、成文日期并加盖公安局局长印和公安局印章。附项要写明移送案卷的卷数、页数以及犯罪嫌疑人的羁押处所。

（四）格式

×××公安局

提请批准逮捕书

×公刑提捕字〔××××〕××号

犯罪嫌疑人×××……［犯罪嫌疑人姓名（别名、曾用名、绰号等），性别，出生日期，出生地，身份证件种类及号码，民族，文化程度，职业或工作单位及职务，居住地（包括户籍所在地、经常居住地、暂住地），政治面貌（如是人大代表、政协委员，一并写明具体级、届代表、委员），违法犯罪经历以及因本案被采取强制措施的情况（时间、种类及执行场所）。案件有多名犯罪嫌疑人的，应逐一写明］

辩护律师×××……（如有辩护律师，写明其姓名，所在律师事务所或者法律援助机构名称，律师执业证编号）

犯罪嫌疑人涉嫌×××（罪名）一案，由×××举报（控告、移送）至我局（写明案由和案件来源，具体为单位或者公民举报、控告、上级交办、有关部门移送、本局其他部门移交以及工作中发现等）。（简要写明案件侦查过程中的各个法律程序开始的时间，如接受案件、立案的时间。具体写明犯罪嫌疑人归案情况）

经依法侦查查明：……（应当根据具体案件情况，详细叙述经侦查认定的犯罪事实，并说明应当逮捕的理由）

（对于只有一个犯罪嫌疑人的案件，犯罪嫌疑人实施多次犯罪的犯罪事实应逐一列举；同时触犯数个罪名的犯罪嫌疑人的犯罪事实应该按照主次顺序分别列举；对于共同犯罪的案件，写明犯罪嫌疑人的共同犯罪事实及各自在共同犯罪中的地位和作用后，按照犯罪嫌疑人的主次顺序，分别叙述各个犯罪嫌疑人的单独犯罪事实。）

认定上述事实的证据如下：

…………（分列相关证据，并说明证据与犯罪事实的关系）

综上所述，犯罪嫌疑人×××……（根据犯罪构成简要说明罪状），其行为已触犯《中华人民共和国刑法》第××条之规定，涉嫌×××罪，符合逮捕条件。依照《中华人民共和国刑事诉讼法》第八十条、第八十七条之规定，特提请批准逮捕。

此致

×××人民检察院

局长（印）
公安局（印）
××××年××月××日

附：本案卷宗×卷××页

（五）使用说明

（1）提请批准逮捕书要依据县级以上公安机关已经批准的呈请逮捕报告书制作，一经批准应立即填发逮捕证，执行逮捕。在逮捕犯罪嫌疑人后应填写逮捕通知书，把逮捕的原因、羁押处所在 24 小时以内通知被逮捕人家属或他所在的单位。

（2）提请批准逮捕书一案一份，当一案有多个犯罪嫌疑人，需要提请批准逮捕数名犯罪嫌疑人时，可以合写一份提请批准逮捕书。

（3）提请批准逮捕书一式三份，一份由办案部门留存，其余两份连同案卷材料、证据，一并移送同级人民检察院批准审查。同级人民检察院批准逮捕或者不批准逮捕，都应将一份提请批准逮捕书和决定书连同案卷材料、相关证据退回公安机关。

三、实训任务

任务 1：原理学习

任务要求：认真学习实训原理，并思考：怎么在 10～15 分钟内给同伴讲清楚提请批准逮捕书的写作要领？（建议制作 PPT）

任务 2：实例学习

任务要求：

（1）认真阅读分析下列实例，分析实例的写作目的、逻辑结构及其表述特点或问题。

（2）任选一实例，把实例分析的成果制作成 PPT，并向小组同伴讲述，讲述不清时返回再分析、再修改，如此循环，直至讲清楚为止。

（3）小组长要认真组织和记录小组的学习活动。

【实例1】

××市公安局
提请批准逮捕书

×公刑提捕字〔20××〕51号

犯罪嫌疑人吴××，男，19××年××月××日生，××省××市人，身份证号码××××××××××××××××××××，汉族，大专文化，家住××省××市××路双××—×××号，现暂住××市××区×庄×××号×××室。

犯罪嫌疑人吴××因盗窃罪于19××年5月7日被××市××区人民法院判处有期徒刑七年，20××年2月5日刑满释放。20××年6月17日因涉嫌抢劫罪被我局刑事拘留。

犯罪嫌疑人吴××涉嫌抢劫案，由报案人张××于20××年6月17日报案至我局，经审查于同年6月17日立为刑事案件。犯罪嫌疑人吴××已于6月17日当天被抓获归案。

经依法侦查查明：20××年6月17日上午犯罪嫌疑人吴××携带尖刀在××市××区伺机抢劫作案。当日下午6点左右，在××区青岛路中段吴××看见杜××（女，汉族、35岁，药材推销人）身挎皮包独自一人自西向东行走。犯罪嫌疑人吴××便尾随其后，跟了十几米，见四周无人，迅速冲上去用刀刺进杜××的后腰，夺下杜××的皮包。这时杜××转身大声呼喊救命，吴××害怕杜××记住自己的面孔，又朝杜的左右胸连续猛刺两刀，杜××流血倒地后吴××仍不放心，又用刀扎进杜××的左眼，刀刃被折断。这时群众张××等人闻声赶来，吴××握着刀把拿着皮包就跑，张××等人追出现场200米以外将其抓获，扭送我局。杜××送医院抢救无效死亡。

认定上述事实的证据如下：有张××等人的证人证言，被抢劫的皮包内现金5 000元，并在死者眼中提取折断的半截刀刃和遗留在现场的刀把以及犯罪嫌疑人吴××的供述。

综上所述，犯罪嫌疑人吴××为抢劫他人财物，在公共场所使用暴力手段用刀致他人死亡，其行为已触犯《中华人民共和国刑法》第二百六十三条第五项之规定，涉嫌抢劫罪，有逮捕必要。根据《中华人民共和国刑事诉讼法》第六十条第一款、第六十六条之规定，特提请批准逮捕。

此致

××市人民检察院

局长（印）

××市公安局（印章）

二○××年××月××日

附：1. 移送案卷共×卷×页。

2. 犯罪嫌疑人吴××现羁押于××市第一看守所。

【实例2】

×××公安局
提请批准逮捕书

×公刑提捕字〔20××〕×××号

犯罪嫌疑人吕××，别名小刀，男，19××年××月××日生，出生地××××，身份证号码××××××××××××××××××××，汉族，高中文化，××市××××厂工人，住成都市××区××路××号。

犯罪嫌疑人吕××于19××年11月20日因盗窃罪被××市××区人民法院判处有期徒刑2年，19××年×月×日刑满释放。20××年3月12日因涉嫌故意杀人罪被我局刑事拘留。

犯罪嫌疑人吕××故意杀人一案，由被害人家属李××于20××年3月10日报案至我局。我局经审查后，于3月10日立案侦查。同年3月12日，犯罪嫌疑人吕××被抓获归案。

经依法侦查查明：20××年3月10日11时许，犯罪嫌疑人吕××和同事苏××在××区××路××酒家喝酒，其间苏××因工作中的矛盾和吕××发生争执，吕××恼羞成怒，掏出随身携带的改锥，向苏××胸部猛刺数下，致使苏××当场死亡。

认定上述犯罪事实的证据如下：报案记录、报案人李××的证言、现场勘查笔录、尸体检验报告、作案工具改锥、犯罪嫌疑人吕××的供述。

综上所述，犯罪嫌疑人吕××使用暴力手段故意致他人死亡，其行为已触犯《中华人民共和国刑法》第二百三十二条之规定，涉嫌故人杀人罪。依照《中华人民共和国刑事诉讼法》第六十条、第六十六条之规定，特提请批准逮捕。

此致

×××人民检察院

局长（印）

×××公安局（印）

二〇××年×月××日

附：1. 本案卷宗××卷××页。

2. 犯罪嫌疑人吕××现羁押在××市看守所。

任务3：语言表达与修辞训练（语病修改）

任务要求：

(1) 认真阅读分析下列材料，指出材料中的语病。

(2) 讨论：语病产生的原因及语病修改。

[例1] 经司法机关通过外交途径解决，决定对马×、谢×、科×等5人于××××年×月×日内我国政府宣布为不受欢迎的人，并于当天驱逐出境。

[例2] 在新刑法施行之后，对犯罪过失问题，应适用新刑法第15条进行处理。

[例3] 被告人霍×长期与父母关系不好，在家常受父母辱骂，在恋爱问题上，也因与父母关系不好而遭女方拒绝。为此，霍产生了厌世思想，想做件坏事一死了之。遂于×日晚，用毛竹10余根，裹上棉花、蘸上汽油，带上打火机到仓库、牛棚等十三处放火。共烧毁牛棚5间、群众的房子49间，烧伤1人，烧死牦牛2头、毛猪110头，还烧毁粮食950余公斤、土豆4 000余公斤，以及农具、生活用品等，共损失折合人民币约1.5万余元。两天后霍×投案自首。

[例4] 霍×故意实施危害公共安全的放火行为，使多数人的人身和财产遭受重大损失，已构成犯罪。依照刑法规定，以放火罪判处霍×有期徒刑十五年，剥夺政治权利五年。

[例5] 被告人胡×，男，现年29岁，××省××县人，捕前系××省××县×乡×村农民住该村。

[例6] 被告人胡×于19××年8月以来与以北京朝阳区“银都机电汽配公司”搞联营、租赁柜台的形式，经销售电压器产品，其于19××年3月从××省××县购进大批伪劣漏电保护器和仿造北京新星电器厂的标牌，并将六种型号共计1 177台漏电保护器（价值人民币88 004

元）贴上标牌，假冒北京新星电器厂已经国家注册的漏电保护器商标欲出售，后被查获归案。

［例7］还低价购卖其它厂家次品，重新包装后以人用药或兽药出售。

［例8］伪劣假药销售往八省四十多个县、市，经营数额238万多元。非法所得159万元。

［例9］新刑法实施后，应适用第141条的规定，以生产，销售假药罪定罪处罚。

［例10］1992年4月至1993年4月，白×制售假药。反以××县医药公司购买的滞销、价格低廉的氯化琥珀胆碱等药品，改制成……

任务4：法律思维训练

任务要求：

（1）请认真阅读下面材料，分析美国大法官描述事实的方法特点。

（2）从材料中，可能归纳出法律人处理事实的方法是："剪纸""折叠""重构"。请举例说明，你在生活中使用或发现别人使用这种方法的事例。

（3）请查询相关材料，说明法律事实的含义和分类，并举例说明。

（4）组长应做好讨论记录，并将结果记录在报告中。

【案例】

法律人处理事实就像是剪纸：不但把不重要的地方剪掉，而且把重要的地方折叠起来，呈现出一种立体的面貌。这样才能更贴近法律规定，增加胜诉的可能性，用语言重构人们对事实的认知这还不算大招。顶级的法律人更厉害的一招是，用精心挑选的语言和笔法来描述事实，从而重构人们对事实的认知，重新界定事实的意义。

2007年，美国有个案子，涉及要不要禁止一种在怀孕晚期采取的手术，专业术语叫作"部分分娩流产手术"(Partial-Birth Abortion)。用日常语言来说，就是在胎儿已经成型之后，用钳子把胎儿给夹出来。

这种手术很复杂，涵盖了大量专业知识，如果用医学语言来描述，非专业人士会很难懂。但是大法官们也得先搞清楚这个手术是怎么回事，才能去判断合法性的问题。

于是，等案子打到最高法院后，几位大法官就在到底用什么语言来描述手术这个问题上争得不可开交。

美国最高法院一共有9个大法官。通常，针对一个案子，大家会各自发表意见，最后投票，超过5票的才能代表法院的最终意见。所以，大法官之间也会相互说服，让自己的意见能得到多数人的支持。

于是，希望禁止这种堕胎手术的大法官，就用了日常语言来描述堕胎手术。大致意思是说：在"怀孕晚期"，"堕胎医生"——注意这个称呼——先把孕妇的子宫颈扩张开，之后把孕妇麻醉了，用钳子伸进子宫，把"未出生的婴儿"的脑壳敲碎——你再注意一下这个短语——"未出生的婴儿"，然后把脑浆吸出来，再用手术刀把胳膊和腿部肢解了，再把躯干夹出来，最后把剩下的碎骨头、碎肉取出来。你听听，是不是很恐怖！什么"堕胎医生"，这简直是魔鬼啊！这种手术骇人听闻，活该被禁止！

没错，这其实就是大法官想要的效果。他们把这种极为专业的医疗手法，通过日常语言，重构为一种极其残忍的杀人手法。所以最终法院宣判，联邦政府是可以通过法律来禁止这种堕胎手术的。

但支持堕胎权的少数派大法官却不同意这么来描述该手术。他们说，这种描述手法，很容易误导人们产生对这种堕胎手术的偏见。应该用医学专业语言来描述，而不要用"堕胎医生""未出生的婴儿”“敲碎脑壳”这样容易引起情绪反应的词，否则不利于理性思考和判决。在生动的日常语言面前，多数大法官都支持了禁止这种堕胎手术。少数派就是输在了这一点上。

因此我们才能理解哲学家维特根斯坦的那句话：“语言的边界就是世界的边界”。顶级的法律人就是通过语言来塑造世界、重构世界的高手。

事实虽然是一样的，但不同的语言能够把事实建构为不同的认知世界。

任务5：文体写作训练

任务要求：

（1）根据下列材料，撰写一份提请批准逮捕书。

（2）个人完成后，要结“对子”互评，对作品的结构、写作目的是否达成、语言表达等内容进行评价。小组要推荐做得好的同学在课堂上展示，展示的同学可使用PPT。

（3）小组长要召集小组成员讨论和交流写作体会，并写入报告中。

（4）每位同学对文体写作训练中存在的问题要进行修改，提交的提请批准逮捕书应该是反复定稿、修改后的成果。

实训操作：

步骤一：阅读材料。

步骤二：提炼案件基本事实。

步骤三：制作提请批准逮捕书。

【训练素材】

材料一：

接受报案笔录

报案时间：20××年×月××日6时35分

接受报案单位：××市公安局××路派出所

报案人姓名：周××，性别，男，年龄32岁，工人，工作单位为××市××化工厂，住址为××市××路×栋×号。

犯罪嫌疑人：姓名：________ 性别：________ 年龄：________ 工作单位：________ 住址：________ 特征：________

报案内容：今天下午3点半左右，我和堂弟周×（21岁，市××厂工人），到市×街文化站旁打桌球。开始我们是在小台上打，后来我想到大台打，见大台有两个人正在打，我就过去说要跟他们换台，并把球弄乱不让他们打，他们马上骂我。我不理他们，想低头摆球玩，这时，对方一个矮个子青年冲过来打了我一拳，还把我绊倒在地，我爬起来和他们打成一团，被他用一块砖头砸中了脸，我便昏倒不省人事了。过后有人扶我起来，说我的堂弟被那个矮个子男青年捅伤了，已送去医院抢救，我就马上跑来报案。

报案人：周××（签名）
记录人：×××（签名）

材料二：

关于对周×尸体检验的报告

20××年×月××日下午5时许，接××派出所同志的电话报称，有一青年在××街被刺，现在市红十字医院抢救。获悉后，我局技术科法医、痕迹、摄影技术人员三人一行赶赴医院和现场进行勘验。伤者周×经医院抢救无效，于当日晚上8时左右死亡。死者周×，男性，现年21岁，系本市××厂工人。尸体身着医院的住院病服，停放在停尸台上。尸长1.66米，发育正常，营养中等，全身肤色苍白，双侧瞳孔对称散大。在进行伤检过程中，发现左锁骨中线第4、5肋之间处，有一斜行长为2厘米的创口，创口边缘整齐，壁光滑，角呈一锐一钝，无表皮脱落及皮下水肿。在尸体解剖时发现，该创口深入胸腔，刺破右肺上叶下段，未发现异物。该尸体其余部位检验未发现损伤。

经对周×的伤势和创口及尸体解剖检验所见，认为周×之死系左胸部被刺，穿入肺脏，大出血休克所致。其胸部的创口为单刃锐器所致。

××市公安局技术科
法医：马××
20××年××月××日

材料三：

讯问笔录

讯问人：古××、杨××。

记录：古××。

时间：20××年××月××日9时。

地点：××市公安局刑侦大队。

被讯问人姓名：程××；性别：男；年龄：23岁（19××年×月××日生）；民族：汉族；文化程度：高中；籍贯：××省××县；职业：无；住址：××厅车队宿舍。

问：讲一讲你的家庭成员。

答：父亲程××，60岁，××厅车队退休干部。母亲李××，×市××厂工作。弟弟程×，个体户。

问：你的个人简历？

答：7岁起在×市××小学读书，12岁在×市×中学读初中、高中，2009年高中毕业一直待业做散工。

问：你以前干过什么坏事？受过何种处理？

答：2009年因妨碍公安人员执勤，被市治安大队行政拘留10天。2010年私藏凶器被××分局行政拘留15天。2011年9月因故意伤害罪被××人民法院判处有期徒刑1年。

问：你知道今天为什么被抓到刑侦大队来的吗？

答：知道，是因为我行凶杀人的事被抓来的。

问：你是在什么时候作案的？

答：是在本月11日下午4点多钟作的案。

问：作案地点在什么地方？

答：在市××街口桌球台摊处。

问：程×，你把当天作案经过详细交代清楚。

答：本月11日下午大约3点钟左右，我和李××，骑单车路过××街时，见街口处摆有很多张桌球台，其中有张大的桌球台空着，没人打球，我就对李××讲："我们还没有打过大台，现在去打一下怎么样？"他同意后，我俩就租下大台玩了起来，当我们打到第二盘中盘时，在我们邻台的两个青年来到我们台前，其中一个30多岁的青年对我们讲："我们要打大台，换你们过去打小台。"我听后就对那人说："我们还没打完，为什么要换打小台。"那人又说："反正我们要打大台。"我一听心里火了，就对那人说："看来你是想打架了。"这时他身边的青年听我这么讲，就劝那30岁左右的男的走开，当我和李××正准备打球时，那抢台的男人再次冲过来，口口声声讲要找我打，我见他来势很猛，就丢下桌球棍迎了上去动手先给他一拳，接着就同那个人空手对打起来。李××见我动手了，也想冲过来帮忙，但立即被那个年轻点的青年打了。跟我打架的那个人，不够我打，被我用砖头打倒在地，他的那个稍年轻的朋友看见后，手拿桌球棍冲过来照我的头部打了两下，我发现我的头肿了，便气得什么也不顾了，就从上衣口袋里掏出一把我随身带来的中号牛角刀，向打我头部的那个年轻人猛刺过去。见被捅的人倒在地上，我这时知道不好了，便将刀收回衣袋，转身对李××叫了声："快走!"然后就和李××一起往××路方向跑了。当时，我们逃跑时，连骑来的单车都顾不上要了。

问：被你捅的那个人有什么特征?

答：那人20岁左右，大约1.7米，脸瘦长，留短头发，上穿一件灰白色的衣服，其他的就记不清了。

问：你刺中那个人什么部位? 刺了几刀?

答：好像刺中两刀，都是刺前胸。

问：你和李××作案后逃到什么地方去了?

答：我俩逃到××路与××路的十字路口时，就分手了。分手后我在街上乱转，然后到××路码头下面买了张电视录像报，看完出来已是晚上7点多钟了，我不敢回家，就逃到离家不远的××村的一间新盖的还没有人住的房子里躲藏起来。

问：今天就问到这里，你好好想想，你捅人后都到过哪里，干了些什么，下次再交代。你刚才说的全是实话?

答：全是实话。

以上材料我看过，和我说的相符。

程××（指印）

20××年××月××日

讯问人：×××

记录人：×××

项目 2　起诉意见书

一、实训目的

（1）通过实训，掌握起诉意见书的写作要求及注意事项。

（2）理解案件事实的建构，掌握案件事实的建构方法与技巧。

（3）能根据案情，运用法律法规知识制作一份合格的起诉意见书，在实训中培养分析问题的能力、语言运用能力，为今后从事相关法律实务工作奠定坚实的基础。

二、实训原理

（一）文书制作概述

起诉意见书是公安机关对侦查终结的案件，认为对于犯罪事实清楚，证据确实、充分，认定犯罪性质和罪名正确，法律手续完备，依法应当追究刑事责任的，在移送人民检察院时制作的提请检察机关予以起诉的文书。

1. 法律依据

《刑事诉讼法》

第 162 条 公安机关侦查终结的案件，应当做到犯罪事实清楚，证据确实、充分，并且写出起诉意见书，连同案卷材料、证据一并移送同级人民检察院审查决定；同时将案件移送情况告知犯罪嫌疑人及其辩护律师。

《公安机关办理刑事案件程序规定》

第 289 条第 1 款　对侦查终结的案件，应当制作起诉意见书，经县级以上公安机关负责人批准后，连同全部案卷材料、证据，以及辩护律师提出的意见，一并移送同级人民检察院审查决定；同时将案件移送情况告知犯罪嫌疑人及其辩护律师。

第 291 条　共同犯罪案件的起诉意见书，应当写明每个犯罪嫌疑人在共同犯罪中的地位、作用、具体罪责和认罪态度，并分别提出处理意见。

2. 适用条件

（1）案件已经侦查终结。

（2）犯罪事实清楚，证据确实、充分，认定犯罪性质和罪名正确，法律手续完备，依法应当追究刑事责任。

（二）文书制作详解

起诉意见书由首部、正文和尾部组成。

1. 首部

首部包括制作文书的机关、文书名称、发文字号、犯罪嫌疑人的基本情况。

犯罪嫌疑人的基本情况，包括犯罪嫌疑人姓名（别名、曾用名、外号等），性别，出生日期，出生地，身份证件种类及号码，民族，文化程度，职业或工作单位及职务，居住地（包括户籍所在地、经常居住地、暂住地），政治面貌，违法犯罪经历以及因本案被采取强制措施的情况（时间、种类及执行场所）。案件有多名犯罪嫌疑人的，应逐一写明。

如有辩护律师，写明其姓名，所在律师事务所或者法律援助机构的名称，律师执业证编号。

2. 正文

（1）案件办理情况。案件办理情况包括案由，可表述为“犯罪嫌疑人涉嫌×××（罪名）一案”；案件来源，具体为单位或者公民举报、控告、上级交办、有关部门移送或工作中发现等；案件侦查过程，简要写明案件侦查过程中的各个法律程序开始的时间，如接受案件、立案的时间，具体写明犯罪嫌疑人归案情况；最后写明犯罪嫌疑人×××涉嫌×××案，现已侦查终结。

（2）案件事实。详细叙述经侦查认定的犯罪事实，包括犯罪时间、地点、经过、手段、目的、动机、危害后果等与定罪有关的事实要素。应当根据具体案件情况，围绕刑法规定的该罪构成要件，进行叙述。对于只有一个犯罪嫌疑人的案件，犯罪嫌疑人实施多次犯罪的犯罪事实应逐一列举；同时触犯数个罪名的犯罪嫌疑人的犯罪事实应该按照主次顺序分别列举：对于共同犯罪的案件，写明犯罪嫌疑人的共同犯罪事实及各自在共同犯罪中的地位和作用后，按照犯罪嫌疑人的主次顺序，分别叙述各个犯罪嫌疑人的单独犯罪事实。

（3）证据。根据不同性质案件的特点，有针对性地列举部分主要证据，而且叙述得要简明扼要。在列举完证据后，另起一段，写明“上述犯罪事实清楚，证据确实、充分，足以认定”，表明对案件事实、证据叙述的结束。

（4）案件有关情节。具体写明是否有累犯、立功、自首、和解等影响量刑的从重、从轻、减轻等犯罪情节。

3. 尾部

尾部，写明犯罪性质及移送审查起诉的依据，需简要说明犯罪嫌疑人的行为特征及其触犯的刑法条文和涉嫌罪名，移送案件的法律依据要写明依据的具体法律条款，即《刑事诉讼法》第162条。当事人和解的公诉案件，应当写明双方当事人已自愿达成和解协议以及履行情况，同时可以提出从宽处理的建议。

最后写明接受本意见书的检察院名称、制作文书的日期，加盖公安机关印章。注意需在文末附注中写明：附送本案卷××卷××册，以及随案移交物品的件数。

三、实训任务

任务1：原理学习

任务要求：

（1）认真学习实训原理，掌握提请批准逮捕书的写作要领。

（2）请扫二维码获取《公安机关刑事法律文书式样（2012版）》的填写要求，明确并理解相关内容。

（3）请结合《公安机关刑事法律文书式样（2012版）》的填写要求，用10～15分钟给同伴讲清楚提请批准逮捕书的写作要领（建议做成PPT）。

《公安机关刑事法律文书式样（2012版）》的填写要求

任务2：实例学习

任务要求：

（1）认真阅读分析下列实例，分析实例的写作目的、逻辑结构及其表述特点或问题。

（2）任选一实例，把实例分析的成果制作成PPT，并向小组同伴讲述，讲述不清时返回再分析、再修改，如此循环，直至讲清楚为止。

（3）小组长要认真组织和记录小组的学习活动。

【实例1】

×××公安局

起诉意见书

×公（刑）诉字〔2013〕××号

犯罪嫌疑人王×，男，19××年×月×日出生，出生地××省××市××县，身份证号××××，汉族，高中文化，无业，捕前住××县××路××号。2013年2月19日被刑事拘留，同年2月27日经××县人民检察院批准被逮捕。

犯罪嫌疑人王×涉嫌盗窃案，由李×于2013年2月1日报案，我局于2月2日立案并展开侦查。2月16日晚，被害人李×在本县××游戏厅发现犯罪嫌疑人王×后电话报警，刑侦大队将犯罪嫌疑人王×抓获，当场缴获苹果手机一部。现案件已侦查终结。

经依法侦查查明：2013年2月1日晚8时许，犯罪嫌疑人王×在本县××游戏厅内，先以借打电话为由，探明同在此厅内打游戏的李×存放移动电话之处，而后趁李×不备，从李×的外衣右下口袋内盗窃苹果四代手机一部。王×逃出游戏厅后，将手机卡丢弃。

认定上述事实的证据如下：1. 被害人李×陈述2013年2月1日晚8时许在××游戏厅被盗手机的事实经过；2. 证人孙×及书证，证实抓获犯罪嫌疑人王×的过程；3. 证人张×，证实李×被盗手机后寻找王×的情况；4. 查询电话清单、赃物照片、估价鉴定结论，证实犯罪嫌疑人王×使用赃物及赃物的价值；5. 犯罪嫌疑人王×的供述。

上述犯罪事实清楚，证据确实、充分，足以认定犯罪嫌疑人王×涉嫌盗窃罪。

综上所述，犯罪嫌疑人王×以非法占有为目的，采取秘密窃取手段盗窃他人财物，数额较大，其行为触犯了《中华人民共和国刑法》第二百六十四条之规定，涉嫌盗窃罪。根据《中华人民共和国刑事诉讼法》第一百六十二条之规定，特将此案移送审查起诉。

此致

×××人民检察院

公安局（印）

二〇一三年三月十八日

附：1. 本案卷宗2卷380页。

2. 随案移交物品1件。

任务3：语言表达与修辞训练（语病修改）

任务要求：

（1）认真阅读分析下列材料，并指出材料中的语病。

（2）讨论语病产生的原因及语病修改。

［例1］被告人黄×，男，33岁，汉族，初中文化。四川省××县人，系××镇××村酒厂临时工，推销员。

［例2］9月17日至30日，二罪犯以作燃料、经销化学产品为名，先后4次以××县校办化学玻璃门市部和回澜建材门市部购回工业酒精3 839.8千克随意勾兑成15吨散装“白酒”，以每斤1元至1.3元的价格在××县、××市大量批发、零售，造成大范围饮用人甲醇中毒。其中，致4人死亡，7人双目失明，经法医鉴定为重伤。7人轻伤，1人轻微伤。

［例3］二审法院认为原审判决认定事实清楚，证据确实充分、定性准确、量刑适当、审判程序合法，二审法院驳回上诉，维持原判。

［例4］肖×说……并设计一整套出境取货与运回的办法，提供资本2万元。于是由唐×为首，召集其他7个人，分配了各人的任务，遂以肖×家商店为据点，唐、张、孙等人先后5次来往于×国走私手表1万只、录像机800台、打火机、电子表多个，直至案发，公安机关现场缴获赃款18万余元和一大批走私物品。

［例5］肖×积极策划走私集团，提供资金和活动地点，唐×召集走私集团成员分工实施走私活动，系走私集团的组织者，均为走私集团的首要分子，以走私集团所有的走私物品定罪处罚。

［例6］随后，王、阮分别又约定被告人潘×（“船老大”）以及陈×之夫张×、林×等人入股参加走私。

［例7］正式商定了集资合伙走私的有关事宜，决定：按股集资，每股资金人民币2 000元，共集22股的资金四万四千元，共计31人参加；出走私船的不交股算作三股；分工王×不下海在陆上管帐、林×在船上划码、潘×为走私船“副老大”。

［例8］共计兑换走私货物为各色布匹107七捆（即4 993.1公尺）、尼龙衣裤10套。走私得逞返回后，销赃卖出各色布匹35捆（即1 598.95公尺），卖得赃款16 599.9元；走私成员分掉各色布匹五捆（190.65公尺），价值1 522.20元。破案后，已查获各色布匹67捆（即3 203.5公尺），价值25 503.64分、尼龙农裤10套，值27.22元，走私价额共达人民币43 683.40元。

［例9］本案原判在适用法律定罪量刑是正确的。

［例10］被告人陶×，任×厂厂长期间，因偷税漏税问题被当地税务部门查出后，曾补税18万元。事后厂长陶×非但不认识错误，反而批评会计是“笨蛋”。并指使财务人员弄虚作假，用“清查仓库、虚列耗用、扩大成本”等手法，将这笔补交税款非法扣回。后来陶又指令财会人员、保管人员用搞假报表、假单据等手段，预谋继续偷税。事后被当地税务部门检查时发现。

任务4：法律思维训练

任务要求：

（1）以小组为单位，成员在课堂上分别演示当事人、警察和律师。

（2）小组长召集成员交流演示的体会。

案例材料：

一天，当你走在偏僻小路上，突然有人喊“救命!”。你好奇地走过去，见一女子胸口插着一把匕首，蹲在路边一棵树下。你问她：“怎么回事?”她已经说不出话，用手指了指匕首，你认为她是要你把匕首拔出来。于是你一手抱着她，一手握着匕首，准备拔出匕首，突然有人说：“不许动！你杀人啦。”不一会儿，警察过来铐住你。

你现在坐在审讯室，头脑一片空白，努力回想整个过程。

(1) 你要向警察说清楚，人不是你杀的，你会怎么说?

(2) 作为律师，听了你的故事，要向法庭说明或论证你是清白的，怎么说清楚这件事情的来龙去脉?

任务5：文体写作训练

任务要求：

(1) 根据下列材料，撰写一份起诉意见书。

(2) 个人完成后，要结“对子”互评，对作品的结构、写作目的是否达成、语言表达等内容进行评价。小组要推荐做得好的同学在课堂上展示，展示的同学可使用PPT。

(3) 小组长要召集小组成员讨论和交流写作体会，并写入报告中。

(4) 每位同学对文体写作训练中存在的问题要进行修改，提交的起诉意见书应该是反复定稿、修改后的成果。

实训操作：

步骤一，提炼案件基本事实。

步骤二，阅读实验原理与文书制作要求，确定文书逻辑结构。

步骤三，确定文体意识和思维策略。

步骤四，制作文书。

步骤五，完成实训作业记录及体会。

【实训素材】

材料一：

李××被害焚尸案报案记录

时间：2000年10月28日上午10时40分。

地点：××市××区公安局分局。

接待人：刑警队值班室吕××。

报案人：吴××，男，21岁，××市×××厂工人，现住××市××路××号楼1门4号。

发案地：××市××区××号楼2门4、5、6单元。

案情：今晨9点多钟，2门1号的段老太太，发现楼上往下滴水，就让外孙上楼去看看。小孩上2楼，发现4单元的门开着，往外冒烟，便下楼告诉老太太。老太太听了上楼一看，里边失火了，便喊救火。报案人吴××立即跑上2楼救火。同楼的人民医院大夫朱××便去打电话报告消防队。吴××发现4单元西屋床上的被子正烧着，便端水灭火并把被子从床上拽到地下，故发现有一被烧死在床上的尸体。此时消防队来了。在消防队的督促下，吴××前来报案。(在现场调查中，经访问段老太太、邻居朱××及报案人吴××，所反映的情况相同，这些访问笔录从略。）

材料二：

李××被害焚尸案现场勘查笔录

现场位于××市××区××路东侧，××市人民医院的28号楼。东面是邮电局某厂。中心现场是该楼的2门2层的4、5、6单元内。此三个单元屋门都是被脚踹开的。

（一）4单元。单元门系木质单扇里开门，门内把手上挂一值日牌，上有血手套印。门框的锁舌头处木头断裂。单元楼道内汪着水。楼道左侧是厕所、厨房，门外墙壁上有搏斗动作的血手套印、擦蹭痕和擦蹭血迹。在北墙壁下端，距地面2厘米处有两种踩踏的血足迹重叠着。一种是军布鞋印（即死者鞋印），一种是模压底皮鞋小波浪花纹印。与此相对的东墙上，有喷溅血迹，最高点1.5米，横面1米，垂直地面的白菜上，有大量的血迹。厨房内的陈设东斜西歪、杂乱无章。水池上放一案板，池内放有带血的白粗线手套一副、剪刀1把、菜刀1把、油瓶1个。均已提取。

楼道北头，分东西两个屋门。西屋门敞开着，室内面积3.15米×3米。西北角贴墙东西向放1个单人床，床前地上放有1床被火燃烧过后的毛巾残片。胸部灰燃处发现14根已燃过的火柴棒。未燃的衣服上浸有黄色液体，可闻出食用油味。床的东头地面上距外边床腿20厘米处，有1根未燃的火柴棒，此棒西边60厘米处也有1根未点燃的火柴棒。均已提取。

在屋门前，南北平放着1节烟筒，上有血迹，在烟筒东北50厘米距门20厘米处有一棕色外衣纽扣，上带有0.5厘米的白线，已提取。东屋门的中间部位，有大量的擦蹭痕迹，伴有极少量的毛发。门敞开后的垂直地面上，有星云状的血滴。门头上方的风窗玻璃上，里面有甩上的微小血点，最高点距地面2.5米。室内靠南墙的晾衣绳上搭着的白布被单，靠近门的地方也有血点。靠西墙南北放着双人床，床南头有1床棉被的被头上，有血手套印，棉被内，裹着1个带血手套印的火柴盒，在火柴盒的抽屉上有一右手拇指的血指纹，已提取。床南头的地面上，有呈黄色的血滴和不完整的血脚印。在靠东墙晾台的1米处，有一不完整的血脚印。在靠北墙的厨柜的抽屉中，有翻动的痕迹。

（二）5单元。单元门系木质单扇里开门，门外面把手下方，有重叠的土迹脚印，花纹图案与4单元血迹的相同。门框的锁舌头处，木头断裂，门后躺1个圆桌。北屋地面上有往返的土痕迹脚印（长28.5厘米），已拍照。南屋门后，有1个竹椅，上有1把被撬过的挂锁。西南角木箱被撬，箱内有一对角系着的手帕被撕开翻动。

（三）6单元。单元门系木质单扇里开门，门锁舌掉在门里1.5米处的西墙根。东屋靠南墙有两个上下摞着的木箱，上层的肚脐锁被撬掉，锁头被扔在靠西墙放着的双人床上，西屋靠西北角，有3个布箱，上下摞着，上有土迹手套指印。

据群众反映，5层14单元门，也被人动过，经勘查，在门把手下面，有4个重叠的土迹脚印，花纹图案与2层的三个单元内发现提取的相同。勘查中除拍照、提取外，绘制现场平面图1份，提取物证如下：

1. 血迹、土迹足印4个；
2. 血手套1副；
3. 血剪刀1把；
4. 菜刀1把；
5. 油瓶1个；

6. 火柴棒16根；

7. 纽扣1枚；

8. 带指纹的火柴盒1个。

勘查时间：2000年10月28日12时30分开始勘查，15时30分结束。

现场指挥：刘××，吴××。

现场勘查人：(略)

现场照相：(略)

现场绘画：(略)

见证人：郑××、徐××

现场记录：×××

材料三：

鉴定书

××字第××号

2000年10月28日下午、29日晚及30日上午对发生在××区××路××号楼2门4号、5号、6号单元门被撬，4号住户李××（男，46岁，医生）被杀后放火焚尸案现场进行了勘查，并在××解剖室对李××尸体进行了检验。尸体查验的主要结果如下：

尸体身长170厘米，发育良好。两上肢平伸，全身僵硬。尸斑少量，见于背侧。上身穿咖啡色夹克衣，驼紫色毛衣，灰混纺衬衣、白线背心。夹克衣未扣拉锁，前襟、袖口及毛衣胸前部分烧毁、炭化。下身穿蓝布裤（系绿线裤带），灰毛裤豆绿色秋裤，蓝灰色布裤衩。蓝布裤前裆部及左腿前面分别被烧毁。两足穿尼龙袜，袜底外面沾有血迹及土垢。尸体头部及颈、胸前、两上肢部分烧焦，炭化，以头面部左侧为重。

主要损伤：头部头皮挫裂伤9处，前额纵行伤口1处，长3厘米，创底为颅骨外板，有1.0×0.2厘米浅表缺损性印痕，前顶偏右斜行伤口处，长4～5厘米，顶枕部偏右近横行伤口3处，长4～5厘米，左枕部伤口1处，长4厘米，左颞顶部伤口处，长3厘米。其中右枕部之横行伤口之外端，呈宽0.2厘米之整齐断面。颈部于颈前喉结下方有锐器损伤1处，横长5厘米，创缘及创道不太整齐，但创缘较平滑、锐利，创道周围软组织出血。取心血化验，血型为“O”型，取现场地面、菜叶、墙壁、管道、门框、被里等处血痕化验，均为“O”型人血。

综上所述，李××符合被人用带棱金属类钝器击伤头部，并用剪刀刺切颈部，造成出血性休克死亡的情况。现场留有菜刀，其刀背可以造成头部之挫裂伤，现场留有剪刀，可造成颈部、气管之损伤。

鉴定人：杨××

2000年11月10日

材料四：

李××被害焚尸案的补充材料

经过进一步调查核实，李××被害焚尸案材料中，有几点需要补充：

（一）4、5、6单元被窃后，经事主清点，共窃去8 000元定期存款存折1份，现金2 980元。

（二）存折为6单元张××家的，现金为4单元500元、5单元600元、6单元1 880元。

（三）从犯罪嫌疑人行窃、被撬物留的咬痕来看，工具应是铁钳子。经调查，4、5、6单元各家无钳子，现场也未发现钳子。

（四）楼上向下滴水，系4单元厨房的水管未闭。

材料五：

调查报告（一）

今天××区公安分局刑侦队民警张××向我们反映，他看到市局关于侦查李××被害案的通报后，联想到经他手处理的王××与被通报的案犯情况相似。王××，男，27岁，住××路××号，系×××厂司机。曾因偷窃被劳教2年。后被解除劳教，仍回原单位工作。王××的偷窃手段是先看准大楼房内的住户可能有钱，即进楼敲门，没人开门，就踹门破锁进行偷盗。这种独特的作案手段和其年龄、身形，与李××被杀案现场分析结论均相似。

我们根据这一线索，立即到该人管段派出所查询，王××确已被解除教养，回原单位工作。10月28日其倒班休息，去向不明。他拟于年底结婚，据说急需钱用。

侦察员：×××

×××

2000年11月10日

调查报告（二）

今天上午11时，我们去××厂保卫处了解，得知王××10月28日（李××案发之日）倒班休息（有作案时间）。王××拟于年底结婚，急需用钱（有作案动机）。其身高、脚长，均与通报对象情况相似。据说王××有一双皮面尖头模压底青年式皮鞋，鞋底花纹与现场足迹相似。

侦查员：×××

×××

2000年11月11日

材料六：

鉴定书

××字第××号

2000年11月12日××区公安分局杨××送来犯罪嫌疑人王××（男，27岁，××厂司机）所穿的模压底皮鞋，要求与现场拍照提取的灰尘脚印痕迹比对，判断二者是否相同。经检验，现场水泥地面上拍照提取的灰尘脚印痕迹系左脚，长29厘米，小波浪花纹，前掌宽9.7厘厘米，调查分析为27号模压底皮鞋所留，并在前掌后边沿往中心数第16条波浪花纹外侧第5波浪上有明显缺损。王××的鞋是模压底黑皮鞋，与现场所遗留花纹种类及大小相同，并在左脚前掌同一部位出现相同的特征。

结论：2000年10月28日，××区××路××号楼4、5、6单元发生的盗窃杀人纵火案，现场拍照提取的灰尘脚印是王××的模压底黑皮鞋所留。

检验人：×××

检验人：×××

检验人：××

2000年11月12日

材料七：

讯问记录

时间：2000年11月20日9时0分开始至2000年11月20日11时40分结束。

地点：××市××区公安分局看守所审讯室。

侦查员姓名、单位：徐××、张××，××公安分局刑警队。

记录员：李××，××公安分局刑警队刑警。

犯罪嫌疑人：王××。

问：我们是××公安分局的民警，现在依法对你进行讯问。你叫什么名字？

答：我叫王××。

问：你还有什么名字？

答：就叫王××，没有别的名字。

问：你的出生年月日？

答：××××年××月××日出生。

问：你的身份证号码？

答：×××××××××××××××。

问：你的民族？

答：汉族。

问：你的籍贯？

答：××省×××县。

问：你的户籍所在地？

答：××区××大街××门。

问：现住址？

答：现住××路××号。

问：你的工作单位和职业？

答：××市××厂司机。

问：你的文化程度？

答：初中。

问：把你的家庭情况讲一讲。

答：父亲王×，52岁，××厂工人；母亲刘××，48岁，售货员。

问：讲一讲你的社会经历。

答：××××年至××××年在××小学上学，××××年至××××年在××中学上学，××××年初中毕业后待业，××××年到××厂当司机至今。因偷窃被劳教2年，释放后，回厂仍当司机，直到这次被抓。

问：这是犯罪嫌疑人诉讼权利义务告知书，给你阅读，你如果读不懂，我们可以给你宣读。

答：我可以看。（看犯罪嫌疑人诉讼权利义务告知书约6分钟）

问：你看清楚了吗？

答：看清楚了。

问：你有什么要求？

答：我没有什么要求。

问：刚才给你的犯罪嫌疑人诉讼权利义务告知书你已经看过了，我再给你强调一下，你应当如实回答我们提出的问题，当然，对于与办案无关的问题，你可以拒绝回答，你听清楚了吗？

答：听清楚了。

问：你知道为什么逮捕你吗？

答：因为这次作案。

问：在哪作案？

答：在××路大街东侧的一座楼里。

问：你把这次作案的情况讲清楚。希望你不隐瞒，实事求是，能做到吗？

答：能做到。

问：你讲吧。

答：2000年10月28日那天（星期六）我休息，我星期五白天上班，晚上10点多钟回家，因为星期六晚上要上夜班，白天我休息。那天（28号）早上我7点半起床，从家里出来了，随手拿了一把克丝钳子，装在兜里了，从家里出来，在××路坐公共汽车到××站下车，下车后我往回走（往南方向）有100米远左右，看到大街东侧有一座红楼，南北朝向。我从楼中间的一个门走进去，进了一楼考虑到容易被人发现，所以一直上到5楼，踹门未开，又回到2楼。2楼共有3个单元，我先敲北边的门，后敲中间和南边的门都没有人，也没有动静，我就用脚踹开了最南边的门。

问：你怎么把门踹开的？

答：我是先把脚放在门锁的下边，然后，一使劲就踹开了，我进去后，把门锁上了。拿了8 000元的存折1个、现金500多元，又用同样的方法偷了第二家，最后来到最北边的门，又踹开了门，来到桌前，拉开抽屉，想翻钱，正找着，忽然听有推门的声音，我一愣，这时进来一个年约40岁的男子。他进门看见我，说一声："干什么的？"我哟了一声，他往厨房跑去，右手里拿了一把菜刀，左手揪住我，我就用左手抓着他拿刀的手，当时我心情特别紧张，就揪住他摔开了，他倒了，我半蹲着按他拿刀的手，夺过刀来，用刀背照他头上砍了几刀，砍了几下记不清了。他站起来往大屋跑，我跑过去拿起一把剪刀，用剪刀在他脖子上扎了两三下，这时他头一歪不动了。我拽着他肩膀弄到屋里一张单人床上，头东脚西脸朝上平放在床上，把被子拉开盖在他身上，从厨房拿了一个油瓶子，是食用油，将油倒在被子上。从自己口袋里掏出火柴，把被子点着后，我就去厨房洗手了。

问：火柴呢？

答：记不清扔在死者家什么地方了。

问：你把油倒完后，油瓶扔哪去了？

答：放在厨房的水池里了，还有剪刀和菜刀，我作案时带的手套（上有血）都放到水池里了。洗了手后我就跑了。

问：你身上的钳子放哪去了？

答：丢到我姐家去了。

…………

问：今天先谈到这里，下次再谈。以上说的是否属实？

答：属实。

以上笔录我已看过，和我说的相符。

王××（捺指印）
2000年11月20日

项目3 起　诉　书

一、实训目的

（1）通过实训，明确公诉的诉讼理念。

（2）掌握起诉书的法律依据与适用条件

（3）理解起诉书的基本结构、格式和写作要求。

（4）能根据案情，运用法律法规知识制作一份合格的起诉书，在实训中培养分析问题的能力、语言运用能力，为今后从事相关法律实务工作奠定坚实的基础。

二、实训原理

起诉书，是指人民检察院确认犯罪嫌疑人的行为已构成犯罪，依法应当追究其刑事责任，决定将其交付审判，代表国家向人民法院提起公诉时制作的文书。公诉案件一律由人民检察院提起公诉。提起公诉应制作起诉书，从起诉书上开始称犯罪嫌疑人为被告人。

起诉书是人民检察院行使公诉权的重要体现，是人民法院刑事审判的前提，是刑事诉讼中重要的法律文书。起诉书样本分四种，分别是普通程序案件适用的起诉书、单位犯罪案件适用的起诉书、简易程序案件适用的起诉书和附带民事诉讼案件适用的起诉书。这里只介绍普通程序案件适用的起诉书，其他从略。

1. 相关法律知识

《刑事诉讼法》

第169条　凡需要提起公诉的案件，一律由人民检察院审查决定。

第176条第1款　人民检察院认为犯罪嫌疑人的犯罪事实已经查清，证据确实、充分，依法应当追究刑事责任的，应当作出起诉决定，按照审判管辖的规定，向人民法院提起公诉，并将案卷材料、证据移送人民法院。

《人民检察院刑事诉讼规则》

第358条　人民检察院决定起诉的，应当制作起诉书。

起诉书的主要内容包括：

（一）被告人的基本情况，包括姓名、性别、出生年月日、出生地和户籍地、公民身份号码、民族、文化程度、职业、工作单位及职务、住址，是否受过刑事处分及处分的种类和时间，采取强制措施的情况等；如果是单位犯罪，应当写明犯罪单位的名称和组织机构代码、所在地址、联系方式，法定代表人和诉讼代表人的姓名、职务、联系方式；如果还有应当负刑事责任的直接负责的主管人员或其他直接责任人员，应当按上述被告人基本情况的内容叙写；

（二）案由和案件来源；

（三）案件事实，包括犯罪的时间、地点、经过、手段、动机、目的、危害后果等与定罪量刑有关的事实要素。起诉书叙述的指控犯罪事实的必备要素应当明晰、准确。被告人被控有多项犯罪事实的，应当逐一列举，对于犯罪手段相同的同一犯罪可以概括叙写；

（四）起诉的根据和理由，包括被告人触犯的刑法条款、犯罪的性质及认定的罪名、处罚条款、法定从轻、减轻或者从重处罚的情节，共同犯罪各被告人应负的罪责等；

（五）被告人认罪认罚情况，包括认罪认罚的内容、具结书签署情况等。

被告人真实姓名、住址无法查清的，可以按其绰号或者自报的姓名、住址制作起诉书，并在起诉书中注明。被告人自报的姓名可能造成损害他人名誉、败坏道德风俗等不良影响的，可以对被告人编号并按编号制作起诉书，附具被告人的照片，记明足以确定被告人面貌、体格、指纹以及其他反映被告人特征的事项。

2. 起诉书样式（普通程序案件自然人适用）

×××人民检察院

起诉书

×检刑诉〔××××〕×××号

被告人……（写明姓名、性别、出生年月日、公民身份号码、民族、文化程度、职业、工作单位及职务、住址、曾受到行政处罚、刑事处罚的情况和因本案采取强制措施的情况等）

本案由×××（侦查机关）侦查终结，以被告人×××涉嫌×××罪，于××××年××月××日向本院移送审查起诉。本院受理后，于××××年××月××日已告知被告人有权委托辩护人，××××年××月××日已告知被害人及其法定代理人（或者近亲属）、附带民事诉讼的当事人及其法定代理人有权委托诉讼代理人。依法讯问了被告人，听取了被害人的诉讼代理人×××和被告人的辩护人××的意见，审查了全部案件材料……（写明退回补充侦查、延长审查起诉期限等情况）。

[对于侦查机关移送审查起诉的需变更管辖权的案件，表述为："本案由×××（侦查机关）侦查终结，以被告人×××涉嫌×××罪，于××××年××月××日向×××人民检察院移送审查起诉。×××人民检察院于××××年××月××日转至本院审查起诉；本院受理后，于××××年××月××日已告知被告人有权……"

对于本院侦查终结并审查起诉的案件，表述为："被告人×××涉嫌×××罪一案，由本院侦查终结。本院于××××年××月××日已告知被告人有权……"

对于其他人民检察院侦查终结的需变更管辖权的案件，表述为："本案由×××人民检察院侦查终结，以被告人××涉嫌×××罪，于××××年××月××日向本院移送审查起诉。本院受理后，于××××年××月××日告知被告人有权……"]

经依法审查查明：……（写明经检察机关审查认定的犯罪事实包括犯罪时间、地点、经过、手段、目的、动机、危害后果等与定罪有关的事实要素。应当根据具体案件情况，围绕刑法规定的该罪构成要件叙写）

（对于只有一个犯罪嫌疑人的案件，犯罪嫌疑人实施多次犯罪的犯罪事实应逐一列举；同时触犯数个罪名的犯罪嫌疑人的犯罪事实应该按照主次顺序分类列举。对于共同犯罪的案件，写明犯罪嫌疑人的共同犯罪事实及各自在共同犯罪的地位和作用后，按照犯罪嫌疑人的主次顺序，分别叙明各个犯罪嫌疑人的单独犯罪事实。）

认定上述事实的证据如下：

…………（针对上述犯罪事实，分列相关证据）

本院认为……（概括论述被告人行为的性质、危害程度、情节轻重）其行为触犯了《中华人民共和国刑法》第×条（引用罪状、法定刑条款），犯罪事实清楚，证据确实充分，应当以×××罪追究其刑事责任。根据《中华人民共和国刑事诉讼法》第一百七十六条的规定，提起公诉，请依法判处。

此致

×××人民法院

检察员：×××

××××年××月××日

（院印）

附：

1. 被告人现在处所。具体包括在押被告人的羁押场所或监视居住、取保候审的处所。

2. 案卷材料和证据。

3. 证人、鉴定人、需要出庭的专门知识的人的名单，需要保护的被害人、证人、鉴定人的名单。

4. 有关涉案款物情况。

5. 被害人（单位）附带民事诉讼情况。

6. 其他需要附注的事项。

三、实训任务

任务1：原理学习

任务要求：

（1）请查阅《北京市人民检察院关于公诉案件起诉书制作的规范意见（试行）》（扫右侧二维码），掌握起诉书的制作规范。

（2）认真学习实训原理，结合北京市人民检察院起诉书制作的规范，思考：怎么在10～15分钟内给同伴讲清楚提请批准逮捕书的写作要领？（建议制作PPT讲解）

《北京市人民检察院关于公诉案件起诉书制作的规范意见（试行）》

任务2：实例学习

任务要求：

（1）认真阅读分析下列实例，分析实例的写作目的、逻辑结构及在表述特点或问题。

（2）任选一实例，把实例分析的成果制作成PPT，并向小组同伴讲述，讲述不清时返回再分析、再修改，如此循环，直至讲清楚为止。

(3) 小组长要认真组织和记录小组的学习活动。

【实例 1】

××省××市××区人民检察院
起诉书

×检刑诉〔2020〕×××号

被告人王甲，男，19××年××月××日出生，公民身份号码××××××××××××××××，汉族，小学文化，无业，非人大代表、政协委员、中共党员。户籍所在地××省××市××乡××街××组，现住××省××市××区××路一出租房。因涉嫌盗窃罪，经××市公安局南明分局决定，于 2019 年 10 月 19 日被该局刑事拘留；因涉嫌犯有盗窃罪，经本院批准，于 2019 年 11 月 22 日由该局执行逮捕。

本案由××市公安局××分局侦查终结，以被告人王甲涉嫌盗窃罪，于 2020 年 1 月 15 日向本院移送审查起诉。本院受理后，于 2020 年 1 月 16 日已告知被告人有权委托辩护人和认罪认罚可能导致的法律后果并已告知被害人有权委托诉讼代理人，依法讯问了被告人，听取了辩护人、被害人的意见，审查了全部案件材料。本院于 2020 年 2 月 28 日退回侦查机关补充侦查，侦查机关于 2020 年 3 月 27 日补查重报。本院于 2020 年 2 月 12 日延长审查期限 15 日。被告人同意本案适用简易程序审理。

经依法审查查明：2019 年 10 月 18 日 14 时许，被告人王甲在××市××区往××厂方向 500 米处道路边上，使用钉锤、起子等工具将××××公司的一个光纤交接箱进行拆卸，将 30 个光纤盘拿至××厂附近的废旧回收站进行盗卖。16 时许，被告人王甲再次返回现场准备拖运剩余材料时被××××公司工作人员控制并报警，后公安机关将被告人王甲传唤到案。经鉴定，被盗光纤交接箱价值人民币 41 969 元。被告人到案后自愿如实供述自己的罪行。

认定上述事实的证据如下：

1. 书证：抓获经过、扣押决定书、扣押清单、王甲盗窃所得物品光纤盘照片、盗窃现场周边环境照片、情况说明、××××公司 2018 年光缆交接箱（OCC）产品集中采购（标段二：双层不锈钢光缆交接箱）价格总表、前科情况说明、户籍信息材料、关于补充侦查的情况说明。

2. 证人证言：证人王乙、赵××证言。

3. 被害人陈述：被害人魏××某陈述。

4. 被告人供述：被告人王甲供述。

5. 鉴定意见：南价认字（2019）第××××价格认定结论书。

6. 扣押、犯罪现场辨认笔录及现场指认相片。

上述证据收集程序合法，内容客观真实，足以认定指控事实。被告人王甲对指控的犯罪事实和证据没有异议，并自愿认罪认罚。

本院认为，被告人王甲以非法占有为目的，秘密窃取他人财物价值人民币 41 969 元，数额巨大，其行为触犯了《中华人民共和国刑法》第二百六十四条之规定，犯罪事实清楚，证据确实、充分，应当以盗窃罪追究其刑事责任。被告人王甲到案后能如实供述自己的罪行，根据《中华人民共和国刑法》第六十七条第三款之规定，系坦白，可以从轻处罚；被告人王甲自愿认罪认罚，根据《中华人民共和国刑事诉讼法》第十五条之规定，可以依法从宽处理。建议判处被告人王甲有期徒刑三年，并处罚金。根据《中华人民共和国刑事诉讼法》第一百七十六条的规定，提起公诉，请依法判处。

此致

××省××市××区人民法院

检察员：×××

2020年4月27日

附：

一、被告人现羁押于××市××区看守所。

二、随案移送。

1. 刑事侦查卷宗二册。

2. 散卷一页。

3. 适用简易程序建议书一份。

4. 量刑建议书一份。

5. 认罪认罚具结书一份。

6. 换押证一份。

7. 辩护人材料一份。

【实例2】

××省××市××区人民检察院
起诉书

×检刑诉〔××××〕×××号

被告人付某某，男性，19××年××月××日出生，公民身份号码×××××××××××××××××，汉族，高中文化，无业，户籍所在地及现住地××省××市××路××号××栋××单元××号，20××年××月因犯贩卖毒品罪被××市××区人民法院判处拘役五个月；20××年因犯贩卖毒品罪被××县人民法院判处有期徒刑二年六个月，刑期至20××年××月××日。20××年××月××日因涉嫌贩卖毒品罪被××市公安局××分局刑事拘留，20××年××月××日经本院批准逮捕，次日由××公安局××分局执行逮捕。

被告人黄××，男性，19××年××月××日出生，公民身份号码×××××××××××××××，汉族，高中文化，无业，户籍所在地××省××市××区××街××号，现住××市××区××路××园××栋××单元××楼，20××年××月因犯掩饰、隐瞒犯罪所得收益罪被贵阳××市××区人民法院判处有期徒刑六个月；20××年××8月因犯贩卖毒品罪被××市××区人民法院判处有期徒刑三年六个月；20××年××月因犯贩卖毒品罪被××市××区人民法院判处有期徒刑十个月，刑期至20××年××月××日。20××年××月××日因涉嫌贩卖毒品罪被××市公安局××分局刑事拘留，20××年××月××日经本院批准逮捕，次日由××市公安局××分局执行逮捕。

被告人陈甲，男性，19××年××月××日出生，公民身份号码×××××××××××××××××，汉族，小学文化，无业，户籍所在地××省××市××县××镇××村××组，现住××市××区××站××楼××号，20××年××月因犯贩卖毒品罪被××市××区人民法院判处有期徒刑一年三个月，20××年××月××日被释放。20××年××月××日因涉嫌贩卖毒品罪被××市公安局××分局刑事拘留20××年××月××日经本院批准逮捕，次日由××市公安局××分局执行逮捕。

被告人陈乙，男性，19××年××月××日出生，公民身份号码××××××××××××××××××，汉族，小学文化，无业，户籍所在地××省××市××县××镇××村××组，现住××省××县××路××号，20××年××月××日因犯盗窃罪被××市××区人民法院判处有期徒刑三年，20××年××月××日被释放。20××年××月××日因涉嫌贩卖毒品罪被××市公安局××分局刑事拘留，20××年××月××日经本院批准逮捕，次日由××市公安局××分局执行逮捕。

本案由××市公安局××分局侦查终结，以被告人付××、黄××、陈甲、陈乙涉嫌贩卖毒品罪，于20××年××月××日向本院移送审查起诉。本院受理后，于20××年××月××日已告知被告人有权委托辩护人，依法讯问了被告人，审查了全部案件材料。本院于20××年××月××日第一次退回侦查机关补充侦查，××市公安局××分局于20××年××月××日补查重报。

经依法审查查明：

20××年××月××日××时许，被告人陈乙在××省××县××街一出租屋，以人民币2 250元的价格贩卖毒品海洛因疑似物五个给被告人陈甲；当日××时××分许，被告人陈甲在××市××区××××菜场内，以人民币1 000元的价格贩卖毒品海洛因疑似物二个给被告人黄××；当日××时许，被告人黄××在××市××世纪南山小区岗亭处，将二个毒品海洛因疑似物交给被告人付××去贩卖。20××年××月××日××时许，被告人付××在××市××区××××大门口处，贩卖毒品给证人刘××时被公安人员抓获，当场被搜缴毒品海洛因疑似物0.68克。经××市公安局毒品检验中心鉴定，检材中检出海洛因成分。

被告人付××被抓获后，于20××年××月××日凌晨××时许，配合公安人员在××市××区世纪南山小区将黄××抓获；黄××被抓获后，于20××年××月××日××时许，配合公安人员在××市××区××××市场门口将陈甲抓获；陈甲到案后，于20××年××月××日××时许，在××省××县××路附近一出租屋将陈甲乙抓获。

认定上述事实的证据如下：

1. 公安机关依法搜缴的0.68克海洛因及作案手机；

2. 受案登记表、鉴定意见通知书、户籍证明、现场检测报告、扣押清单、称量记录、毒品收据书证；

3. 证人刘××的证言；

4. 被告人付××、黄××、陈甲、陈乙的供述与辩解；

5. 鉴定意见；

6. 辨认笔录；

7. 视听资料光盘五张。

本院认为，被告人付××、黄××、陈甲、陈乙妨害社会管理秩序，非法向他人贩卖毒品，其行为触犯了《中华人民共和国刑法》第三百四十七条第四款："走私、贩卖、运输、制造鸦片不满二百克、海洛因或者甲基苯丙胺不满十克或者其他少量毒品的，处三年以下有期徒刑、拘役或者管制，并处罚金；情节严重的，处三年以上七年以下有期徒刑，并处罚金"的规定，犯罪事实清楚，证据确实、充分，应当以贩卖毒品罪追究其刑事责任。

被告人付××、黄××、陈甲曾因犯贩卖毒品罪被判处有期徒刑，刑满释放后五年内又犯本案，系毒品再犯及累犯，根据《中华人民共和国刑法》第六十五条“被判处有期徒刑以上刑罚的犯罪分子，刑罚执行完毕或者赦免以后，在五年以内再犯应当判处有期徒刑以上刑罚之罪的，是累犯，应当从重处罚，但是过失犯罪和不满十八周岁的人犯罪的除外”、第三百五十六条“因走私、贩卖、运输、制造、非法持有毒品罪被判过刑，又犯本节规定之罪的，从重处罚”的规定，应当从重处罚。被告人陈乙曾因犯盗窃罪被判处有期徒刑，刑满释放后五年内又犯本案，系累犯。根据《中华人民共和国刑法》第六十五条“被判处有期徒刑以上刑罚的犯罪分子，刑罚执行完毕或者赦免以后，在五年以内再犯应当判处有期徒刑以上刑罚之罪的，是累犯，应当从重处罚，但是过失犯罪和不满十八周岁的人犯罪的除外”的规定应当从重处罚。

根据《中华人民共和国刑事诉讼法》第一百七十六条第一款的规定，提起公诉，请依法判处。

此致

××省××市××区人民法院

检察员：×××

××××年××月××日

附：1. 被告人现羁押于××市公安局××分局看守所。

2. 案卷材料和证据四册。

任务3：语言表达与修辞训练（语病修改）

任务要求：

（1）认真阅读分析下列材料，指出材料中的语病。

（2）讨论：语病产生的原因及语病修改。

［例1］期间税务人员多次上门催缴，张×总以厂小利微，资金短缺为由拒绝缴纳。

［例2］1993年元月20日，张×申请办理了营业执照，开办炼油作坊，生产油毡和柴油。按对其核定的生产规模和经营情况，每月应上缴各种税收3 000元。开业第一个月，张×缴营业税1 000元，从此一直未再缴税。至同年6月，张×已欠缴各种税款一万四千余元。期间税务人员多次上门收税，但张×每次都声称经营不好，无钱交税，对其采取强制执行措施，前去查封张×的作坊。但一无所获，原来张×早已将价值6万余元的油毡和价值5万余元的柴油秘密转移。因此，张×所欠一万四千元税款一直无法追缴。1993年7月2日，检察机关以欠缴应纳税款罪对张×立案。

［例3］被告人韩×1995年7月，以人民币三万元从广州购买假人民币十五万元，企图倒卖他人从中牟利，被及时查获而案发。

［例4］林场工作人员先后两次找冯谈话，要冯接受处理……被告人冯甲回家后，拿着火药枪上楼并把楼梯一同拉到楼上，作好对付林场工作人员的准备。12时许，当聂×等4人到冯家，要冯下楼解决盗伐林木之事时，冯拒不下楼，冯父提出让护林员张×前来对质，冯乙也进行纠缠，为此，聂×与冯乙发生争吵至扭打……

［例5］被告人王×因对李×与其争夺瓷砖生意心怀不满，图谋报复，以许诺给予好处的方法，引诱并指使马×等人充当杀手，并主谋、策划抢动和杀死李×。王×在共同犯罪中成立教唆犯和帮助犯。马×为了得到报酬，邀约付×、米×共同拦劫被害人李×身上的钱物、并将其杀

死。马×在犯罪中积极指挥、手段残忍，社会危害性极大，是主要的实行犯。因此，对王×应按主犯处罚，马×是本案的主犯，付×、米×为本案的从犯，应从轻或减轻处罚。在新刑法施行之后，对于主犯，应适用新刑法第26条进行处理。

［例6］二审法院经审理认为，陈甲用匕首将邵×刺成重伤，事实清楚，证据确实充分，其行为构成故意伤害罪。被告人陈乙拽住被害人邵×是为了上派出所讲理，并没有伤害邵×的故意，所以陈甲与陈乙间并无共同犯罪故意，不能构成共同犯罪。所以，二审法院根据……规定，作出判决：维护一审判决中对陈甲的定罪量刑部分；撤销一审判决中对陈乙的定罪量刑部分；宣告陈乙无罪。

［例7］争执中，蒋×动手打了郭甲面目一拳，郭甲等3人即分头逃跑……郭乙、马×到平凉市运输公司院内叫来正在看电影的胡×、班×等6人，与郭甲会合后，结伙寻找孙×、蒋×，企图报复。当郭甲等9人在一小巷内发现孙×、蒋×2人后，即将孙×、蒋×2人拦截住……蒋挨打后与孙×退到附近街墙旁一垃圾堆上。郭甲追上垃圾堆继续扑打，孙×掏出随身带的弹簧刀（孙×系郊区菜农，因晚上在菜地看菜，在市场上买来此刀防身），照迎面扑来的郭甲左胸刺了一刀，郭甲当即跌倒……

［例8］1960年，魏×在原籍安徽与李×结婚，婚后生了6个孩子，3个是男孩，都先后病死，剩下3个女儿。魏一心想生个儿子，好传宗接代。1983年，魏又怀孕。为了保住胎儿，她曾找一瞎子算命。瞎子告诉她，要想养活儿子，就要避夫8个月。1984年春天，魏怀孕在身，为使儿子生下后能养活，魏竟从家出走，在常州市生一男孩，不久又死了。随后，魏又来到北京，经介绍到宣武区×厂干部朱×家当保姆。1984年5月23日下午3时许，魏乘朱×夫妇上班之机，将朱×之子（时年七个半月）拐走。

［例9］被告人李×系×地公安人员。×日，李×在预审中，为了急于取得盗窃嫌疑人王×的口供，私下采用皮带抽打、烟头刺烫手臂、足腿、肩背，迫使其招认。

［例10］该乡地处山区，经济文化比较落后，交通闭塞。在该区内有3座寺庙，各有僧侣10余人，当地佛教信徒多，进香拜佛，香火很盛。

任务4：法律思维训练

任务要求：

（1）认真阅读下列案情，梳理案情要点。

（2）讨论：王×的行为是否构成受贿罪。（提示：小组内进行2人对抗辩论。规则：第一步，正方立论，反方立论；第二步，反方质询，正方质询；第三步，自由辩论，正方开始；第四步，反方总结，正方总结。其他人协助，包括录视频，总时间可控制在8分钟。）

（3）假定王×的行为构成受贿罪，你如何阐述王×犯罪的社会危害性？

（4）组长应做好讨论记录，并将结果记录在报告中。

【案例】

被告人王×，男，48岁，河北省××县××镇农民。被告人王×对建筑工程的设计、施工技术有实践经验，经常为一些建设单位进行工程设计和施工指导。1998年，河北××××委员会设计室因为人手不够，与王×达成口头协议：由王×为设计室绘制建筑图纸，报酬按设计费的25%支付。除此之外，他与设计室没有任何其他权利义务关系。2006年，根据河北省有关文件，对在职的技术人员和社会上流动的技术人员评定职称时，××县经委根据城建委的报告，评定王×为助理工程师，并颁发了证书。2007 年 10 月 5 日，王×还为自己买了聘书，由设计室填写后盖章，聘期一年。但是，在评定职称和填写聘书之后，王×与城建委设计室的关系仍然为根据绘制图纸的多少取得报酬的关系。在这期间，王×为几个施工单位作施工指导，得到他们给的劳务报酬 3 万元，为三个建筑公司介绍工程，得到报酬 4 万元。河北省××县人民检察院以王×构成受贿罪，且数额巨大，向法院提起公诉。

任务 5：文体写作训练

任务要求：

（1）请通过扫右侧二维码获取“潘××、焦××、余××抢劫案”卷宗材料，认真分析案情。

【实训素材】“潘××、焦××、余××抢劫案”卷宗材料

（2）请根据任务所给材料和提炼的案件事实，写一篇起诉书。

（3）个人完成后，要结“对子”互评，对作品的结构、写作目的是否达成、语言表达等内容进行评价。小组要推荐做得好的同学在课堂上展示，展示的同学可使用 PPT。

（4）每位同学对文体写作训练中存在的问题要进行修改，提交的起诉书应是反复定稿、修改后的成果。

（5）小组长要召集小组成员讨论和交流写作体会，并写入报告中。

实训操作：

步骤一，提炼案件基本事实。

步骤二，阅读实验原理与文书制作要求，确定文书逻辑结构。

步骤三，确定文体意识和思维策略。

步骤四，制作文书。

项目 4　刑事自诉状

一、实训目的

（1）掌握刑事自诉状的法律依据与适用条件。

（2）能理解和讲述刑事自诉状的基本结构、格式和写作要求。

（3）能根据案情，运用法律法规知识制作一份合格的刑事自诉状，在实训中培养分析问题的能力、语言运用能力，为今后从事相关法律实务工作奠定坚实的基础。

二、实训原理

（一）概念

刑事自诉状，指被害人或其法定代理人直接向人民法院提起控诉，控告被告人侵犯其人身权利或其他合法权益的犯罪行为，要求人民法院追究被告人刑事责任或附带民事责任时所递交的请求文书。

（二）法律依据

根据《最高人民法院关于适用〈中华人民共和国刑事诉讼法〉的解释》第 1 条规定，人民法院直接受理的自诉案件包括以下三类。

第一类是告诉才处理的案件：

（1）侮辱、诽谤案（《刑法》第 246 条规定的，但严重危害社会秩序和国家利益的除外）；

（2）暴力干涉婚姻自由案（《刑法》第 257 条第 1 规定的）；

（3）虐待案（《刑法》第 260 条第 1 款规定的，但被害人没有能力告诉或者因受到强制、威吓无法告诉的除外）；

（4）侵占案（《刑法》第 270 条规定的）。

第二类是人民检察院没有提起公诉，被害人有证据证明的轻微刑事案件：

（1）故意伤害案（《刑法》第 234 条第 1 款规定的）；

（2）非法侵入住宅案（《刑法》第 245 条规定的）；

（3）侵犯通信自由案（《刑法》第 252 条规定的）；

（4）重婚案（《刑法》第 258 条规定的）；

（5）遗弃案（《刑法》第 261 条规定的）；

（6）生产、销售伪劣商品案（《刑法》分则第三章第一节规定的，但严重危害社会秩序和国家利益的除外)；

(7) 侵犯知识产权案(《刑法》分则第三章第七节规定的，但严重危害社会秩序和国家利益的除外)；

(8)《刑法》分则第四章、第五章规定的，可能判处 3 年有期徒刑以下刑罚的案件。

本项规定的案件，被害人直接向人民法院起诉的，人民法院应当依法受理。对其中证据不足、可以由公安机关受理的，或者认为对被告人可能判处 3 年有期徒刑以上刑罚的，应当告知被害人向公安机关报案，或者移送公安机关立案侦查。

第三类是被害人有证据证明对被告人侵犯自己人身、财产权利的行为应当依法追究刑事责任，且有证据证明曾经提出控告，而公安机关或者人民检察院不予追究被告人刑事责任的案件。

刑事自诉案件，一般案情简单，有明确的当事人，不需要进行专门的侦查活动，法院受理后，可依法进行调解，法律也允许当事人自行和解或由自诉人撤回起诉。

(三) 自诉状格式

刑事自诉状

自诉人：姓名、性别、出生年月、民族、文化程度、工作单位、职业、住址、身份证号码、联系电话。

(原告如为单位，应写明单位名称、法定代表人姓名及职务、单位地址)

被告人：姓名、性别、出生年月、民族、文化程度、工作单位、职业、住址、联系电话。

(被告如为单位，应写明单位名称、法定代表人姓名及职务、单位地址)

案由：____________________________

(写明是什么性质的案件)

诉讼请求：____________________________

(写明向法院起诉所要达到的目的)

1. ____________________________

2. ____________________________

事实和理由：____________________________

(写明起诉或提出主张的事实依据和法律依据，包括证据情况和证人姓名及联系地址)

此致

________人民法院

自诉人：(签名或盖章)

委托代理人：____年____月____日

附：1. 本诉状副本××份 (按被告人数确定份数)；

2. 证据××份；

3. 其他材料××份。

刑事附带民事起诉状

附带民事诉讼原告人：姓名、性别、出生年月日、民族、籍贯、文化程度、职业或者工作单位和职务住址等项。

法定代理人：姓名、性别等身份事项及与附带民事诉讼原告人的关系。

委托代理人：姓名、性别、工作单位、住址等；系律师的，写明姓名、工作单位和职务。

附带民事诉讼被告人：姓名、性别、出生年月日（或写年龄）、民族、籍贯、文化程度、职业或者工作单位和职务、住址等项。

诉讼请求：____

事实与理由：____

证人姓名和住址，其他证据名称、来源。

此致

××人民法院

附带民事诉讼原告人：（签、印）

××××年××月××日

附：本状副本××份。

(四) 内容和制作方法

1. 首部

首部，依次写明标题、当事人情况。

(1) 标题，即文书的名称，只写为“刑事自诉状”，不应以“起诉状”“刑事诉状”等代替。

(2) 当事人情况。其称谓分别为“自诉人”和“被告人”，均应依次写明：姓名、性别、出生年月日、民族、出生地、文化程度、职业或工作单位、住址和身份证号码等项目，其中，出生年月日在实践中可采取变通写法，即可写成“×岁”。

当事人如系未成年人，一定要另外写清其法定代理人的情况，即姓名、工作单位和职务以及与自诉人（或被告人）的关系等项目。至于文化程度一项，以国家承认学历的正规教育为准来书写，如小学、初中、高中、中专、大专、本科等，没有文化的写文盲。文化程度一项也可不写。

另外，当事人称谓与姓名之间用冒号分开，其他各项之间用逗号分开，最后用句号，一般情况下其他标点符号不要用。

自诉人和被告人为两人以上的，自诉人按受害程度轻重排列；被告人按罪行轻重列出，重的在前，轻的在后，然后分别写明各人的基本情况。

2. 正文

正文，即文书的主体部分，依次写出以下内容。

(1) 案由和诉讼请求。

首先，案由是案件的内容提要，应根据被告人的犯罪事实和触犯的刑法条款认定其行为的性质，以按照刑法分则规定的具体的罪名明确案由，通常将案由写成罪名即可。案由应准确具体，不能以类名代替具体罪名。例如可写为“重婚罪”或“故意伤害罪”等，不能写为“妨碍婚姻、家庭罪”或“侵犯人身权利罪”等。

其次，写明诉讼请求。诉讼请求是自诉人提起诉讼要达到的目的。应当根据确认的案由，向人民法院提出诉讼请求，例如“被告人×××犯重婚罪，请依法惩处”。

所提出的诉讼请求，要具体、明确、切合实情。

一要明确，即明确向人民法院提出被告人×××犯了什么罪，请依法惩处。但不要提过于具体的要求，比如说“请判处有期徒刑×年”，这是不合适的。如“追究被告人遗弃罪刑事责任，判处十年有期徒刑”即属不当。

如果提起附带民事诉讼，例如要求被告人赔偿经济损失，对此项诉讼请求则要求具体、详细地写明，应写清具体的赔偿数目。

二要开门见山，直截了当，有什么要求就提出来，不要解释原因，不要阐明理由，以免与后面的“事实和理由”部分相重复。

（2）事实和理由。

这一部分应重点阐述，它是自诉人提出诉讼请求的依据。

首先，采用叙述的方式写明被告人对自诉人侵权行为的具体事实，交代清楚犯罪的时间、地点、动机、目的、手段、情节、结果等要素。

写入自诉状的犯罪事实应当实事求是，经得起法庭调查以及被告人、辩护人的质询和反驳。证据要充分、确凿。注意明确罪与非罪的界限，切忌将被告人一般违法乱纪行为、道德品质和思想意识方面的问题写入事实。案件中的关键性情节一定要详细、具体，如关系案件性质的情节、影响量刑的情节等应详叙。在自诉的八种刑事案件中，针对某些犯罪的构成，刑法规定了必备的要件。例如，《刑法》第261条规定：“对于年老、年幼、患病或者其他没有独立生活能力的人，负有扶养义务而拒绝扶养，情节恶劣的，处五年以下有期徒刑、拘役或者管制。”这里规定了遗弃罪的构成要件，因而在自诉状中应写明自诉人属年老、年幼、患病或者其他没有独立生活能力的人这一事实，以及被告人有扶养义务而拒绝扶养的有关情节，以此反映遗弃罪的特征。

叙事时最常用的方法是自然顺序法，即依犯罪事实发生的时间线索，从犯罪的起因、犯罪的预备到实施犯罪的过程一一写清，使人便于了解案件全貌。如一罪数次的案件也可采用突出主罪的叙述方法，以强调重点情节。无论是哪种叙事方法都要将案情的因果关系如实讲清，即损害结果是否由被告人的犯罪行为引起，被告人主观上是出于故意还是过失，以明确被告人的刑事责任。

其次，阐述提起控诉的理由。

这包括两层内容：第一，对案情事实作法理上的概括。此即依照犯罪构成的理论，说明被告人行为的性质及社会危害性，已具备构成某一犯罪的要件。第二，在概括事实的基础上，对被告人犯罪的动机、目的、手段、危害后果、被告人事后的态度以及影响量刑的情节、条件进行简要的论证分析，以高度精练的语言援引相应的法律条款写明结论性意见，重申诉讼请求。例如：“被告人杨×，明知张×为有妇之夫，公然以夫妻关系与张×同居和生活长达2年之久，张×已有妻子、孩子，又与她人以夫妻关系共同生活，根据《刑法》第二百五十八条之规定，被告人的行为已构成重婚罪，请依法追究其刑事责任。”

在引用法律条款时应具体、完整、准确，可参照一审刑事判决书的写法。

事实和理由要前后呼应，密切相关，理由应根据案情确定犯罪性质，阐述从重从轻处罚的情节，不能出现彼此脱节甚至矛盾的现象。应做到摆事实，讲道理，以理服人，以法服人。

（3）证人姓名和住址，其他证据名称、来源。

根据刑事诉讼法的规定，自诉案件的自诉人负有举证的责任。自诉状中应列举充分的证据证明被告人的犯罪事实，使前面的事实和理由拥有坚实的基础。

列举证据时应当注意以下内容。

1）证据与犯罪事实有客观联系，凡是能证明事实的真实性的证据都应列举，尤其应注意收集关键性证据。2）证据来源要清楚，以说明取证的合法性。3）对证据力应适度分析，以说明证据的可信度。4）证据名称要规范化。《刑事诉讼法》第48条规定：“可以用于证明案件事实的材料，都是证据。证据包括：（一）物证；（二）书证；（三）证人证言；（四）被害人陈述；（五）犯罪嫌疑人、被告人供述和辩解；（六）鉴定意见；（七）勘验、检查、辨认、侦查实验等笔录；（八）视听资料、电子数据。”证据名称应与此一致。5）物证等要写明具体名称、件数，鉴定意见和勘验、检查笔录要写明制作单位，以及针对的内容等。证人姓名要准确，住址具体详细。

3. 尾部

尾部，应依次写明送达法院的名称、诉状副本份数、自诉人署名并注明年月日。

注意：自诉人向人民法院提交刑事自诉状的同时，应当提交本状的副本。副本的份数根据被告人的人数确定，如被告人有 3 名，则本状副本 3 份。自诉状的副本由人民法院转交被告人。

三、实训任务

任务 1：原理学习

任务要求：认真学习实训原理，思考：怎么在 10～15 分钟内给同伴讲清楚刑事自诉状的写作要领？（建议做成 PPT）

任务 2：实例学习

任务要求：

（1）认真阅读分析下列实例，分析实例的写作目的、逻辑结构及其表述特点或问题。

（2）任选一实例，把实例分析的成果制作成 PPT，并向小组同伴讲述，讲述不清时返回再分析、再修改，如此循环，直至讲清楚为止。

（3）小组长要认真组织和记录小组的学习活动。

【实例 1】

刑事自诉状

自诉人：杨××，女，1958 年 4 月 18 日出生，汉族，××省××县人，农民，住××省××县××乡×村。

委托代理人：齐×，男，1960 年 10 月 9 日出生，汉族，××省××县人，××公司技术员，住××省××县城 20 号，系自诉人之弟。

被告人：孙××，男，1958 年 1 月 4 日出生，汉族，北京市×区人，系北京市×区×厂工人，住本厂工人宿舍。

案由和诉讼请求：

被告人孙××犯虐待罪，请求法院依法追究被告人刑事责任。

事实与理由：

我与被告人孙××系夫妻关系，1982 年结婚，生一男孩孙×（12 岁），婚后感情尚好。自 1989 年 7 月，被告人与女徒工林××来往密切，后发展为通奸关系。我知道后曾多次向××厂领导反映要求解决，因种种原因未能及时得到解决。被告人孙××为了达到离婚的目的，变本加厉地从精神上折磨我，从经济上克扣我，用言语刺激我，使我患有精神分裂症。1990 年 6 月 10 日夜间，被告人假借为我治病之机，使用暴力强行挟住我的颈部往我嘴内灌砒霜，企图置我于死地，因为我强咬牙关，被告人的目的才未得逞，但却造成我舌尖糜烂、嘴唇脓肿的严重后果。

1991年2月15日夜里，被告人又用剪刀扎我，要对我下毒手，由于我急忙用右手将剪刀尖攥住，才幸免于难。但我右手被扎伤四处，缝合六针，至今还留有伤疤。

被告人孙××，为了达到与我离婚和林××结婚的目的，自1989年开始，从精神上、肉体上长期虐待、摧残我，经济上限制我，使我的身心受到严重伤害，根据《中华人民共和国刑法》第二百六十条第一款的规定，被告人的行为已构成虐待罪，情节恶劣，请求人民法院依法追究被告人孙××的刑事责任。

证人姓名和住址，其他证据名称、来源：

我患有精神分裂症的事实，有××医院诊断证明证实；被告人孙××强行往我嘴内灌砒霜的事实，有邻居李××可以证实，李××与我住同村；被告人孙××用剪刀将我右手扎伤的事实，有××医院外科诊断证明和邻居王××、刘××证实，现王××、刘××与我住同村。

此致

××县人民法院

自诉人：杨××

××××年××月××日

附：本诉状副本1份。

【实例2】

刑事自诉书

自诉人：黄××，男，1968年10月20日生，汉族，陕西省××县人，陕西××铸字机厂第三车间工人，住××市××路××厂福利区××号楼××室。

被告人：周甲，男，23岁，汉族，陕西省××县人，陕西省××县××乡××村第4组村民。

被告人：周乙，男，21岁，汉族，陕西省××县人，系被告人××之弟，职业、住址同上。

案由和诉讼请求

就上列被告人故意伤害自诉人一案，诉请人民法院依法追究其刑事责任，并令其承担医疗费437.68元，赔偿自诉人误工损失316元。

事实与理由

自诉人在本厂轮休期间，于5月26日到××县××乡××村姑母家探访，当天下午姑父和表弟在家门前菜地中砍伐自己种植的泡桐树，自诉人前去帮忙干活。刚用锯子锯了一半，姑父的邻居周××带着他的两个儿子即被告人周甲、周乙上前阻拦，声称这棵树长在他家承包菜地的界畔上，应该有他家一半，不准姑父砍伐。我姑父向他们解释说，11年前即1982年村里搞承包时，合同上载明这棵树属种植者所有，邻居承包菜地时村委会在丈量面积时，已把树荫遮盖面积除去，算在我姑父名下，不存在属于两家的问题；并说明伐树已征得村委会同意，不是擅自砍伐。而被告人周甲提出，要伐得立即给他家付200元补偿费，否则不准锯树，并且要赔偿100元"破坏林木费"。双方为此发生争执，二被告及其父亲仗着人多势众砸坏锯子，动手撕打姑父和表弟。我上前劝解阻拦，要求他们请村委会干部处理，周乙转身朝我右胸打了一拳，将我打倒在地，还辱骂说："你算什么东西，这里哪有你说话的地方？"后众邻居赶来劝架，树未伐成，争执暂时平息。

次日一早我要返回工厂，行至村西约三里许，被告人周甲、周乙骑着自行车从后面赶来，从我身边驶过时故意撞我，我看清是他们，质问他们要干什么，两人跳下车子揪住我就打，周甲说："干什么？给你教教乖，看你臭小子再敢多嘴！"周甲手握一小型绿色打气筒朝我打来，我躲闪不及，用左臂拦挡，被打得疼痛难忍，大声呼救。二被告见状骑上车子朝北面的公路逃去。我被闻讯赶来的姑父送往乡医院治疗。经检查，除背部、胸部两处青肿瘀伤外，左臂肱骨呈线性骨折，住院17天回家调理，前后40余天未能上班。

我认为，被告伐树时动手打我尚属发生民事纠纷时的过激行为，可不计较；而次日打我则是出于报复的故意伤害行为，侵犯了我的人身权利，根据《中华人民共和国刑法》第二百三十四条的规定，应受到法律的制裁。为此，依照《中华人民共和国刑事诉讼法》第二百零四条的规定，特向你院起诉，请依法判决。

此致

××县人民法院

自诉人：黄××

××××年××月××日

附：1. 本状副本2份；

2. 医院诊断证明1份；

3. 医疗费单据28张；

4. 本单位职工误工证明1份。

（摘自《现代实用文体写作教程》，张芳霖、徐求真主编，江西高校出版社，2001）

【实例3】

刑事附带民事起诉状

附带民事诉讼原告人：康某，男，21岁，××市××面粉厂工人，住某市××区××路20号。

法定代理人：康某民，男，64岁，××省××市老干部局退休干部，住址同上，系原告人之父。

附带民事诉讼被告人：杨某林，男，29岁，某面粉厂工人，住本厂宿舍。

诉讼请求：依法判令被告人赔偿因其犯罪行为给原告人造成的医药费等经济损失52 626.11元。

事实和理由：

我和被告人同在一个单位工作，20××年7月29日上午11点，我正坐在车间的窗台上休息，被告人从外车间提着一个盛有稀料的小桶放在我的跟前，说是想把小桶拿回家钓鱼，我出自好意地对被告人说："我帮你把小桶烧烧吧。"随即划一火柴放在小桶里，桶里的稀料开始燃烧起来，我马上跳下窗台，这时被告人看到自己的小桶着火，一气之下将小桶里的稀料泼到我身上，顿时我浑身着火，疼痛难忍，幸亏在场的同事相救，才免于更大的伤害。

烧伤后，我先后到解放军某医院和某医学院附属医院治疗，共花去医药费18 315.76元，我的工资损失每月245元，休病假每月只开76.20元，到目前13个月共2 194.40元，病人营养费（13个月）2 000元，病人护理费（3人，40天），即原告人的父、母及哥哥按一般临时工计算每天工资10元，共计1 200元。其他费用：护理人员住宿费264元，护送病人的车费330元，护送病人、大夫、司机共9人，招待费85元，复印照相费40元，护理人员来回车费152.10元，电话费44.55元。

20××年9月10日，经本市公安局司法技术鉴定：烧伤后桡神经致其腕关节、指关节功能严重障碍，功能丧失50%以上，全身烧伤面积40%，最后结论属重伤。被告人现已被××市人民检察院依法提起公诉。根据《中华人民共和国刑事诉讼法》第一百零一条之规定，原告人依法提起附带民事诉讼，要求被告人赔偿因其犯罪行为给原告人造成的经济损失，并负担原告人因伤致残失去部分劳动功能的伤残补助费24 000元、整容费500元，以上费用总计53 626.11元，减去被告人缴纳的1 000元，应负担原告人52 626.11元。

证据及证据来源：

1. 某市公安局司法技术鉴定书1份；

2. 医疗费单据93张；

3. 去医院来往车票48张。

此致

××市人民法院

附带民事诉讼原告人：康某（签、印）

20××年9月16日

附：本诉状副本1份。

任务3：语言表达与修辞训练（语病修改）

任务要求：

（1）认真阅读分析下列材料，指出材料中的语病。

（2）讨论：语病产生的原因及语病修改。

[例1] 当胡离婚的请求被法院驳回后，即对徐恣意虐待，企图逼迫徐提出离婚。先是经济上克扣，随后又采用暴力殴打、污水泼身、逐出门外，不给住宿等恶劣手段，对徐百般凌辱。

[例2] 从本案看，被告人胡×的行为和人民法院的判决也同样符合新刑法第二百零六条第一款的规定，是正确的。

[例3] 无论在新刑法的规定中还是在原刑法的规定中，已满14岁不满16岁的人对抢劫罪都应负刑事责任，但对其犯罪行为应当从轻或者减轻处罚。

[例4] 认定本案究竟是犯罪未遂还是犯罪预备，关键是要正确认识行为是否已经着手犯罪的实行行为。是否着手犯罪的实行行为是区分犯罪预备与犯罪未遂的标志。

[例5] 1990年8月至1991年2月，被告人黄×伙同他人身着警服、腰挎枪盒、手持电警棍、电击枪等作案工具，窜至广汉市雄城镇、雄城疏菜六社、东南乡等地，采取以“抓赌”为名，用电警棍相威胁，强行搜身等手段，抢劫多次，劫取现金2 170余元价值1 470余元的手表等财物。

[例6] 被告人王×因家中房间少，人多不能住，于1992年4月到其叔叔王甲家借宿。同年8月20日，王×在其叔叔王甲家午睡过后，闲着无事，想找本小说，就随手拉开了王甲忘了上锁的书桌抽屉，发现内有一叠崭新的10元面值人民币，王×顿起贪心，趁家中无人，悄悄从中抽走50元。由于王甲大意，没有发现其抽屉内短少现金。

[例7] 郭因去深圳办事，遂将一密码手提箱交马暂时保管。马撬开手提箱，窃取郭在上海的银行存折2个，合计人民币3.9万元，现金270元及私人图章等物，回上海从银行支取郭的全部存款，大肆挥霍。

[例8] 被告人陈×原系湖南省石门县化肥厂出纳员，从1988年5月至1991年11月，他利

用职务上的便利，采取收入不记帐、偷支本厂在银行的存款、监守自盗等手段，先后作案62次，侵吞公款175 651.94元，后恐罪行暴露，销毁部分单据后携公款5.4万余元潜逃，被抓获归案。破案后，追缴赃款赃物96 769.22元，造成损失共计78 882.72元。

[例9] 被告人杨×、施×作为新河口村合作社干部，张×作为新河口村村民，对于因停车之事与旅游公司发生的纠纷；本应通过正常渠道向县乡等有关部门反映，同旅游公司协调解决。但三被告人却无视法律，煽动、指使村民到滨湖公园闹事，妄图以此解决纠纷。更为严重的是，当各级组织出面解决时，三被告人仍不听劝阻，并抗拒、阻碍公安干警执行公务，继续煽动村民闹事、殴打公安干警和旅游公司职工、致使公园无法正常营业、情节严重，影响极坏。

[例10] 6月27日，薛甲同其弟薛乙由铁矿窜至市区，纠集夏甲、夏乙、魏×、张×、李×等20余人，张×还拿出人民币90元，从商店购买了4把大片刀，尔后乘火车返回铁矿。

任务4：法律思维训练

任务要求：

(1) 根据下列案情，讨论被告人梁某能不能提起反诉。

(2) 若被告人梁某提起反诉，如何写理由？

(3) 组长应做好讨论记录，并将结果记录在报告中。

【案情】

自诉人唐某与被告人梁某系邻居。2004年7月的一天，两人因倒垃圾发生口角，后双方相互推搡，在推搡过程中，自诉人唐某随手从地上捡起一根木棍击打被告人梁某，致梁某头部及手部受伤，后被其他邻居拉开。被拉开后梁某回家拿来一把菜刀，向唐某砍去，唐某头部被砍中一刀，当即晕倒。双方被各自家人送往医院治疗。唐某头部被砍造成轻伤，在医院缝合九针，在家休息两个月。梁某左手被打骨折，经法医鉴定为轻伤，在家休息近两个月。唐某以梁某为被告向法院提起自诉，要求追究梁某故意伤害罪的刑事法律责任，并请求法院判令梁某赔偿经济损失。法院受理立案后给梁某送来了起诉状副本，梁某收到起诉状副本后即到律师事务所找律师进行咨询：他能否起诉唐某、要求法院追究唐某的刑事责任并请求民事赔偿。

任务5：文体写作训练

任务要求：

(1) 下面是某律师事务所的一份接待笔录片段，请根据笔录内容制作一份刑事自诉状。文书中不足部分，根据需要增加。

(2) 个人完成后，要结“对子”互评，对作品的结构、写作目的是否达成、语言表达等内容进行评价。小组要推荐做得好的同学在课堂上展示，展示的同学可使用PPT。

(3) 每位同学对文书写作训练中存在的问题要进行修改，提交的刑事自诉状应该是反复修改后的成果。

(4) 小组长要召集小组成员讨论和交流写作体会，并写入报告中。

【实训素材】

问：你叫什么名字？

答：李××。

问：住址？

答：××省嘉善县人，嘉善××厂职工，住嘉善县××镇××酒厂宿舍××室。

问：你要到法院告谁？

答：我要告沈××。

问：你和沈××是什么关系？

答：我们在同一家工厂上班。

问：那你告他什么？

答：沈××在他家卫生间违章砌筑了浴池，造成我家厨房顶部时有渗漏水现象，双方曾多次发生争吵，我多次向本厂有关领导反映，都没有得到解决。

问：等等，你家与沈××家是怎么回事？

答：我们是同幢楼的上、下层邻居。沈××家就在我家楼上，我家是102室，沈××家是202室，他家刚好在我家楼上。沈××于20××年××月××日在自家厨房兼卫生间中违章砌筑了浴池，他又不修好一点，老是渗漏水下来，我叫他修一下，他就跟我吵架。我多次向厂里有关领导反映，均未获解决。

问：你是告他修浴池吗？

答：不是。我是要告他打我。20××年7月6日下午5时左右，我发现厨房顶部又渗漏水，即上楼找沈××交涉。我说他两句，他就打我，我们就在二楼走廊里扭打起来。沈××用塑料拖鞋打击了我的头顶部，打了好几下，后来被邻居劝开。当晚我就感到头痛，即去医院治疗，至7月13日出现抽搐、冒汗，送××武警总队医院住院治疗至同月31日出院，经诊断为脑挫伤。我因伤先后花去医药费13 240.69元，车旅费600.1元，其他经济损失有：误工工资32 212元、各种奖金2 000元、陪护人员误工八天计400元、住院25天伙食补助费1 000元、营养费1 000元。(这些是发票和证明)

问：你只是要他赔你钱吗？

答：不，我告他坐牢。

问：那你要有相应的证据。

答：我有。我有××市中级人民法院法医鉴定，证明我脑挫伤成立，且该伤与20××年7月6日头部外伤有因果关系，其损伤程度属轻伤。

问：还有什么证据？

答：没有了。

问：好。我们起草好了会通知你过来看，再商量。你想起什么，请及时通知我们。

答：好。

项目5　辩　护　词

一、实训目的

(1) 能理解和讲述刑案辩护词的结构及各部分的表述方法。

(2) 能运用法学理论，依据刑案依法说理。

(3) 能根据案情，运用法律法规知识制作一份合格的辩护词，在实训中培养分析问题的能力、语言运用能力，为今后从事相关法律实务工作奠定坚实的基础。

二、实训原理

辩护词是辩护律师在法庭审理过程中，履行职责，为维护被告人合法权益向法庭发表的演说性意见。它是辩护律师就起诉书对被告人指控的罪行，从认定事实、运用证据到适用法律和诉讼程序等方面作出的全面评价，是辩护律师辩护意见的集中体现，是其履行辩护职能的重要手段。

撰写辩护词应当遵循以下几项基本任务要求。

第一，坚持以事实为根据，以法律为准绳的原则，实事求是地提出被告人无罪、罪轻或者减轻、免除其刑事责任的材料和意见，维护被告人的合法权益。

第二，准确援引法律条文，正确阐述法律含义，注意区分罪与非罪，此罪与彼罪的界限。

第三，抓住重点，有的放矢，观点明确，论证充分，用语规范简洁。辩护词的结构一般包括前言、辩护理由和尾部三个部分。

1. 前言

前言主要说明辩护人出庭辩护的合法身份和出庭任务、出庭前的准备工作以及对本案的基本看法。

(1) 首先应说明辩护人出庭的合法身份和出庭任务。根据《刑事诉讼法》第33条和第34条的规定，辩护人出庭为被告人辩护有两种方式：一是经人民法院指定、被告人同意，二是受被告人委托。实践中，还要表明是受律师事务所的指派。这既显示了出庭的合法性，又说明了辩护人出庭的任务。可表述为：

根据《中华人民共和国刑事诉讼法》第三十四条第×款的规定，经×××人民法院指定，并征得被告人×××（姓名）的同意，由我担任×××（主要被告人姓名）××（案由）一案的被告人×××的辩护人，出庭为他进行辩护。

或表述为：

根据《中华人民共和国刑事诉讼法》第××条第××款第×项的规定，我接受×××（主要犯罪嫌疑人或被告人姓名）××（案由）一案的犯罪嫌疑人（或被告人）×××的委托，并由××律师事务所指派，担任他的辩护人，出庭为他进行辩护。

（2）简要说明辩护人在开庭前进行的准备工作，如查阅案卷、会见被告人、调查取证等，以向法庭表明自己提出的辩护意见是有根据的，然后对法庭作简要的交代。

（3）提出对本案的基本看法。在陈述了自己的合法身份、出庭任务和开庭前所做的工作之后，接下来辩护人要针对人民检察院的公诉书或自诉人刑事自诉状的内容，提出自己对本案的基本看法，即辩护论点。辩护论点是辩护人在全面综合分析研究案件材料的基础上形成的为被告人进行辩护、维护其合法权益的基本观点。

一般而言，确立辩护论点有如下几种情况：

一是认为起诉书指控的罪名不能成立，将作无罪辩护。

二是认为被告人依法可以或应当从轻、减轻或免除刑事责任，将作从轻、减轻或免除刑事责任的辩护。

三是认为被告人的行为虽已构成犯罪，但依照《刑事诉讼法》第16条的规定不应追究刑事责任，将作不追究刑事责任的辩护。

四是对部分事实不清、证据不足的案件，将作减轻刑事责任的辩护。

五是对事实清楚、证据确实充分，但定性不准、适用法律不当的，将从案件性质方面进行辩护。

辩护词前言多表述为：

开庭前辩护人认真地研究了××××人民检察院×检刑诉〔××××〕××号起诉书，详细查阅了本案全部卷宗材料×次，获得充分的事实材料和证据。今天又出席了庭审调查，对本案有了较为全面的了解。我认为……（提出对本案的基本看法）。理由如下……

2. 辩护理由

辩护词的正文乃辩护理由，这是辩护词的核心部分。辩护理由通常从以下几个方面展开为被告人进行辩护。

（1）从犯罪事实的认定方面进行辩护。犯罪事实是定罪量刑的基础，如果不存在被指控的犯罪事实，或者被指控的犯罪事实不能完全成立，或者被指控的犯罪事实与事实真相之间出入较大，甚至被歪曲，辩护人应当提出证据，阐明事实真相，证明被告人被指控的事实不成立或者不完全成立，从而达到辩护的目的。犯罪事实的认定直接影响被告人的罪与非罪，罪轻与罪重，辩护人必须充分论证，据理反驳和辩解，从而使被告人的合法权益得到维护。

（2）从适用法律方面进行辩护。被告人的行为是否构成犯罪，构成何罪，罪轻还是罪重，一罪还是数罪，需要适用具体的法律规定加以确定。如果公诉人提起公诉，自诉人提起刑事自诉，适用法律错误，将无罪认定为有罪，如将本应适用正当防卫规定的行为认定为故意伤害；或者将罪轻认定为罪重，将本应适用一般规定的行为认定为应适用从重处罚的行为；或者未能或故意不适用有关从轻、减轻、免除刑事责任的法律规定，对被告人有自首或立功等法定从轻、减轻、免除刑事责任的行为不予提及，辩护人就应该引证有关法律条款，结合被告人的行为进行分析论证，直接指出控诉一方适用法律的不当之处。

（3）从程序方面进行辩护。如果诉讼过程中存在违背法定的刑事程序之处，如刑讯逼供、有关办案人员应该回避而未回避，就会影响对案件的公正处理。实践中也确实存在因违反了程序法的规定而造成的对案件处理不当，损害被告人合法权益的情况。辩护人应当就此提出辩护意见。

(4) 从有关情理方面进行辩护。实践中常常存在这样的情况。被告人的行为虽然已构成犯罪，但其行为却与被害人有过错的行为或故意的挑衅刺激有直接的关系；或者是在特定的情况下作出了错误的选择；或者被告人一贯表现良好且为初次犯罪；或者被告人认罪态度良好并有悔罪表现；或者被告人具有特定的家庭情况需要考虑等，如被告人因不堪忍受被害人长期的虐待、威胁，愤而杀害被害人或故意伤害被害人。辩护人应抓住此类情形展开分析论证，请求人民法院在裁决时予以考虑。

辩护理由的写作要点：

(1) 辩护论点必须明确。无论是作无罪辩护，还是罪轻或从轻、减轻、免除刑罚的辩护，辩护人必须明确提出自己的观点。对被告人的同一行为，以上两种论点不能同时并存。

(2) 分析论证必须有理有据、合法。辩护人必须基于事实和证据进行辩护，不能置事实、证据与法律于不顾，无中生有、胡编乱造。

(3) 法律条款的引用必须准确无误。在引用法律条款时应准确、全面，并具体到条、款、项。

(4) 语言文字应当准确、简洁、适当。辩护词中在对案件进行分析论证时，既要准确深刻，也要注重简洁、适当，不能重复、啰唆，言之无物。

3. 尾部

辩护词的尾部由结束语和辩护词的签署组成，具体内容如下：

一是结束语。辩护人在最后应对辩护意见进行归纳总结，提出结论性意见，重申辩护的主旨。辩护人也可向法庭提出请求和建议，或请求法庭对辩护人的辩护意见给予充分的考虑和足够的重视，或向法庭提出对被告人如何定罪量刑、如何适用法律条款的要求和建议。

结束语要言简意赅，观点明确，切忌拖泥带水，模棱两可，并且要与辩护理由保持一致。

二是辩护词的制作主体和制作时间。辩护词最终由辩护人签名并注明制作的日期，具体写明年月日。

三、实训任务

任务 1：原理学习

任务要求：认真学习实训原理，思考：怎么在 10～15 分钟内给同伴讲清楚辩护词的写作要领？(建议做成 PPT)

任务 2：实例学习

任务要求：

(1) 认真阅读分析下列实例，分析实例的写作目的、逻辑结构及其表述特点或问题。

(2) 任选一实例，把实例分析的成果制作成 PPT，并向小组同伴讲述，讲述不清时返回再分析、再修改，如此循环，直至讲清楚为止。

(3) 小组长要认真组织和记录小组的学习活动。

【案例1】

刘某彬盗窃案件辩护词（一审）

尊敬的审判长、审判员：

被告人刘某彬盗窃一案，我受刘某彬亲人的委托，并受黑龙江某某律师事务所的指派，担任被告人的辩护人。

通过查阅案卷、会见当事人、进行充分的调查取证，辩护人认为：本案事实不清、证据不足、运用法律明显不当，指控的盗窃罪名不能成立，现辩护人根据本案的事实和法律，具体辩护意见如下：

一、检察机关提起公诉的理由不能牵强附会

检察机关理应严格以事实为依据，以法律为准绳办案，正确履行职权，实现惩罚犯罪和保障人权的统一。《人民检察院刑事诉讼规则（试行）》第六十一条规定："公诉案件中被告人有罪的举证责任由人民检察院承担。人民检察院在提起公诉指控犯罪时，应当提出确实、充分的证据，并运用证据加以证明。"辩护人通过查阅案卷材料发现，本案被告人刘某彬犯有盗窃罪的事实模糊不清，证据严重不足。团伙犯罪人当中，只有崔××一人供认和指认刘某彬参与了盗窃案，供述的内容和刘某彬在公安机关讯问笔录中所述的内容很不一致，漏洞百出，矛盾重重。肇州县检察院于2012年12月25日以州检补侦［2013］6号补充侦查决定书，针对刘某彬的供述，以"事实不清、证据不足"提出三点补侦建议，将此案退回肇州县公安局补充侦查。肇州县公安局于2013年1月24日回复肇州县检察院的补充侦查报告书显示，刘某彬的自我认罪的供述不实，矛盾疑点很多。且相关犯罪人员也对刘某彬参与2011年12月25日盗窃的犯罪事实予以否认。在此辩护人认为，除了崔××外，其他团伙成员根本就不认识刘某彬，刘某彬也就不可能参与那起盗窃案。因此，检察机关在没有新的证据支持的情况下，是不能以矛盾的证据对刘某彬提起公诉的。

二、法院不能依据不确实充分的证据定案判决当事人有罪

《刑事诉讼法》第四十八条规定："证据必须经过查证属实，才能作为定案的根据。"第五十三条规定："对一切案件的判处都要重证据，重调查研究，不轻信口供。只有被告人供述，没有其他证据，不能认定被告人有罪和处以刑罚；没有被告人供述，证据确实、充分的，可以认定被告人有罪和处以刑罚。"法院对有罪或无罪证据应逐件查证核实，防止错判误判。

（一）关于崔××的供述

崔××在供述笔录中称2011年12月25日晚受刘某彬雇用，为其盗窃原油溜道（踩点），由刘某彬让李××开车牌号为×××××的捷达车接他去溜道（踩点）。而在李××的供述笔录中，那次是崔××雇他的车拉着崔××和潘××去盗油的，并且在公安部门对李××第三次讯问时，李称当时不认识刘某彬。另外，同案犯潘××也称他是受崔××雇用参与那次盗油的。种种迹象表明，崔××就是那起盗窃案件的主犯，且都是在他一手组织策划下实施的。崔××指控刘某彬的供述，无法与其他犯罪人的供述相吻合，纯属为自己开脱罪责编造的谎言。也正是仅凭他一人供述，公安部门将刘某彬列为同案犯，网上追逃。在照片辨认环节，也只有崔××一人辨认刘某彬，没有其他人辨认刘某彬的记录，由此可以断定崔××有严重的诬告陷害之嫌。

（二）关于刘某彬的供述

刘某彬在公安部门的四次讯问笔录中，供述是受郭××、崔××雇用，参与了2011年12月25日盗窃原油溜道（踩点）事宜，辩护人通过阅卷和会见上诉人，认为刘某彬承认参与那起盗

窃案的有罪供述，纯属子虚乌有的不实之言，犯罪事实难以成立。在此，检察机关在指控犯罪方面和一审法院在作出有罪判决时，也不能仅凭刘某彬自己的供述，断定刘某彬是受郭××雇用，伙同崔××、潘××、李××、崔×春、潘×强、刘×、钱××等人参与了那起盗窃案。辩护人反复查阅7人的供述笔录，除崔××一人供述刘某彬与这起盗窃案有关外，另6人团伙成员竟没人供述刘某彬参与了这起案件，整个案卷材料中也没有郭××供认或承认雇用刘某彬盗窃的文字记载。刘某彬在供述中称2011年11月25日晚受郭××雇用为其盗窃溜道（踩点），并由郭××当晚开路宝出租车将其接回，还遇到了崔××、潘××、李××。肇州县公安局在今年1月24日给肇州县检察院补充侦查报告书中，证明郭××对雇用刘某彬溜道（踩点）和当晚接他回来的事实予以否认，同时崔××、李××、潘××等人也否认刘某彬当晚参与盗窃溜道（踩点）之事。至此，刘某彬没有参与盗窃案件的事实真相更加明朗，昭然若揭。

至于刘某彬为什么四次都对自己作有罪供述和指认犯罪现场而在庭审时翻供，刘某彬提到公安部门在讯问时对他有威胁、诱供和打耳光等体罚嫌疑，因为害怕才按警察意愿胡乱说的。因刘某彬无法提供证据支持，办案部门讯问刘某彬时也没采取同步录音录像，所以辩护人对此不过多评说，持保留态度和意见。毕竟在此背景下刘某彬是初次被限制人身自由，心理承受能力有限，难免发慌，编些不实供述来应付办案人员，也是情有可原的，构不成犯罪。

总之，崔××的供述和刘某彬本人的有罪文字供述明显互相矛盾，不能印证相符，依法不能作为定案根据。

（三）关于刘某彬和郭××、崔××等人的认识经过

2012年2月，刘某彬通过朋友认识了肇州县××乡××村××屯的闵××（女，身份证号码：××××××××××××××××××），两人开始处对象（恋爱关系），3月中旬刘某彬到闵××家，那次和闵××父亲闵×喜处的关系较好的本屯郭××，请闵××一家去肇州县城吃火锅，当时刘某彬也参加了。这也是刘某彬初次认识郭××。2012年3月下旬的一天上午，刘某彬和闵××正在林甸县城，接到郭××电话，郭提出想来林甸溜达，刘某彬和闵××当时也就热情地把郭××邀请到了林甸，郭提出还有几个肇州要好的哥们儿也想来林甸玩，刘某彬也就让郭××把他们于当日下午都邀到林甸，当时是李××开车拉着崔××等人来的。也就是这次通过郭××，刘某彬第一次接触认识崔××和李××等人。当日晚刘某彬把他们介绍到县城××家园西门的××旅店住宿。第二天刘某彬才知道崔××等人前一天晚上在旅店被肇州公安抓了。

在此，辩护人认为，通过以上事实证明刘某彬是2012年2月以后才认识接触的郭××和崔××，刘某彬完全不可能参与2011年12月25日那场团伙盗窃原油案件。当然，以上这些都得靠证据支持，因闵××自始都参与了以上的叙述事实过程，刘某彬被逮捕后他的家人多次找闵××，希望她出庭作证，因闵××外出打工不在家，其家人不配合而没能如愿。在此，辩护人提请审判人员传唤闵××出庭作证，以进一步查明案件事实。

因刘某彬和其他犯罪人都认识，指认和辨认出郭××、崔××等人都是正常的，但不能就此证实刘某彬参与了盗窃案件。

（四）关于刘某彬“网逃”的情况说明

刘某彬在崔××等人被抓后，一直和对象闵××在一起。2012年4月份在林甸县城干了一个月零散木工活。2012年5月份和闵××父亲闵×喜以及本屯的韩××、苏××等人在杜蒙县干了一段修铁路的活，6月份又和对象闵××通过朋友介绍到内蒙古莫旗一建筑工地干外建木工活。7月19日刘某彬又领着对象闵××来到沈阳找到在这里干木工活的自己的好友李×志、苏

×亮，和他们一起在这里继续干外建木工活。刘某彬业余时间经常用身份证登记上网，也一直和父母通话联系，所有这些李×志和苏×亮可以作证，直到2012年9月16日晚上网时被沈阳公安抓获，他才知道自己被网上通缉了。

关于肇州公安局根据崔××供述，对刘某彬列为网上逃犯内部网上通缉，刘某彬本人及家人一直不知道，肇州县公安局也从没到刘某彬家里去询问刘某彬的去向。辩护人通过阅卷得知，肇州县公安局于2012年3月28日抓获崔××，当日15时37分第一次讯问时，崔××就供述是受刘某彬雇用指使盗窃原油的，恰恰就在此时刘某彬和对象闵××就在林甸县城，为什么肇州县公安局不及时派人把刘某彬"抓获"，而是颇费周折和精力去网上追逃，令人大惑不解。辩护人会见刘某彬时他也称如果他知道崔××供述出他参与盗窃，或知道肇州县公安局网上通缉他，他会主动到公安机关说明情况听候处理，因为他根本就没有参与盗窃，更不知道被控犯罪和被网上通缉，也没有逃跑躲避追捕。从知道崔××被抓，刘某彬就一直和对象闵××在一起打工赚钱。

辩护人认为：一是刘某彬如果参与犯罪，在知道其他人都被捕获的情况下，不躲不藏始终以平和心态露面打工有反常规；二是刘某彬在去外地打工的情况下，以自己的身份证实名上网、买火车票、经常和家人打电话联系，公开暴露自己的行踪，也是不符常理的；三是刘某彬从2012年3月28日在郭××、崔××被抓获后，一直和对象闵××在一起，闵××和郭××是一个屯的，若刘某彬真参与了犯罪，等于在自己身边安放了一个"定时炸弹"，公安部门也会顺着闵××这条线顺藤摸瓜找到他，刘某彬不会傻到此地无银三百两的程度。种种迹象表明，刘某彬肯定是冤枉和无辜的。闵××是关键证人，辩护人在此提醒法庭对以上事实予以查明，还当事人以清白。

三、对刘某彬的量刑不能过重

退一步说，假使刘某彬有盗窃的犯罪事实，也是初次犯罪，主观恶性不深，在犯罪过程中也是起帮助作用，系从犯，理应从轻或减轻处罚，综合肇州县人民法院（2012）州刑初字第322号判决书中潘××（二年六个月）、李××（二年二个月）的刑期，刘某彬应在一年以下的刑期内酌情判处刑罚，或判处一年有期徒刑缓刑一年执行，以利于罪刑相适应原则，也给刘某彬一次改过自新的机会，充分体现惩罚与教育相结合的法治理念。另外《最高人民法院、最高人民检察院关于办理盗窃刑事案件适用法律若干问题的解释》已于2013年4月4日实施，该解释调整了盗窃罪数额较大、数额巨大、数额特别巨大的标准，建议法院在量刑时依据该规定执行。

综上所述，辩护人认为，根据《刑事诉讼法》第53条和人民检察院刑事诉讼规则有关规定，无论是提起公诉还是有罪判决，依据的证据必须确实、充分，具体是指：定罪量刑的事实都有证据证明；据以定案的证据均经法定程序查证属实；证据之间、证据与案件事实之间不存在矛盾或者得到合理排除。而本案对刘某彬定罪的主要事实和证据矛盾重重。根据疑罪从无的原则，建议法院进行析疑断狱，依法判决。

辩护律师：姜占山
二〇一三年七月十日

【案例2】

吴×龙抢劫案辩护词（一审）

尊敬的审判长、审判员：

黑龙江××律师事务所接受被告人吴×龙近亲属的委托，指派我作为其涉嫌抢劫、盗窃一案的一审的辩护人。依《中华人民共和国刑事诉讼法》第32条、第35条，《中华人民共和国律师法》第28条之规定，为维护被告人的合法权益，在经过庭前阅卷、会见在押被告人，今天又参加了法庭审理后，我对本案有了充分的了解。为履行辩护人应尽的职责，现依据事实和法律，发表如下几点辩护意见，供法庭参考：

辩护人认为公诉机关以庆高新检未刑诉（2013）第90号起诉书所认定的被告人吴×龙涉嫌抢劫、盗窃一案的事实基本属实，对起诉书中指控被告人吴×龙的行为触犯了《中华人民共和国刑法》第263、264条之规定，构成抢劫罪、盗窃罪的定性也不持异议。下面，辩护人谈谈以下四点意见：

一、吴×龙协助公安机关抓获团伙主犯周×，有立功表现

2013年4月17日，萨尔图分局辖区××楼下发生三台车玻璃被砸、盗窃车内财物的案件。该局经侦查，很快锁定了犯罪嫌疑人吴×龙。

2013年5月6日，萨尔图分局派侦查人员在林甸县医院将吴×龙抓获。经现场在车上突审，吴×龙主动交代了伙同周×、杨×等人抢劫、砸车盗窃财物的犯罪事实，并提供了同案犯周×、杨×目前正在家中的线索。吴×龙还亲自带领侦查人员赶到林甸县××乡××村××屯周×家附近。吴×龙以自己打架上周×家躲几天，让周×出来接他为由，用电话将周×调出，使侦查人员当场顺利将主犯周×抓获。杨×发现有陌生人后逃跑。关于此案的详细破获经过以及吴×龙带领侦查人员抓获团伙主犯的立功情况，大庆电视台百湖频道“大城小事”栏目在2013年5月20日做了报道（详细视频辩护人已从网上下载，刻录制成碟子作为视听资料证据提交法庭）。根据《中华人民共和国刑法》第68条和《最高人民法院关于处理自首和立功具体应用法律若干问题的解释》第5条之规定，被告人吴×龙的行为应当被认定为立功表现，可以从轻或减轻处罚。

二、吴×龙在共同的团伙犯罪中起次要作用，系从犯

辩护人通过阅卷，根据本案5人的犯罪事实和情节，认为符合《中华人民共和国刑法》第25条共同犯罪的有关规定，同时适用《中华人民共和国刑法》第26、27条有关规定对共犯人进行分类，划分主犯和从犯，按其在共同犯罪中所起的作用大小，分别处罚，以利于罪刑相适应原则。具体到本案，在共同犯罪中，周×是起主要作用的犯罪分子，他直接指使、安排团伙成员的犯罪活动。一是，2013年4月16日上午密谋欲去大庆砸车玻璃盗窃作案，是他首先提出来的，也是他用自己的身份证租了一辆比亚迪轿车，亲自开车把吴×龙等4人拉到大庆××路区××网吧。在翌日凌晨1时许，在网吧中抢劫赵××，也是周×提出并指使吴×龙等人动手的。二是，2013年4月17日凌晨4时许，5人在大庆作完案开车往林甸县返回，当车行至××大街市场附近时，看见被害人戈××背着黄色背包在路边车站等车，也是周×提出抢这个人，并指使吴×龙、杨×、张××三人下车实施抢劫作案。所有这些事实有吴×龙、杨×、张××、苏××等4人在公安机关的讯问笔录予以证明。至此，周×在本案的犯罪中系主犯，被告人吴×龙所参与的主要犯罪活动都是在周×的组织、指挥下实施的，应为从犯。根据《中华人民共和国刑法》第27条的规定，在共同犯罪中起次要或辅助作用的，是从犯，对于从犯，应当从轻、减轻或者免除处罚。

三、被告人吴×龙对抢劫赵××一案构成特别自首

萨尔图区公安分局2013年6月4日对吴×龙的“抓获经过”和“发破案经过”两份材料证实，2013年4月17日，在该辖区××楼下发生三台车玻璃被砸盗窃车内财物案件，该公安分局也就是根据此案锁定吴×龙并将其抓获的。也就是说，公安部门当时对共同团伙犯罪中抢劫赵

××的案件事实并未掌握。在2013年5月6日萨尔图区公安分局对被告人吴×龙第一次讯问笔录中，吴×龙不但如实供述了自己及同案犯砸车盗窃的事实，还对公安部门不掌握的抢劫赵××的犯罪事实做了详尽供述。在2013年5月10日萨尔图区公安分局刑侦七大队王甲、王乙两名警官找赵××核对案情的询问笔录，也进一步证实了这一点。在该询问笔录第四页记载，赵××称因被抢东西不值钱，而且后来工作忙就没有报案。因此，被告人吴×龙对于抢劫赵××的犯罪事实构成特别自首无疑。按《中华人民共和国刑法》第67条第2款之规定："被采取强制措施的犯罪嫌疑人、被告人和正在服刑的罪犯，如实供述司法机关还未掌握的本人其他罪行的，以自首论。"另外《最高人民法院关于处理自首和立功具体应用法律若干问题的解释》第3条规定，被告人如实供述司法机关还未掌握的其他罪行的，以自首论。对于自首的犯罪分子，可以从轻或者减轻处罚，其中，犯罪较轻的，可以免除处罚。

四、被告人应受的惩罚

1. 被告人有法定从轻、减轻处罚的情节。起诉书指控被告人吴×龙的抢劫、盗窃犯罪，从被告人的供述和庭审查明的事实看，被告人犯罪时已满16周岁不满18周岁，作为未成年人，不能完全明辨是非，对于犯罪后果也缺乏足够的认识。根据《中华人民共和国刑法》第17条第3款"已满十四周岁不满十八周岁的人犯罪，应当从轻或者减轻处罚"的规定，考虑到其犯罪动机、手段、情节等，应当对吴×龙从轻或者减轻处罚。

2. 被告人有酌情从轻处罚的情节。首先，被告人吴×龙在共同实施抢劫、盗窃行为时，是周×首先提出的，也就是说最初提出犯意的并非被告人吴×龙，被告人在实施抢劫的过程中，主要是采取了威胁的手段，并没有危及被害人的人身安全，且抢劫金额不大，造成的社会危害性相对较小，其主观恶性也相对较小。

其次，在侦查人员第一次讯问被告人吴×龙时他就如实供述了自己的违法犯罪行为，坦白交代了问题，这一点也是不可否认的，即如实交代了犯罪事实和同案犯的姓名及基本情况（见公安机关对被告人的4次讯问笔录）。不仅如此，在检察机关审查起诉阶段直至今天的法庭审理，被告人对自己的犯罪事实也能如实供述。依《最高人民法院关于处理自首和立功具体应用法律若干问题的解释》第6条之规定："共同犯罪案件的犯罪分子到案后，揭发同案犯共同犯罪事实的，可以酌情予以从轻处罚。"

最后，被告人吴×龙系初犯，在被羁押期间能积极配合办案人员的工作，多次表示对其行为深感后悔，有悔罪表现。《最高人民法院、最高人民检察院、司法部关于适用普通程序审理"被告人认罪案件"的若干意见（试行）》第9条规定："人民法院对自愿认罪的被告人，酌情予以从轻处罚。"

综上所述，被告人吴×龙具有诸多法定及可酌情从轻或减轻处罚的情节，且其认罪态度较好，有悔罪表现。并且其在犯罪时是未成年人。对未成年人犯罪实行预防和教育为主的原则，是我国的一贯方针。我国《未成年人保护法》第54条规定："对违法犯罪的未成年人，实行教育、感化、挽救的方针，坚持教育为主、惩罚为辅的原则。对违法犯罪的未成年人，应当依法从轻、减轻或者免除处罚"。《最高人民法院关于审理未成年人刑事案件具体应用法律若干问题的解释》规定，为正确审理未成年人刑事案件，贯彻"教育为主，惩罚为辅"的原则，同时根据刑法等有关法律的规定，对未成年人罪犯适用刑罚，应当充分考虑是否有利于未成年人罪犯的教育和矫正。同时《中华人民共和国刑事诉讼法》第五编"特别程序"中的第一章专设了"未成年人刑事案件诉讼程序"。可见，对未成年犯的刑事处罚能轻则轻，能减则减，能免则免，最大限度地降低对未成年犯限制人身自由的程度，是我国对未成年犯审判的一项重要原则。相信被告人吴×龙本人已经充分认识到其行为的社会危害性，因此，特请求法院以体现惩罚与教育相结合，同时着重以教育为主、惩罚为辅的原则，依法从轻或减轻判处被告人吴×龙，给他一次重新做人的机会，使被告人吴×龙投入到社会中去，为社会作出贡献。

辩护律师：姜占山

二〇一三年十一月十日

【案例 3】

张××故意杀人案辩护词（一审）

尊敬的审判长、审判员：

根据《中华人民共和国刑事诉讼法》第三十二条、第三十五条，《中华人民共和国律师法》第二十八条之规定，黑龙江××律师事务所接受被告人张××近亲属的委托，并征得被告人的同意，指派我担任被告人张××的辩护人，参与本庭的诉讼活动。

庭前，我查阅了本案的卷宗材料，并且依法会见了被告人，使我对案情有了更清楚的了解，我认为大庆市龙凤区人民检察院庆龙检刑诉〔2013〕×××号起诉书指控被告人张××的犯罪事实清楚，但认定的罪名错误。为履行辩护人应尽的职责，现依据事实和法律，发表如下几点辩护意见供法庭参考：

一、检察机关以故意杀人罪提起公诉定性错误

通过阅卷和会见被告人，细致调查核实本案每一发展过程和细节，辩护人认为被告人张××主观上没有杀人的故意，客观上也没有实施恶劣的杀人行为。检察机关依据《中华人民共和国刑法》第二百三十二条以故意杀人罪对被告人起诉，追究刑事责任属对案件性质定性错误，认定罪名不当。从 2013 年 3 月 13 日 14 时 30 分发案的整个过程来看，被告人张××和同案犯郑××事先没有共同杀人的预谋，只是在办事返回途中，在龙凤区冯家窑附近偶遇民警查车，由于自己没有驾驶证，心虚害怕被警察查到受行政处分，受侥幸心理驱使，在郑××的直接指使下，开车逃跑，其目的是逃避检查。至于把现场执行公务的民警撞趴在车的前引擎盖上，尔后又继续开车行驶的行为，被告人当时只是心慌，急于想摆脱警察追捕，绝对没有杀人的犯罪动机。被告人自己和同案犯郑××供述，还有证人刘××的证言以及被害人彭××的陈述笔录证实，当时被告人张××车速只有 40～50 千米/小时，属于正常车速，如果他想置趴在前引擎盖上的警察于死地的话，加大油门高速行驶、左右急速摇摆、紧急刹车等方法，都会造成很大的危险性，进而直接夺去履职警察的生命。另外，被告人张××在开出 500 多米行至光明检查站附近时，意识到继续行驶会对车前盖上的警察有危险，所以主动停车。因车门被郑××从里面反锁，自己又下不来车，所以被郑××拽到后座上。后是郑××开车加速行驶，将警察拖成轻伤的。辩护人在此认为，被告人张××的停车行为应定性为犯罪中止，按《中华人民共和国刑法》第二十四条第二款之规定，对于中止犯，没有造成损害的，应当免除处罚；造成损害的，应当减轻处罚。

通过以上列举的案件事实，辩护人认为被告人张××的行为明显具有妨害公务的故意，理应以《中华人民共和国刑法》第二百七十七条妨害公务罪追究刑事责任，以利于罪刑相适应原则。

二、张××在共同犯罪中起次要作用，系从犯

辩护人通过阅卷，根据本案两人的犯罪事实和情节，认为符合了《中华人民共和国刑法》第二十五条共同犯罪有关规定，同时应适用《中华人民共和国刑法》第二十六、二十七条有关规

定，对共犯人进行分类，划分主犯和从犯，按其在共同犯罪中所起的作用大小，分别处罚。具体到本案，在共同犯罪中，郑××是起主要作用的犯罪分子。一是他直接指使被告人张××不顾警察的停车示意，直接开车逃跑，致使被害警察彭××被撞。二是在被告人张××在光明检查站附近停车的情况下，郑××又把张××拽到车后座上，继续加速开车前行，致使危险程度进一步增加，最后又是郑××驾车与同向行驶的车牌号为黑××××的黑色起亚轿车相撞，把被害人彭××撞至车下，拖出20多米，造成损害发生。因此，本案的另一被告人郑××是整个案件发生的始作俑者，其在两人共同犯罪中系主犯，被告人张××所参与的犯罪活动都是在郑××指挥下实施的，张××应为从犯。根据《中华人民共和国刑法》第二十七条的规定，在共同犯罪中起次要或辅助作用的，是从犯，对于从犯，应当从轻、减轻或者免除处罚。

三、被告人张××认罪态度较好，有悔罪表现

在侦查人员第一次讯问被告人张××时，他就如实供述自己的违法犯罪行为，属于坦白交代问题，按照《中华人民共和国刑法》第六十七条第三款之规定，可以从轻处罚。不仅如此，在检察机关审查起诉阶段直至今天的法庭审理，被告人对自己的犯罪事实也能如实供述。依《最高人民法院关于处理自首和立功具体应用法律若干问题的解释》第6条之规定："共同犯罪案件的犯罪分子到案后，揭发同案犯共同犯罪事实的，可以酌情予以从轻处罚。"

四、被告人身体健康状况差，应予以救治

被告人张××已年过五旬，体质很弱，在辩护人会见他时，被告人称他患上了多种疾病，在看守所里的这段时间，被告人忍受了很大的病痛折磨。其在2013年9月下旬病重时被看守所送到医院治疗住了5天院。2013年10月初其又因病情加剧被看守所送到哈尔滨医科大学附属第五医院。据被告人张××自己说，经医院确诊他患有严重的食管炎、胃炎并引起上消化道出血，还患有肠梗阻，这次又住了11天院，现在病情还很重。由于肠道未完全堵死，因而每天只能吃流食（即喝粥）度日，即使这样，肠道因病不能很好消化，每次进完食他都胀得难受，吃下去的东西往上溢，晚上很难睡觉，全身浮肿。被告人自己说，医生建议他手术治疗。

另外，被告人的父母也已70多岁高龄，父亲患腰椎间盘突出刚做完手术，母亲双目失明，且瘫痪在床，急需人照顾。所以说，针对这种特殊情况，一是对被告人的病情应予以积极救治，二是从人性化的角度，法律上也应适当给予从轻处罚考虑。

综上所述，辩护人恳请合议庭能够根据案件的具体事实、法律规定以及被告人的身体健康状况，酌情予以从轻处罚。

辩护律师：姜占山
二〇一三年十一月二十日

任务3：语言表达与修辞训练（语病修改）

任务要求：

（1）认真阅读分析下列材料，指出材料中的语病。

（2）讨论：语病产生的原因及语病修改。

[例1] 检察机关在侦破石×受贿罪中，从其家中搜得现金、存款及有价证券等巨额财产，除被告石×能说明部分款项来源外，其它337 837元，不能说明其合法来源。人民法院经审理认为，石×作为国家工作人员，在招生工作中，利用职务上的便利、索取和收受他人财物为他人谋取利益，其行为已触犯了《关于惩治贪污罪贿赂罪的补充规定》第四条、第五条的规定，构成受

贿罪，且数额巨大，情节严重，依法应当严惩。

[例2] 被告人徐×在任北京市宣武区永安城市信用社经理期间，利用职务之便，接受北京工益行商贸部，简称“卫益行”财务总监汪×给予的色情及金钱贿赂17 000余元，违反贷款制度规定，1990年11月到1991年3月，先后为“卫益行”发放贷款11笔，共计人民币590万元，案发后仍有260万余元无法追回。

[例3] 在刑法设立本罪后，这种利用职权收受贿赂，为他人违反规定发放贷款，造成重大损失的行为。应依照新刑法第186条追究违章发放贷罪的刑事责任，将其与受贿罪并罚。

[例4] 从1990年3月—1991年5月，××建筑工程公司先后向13个乡镇工程队索取人民币45万元。这些钱大都用于公司购买豪华设备、家俱，余下的钱发给公司人员奖金。

案发后据乡镇工程队负责人反映，张×，刘×多次以如果乡镇工程队不给“管理费”就对工程停水，停电为借口，向签承包协议的乡镇工程队进行威胁，迫使各工程队交送管理费。有个别工程队因未及时上交“管理费”，张×、刘×便断水断电被迫停工，直到交齐管理费才恢复水电重新开工。

[例5] 朱×收到彩电和现金后，利用职务和工作条件为金属加工厂介绍业务和推销产品的同时，还套购平价调拨国家计划供应钢材60吨给该厂。该厂从这批钢材中牟利8.5万元。

[例6] 陈×无视国家法律，为谋取个人私利，为他人的贿赂行为进行沟通撮合，并从中转交贿赂款，其行为已构成介绍贿赂罪。法院对陈×的处罚是正确的。符合介绍贿赂罪的犯罪构成要件。

[例7] 同年6月22日、王与女子田×相识，之后多次发生两性关系。在交往中，田提出要王帮助越境的要求。王不但为其出主意想办法，并领其查看越境现场和路线。1995年8月10日，王再次在工作之机，利用职务之便将田放行出境。田在出境过程中，被我发现截获。

[例8] 马×以给谈生意为名进入李×房间，得知李×当晚要回福建。

[例9] ……约定同月26日、3月3日下午还清余款，而其帐户上的存款仅存1 000元。

[例10] 郝在街头遇到秦，便施以拳打脚踢，将秦的头、脚、身上打伤20多处……

任务4：法律思维训练

任务要求：

(1) 根据下列案例，讨论李×是否构成交通肇事罪。

(提示：小组内进行2人对抗辩论。规则：第一步，正方立论，反方立论；第二步，反方质询，正方质询；第三步，自由辩论，正方开始；第四步，反方总结，正方总结。其他人协助，包括录视频，总时间可控制在8分钟。)

(2) 假设李×构成交通肇事罪，你作罪轻辩护，理由是什么？

(3) 组长应做好讨论记录，并将结果记录在报告中。

【案例】

被告人李×，男，1980年11月16日出生，汉族，陕西省××市××县××镇××村人，系被害人雇佣的司机。

被害人常××，男，35岁，陕西省××县××村人，系肇事车车主，被告人雇主。

2004年5月16日，被害人常××驾驶陕西省××市××公司的东风大货车（车号陕××××）沿石太高速由西向东驶往天津送货，其雇佣的司机被告人李×在车上副驾驶位一直睡觉。23时10分左右，车辆行至石家庄市井陉服务区南区，二人准备休息、吃饭、给车辆加水。被害人常××先将车停在加水区，然后自己钻到车下检查水管，被告人李×仍在车上睡觉。这时，该车前面的车辆加水后向前行驶，有其他司机过来敲打车窗叫醒被告人李×进入加水位置加水。李×醒后，穿上鞋，直接从副驾驶移坐到驾驶座位，发动车辆向前行约半米，听到车后发出惨叫声，从车窗往后探头，见其老板从车下爬出了半个身子，立刻将车倒回并下车救人。被害人常××被车左后轮碾压成重伤，送医院抢救数日后死亡。检察机关以被告人李×构成交通肇事罪向法院提起公诉，被告人李×的家属委托律师为李×辩护。

任务5：文体写作训练

任务要求：

（1）根据下列材料，每人写一份辩护词。

（2）小组应当组织讨论，包括案件性质、主犯与从犯标准等问题。

（3）个人完成后，要结“对子”互评，对作品的结构、写作目的是否达成、语言表达等内容进行评价。小组要推荐做得好的同学在课堂上展示，展示的同学可使用PPT。

（4）每位同学对文体写作训练中存在的问题要进行修改，提交的辩护词应该是反复定稿、修改后的成果。

（5）小组长要召集小组成员讨论和交流写作体会，并写入报告中。

材料1：案情简介

被告人：吴×友，男，××××年××月××日出生，个体户。因涉嫌犯贪污罪，于1998年8月15日被逮捕。

1998年7月初，中国人民银行陕西省铜川市分行业务部出纳彭×生（在逃），多次找被告人吴×友商议盗窃彭与另一出纳共同管理的保险柜内的现金，吴未同意。后彭×生多次约吴吃饭、喝酒，做吴的工作，并把自己的作案计划、安排告诉吴，同时还几次让吴看自己掌管的钥匙。吴×友同意作案后，彭即向吴×友要了一把中号螺丝刀和一只蛇皮袋放在自己的办公桌内，又用事先准备好的钢锯条，将业务部的钢筋护窗栏锯断，为作案后逃离现场做准备。7月23日上午10时许，彭×生将吴×友带至铜川市分行业务部熟悉地形，并暗示了存放现金的保险柜和开启保险柜的另一把钥匙的存放地点。7月27日晚，彭×生找到被告人吴×友，告知其近日将提款40万元存放保险柜的情况，并详细告诉吴×友作案的时间、步骤、开启保险柜的方法及进出路线等。7月30日上午7时，彭×生将被告人吴×友带进该行业务部套间，藏在自己保管的大壁柜内。其他工作人员上班后，彭×生与另一出纳从金库提回现金40万元，放进保险柜内的顶层。10时许，本市邮政财务科取走现金10万元。10时30分左右，彭进入套间向被告人吴×友指认了放款的保险柜，后与其他本行职员聊天。10时40分，彭×生乘其他工作人员外出吃饭离开办公室之际，打开壁柜将自己保管的一把保险柜钥匙交给吴×友，并告知人都走了，自己即离开业务部去吃饭。被告人吴×友撬开另一出纳员的办公桌抽屉，取出另一把保险柜钥匙，然后利用两把钥匙打开保险柜将30万元人民币装入蛇皮袋里，又在办公室将彭×生等人的办公桌撬开，然后从后窗翻出办公室逃离现场。8月1日晚，彭×生将作案经过告诉了其妻陈×，让陈通知吴×友带款在本市青年旅社等候。8月2日中午，被告人陈×找到了吴，讲了彭的要求。当日下午，吴×友依彭的要求到了青年旅社。8月3日早晨见面后，二人一同来到吴×友家，吴拿出蛇皮袋说钱都在里面。彭要吴一起逃走，吴不同意，彭即给吴留下3万元，然后携带其余赃款潜逃。破案后，从被告人吴×友家中起获赃款3万元。陕西省铜川市人民检察院以被告人吴×友犯贪污罪，向铜川市中级人民法院提起公诉。

材料 2：起诉书

陕西省铜川市人民检察院
起诉书

铜检刑诉（1998）第×××号

被告人吴×友，男，××××年××月××日出生，汉族，初中文化，个体户，住铜川市×××，未受过刑事处罚。1998 年 8 月 10 日因涉嫌盗窃、贪污犯罪被铜川市公安局刑事拘留，同月 14 日经本院批准，次日被执行逮捕。现押于铜川市第一看守所。

被告人吴×友贪污、被告人陈×窝藏一案，由铜川市公安局侦查终结，于 1998 年 9 月 10 日移送本院审查起诉，现查明：

1998 年 7 月初，被告人吴×友与中国人民银行陕西省铜川市分行业务部出纳彭×生（在逃），按照事先的约定盗窃彭×生与另一出纳共同管理的保险柜内的现金。二人决定先由彭用钢锯条将业务部的钢筋护窗栏锯断，为作案后逃离现场做准备。7 月 23 日上午 10 时许，被告人吴×友在彭×生的带领下到铜川市分行业务部熟悉地形，并认清了存放现金的保险柜和开启保险柜的另一把钥匙的存放地点。7 月 27 日晚，被告人吴×友得知近日将提款 40 万元存放保险柜的情况，并与彭×生商量好了详细的作案时间和方案。7 月 30 日上午 7 时，被告人吴×友在彭×生的掩护下，溜进该行业务部套间，藏在彭×生保管的大壁柜内。其他工作人员上班后，彭×生与另一出纳从金库提回现金 40 万元，放进保险柜内的顶层。10 时许，本市邮政财务科取走现金 10 万元。10 时 40 分左右，被告人吴×友乘彭×生与其他工作人员外出吃饭离开办公室之际，撬开另一出纳员的办公桌抽屉，取出保险柜的一把钥匙，并用彭×生给他的另一把保险柜钥匙一起打开保险柜，将 30 万元人民币装入一个蛇皮袋里。为了制造假象，吴又在办公室将彭×生等人的办公桌撬开，然后从后窗翻出办公室，逃离现场。

8 月 2 日中午，被告人陈×找到了被告人吴×友，说彭×生要他带款在本市青年旅社等候。当日下午，吴×友依彭的要求到了青年旅社。8 月 3 日早晨见面后，吴、彭二人一同来到吴×友家，吴拿出蛇皮袋说钱都在里面。彭要吴一起逃走，吴不同意，彭即给吴留下 3 万元，然后携带其余赃款潜逃。破案后，从被告人吴×友家中起获赃款 3 万元。

上述犯罪事实有书证、物证、证人证言、鉴定结论以及被告人供述和辩解等证据在案佐证，事实清楚，证据确实充分，足以认定。

本院确认：被告人吴×友与身为国家银行出纳的彭×生勾结，利用彭×生的职务便利，窃取银行现金，数额特别巨大，其行为触犯了《中华人民共和国刑法》第三百八十二条之规定，已构成贪污罪的共同犯罪。

为惩罚犯罪，保护国家公共财产不受侵犯，维护正常的司法秩序，依据《中华人民共和国刑事诉讼法》第一百四十一条之规定，特将被告人吴×友、陈×提起公诉，请依法判处。

此致

铜川市中级人民法院

检察员：刘××

一九九八年九月二十五日

附项：移送案卷二册（内含证据目录、证人名单和主要证据复印件）

项目 6　一审刑事判决书

一、实训目的

（1）通过实训，能理解和讲述刑事判决书的格式、内容及写作要求。

（2）通过实训，能理解和讲述刑事裁判的原理、理念等。

（3）能根据案情，运用法律法规知识制作一份合格的一审刑事判决书，在实训中培养分析问题的能力、语言运用能力，为今后从事相关法律实务工作奠定坚实的基础。

二、实训原理

（一）概念

一审刑事判决书，是指一审人民法院对于审理终结的刑事案件，依照法律确认被告人有罪或者无罪，犯什么罪，适用什么刑罚或者免除刑罚作出的处理决定。

作用：一审刑事判决书是一审人民法院审理刑事案件情况和结果的全面反映；是一审人民法院对刑事案件的被告人追究刑事责任或宣告无罪的凭证和依据；是一审人民法院代表国家行使审判权，保障法律事实的重要形式和手段。它可以使上级人民法院和上级人民检察院了解下级人民法院适用法律是否正确，以便实施法律监督。它可以使人民群众了解被告人的犯罪事实和处理结果，以增强法制观念。

（二）法律依据

第一审刑事判决书的法律依据是《刑事诉讼法》第 200 条："在被告人最后陈述后，审判长宣布休庭，合议庭进行评议，根据已经查明的事实、证据和有关的法律规定，分别作出以下判决：（一）案件事实清楚，证据确实、充分，依据法律认定被告人有罪的，应当作出有罪判决；（二）依据法律认定被告人无罪的，应当作出无罪判决；（三）证据不足，不能认定被告人有罪的，应当作出证据不足、指控的犯罪不能成立的无罪判决"。

（三）制作结构和内容

1. 首部

（1）标题。标题包括制作文书的法院名称和文书名称，分两行居中写。

（2）案号。由立案年度、制作法院、案件性质、审判程序的代字、案件顺序号组成，可以表述为“(××××) ××刑初××号”。

(3) 公诉机关。公诉机关一项写明“公诉机关××人民检察院”，在“公诉机关”与“人民检察院”之间不用冒号，也不用空格分开，如“公诉机关陕西省人民检察院”。

(4) 被告人的情况。

1) 基本情况。基本情况包括姓名、性别、出生年月日、身份证件种类及号码、民族、出生地、文化程度、职业或者工作单位和职务、住址等。

2) 违法犯罪经历。被告人曾经受过刑事处罚、劳动教养处分，或者又在以上限制人身自由的期间逃跑，可能构成累犯或者有法定、酌定从重处罚情节的，应写明其事由和时间。

3) 因本案所受强制措施情况。这部分应写明被刑事拘留、逮捕等羁押时间的起止日期。如果有变更强制措施的，也应写明，以便折抵刑期。

4) 同案被告人为两人以上的，按判决结果所确定的主、从关系的顺序或者判处刑罚的重轻列项书写。

(5) 辩护人。辩护人项一般只写姓名、工作单位和职务，例如，“辩护人×××，××律师事务所律师”。同案被告人有二人以上并各有辩护人的，他们的辩护人分别在各被告人项下单独写明。

(6) 案件由来和审判经过。在裁判文书上写明案件由来和审判经过，既是为了体现审判程序合法，也是首部与事实部分之间的“过渡”。按文书样式规定，表述如下：

××人民检察院以×检刑诉〔××〕××号起诉书指控被告人×××犯××罪，于××××年××月××日向本院提起公诉。本院依法组成合议庭，公开（或者不公开）开庭审理了本案。××人民检察院指派检察员×××出庭支持公诉，被害人×××及其法定代理人×××、诉讼代理人×××、被告人×××及其法定代理人×××、辩护人×××、证人×××、鉴定人×××、翻译人员×××等到庭参加诉讼。现已审理终结。

2. 正文

(1) 事实部分。事实部分具体包括：

1) 控方主张的表述。公诉机关的指控，以“××人民检察院指控”开头，引出下文。下文内容包括三个方面：其一，公诉机关指控被告人犯罪的事实，应按照《刑事诉讼法》第186条关于“有明确的指控犯罪事实”的规定进行表述；其二，指控被告人犯罪的证据，主要以公诉机关起诉时附有的证据目录、证人名单和主要证据复印件或者照片为限；其三，公诉机关对本案适用法律条款的意见，包括对被告人的定性意见、量刑情节和具体适用法律条款的意见。

2) 被告方的辩护。以“被告人×××辩称”开头，引出下文。下文内容包括两个方面：其一，被告人的供述、辩解和自行辩护的意见；其二，辩护人的辩护意见和有关证据。

3)“经审理查明”的事实和证据的表述。“经审理查明”部分是法院认定的事实和证据，是制作判决书的重点。

这一部分应重点写明案件发生的时间、地点，被告人作案的动机、目的、手段，实施行为的过程、危害结果和被告人在案发后的态度等，并以是否具备犯罪构成要件为重点，兼叙影响定性处理的各种情节。

叙述事实，可以根据具体案情采用恰当的叙述方法。一般可以采用时间顺序法，着重写清主要情节；一人数罪的，可以采用突出主罪法；一般共同犯罪的，可以采用突出主犯法；集团犯罪的，可以采用先总后分法。

写明用作定案的证据。关于用作定案的证据：第一，必须经庭审举证、质证，查证属实的；

第二，对证据之间有矛盾或者主要根据间接证据定案的，还应当进行分析、论证，不能只列举证据种类，而不对各类证据进行分析；第三，必须与被证明的事实之间具有必然的、内在的联系；第四，能够互相印证，环环紧扣；第五，要写明证据的来源，即写明某项证据是控、辩双方哪一方提供的；第六，要尽可能写得明确、具体，不能抽象、笼统。

关于证据的写法。一般应在写完事实之后，另起一段，写明认定事实的证据。案情简单或者控、辩双方没有异议的，可以集中表述；案情复杂或者控、辩双方有异议的，可以在叙述事实时进行分析论证；一人犯数罪或者共同犯罪案件，可以分罪或者逐人逐罪表述证据或对证据进行分析论证。

对控、辩双方有异议的并与本案的定性处理有关的事实和证据，无论是肯定的，还是否定的，都应当进行分析论证并作出是否予以认证的结论。对公诉机关指控的犯罪事实经审理确认，其中全部或部分因证据不足而不能成立的，应当写明其指控缺乏证据或者证据不足。

（2）理由部分。理由是判决的灵魂，是将犯罪事实和判决结果有机地联系在一起的纽带。其核心内容是针对案情特点，运用有关刑事法律规定和犯罪构成原理，分析论证公诉机关指控的犯罪是否成立、被告人行为的性质及其法律后果，为判决打好基础。在阐述理由时，应力求有针对性，说理透彻，逻辑严密，语言精练。在书写时，以“本院认为”开头，引出下文。

1）确定罪名。应以刑法分则规定的罪状和《最高人民法院关于执行〈中华人民共和国刑法〉确定罪名的规定》等为依据，确定罪名。一人犯数罪的，一般先定重罪，后定轻罪；对于共同犯罪案件，应在分清各被告人在共同犯罪中的地位、作用和刑事责任的前提下，依次确定首要分子、主犯、从犯或者胁从犯、教唆犯的罪名。

2）如果被告人具有法定或者酌定从重或者从轻、减轻、免除处罚等情节中的一种或数种，应当分别或者综合予以认定。

3）对控、辩双方所持主要论点和理由，以及适用法律方面的意见，应当有理、有据地作出分析论证，应当明确表明是否予以采纳并阐明理由。

4）对适用《刑事诉讼法》第200条第三项宣告被告人无罪的，应在理由部分写明“证据不足，人民检察院指控的犯罪不能成立”。

5）判决的法律根据，应当包括司法解释在内。引述法律条文要做到准确、完整、具体。准确，就是恰如其分地符合判决结果；完整，就是要把据以定性处理的法律规定和司法解释全部引用；具体，就是要符合引用刑法分则条文外延最小的规定。即凡条下分款、分项的，应写明第几条、第几款、第几项，有的条文只分项不分款的，则写明第几条、第几项。

要有一定的条理和顺序。应当引用两条以上法律条文的，先引述有关定性处罚的条文，后引述有关处罚情节的条文；判决结果既有主刑又有附加刑内容的，先引用适用主刑的条文，后引用适用附加刑的条文；某种犯罪需要援引其他条款的法定刑处罚的（援引法定刑），应当先引用本条条款，再按本条的规定，引用相应的他罪条文；一人犯数罪的，应逐罪引用法律条文；对于共同犯罪案件，既可以集中引用有关的法律条文，在必要时也可以逐人逐罪引用法律条文。

（3）判决结果。判决结果是人民法院依照法定程序审理案件后，依照有关法律的具体规定，对被告人作出的定性处理的结论。写明判决结果，分为以下三种情况。

1）定罪判刑的，表述为：

一、被告人××犯××罪，判处××（写明主刑、附加刑）。

（刑期从判决执行之日起计算。判决执行以前先行羁押的，羁押一日折抵刑期一日，即自×

×××年××月××日起至××××年××月××日止。)

二、被告人××，……(写明决定追缴、退赔或者发还被害人、没收财物的名称、种类和数额)。

2) 定罪免刑的，表述为：

被告人××犯××罪，免予刑事处罚(如果有追缴、退赔或者没收财物的，则续写第二项)。

3) 宣告无罪的，无论是适用《刑事诉讼法》第200条第二项还是第三项，均应表述为：

被告人×××无罪。

3. 尾部

尾部包括告知被告人的上诉权利；合议庭人员签名、时间、书记员签名、院印；加盖核对章等。

(四) 第一审刑事有罪判决书样式 (一审公诉案件适用普通程序用)

×××人民法院

刑事判决书

(××××) ××刑初××号

公诉机关×××人民检察院。

被告人……(写明姓名、性别、出生年月日、身份证件种类及号码、民族、出生地、文化程度、职业或者工作单位和职务、住址和因本案所受强制措施情况等，现羁押处所)

辩护人……(写明姓名、工作单位和职务)

×××人民检察院以×检×诉〔××〕××号起诉书指控被告人×××犯××罪，于××××年××月××日向本院提起公诉。本院依法组成合议庭，公开(或者不公开)开庭审理了本案。×××人民检察院指派检察员×××出庭支持公诉，被害人×××及其法定代理人×××、诉讼代理人×××、被告人×××及其法定代理人×××、辩护人×××、证人×××、鉴定人×××、翻译人员×××等到庭参加诉讼。现已审理终结。

×××人民检察院指控……(概述人民检察院指控被告人犯罪的事实、证据和适用法律的意见)被告人×××辩称……(概述被告人对指控的犯罪事实予以供述、辩解、自行辩护的意见和有关证据)辩护人×××提出的辩护意见……(概述辩护人的辩护意见和有关证据)

经审理查明，……(首先写明经庭审查明的事实；其次写明经举证、质证定案的证据及其来源；最后对控辩双方有异议的事实、证据进行分析、认证)

本院认为，……(根据查证属实的事实、证据和有关法律规定，论证公诉机关指控的犯罪是否成立，被告人的行为是否构成犯罪，犯的什么罪，应否从轻、减轻、免除处罚或者从重处罚。对于控辩双方关于适用法律方面的意见，应当有分析地表示是否予以采纳，并阐明理由。)依照……(写明判决的法律依据)的规定，判决如下：

[写明判决结果，分三种情况：

第一，定罪判刑的，表述为：

"一、被告人×××犯××罪，判处……(写明主刑、附加刑)

(刑期从判决执行之日起计算。判决执行以前先行羁押的，羁押一日折抵刑期一日，即自××××年××月××日起至××××年××月××日止)。

二、被告人……（写明决定追缴、退赔或者发还被害人、没收财物的名称、种类和数额）”

第二，定罪免刑的，表述为：

“被告人×××犯××罪，免予刑事处罚（如有追缴、退赔或者没收财物的，续写第二项）。”

第三，宣告无罪的，无论是适用《中华人民共和国刑事诉讼法》第二百条第二项还是第三项，均应表述为：

“被告人×××无罪。”]

如不服本判决，可在接到判决书的第二日起十日内，通过本院或者直接向×××人民法院提出上诉。书面上诉的，应当提交上诉状正本一份，副本一份。

审判长　×××

审判员　×××

审判员　×××

××××年××月××日（院印）

本件与原本核对无异

书记员　×××

三、实训任务

任务1：原理学习

任务要求：认真学习实训原理，思考：怎么在10～15分钟内给同伴讲清楚一审刑事判决书的写作要领？（建议做成PPT）

任务2：实例学习

任务要求：

（1）认真阅读分析下列实例，分析实例的写作目的、逻辑结构及其表述特点或问题。

（2）认真阅读分析【案例2】莫×鹏故意杀人案的一审判决书，请用10～15分钟时间给同伴讲述该判决书在文本上存在的问题。

（3）小组长要认真组织和记录小组的学习活动。

【案例1】董×平抢劫案一审刑事有罪判决书

上海市第一中级人民法院

刑事判决书

（1998）沪一中刑初字第××号

公诉机关上海市人民检察院第一分院。

被告人：董×平，又名董×刚，男，一九七九年十月十二日生，汉族，四川省通江县人，小学文化程度，农民，住四川省通江县××乡××村××社，因本案于一九九八年五月二十七日被依法逮捕，现羁押于上海市看守所。

辩护人：钱×华、吴×，上海市××律师事务所律师。

上海市人民检察院第一分院以被告人董×平犯抢劫罪，向本院提起公诉。本院于一九九八年八月十九日受理后，依法组成合议庭，于同年九月八日公开开庭审理了本案。上海市人民检察院第一分院代理检察员孙×出庭支持公诉。被告人董×平及辩护人钱×华、吴×到庭参加诉讼。本案经合议庭评议，审判委员会决定，现已审理终结。

上海市人民检察院第一分院指控：被告人董×平为图钱财，于一九九八年五月四日晚，窜至本市××村临房十一号杨×的暂住处，趁杨×熟睡之机，用杨房间内的管子钳猛砸杨头部数次，致杨昏迷后，从杨×的床铺下劫得人民币四千余元。被害人杨×因颅脑损伤经医院抢救无效而死亡。被告人董×平的行为已构成抢劫罪，依法应予严惩。

被告人董×平对被指控抢劫犯罪的事实作了供认。董×平的辩护人对起诉指控董×平犯抢劫罪的事实及定性均无异议，但以董到案后交代犯罪的态度较好等为由，建议法庭对董从轻处罚。经审理查明：被告人董×平于一九九八年四月下旬暂住本市××村临房十一号期间，结识亦暂住于该处的本市居民杨×。同年五月一日，董×平欲盘下他人的店面作经营饭店之用，但尚缺资金人民币四千元。杨×获悉后即向董表示愿与董合伙经营饭店。同年五月四日下午三时许，董在杨×暂住处见杨×向其叔父杨×明借得用于合伙经营的人民币四千元，并见杨将上述钱款放置于床铺下，遂萌生非法占有上述钱款的歹念。当晚十时许，董×平再次前往杨×暂住处，借故和杨共同住宿。次日凌晨一时许，董×平趁杨熟睡之机，持杨×房内的管子钳猛砸杨×头部数下，致杨昏迷。董随即从杨×所睡的床铺下劫取杨×的人民币四千余元。嗣后，董×平携赃于该日凌晨和与其暂住在一起的刘×秀等人潜逃。被害人杨×因头部被击致颅脑损伤，经抢救无效，于同年五月六日下午死亡。

认定上述事实的证据有：证人谢×昌、唐×宝陈述证实一九九八年五月六日上午在本市×村临房十一号底楼发现杨×头部出血倒在其租借房间内的床边地上，两人遂向公安机关报警。上海市第八人民医院"居民死亡医学证明书"证实被害人杨×被送至医院经抢救无效于当日下午死亡。公安机关"尸体检验报告"证实被害人杨×系生前被他人用钝器打击头部致颅脑损伤而死亡。公安机关的现场勘查笔录反映，在现场内及窗外分别查获均沾有血迹的管子钳和标有"兆凯 Aaremac"字样的白色短袖衬衫。经物证检验，上述物证上的血迹系人血，与被害人杨×血型一致。证人高×善陈述证实，以袁×名义在××村十一号租借房间暂住的几名房客于同年五月四日至五月六日间突然离去。公安机关找到袁×后，证人袁×证实他于一九九八年三月下旬在本市××村十一号租借的房间，由其妹袁×林、同乡刘×秀等人居住，董×平于同年四月下旬起亦暂住于该处。袁×还陈述，董×平曾穿过一件与现场所留印有"兆凯 Aaremac"字样特征相同的白色短袖衬衫，并证实董×平非法获取了杨×的人民币四千元，为逃避追查已于同年五月五日之前与刘×秀等人离开上述暂住处，前往本市松江区藏匿。此后，公安机关将藏匿在本市松江区的董×平抓获。经审讯，董×平当即向公安机关供述了于一九九八年五月五日凌晨在杨×暂住处用管子钳将杨砸昏，从杨所睡的床铺下劫取杨×人民币四千余元的作案经过；董还供述，作案后用杨的房间钥匙反锁杨住处的房门，并将上述钥匙从楼道西侧的窗户扔出。公安机关据此对发案现场周围再次进行勘查，从现场西面围墙的铁丝上查见钥匙一串，经现场实验证实，该串钥匙即被董×平扔弃的被害人杨×的钥匙。此外，公安机关还从董×平处查获赃款人民币一千三百八十元及董用赃款购买的自行车、三轮车、电饭煲、电炒锅等赃物。证人刘×秀的陈述进一步证实董×平曾穿有与现场所留印有"兆凯 Aaremac"字样一致的白色短袖衬衫以及董×平于同年五月四日晚借宿于杨×住处，于次日凌晨从杨住处返回，后携赃款人民币四千余元与刘等人逃逸。证人杨×明的证言和杨×于一九九八年五月四日向杨×明借款人民币四千元而出具的借条一份，则证实了被告人董×平劫取杨×钱款的起因等情节。被告人董×平供述的具体作案经过与上述证据均相吻合。以上证据经庭审质证，均予核实。

本院认为：被告人董×平为劫钱财，采用持械击打的暴力手段，劫取他人人民币四千余元，并致一人死亡，其行为已构成抢劫罪，依法应予严惩。董×平犯罪手段凶残，后果严重，社会危害极大，其辩护人以董×平到案后交代犯罪的态度较好等为由建议法庭对其从轻处罚的辩护意见，不予采纳。为维护社会治安秩序，保障公民的人身权利和合法财产不受侵犯，依照《中华人民共和国刑法》第二百六十三条第（五）项和第五十七条第一款、第六十四条之规定，判决如下：

一、被告人董×平犯抢劫罪，判处死刑，剥夺政治权利终身，并处罚金人民币八千元。

二、犯罪所得予以追缴。

如不服本判决，可在接到判决书的第二日起十日内，通过本院或者直接向上海市高级人民法院提出上诉。书面上诉的，应交上诉状正本一份，副本一份。

审判长　赵×平

代理审判员　蒋×玮

代理审判员　秦×华

本件与原本核对无异

一九九八年九月二十二日

书记员　×××

【案例2】莫×鹏故意杀人案

贵州省黔南布依族苗族自治州中级人民法院
刑事判决书

（2019）黔××刑初×号

公诉机关贵州省黔南布依族苗族自治州人民检察院。

被告人莫×鹏，男，1997年2月16日出生于贵州省独山县，布依族，高中文化，工人，户籍地贵州省独山县，住独山县，因本案于2019年1月22日被刑事拘留，2019年2月1日被逮捕，现羁押于独山县看守所。

指定辩护人陆×，贵州××律师事务所律师。

贵州省黔南布依族苗族自治州（以下简称“黔南州”）人民检察院以黔南检公一刑诉〔2019〕80号起诉书指控被告人莫×鹏犯故意杀人罪，于2019年6月11日向本院提起公诉。本院受理后，依法组成合议庭，于2019年8月14日公开开庭审理了本案，黔南州人民检察院指派检察官殷×豹及其助理李×出庭支持公诉，被告人莫×鹏及其辩护人到庭参加诉讼。本案现已审理终结。

黔南州人民检察院指控，2019年1月18日22时许，被告人莫×鹏在位于独山县麻×镇××小区×栋×单元×室家中阳台观景时，认为姐姐莫某1自私、冷漠，不像以前关心自己，已经抢走了父亲的关心，还会抢走母亲的关心，心中生出怨恨，产生了杀死姐姐莫某1的想法。当晚23时许，莫×鹏在客厅听到莫某1在卧室穿鞋准备出来的声音后，便从客厅杂物柜内拿起一把钉锤守候在莫某1卧室门外，待莫某1从卧室出来时，从后方用钉锤朝莫某1头部多次击打。

奶奶刘某在自己的卧室内听到莫某1的叫声后，询问发生什么事情，莫×鹏便将莫某1拖入自己卧室反锁房门，在奶奶刘×连续敲打莫×鹏卧室房门同时，莫×鹏继续用钉锤击打莫某1头部，直至钉锤木柄打断，又到卧室窗台上拿来一把匕首，朝被害人莫某1颈部、胸部猛刺，直至莫某1不能动弹。

莫×鹏听到奶奶没有敲门后，认为奶奶刘×打电话报案，便持匕首冲到奶奶刘某卧室内朝奶奶刘某胸、腹部连续刺杀多刀，导致刘×倒地身亡。随后，莫×鹏将姐姐、奶奶尸体拖到自己卧室卫生间内，将奶奶刘×的上半身、姐姐莫某1的头部放在长方形烧烤盘里，用固态酒精、小型喷火器对尸体进行焚烧。接着莫×鹏对现场进行清扫，拿匕首去客厅卫生间清洗后放在塑料凳上，从客厅拿得一把水果刀去刮奶奶刘某卧室墙上血迹，把钉锤和作案时穿的外衣拿到火堆上烧，把里面所穿的马甲和衬衣脱在客厅内，到客厅卫生间洗澡。因担心有人看见火势报警，便到小区观察，看到家中有火光后，返回卫生间将火熄灭，之后到客厅写了遗书。

案发后，莫×鹏于1月19日早上购买到深圳的火车票坐火车离开独山，到柳州火车站后下车改坐飞机到海南省三亚市。20日凌晨入住三亚"××度假酒店"时用微信告知其父亲，其将莫某1和刘某杀死了。21日8时许，莫×鹏乘坐Z386次列车从三亚至湛江途经海口东方火车站时被海口铁路公安处东方车站派出所民警在列车上抓获。经贵州省平塘县公安司法鉴定中心和贵州省独山县公安司法鉴定中心鉴定，被害人莫某1死因符合他人持钝器击打头部致颅骨骨折、颅脑损伤死亡，被害人刘×符合锐器损伤致右锁骨下动脉破损、肝脏破损，引起大量失血致循环衰竭死亡。经贵州省第二人民医院法医精神病鉴定中心鉴定，莫×鹏作案时意识清楚、无精神病，有完全刑事责任能力。

为支持以上指控，公诉机关提供了物证尖刀一把、铁锤一把、喷火器一个；接受刑事案件登记表、立案决定书、到案经过、破案报告、户籍证明、安葬证明、警情信息、健康档案等书证；莫某2、莫某3、陆某2等12名证人证言；被告人的供述与辩解；鉴定意见；勘验、检查、辨认笔录及照片；视听资料、电子数据等证据。

指控认为，被告人莫×鹏无视国家法律，不能正确对待亲情之间的关系，故意非法剥夺他人生命，造成两人死亡的严重后果，犯罪手段残忍，后果严重，犯罪事实清楚，证据确实、充分，其行为触犯了《中华人民共和国刑法》第二百三十二条之规定，应当以故意杀人罪追究其刑事责任。

被告人莫×鹏当庭认罪并对指控犯罪事实及控方量刑建议无异议。其辩护人认同控方定罪及量刑建议，另以"被告人被抓获时是在从三亚去往湛江途中，可能是采纳其父建议回来投案，到案后如实供述自己的罪行，成立自首"提出辩护意见。

经审理查明，2019年1月18日18时许，被告人莫×鹏与姐姐（被害人）莫某1、奶奶（被害人）刘×在家用餐后休息过程中，因莫某1自顾玩手机不搭理莫×鹏问话，致使莫×鹏心情郁闷。当晚10时许，莫×鹏认为莫某1对自己的态度转变太大，从之前的关心爱护，到近几年来的自私、冷漠无情，还夺走了较多的父爱，一时心生怨恨，萌生将其杀害的想法。

当晚23时许，莫×鹏持一铁锤守候在莫某1卧室门外，趁莫某1走出卧室不备之机，突然持铁锤猛击莫某1头部，再将莫某1拖入自己卧室并反锁房门后，继续击打莫某1，直至铁锤木柄折断后，莫×鹏又从室内拿得一把尖刀，继续刺杀莫某1颈、胸等部，致莫某1当场死亡。

因在打杀莫某1过程中刘×曾敲门询问，莫×鹏怀疑刘×打电话报警，遂在杀害莫某1后持刀冲到刘某卧室，朝刘某胸、腹部连续刺杀数刀，致刘×倒地身亡。随后，莫×鹏将二被害人尸体拖到卧室卫生间，用固态酒精、小型喷火器对尸体进行焚烧，之后对现场痕迹进行清扫，并将铁锤和作案时所穿外衣一并焚烧，再到客厅卫生间洗澡。最后，因恐火势被人发现报警，莫×鹏才用被子将火熄灭。

2019年1月19日早上，莫×鹏乘火车离开独山，经柳州改乘飞机到达海南省三亚市。2019年1月20日凌晨，莫×鹏通过微信向父亲告知其杀害莫某1和刘某的消息。

2019年1月21日8时许，莫×鹏乘坐Z386次列车从三亚至湛江途经海口东方火车站时，被海口铁路公安民警抓获。

经司法鉴定，被害人莫某1死因符合他人持钝器击打头部致颅骨骨折、颅脑损伤死亡；被害人刘×符合锐器损伤致右锁骨下动脉破损、肝脏破损，引起大量失血致循环衰竭死亡。另经贵州省第二人民医院法医精神病鉴定中心鉴定，莫×鹏作案时意识清楚、无精神病，有完全刑事责任能力。

认定以上事实的证据如下：

1. 物证

尖刀1把、木柄铁锤1把；登机牌1张；手机1部；喷火器1个。

2. 书证

（1）独山县公安局警情信息、接出警登记表、受案登记表、立案决定书、到案经过、在逃人员登记/撤销表、破案报告；扣押决定书、扣押笔录、扣押清单。

（2）接受证据清单及证人莫某2提供莫×鹏与莫某3的聊天记录截图；证人陆某1提供的DC自动线微信群内聊天记录截图。

（3）莫×鹏户籍证明，健康档案、求职申请表、承诺书。

（4）调取证据通知书、调取证据清单、证明、入住登记单。

（5）平塘县公安局移交物品、文件清单。

（6）被害人户口注销证明、火化证、墓穴使用证。

（7）鉴定聘请书、鉴定委托书。

（8）刑事谅解书。

3. 证人证言

（1）莫某2（莫×鹏叔叔）证言的主要内容证实：莫某2于2019年1月20日凌晨5点52分接到在外地务工的哥哥莫某3打来的电话，讲家里面出大事了。莫某3转发了一个莫×鹏发送的微信截图给莫某2，莫某2从都匀回到独山进不去莫某3家，之后打电话报警。

（2）莫某3（莫×鹏父亲）证言的主要内容：2019年1月20日凌晨5时左右，我的儿子莫×鹏在微信上转了两笔钱给我，两笔一共有16 000元左右。我就问莫×鹏要干什么。莫×鹏就发一条消息给我说2019年1月18日他将姐姐和婆（奶奶）杀害了，现在他在三亚。我看见以后就打电话给弟弟莫某2说家中出事了，叫他去家中查看。到早上8时左右，莫某2就打电话说家中出事了，叫我回去处理后事。

我的母亲刘×，女，71岁，独山县×镇×，现住×小区；女儿莫某1，女，23岁，独山县×镇学庄，现住×小区。

莫×鹏是我的儿子。死者刘×是我的母亲，死者莫某1是我的女儿。

2019年1月20日5时许，莫×鹏发信息给我的原文是："爸，对不起，18号晚上姐和婆被我杀了。我会去另外一个世界陪他们。我只想把那自私、冷漠的姐姐送去地狱。婆只是意外，我回过神就躺在地上一动不动了。我也不知道是怎么了，也许我的思想精神人格已经崩坏，今后爸爸要照顾好自己，也要照顾好妈妈。我现在在三亚。可以的话把我的骨灰撒在海里，我不配入土，家里的门应该要强拆才能打开。”

(3) 陆某2（莫×鹏母亲）证言的主要内容：2019年1月20日凌晨4、5点钟，当时我和莫某3在浙江省杭州市富阳区鹿山街道出租房睡觉，莫某3的手机微信响了，我们一看，是莫×鹏转了两笔8 000元到莫某3的手机上，搞得我们莫名其妙的，莫某3还回复转这么多钱干吗，莫×鹏回复先收下。接着，莫×鹏发了一条长信息来，信息上讲他于18日晚上将姐姐和婆杀死在家中了，还讲他要跑去三亚自杀，当时我们看到这条微信，觉得事情不对劲，莫某3打电话给他弟莫某2叫他去房子看看，同时我们感觉出事了，我们赶紧到厂里请假回家。之后我们直接坐飞机回贵阳，于20日晚上8点多钟到独山，到家后，我们发现莫某1和刘×被杀死在家中，莫×鹏已不知去向，电话打不通，微信也不回。

莫×鹏没有精神上的疾病，从小到大都是很正常的，没有什么异常举动和语言。因为莫×鹏从小就和我们在一起生活，莫×鹏的姐姐常年在外读书，想到一个女生在外面不容易，我们肯定关心莫×鹏的姐姐多一点。二系至三系家族中没有家族精神病史。

(4) 陆某1（独山县××厂生产部代班班长）、龙某［贵州××公司（俗称马某厂）人事部经理］、吴某（贵州××公司生产一科技工）。

以上三人证实：莫×鹏2018年9月2日到马某厂上班，为候补技工，性格内向，平时精神状态没有异常，2019年1月18日正常上班，1月19日早上在“DC自动线”微信群发信息说他自动离职。

(5) 莫某6（莫×鹏姑父）证言的主要内容证实：莫某6于2019年1月14日到××火车站××小区×栋×单元××室看望岳母刘×，见到刘×和莫某1在家。当晚9时许，莫×鹏下班回家。期间莫×鹏和莫某1没有说话交流，各自玩手机。其于22时离开。

(6) 毕某1（××物业经理）证言的主要内容证实：××小区×栋×单元××室户主是莫某3，“知道死了的年纪比较大的那个老人家住里面，平时是她来物业交的电费”。

(7) 蒙某1（××小区保安）证言的主要内容证实：20日7时许，莫某2在岗亭讲，他侄子把他侄女和他母亲杀了，已经报警。快到8点钟就有警车来了。

(8) 缪某1（酒店管理员）证言的主要内容证实：其在海南省××市××区××路××酒店做管理，酒店现在名字是“××××度假酒店”。2019年1月20日凌晨4时49分许，莫×鹏来酒店登记住宿，2019年1月20日凌晨5点18分许退房。

4. 被告人供述与辩解的主要内容

2019年1月18日23点，我在家（××小区×栋×单元××室）里杀了两个人。1月19日早上我买了从独山到深圳的火车票，中间我在柳州下车了，然后从柳州坐飞机来了三亚。今早上买了三亚到湛江的火车票，准备到湛江转车回贵州，想回贵州见我妈。今天早上8点多在火车上，被你们抓到。

2019年1月18日早上7点20分，我起床后去独山县马某厂上班。那天，我爸打电话说快过年了，叫我取一千元钱给我奶奶。我们上班一般到下午5点10分下班，但是基本上都会加班两个半小时到晚上7点50分才下班。当时我不想加班，因为我爸那天叫我去银行取钱给我奶奶，我怕加班晚了回去时间不够用，我就跟领导说晚上亲戚家进火我要去吃酒，领导就同意我不用加班，我下午5点10分下班。我下班回家拿了银行卡和外套就去独山街上取钱，去之前我姐姐莫某1叫我去街上买一瓶生抽酱油回家凉拌东西用，我就去街上取钱和买东西。回到家，姐姐和奶奶已经弄好晚饭了，我把钱给我奶奶后，我们三人就一起吃饭。吃完饭我们就坐在客厅里看电视。刚刚开始，我和姐姐、奶奶一起看电视，不到10～15分钟，姐姐和奶奶就在客厅玩手机了，我就自己拿遥控器找电视节目看。我看到姐姐和奶奶玩手机比较开心，我问姐姐你们在干什么，她没有理我，我又问了她一遍，她还是没有理我。我问了两次她们都不理我，我就一个人在她们旁边看了一会儿电视就回房间睡觉了。到10点多钟，我想了很多还是睡不着，当时我想到这个家庭太冷漠了，我就起床到阳台看夜景。在看夜景的时候我想到之前，我姐姐带我去山上摘果子、好吃的分我一半、帮我洗衣服，后来读大学之后不愿意帮我洗衣服了，还有她换电话号码也不告诉我。我还想到案发前的一个月，我姐姐还在学校的时候，我跟我爸打电话问他什么时候回家过年，我和我爸才说了一句话，我姐就打电话给我爸了，我爸跟我说我姐姐正在打他的电话，就把我的电话挂了接了我姐姐的电话。通过这件事，我觉得姐姐不但不关心我，还把爸爸对我的关心给抢走了，以后还会抢走我更多的东西，我想把我姐姐送到另一个世界去。那时我在客厅阳台上看夜景，后来又回到客厅坐在沙发上。（犯罪经过）时间应该是晚上11点过了，我听到姐姐穿鞋的声音，我就打开客厅挂钟右下角的杂物柜。我拿了一把木质手柄的钉锤，走到过道我姐姐的门外面，她刚刚开门出来我就在她的后面用锤子朝着她的头部锤了一锤，她就大叫一声双手抱着头蹲在了地上，我又继续用锤子锤她的头，具体锤了几下我记不清楚了，反正当时我就一直用锤子锤她的头，她用双手抱着她的头，叫声越来越大，我奶奶就在她房间里面喊"某1，发生什么事情了"。听到我奶奶的声音后，我就把我姐拖到我的房间里，把门反锁，又继续用锤子锤她的头部。当时我奶奶在我的门边用力敲门喊我们，我没管我奶奶，还是用锤子锤我姐的头，直到锤子的木柄被我锤断，我姐也没有了叫声。当时我感觉她还有呼吸，我就在卧室的窗台上拿了一把匕首朝她喉咙捅了一刀，后来又朝她的心脏附近捅了一刀，这把匕首是我平时放在我卧室的窗台上的单刃刀，刀刃一面比较锋利，另一面除了刀尖，后面是锯齿。这时我没有听到奶奶在外面敲门了，我怀疑她回到她的房间打电话，我就跑到她的房间，她的房间门是开的，她正在穿外套，她看到我之后喊了我一声"×鹏"，她刚刚喊出我的名字，我就用刀朝她的腹部捅了一刀，我又拔出刀继续朝她的颈部、胸腹部连续地捅，直到我奶奶躺在地上一动不动没有呼吸。（毁尸）至此，我才回到我自己的房间，把姐姐拖到我的卧室厕所，然后又到我奶奶的卧室把我奶奶拖到我的卧室厕所，后来我在阳台上找了吃烧烤用的一桶固态酒精，又去厨房油烟机上的柜子拿了喷火器，在冰箱上拿了一个长方形的大盘子。我到卧室的厕所把我奶奶的上半身放在盘子上，我又把我姐姐的头拉到长方形的大盘子上，接着往我奶奶身上倒固态酒精，酒精流在盘子上不会流出去还可以继续燃烧，当时我奶奶的脚是朝着洗脸台的方向，我姐姐的脚朝淋浴开关和蹲便池的方向。把她们摆在盘子上之后，我就用油烟机橱柜里找到的便携式喷火器朝我姐的头部喷火将酒精引燃，酒精燃烧火势不够大，我就继续用喷火器对着我姐姐的头部烧，我喷燃后烟越来越大，我的眼睛都睁不开了，我就把喷火器丢在厕所的边上。（灭迹）然后我把厕所的门关了，开始打扫家里的卫生，用拖把把地上的血给拖了，然后把溅有血的塑料板凳和铁桶拿去客厅的卫生间里面用水洗，还有鞋底上的血我也用水洗了，我的卧室和奶奶卧室墙上的血我也用客厅的水果刀刮了一下，后来我发现墙上的血太多了，我就不刮了。我杀人的那把刀我拿到客厅的厕所去洗，但是那把刀的刀柄是用黑色的绳子包裹的，洗刀的时候有很多红色的血水流出来，我洗不干净，就用家里的一把剪刀把刀柄上的绳子剪断丢进厕所，用水冲掉了。再后来，我就把我作案用的外套、拖鞋、我的床单丢到我主卧的厕所里烧了。后来我又陆续地扔了打断的钉锤、我的旧手机、一些我喜欢的东西到厕所里面去烧，还有我奶奶的外套、床单等物品。（出门看火势）再后来火越燃越大，家里的烟也越来越大，我把窗户打开让烟散出去。这时我出门到一楼骑电瓶车在小区绕了一圈，想从外面看家里的情况。我从正面看家里还比较正常，在背面看到我卧室的厕所里有火光，我又骑电瓶车回小区家里，我开始灭火，从客厅的卫生间提了两桶水都没有把火灭掉，我就把我的被子盖在火上面，把花洒打开往被子上面浇水，花洒的水量比较小，我又从客厅的厕所提了一桶水来灭火。刚开始灭火的时候烟比较大，后来烟小了我才把家里的窗子关起来。（离开现场到三亚）后来我的肚子饿了我就吃了一些客厅的零食。再后来我到阳台上找了一个大的白色塑料桶拿到客厅的厕所里，往里面放了温水，我想在桶里面割腕自杀，后来我想到妈妈，我就不想死在家里了，我觉得还是找一个没有人的地方死掉。后来我又下楼把我的电瓶车推到家里，到家后我在客厅里写了三四张纸的内容，写的是我要去跳海之类的话，但是写一张我就撕一张，一张都没有保留。后来我换了一套衣服，找了几件喜欢的衣服装在我黑色的双肩背包里，出门之前我去我的房间厕所看了一眼烧的那堆火，火已经灭掉了。我又往上面盖了一床被子。出门时我把家里的钥匙从里面插在门上，我就关门离开家了。离开家我到独山县火车站买了独山到深圳的火车票，火车票是2019年1月19日早上8点多钟的，我上车后在车上查了到深圳的时间是20日的早上6点钟，我又查了从柳州到三亚的飞机，后来决定在柳州下车，从柳州坐飞机到三亚。19日晚上10点半钟左右我就到了三亚，下飞机后我就走路到了海边。到海边后我发现人比较多，当时我想如果跳海会有人把我捞上来比较麻烦。我沿着海边走了一下，累了就在公园的板凳上休息了一会儿，我肚子饿了就打车到桃园路吃东西。吃完东西我又走到海边看了一下，人还是比较多，沙滩巡警也骑着摩托车跑来跑去。（微信告知）凌晨4点多钟，我累了，又回到桃园路开了一间宾馆。当天晚上凌晨1点多我转了一万六千多元给我爸爸，他一直没有接钱，我刚进宾馆，我爸应该睡醒了，回我的微信问我为什么给他转钱。他问我怎么了，我说你先把钱收了。他收钱后我通过微信告诉他，我把奶奶和姐姐杀了，说完我就把手机关机了。在宾馆我想自杀，到厕所里看没有浴缸我就把宾馆退了。宾馆的服务员说要按钟点房收我100元。退房后我又回到了海边。当时天快亮了，海边的人多起来了，我还是一个人沿着海边走。那天的上午和中午我都在海边，想吃东西时又回到桃园路去吃东西，每隔几个小时我会打开手机来看一下。我看到我爸给我发的信息，希望我能回去，不要想不开，我二叔也跟我发了信息。（到案经过）后来我走路到三亚火车站查了当天的火车想去湛江，当天的火车票已经没有了，我又走路到三亚飞机场，看了一下飞机票价格1 200多元，我身上的钱不够了，我给我爸发微信告诉他我要回老家，等了很长时间我爸没有跟我转钱，我又走路离开飞机场回到海边休息，睡到凌晨两点多钟，我起来走路去三亚火车站。走了一段路，我遇到出租车就坐出租车去火车站了。凌晨5点多钟火车站开始售票后，我买了一张三亚至湛江的火车票，到时间我就上火车，在火车上被东方派出所的警察带下车了。

小的时候我和姐姐的关系比较好。2004年我父母去杭州务工，把我带去打工，我的小学、初中、职高都是在浙江杭州等地读的，那时我的姐姐还在独山县老家读书。那时候我在外面经常拿公用电话和她通话，过年回家她带我去坡上摘果子吃，买东西回家也分我一半，我的衣服都是姐姐帮我洗的。自从我姐姐莫某1读大学之后，我们的关系就疏远了。刚开始我们还经常通电话，后来通话就越来越少，再后来她换号都不告诉我，我们就没有通话了。有时候偶尔通话都是通过我妈妈跟她通话之后，我和她才有通话，但是没说几句她就挂电话了，后来她回家过年我们就很少讲话，我的衣服她也不愿意洗，我叫她帮我做的事情她也不愿意去做了。2016年我们过年回家，那时候我们还在学庄老家过年，我在楼上看电视，我姐姐在楼下烤烧烤吃，她没有叫我和她一起吃，我下楼看到她在吃烧烤，我叫她烤一个给我她都不愿意烤给我。我记得印象深的还有一件事是2014年我买了两幅十字绣叫我姐姐和奶奶分别帮我绣，到2016年过年回家，我奶奶帮我绣好了的十字绣不知道放在什么地方，我叫姐姐帮我找出来，她不愿意帮我找；我给她的十字绣我也没有看到她绣，到现在都不知道我叫她帮我绣的十字绣在什么地方。我奶奶绣好的那一幅十字绣姐姐不愿意帮我找，我找了好久才找到。从这些事情我就觉得我姐姐很陌生，不像以前一样，感觉她变了一个人，不是我姐姐了。上个月我跟我爸打电话问他什么时候回家过年，我们才说了一句话，我爸跟我说姐姐正在打他的电话，就把我的电话挂了，接了我姐姐的电话。通过这件事，我觉得，我姐姐不但不关心我，还把我爸对我的关心给抢走了，我感觉以后我姐姐还会抢我的很多东西，因为这些事情，我就比较讨厌我姐。2019年1月7日我姐姐从外面读书回家，她这次回家我感觉她越来越陌生、越来越冷漠，我和她几乎不说话。案发当天我们吃完饭，我姐姐和奶奶都在客厅玩手机，我问姐姐在干什么，她没有理我，我又问了她一遍她还是没有理我，我就一个人在她们的旁边看了一会儿电视就回房间睡觉了。到晚上10点多钟，我想了很多事情还是睡不着，我就起床在客厅走来走去，之后到阳台上看夜景，再后来我就产生了一个想法，我姐姐太冷淡了，我想把她送到另一个世界去，把她杀死。

我和奶奶刘×从小就很少见，她当时在都匀跟我爷爷居住，我和奶奶以前经常吵架，但是感情还是比较好的，我杀她的原因是我杀我姐姐的时候被她听到了，杀她灭口。

5. 鉴定意见

(1) 黔南州公安司法鉴定中心2019年1月31日作出的“检验报告”[(黔南)公(司)鉴(理化)字〔2019〕×××号]。检验结果：被害人刘×、莫某1胃内容物未检出甲胺磷、对硫磷、甲拌磷、敌敌畏、毒鼠强成分。

(2) 贵州省第二人民医院法医精神病鉴定中心2019年3月19日作出[(黔)省二医鉴定中心〔2019〕精鉴字第××号]“司法鉴定意见书”证实：莫×鹏2019年1月18日作案时意识清楚、无精神病，具有完全刑事责任能力。

(3)“鉴定意见通知书”共19份，证实：“鉴定意见通知书”告知了被告人莫×鹏。

(4) 独山县公安局于2019年1月22日作出的“现场检测报告书”证实：莫×鹏毒品检测阴性，非吸毒人员。

(5) 贵州省平塘县公安司法鉴定中心于2019年2月2日作出的“法医病理检验鉴定书”[(平)公(司)鉴(病)字〔2019〕×号]证实：莫某1死因符合他人持钝器击打头部致颅骨骨折、颅脑损伤死亡。

(6) 贵州省独山县公安司法鉴定中心于2019年2月2日作出“法医学尸体检验鉴定书”[(独)公(司)鉴(尸体)字〔2019〕×号]证实：刘×符合锐器损伤致右锁骨下动脉破损、肝脏破损，引起大量失血致循环衰竭死亡。

(7) 贵州省黔南布依族苗族自治州公安司法鉴定中心于2019年2月3日作出的“法庭科学DNA鉴定书”([黔南)公(司)鉴(法物)字〔2019〕××号]证实：1) 现场遗留衣物及现场多处血迹检出莫某1DNA；2) 现场遗留衣物及现场多处血迹检出刘某DNA；3) 客厅地面上碎纸屑检出莫×鹏DNA；4) 客厅卫生间红色凳子上提取刀具检出莫某1、刘×DNA；5) 主卧地面上提取点火器、拖把检出莫某1、刘×DNA；6) 刘×为莫某3生物学母亲，莫某3为莫某1、莫×鹏生物学父亲。

6. 勘验、检查、辨认、侦查实验笔录

(1) 辨认笔录及照片证实：莫×鹏于2019年2月1日通过照片辨认，确认其手机中发送给父亲莫某3的微信记录；于2019年3月22日通过照片辨认出其作案时穿的背心、衬衣；通过照片辨认出其作案使用的刀具、锤子，焚烧尸体使用的盘子、喷火器、固体酒精桶，作案后写的遗书碎纸片。

莫某3于2019年1月20日辨认出尸体是其女儿莫某1和母亲刘某；于2019年2月25日辨认出2019年1月19日7时04分出现在现场电梯内的嫌疑人是莫×鹏。

陆某2于2019年1月20日辨认出尸体是其女儿莫某1和母亲刘某。缪某1辨认出2019年1月20日凌晨4时许入住酒店的是莫×鹏。

(2) 检查笔录、提取笔录、提取痕迹、物证登记表、照片证实：独山县公安局民警2019年1月22日17时许对被告人莫×鹏的身体进行检查，发现莫×鹏右手拇指指腹见一大小为2.7cm×0.1cm的划痕，右手肘关节内侧见一大小为4.5cm×3.8cm皮下青紫。采集了莫×鹏指、掌信息。同时提取了莫×鹏的血样、外套、衬衣、裤子、鞋子、袜子、十指拭子。

(3) 提取笔录、提取痕迹、物证登记表证实：独山县公安局2019年1月21日提取莫×鹏父亲莫某3血样。

(4) 现场勘验检查工作记录、现场勘查绘图、照片证实：独山县公安局于2019年1月20日11时30分至22时35分对莫×鹏故意杀人案现场进行勘验检查，现场位于贵州省独山县麻万镇×××小区×栋×单元××室莫某3家。提取×栋×单元电梯内视频监控录像，提取证据材料67件，制作“提取痕迹、物证登记表”登记。

(5) 辨认现场笔录、照片证实：被告人莫×鹏于2019年1月23日15时39分至17时02分对其作案现场进行指认。

7. 视听资料、电子证据

(1) 手机取证报告证实：独山县公安局网络安全保卫大队提取莫某3手机微信号×××（莫愁）与微信号×××（×鹏）的聊天记录，提取莫×鹏手机微信号×××（Monica）与微信号×××（父皇）的聊天记录，证明2019年1月20日凌晨向莫某3微信转账8 135元和8 069元后，于5时0分11秒，莫×鹏微信告知莫某3“18号晚上婆已经被我杀了……”等信息，与莫某3的证言和被告人的供述相印证。

(2) 调取证据通知书、调取证据清单，视听资料制作说明证实：公安机关向独山车站提取被告人莫×鹏2019年1月19日7时10分在独山站售票大厅购买车票视频，制作光盘1张；向贵州万某物业管理有限公司提取独山县麻万镇××小区电梯口被告人莫×鹏2019年1月18日至19日监控视频，电梯内被告人莫×鹏2019年1月18日至19日、被害人莫某1的2019年1月18日17时11—13分监控视频，制作光盘3张；向某静恩精品酒店（××××度假酒店）提取被告人莫×鹏2019年1月20日4时45分至5时23分入住××××度假酒店监控视频，制作光盘1张；向独山县公安局110指挥中心提取莫某2报警录音，制作光盘1张；其他同步录音录像制作说明。以上证明公安机关取证来源合法。

上述证据均经当庭举证、质证，来源合法，内容客观真实，能够证明本院认定的案件事实，本院予以确认。

本院认为，被告人莫×鹏因不能正确处理家庭成员之间的感情关系，在与被害人莫某1沟通不畅的情况下，心胸狭隘，无端猜疑生恨，为泄怨气而将莫某1杀害，并为避免被害人刘某报警而将其一并杀害，莫×鹏非法剥夺他人生命，其行为构成故意杀人罪，公诉机关指控罪名成立，本院予以确认。

对于故意杀人犯罪，依法应当判处死刑、无期徒刑或者十年以上有期徒刑。被害人莫某1怠于与莫×鹏沟通交流的行为虽有不当，但仅属于家庭生活中常见的一般琐碎事由，不至于因此引发刑事后果，故二被害人对于案发并无明显过错。被告人莫×鹏作案后焚尸外逃，情节极其恶劣、手段极其残忍、后果极其严重，依法应予严惩。被告人到案后虽能如实供述自己的罪行，成立坦白，但不足以从轻处罚。但鉴于本案系亲情犯罪，事出有因，且亲属表示谅解，故对被告人判处死刑可不立即执行。公诉机关及辩护人所提量刑建议符合法律规定及本案实际情况，本院予以采纳。

关于辩护人所提被告人成立自首的辩护意见，经查，莫×鹏之父虽向被告人建议自首，但莫×鹏并未应允，其既未向所在地公安机关投案，也未向铁路乘警投案，而是被公安人员在列车上截获。再者，莫×鹏自称外逃系为自杀，说明其并无主动接受法律处罚的意愿，故其到案不具有自动性，不成立自首。辩护人所提成立自首的辩护意见不能成立，本院不予采纳。

综上，根据被告人的犯罪事实、性质、情节、社会危害程度，结合案件具体情况，依照《中华人民共和国刑法》第二百三十二条、第四十八条、第五十七条第一款、第六十一条、第六十二条、第六十四条之规定，判决如下：

一、被告人莫×鹏犯故意杀人罪，判处死刑，缓期二年执行，剥夺政治权利终身。

二、作案工具尖刀一把、铁锤一把依法予以没收。

如不服本判决，可在接到判决书的第二日起十日内，通过本院或者直接向贵州省高级人民法院提出上诉。书面上诉的，应交上诉状正本一份，副本二份。

审　判　长　王××
审　判　员　邹××
审　判　员　王××
人民陪审员　秦××
人民陪审员　陆××
人民陪审员　陈××
人民陪审员　黎××
二〇一九年八月三十日

本件与原本核对无异

法官助理　尚××
书记员　聂××

【案例3】

英国北安普顿皇家刑事法庭
女王诉克莱尔·莱利和苏珊·奥库特
量刑判决书

凯尔法官
2016年9月15日

案件概况

克莱尔·莱利，23岁。苏珊·奥库特，56岁。二人系母女关系。对于违反《1991年危险犬类法案》（以下简称《法案》）的行为，你二人现均已认罪。

克莱尔·莱利，你的狗处于失控的危险状态而伤人致死，所以你因违反《法案》第三条第一款的规定而构成犯罪；苏珊·奥库特，你作为该狗的看管人，根据《法案》第三条第一款的规定，也构成犯罪。

死者莫莉·梅·沃瑟斯庞（以下简称莫莉·梅）是一个六个月大的婴儿。克莱尔·莱利，她是你的女儿；苏珊·奥库特，她是你的外孙女。在你们家的一楼客厅，她遭到莱利女士你养的一只名为布鲁斯的美国比特斗牛犬的疯狂袭击。根据《法案》附表1的规定，美国斗牛犬是禁养犬种。莫莉·梅遭受的多重深度撕裂伤主要在其头部和面部，但其四肢也均被咬伤。她的头骨被咬断，头部有四处穿刺伤，最后因失血过多而死。

这是一个悲剧，也是一个完全可以避免的意外。为了狗的福利和周边人的安全，狗主人和狗的看管人须承担严格的法律责任。父母对子女，祖父母、外祖父母对孙子女、外孙子女分别负有监护义务。布鲁斯是一只体型大、强壮且攻击性强的猛犬，重达33公斤。它本不应该与一个新生婴儿一起住在一个小房子里，克莱尔·莱利女士更不应该将它与婴儿留给像苏珊·奥库特这样的人独自看管，苏珊·奥库特也不应同意。你俩都知道，苏珊·奥库特有酗酒习惯，这加剧了问题的严重性。显然，布鲁斯对莫莉·梅构成了巨大的威胁。克莱尔·莱利，根据你的认罪答辩，你也承认你没有理由相信你的母亲是看管布鲁斯的合适人选。

近来，英国议会将此类犯罪行为的最高刑期提高至14年，以此增强人们对此类案件的警觉性和表明此类案件严重性的意图非常明显。因此，在针对此类案件的所有案件量刑中，都必须强有力地体现这一威慑作用。

案件事实

克莱尔·莱利，大约在2012年6月，你买了布鲁斯。这只狗与你和你的丈夫，即莫莉·梅的父亲戴瑞·沃瑟斯庞生活在一起。你们与布鲁斯以及另一只宠物狗帕普斯一同住在你们的小房子里。帕普斯是一只小型的斯坦福德郡斗牛犬。你们的房子只有一小块位于房屋后面的户外区域。

莫莉·梅出生于2014年3月。2014年6月，你的丈夫入狱，将服刑较长一段时间。他不能再带布鲁斯散步，也不能再照顾它。苏珊·奥库特，你从来不带布鲁斯散步，而且你也从未看到过你的女儿带它散步。克莱尔·莱利，你说你确实曾带布鲁斯散步，具体次数不清楚，但至少没有频繁到你母亲能察觉到的程度。在室内时，你们将这两只狗分别关在厨房区域的两只笼子里。兽医专家确认，对布鲁斯来说，笼子太小，且不堪一击。事实上，它是毫不费力地就从笼子里逃脱，去袭击了莫莉·梅。

这场袭击发生在2014年10月3日周五晚间。苏珊·奥库特，你同意照看你的外孙女，以便让你的女儿能和一位朋友外出。这不是她经常有机会能做的事。克莱尔·莱利大约在晚上8点离家，把你和布鲁斯以及帕普斯单独留在一起。

苏珊·奥库特，那天你喝了酒。很明显，你现在有、当时也有酗酒问题，你的女儿克莱尔·莱利非常清楚这一点。事实上，仅仅几周前，在2014年8月的一个早上发生了一件事——克莱尔·莱利因她母亲喝醉酒并拒绝离家而报了警。克莱尔·莱利还告诉警察，她不希望奥库特女士喝醉时待在莫莉·梅的身边。

案发当晚，苏珊·奥库特喂莫莉·梅吃了东西，并把她放在客厅地板上的摩西提篮里睡觉。你做了一些食物，给你的母亲打了电话。布鲁斯和帕普斯就在隔壁厨房的笼子里。在某一时刻，你听到布鲁斯出了笼子——这看起来并没有引起你足够重视或让你感到惊讶。之后，你看到布鲁斯在客厅里。你说它自己设法打开了门。

它向莫莉·梅发起了攻击。苏珊·奥库特试图阻止，但无济于事。22点33分她拨打了紧急电话。警方赶到后破门而入。布鲁斯当时凶猛无比，完全失控，喷了PAVA喷雾才被制服。莫莉·梅则已当场死亡。

毫无疑问，布鲁斯是一只凶猛而危险的狗。它被许多专业兽医描述为极具攻击性。一位有15年经验的兽医把它描述为她所遇到过的“最具攻击性的狗之一”。

量刑指南

在对你们量刑时，我参考了《量刑指南》中危险犬类犯罪的相关规定，所有2016年7月1日及以后的量刑均适用该指南。我也考虑了你们各自的医学检查报告和预判报告。

对克莱尔·莱利的量刑

与你的罪行相当的是“中度罪责”，起点刑为4年，幅度范围为2～7年。你未能根据你对布鲁斯攻击行为的了解而进行有效看护。我非常确信，你知道布鲁斯是一只非常有攻击性的狗。你每天都和它生活在一起。2014年1月，沃瑟斯庞先生费力地控制住它，带它去兽医那里时，你也在场。在当时的情况下，兽医这样记录布鲁斯的攻击性等级：这只狗“非常有攻击性……会咬你、扑向你”。即使考虑到布鲁斯那时可能处于痛苦中，但这事也说明它是具有攻击性的。

另外，2014年6月，你警告一位到你家中来访的客人不要靠近布鲁斯。你也曾收到社区委员会转来的邻居们对这只狗吠叫的投诉。无论你丈夫希望怎样，你都不应把布鲁斯留在莫莉·梅的身边。你曾意识到你需要把布鲁斯挪到其他地方，但却没有这么做。因没有采取足够安全措施而发生类似这样的事故，是可以被合理预见的。你是布鲁斯的主人，而且你知道它存在福利方面的问题，包括笼子的尺寸大小，以及在室内缺少刺激和锻炼。你没有尝试把布鲁斯介绍给莫莉·梅以减少它对莫莉·梅的威胁。你把狗关在笼子里，这是可以考虑对你适用较轻罪责的因素，但是对于一只像布鲁斯这样大小和有力量的狗来说，这显然是不够的。

从重情节

你有多重从重情节。受害者是一个婴儿，她完全依赖于你对她的照顾和保护。这次的袭击是个持续和重复的过程。你在认罪答辩中也承认，就体型和力量而言，你的母亲根本不是布鲁斯的对手。更何况，你知道你母亲有长期酗酒问题，仅仅几周之前你就因为你的母亲在早上醉酒而报了警，你不希望她在莫莉·梅的身边。而这次你铤而走险，在夜间把莫莉·梅单独留给一个极有可能酗酒的人，还有一只大型的、有攻击性的狗在同一间小房子里！

从轻情节

你品行良好，还相对年轻。你很懊悔，且已经遭受了失去女儿的不幸。你承认你在此案中的大部分责任。尽管你在审判当天才认罪，但我还是会因此对你从轻处理，因为在我看来，你之前并没有完全明白严格责任犯罪这一法律问题。

你曾受到戴瑞·沃瑟斯庞的虐待，你说你是迫于他的压力才养布鲁斯。有证据证明，他由于此事对你有过暴力行为。但是，在本案案发时，他在狱中，不在你身边。且布鲁斯是你的狗，当时你是可以和这只狗分开的。正如你所说，你现在已经和它分开了，莫莉·梅的安全本应是最重要的。

自本案发生后，你被诊断为抑郁和焦虑症。我看了精神科医生亚力山德拉·盖茨博士为你出具的两份报告。你一直在服用多种抗抑郁药物，失眠、情绪低落、食欲不佳。你觉得监禁刑将会击垮你。你极度不安，抑郁自闭，精神脆弱，表现出创伤后应激障碍的某些特征。盖茨博士认为你的精神状态很差，自2015年12月以来没有改善，而监禁可能会加剧你的病情。如果对你判决监禁刑，你将需要大量的狱中健康护理。你的父亲写了一封信给我，强调了如果你入狱他对你的忧虑和担心，强调了这对整个家庭的影响，以请求同情和宽恕。

我考虑到以下情况：你最近再次怀孕，你的预产期在明年春天。为了让你顺利度过孕期的前三个月，量刑程序已经被推迟过。你曾经有过一次死胎，你怀孕的风险很大。你担心失去这个孩子，而且你的家庭相当支持你。当然，没有医学或其他证据表明你的孕期不能在狱中或是狱外安全度过。在决定对你的量刑时，我已考虑了 2013 年《判例汇编周报》第一卷 1102 页的王室（女王）诉彭斯瑞克案中确立的原则，尤其是第 17 段到第 25 段。

上述案件涉及第八条中的家庭生活权，正如本案涉及你的家庭。监禁几乎总是会干扰家庭生活。但这种干扰必须适当，以平衡干扰与刑罚目的两者之间的关系，刑罚目的包括惩罚严重犯罪的需要和形成适当社会威慑力的需要，量刑是为实现刑罚目的而服务的。受抚养子女的存在，当然也是量刑的一个相关因素：详情可见于 HH 诉热那亚的意大利共和国副检察官案（案号为［2012］UKSC 25）中的第 128 段和第 129 段。

法院判决

考虑到本案的所有情况，我确信对你适用监禁刑的条件是具备的。综合所有的从重情节和从轻情节，包括你的健康情况和怀孕情况，我认为，与此罪责相符合的最短刑期是 24 个月（或者说 2 年）。对于你的具体情况，我将判决你的刑期为 30 个月。

我仔细考虑过你是否应该被判处缓刑，在量刑过程中我平衡了各方利益冲突，充分考虑了你的个人情况，以及包括你父亲在内的所有陈述。然而，综合该犯罪的所有情况，我得出结论：缓刑不是一个现实的选择。我考虑了你所有的从轻情节，决定对你适用时间较短的监禁刑。你和你出生后的宝宝可以在监狱系统内得到照料，直到你被释放。因此，这一判决将立即执行。

其中一半的刑期，你将在监禁中度过。剩余部分你可以得到假释。你必须遵守假释的规定，否则你会被召回，很有可能被收监执行余刑。

根据《法案》的第四条第一款 b 项规定，我还要剥夺你 10 年的养狗权。你居然让布鲁斯出现在一个年幼婴儿身边，你还留布鲁斯与婴儿及你的母亲单独在一起，这些都表明你不适合养狗。在此禁令发布一年之后的任何时间，你可以向法庭申请终止剥夺养狗资格的决定。

我还要裁定没收并销毁布鲁斯的照片（图 DJC 1）、它的链子、带子和笼子（证据 CJC 6 和 SPH 2）。你还要适当承担受害人损失。

你可以退庭了。

对苏珊·奥库特的量刑

就你的罪责而言，你知道布鲁斯是一只杂交斗牛犬，但并不知道它是禁养犬种。你也没有根据你事先对布鲁斯攻击行为的了解而对其进行有效看管。在袭击发生的当天晚上，你清楚地对警察描述了你对布鲁斯的天性和攻击性的了解程度：你从第一天就知道这只狗具有很强的攻击性。我非常确信，你和你的女儿一样，知道布鲁斯是一只攻击性很强的狗，而且你也承认了这一点。

案发前几个月里，虽然不是每天，但你经常与布鲁斯一起在你女儿的房子里。在没有采取足够的安全措施的情况下，类似这样的事故是可以被合理预见的。虽然你不是布鲁斯的主人，当然也无法完全控制你女儿的行为，但是你有照顾狗的经验，你也了解它们的需求。你知道它存在福利方面的问题，包括笼子的尺寸大小，以及在室内缺少刺激和锻炼。你对布鲁斯的攻击性和其对莫莉·梅的潜在威胁缺乏重视。

在这样的背景下，尽管你试图阻止布鲁斯的进攻行为，且把它关在笼子里，但我的总体评判是，像你的女儿一样，你应承担中度罪责。你的努力都失败了，自己几乎没有受到任何伤害。同样，笼子不够大，不够坚固，房门也阻挡不住布鲁斯。我不需要查明你是否知道布鲁斯以前有没有逃出过笼子，你对它逃出来一点也不惊讶，这已经说明很多问题。很明显，如果它想逃脱，它就能逃出来。

基于这些情况，中度罪责得以明确。

从重情节

同样，你也有多重从重情节。和你现在罪行无关的前科可以追溯到2006年。而和现在相关的是，作为另一只斗牛犬的主人，你存在漠视责任的情况。你有饲养另一只名叫凯恩的斗牛犬的许可证，但是你违反了该证书的所有条款：你没有把它养在指定地点，你把它交给了另一个人，即你的儿子杰米·莱利，你没有续交第三方保险。这反映出你对安全的漠视、对这种犬类所涉及的法律的漠视。

另外，受害者是幼儿。此次袭击持续了一段时间，且重复多次。至于酒精问题，就算你在清醒状态下，也无力挽救莫莉·梅，但你在单独照看布鲁斯和莫莉·梅时还饮酒过量，这就构成一个从重情节，因为这增加了对莫莉·梅的风险。我确信你在案发当晚不止喝了一杯酒，而不是像你和警察说的那样。便携式的录像设备记录的片段显示了你在此次袭击时的即时反应。

即便布鲁斯已经逃出笼子、拉厨房门的把手来开门时，你也没有做任何试图移动莫莉·梅的举动。多名目击者说你当晚醉酒了。你是喝多了，并受到酒精的严重影响，我必须在此基础上作出判决，对此你也已经接受。虽然，正如我已经说过的，没有人认为那天晚上你能救下莫莉·梅，但是，你当时的反应能力确是受到了酒精的阻碍。

从轻情节

你明显遭受了当场失去外孙女的悲痛和创伤，并对所发生的事怀有负罪感。伤害已经造成，你的悔恨感加重了这些事件对你整个家庭的影响。莫莉·梅是你生活的动力。尽管你在原定的审判日当天才认罪，但我还是会因此对你从轻处理。同样，我认为，你之前并没有完全理解相关法律。

我已经看了精神科医生彼得·麦卡里斯特博士最近为你出具的报告。报告记录了你至少追溯至2007年的酗酒历史。你精神脆弱，遭受了不可逆转的、与酒精有关的多发性精神病方面的困扰。这份报告也提及2011年你患了抑郁症，然后在2013年、2014年你也有抑郁症。因为2014年10月的事件，以及本案之前癌症给你带来的恐慌，你的抑郁症加重了。你没有严重的精神病，没有记忆障碍，没有创伤后的压力紧张或任何焦虑症。

法院判决

我确定监禁刑的条件是符合的。综合所有的从重情节和从轻情节，我认为，与此罪责相符合的最短刑期是24个月（或者说2年）。针对你的具体情况，我要判决你的刑期为30个月。

我仔细考虑过你是否应该被判处缓刑，并要求你先接受酗酒治疗，在量刑过程中我也平衡了各种利益冲突，充分考虑了你的个人情况以及你方所有的陈述。然而，综合该犯罪的所有情况，我得出结论：缓刑不是一个现实的选择。我考虑了你所有的从轻情节，决定对你适用时间短的监禁刑。因此，这一判决将立即执行。

其中一半的刑期，你将在监禁中度过。剩余部分你会得到假释。你必须遵守假释的规定，否则你会被召回，并很有可能被收监执行余刑。

根据该《法案》的第四条第一款 b 项规定，我还要剥夺你 10 年的养狗权。你没有遵守凯恩证书上的条款，你知道布鲁斯至少是一只斗牛犬。再加上你的酗酒问题，你不是养狗的合适人选。在此禁令发布一年之后的任何时间，你可以向法庭申请终止剥夺资格的决定。

你还要适当承担受害人损失。

你可以退庭了。

最后附言

最后，我对 2014 年 10 月 3 日晚在莫莉・梅案发现场、医院以及参与案件处置的所有人的勇气和敬业表示感谢！即使是对于经验丰富的紧急警务人员、医护人员、兽医来说，这也是一起十分惨烈的事件，但所有人仍有效地履行了他们的职责，尽心尽力！

任务 3：语言表达与修辞训练（语病修改）

任务要求：

（1）认真阅读分析下列材料，指出材料中的语病。

（2）讨论：语病产生的原因及语病修改。

［例 1］当晚，其中两个有毒的西瓜被偷，偷瓜的几个人均严重中毒，其中二人死亡。

［例 2］一天在结帐时，发现收到的货币中有三张拾元券假人民币。

［例 3］孙×以自己的名字将该款分别存在银行。尔后，孙×又令该公司财务部会计……

［例 4］2004 年，被告人李×与他人合伙花 8 千元买了一台解放牌旧汽车，尔后以 3 万元的价格在保险公司投保。

［例 5］1991 年 4 月中旬，被告人李×先后在中国银行烟台分行，分别办理了长城信用卡、牡丹信用卡各 1 张。

［例 6］……另一方面雇佣两名流氓充当打手，不准卖淫妇女“跳窝子”，不准卖淫妇女未经批准进行卖淫。

［例 7］被告人张×因私自将玻璃偷带出厂为门卫查获并被厂保卫部门教育。但被告人不自我检讨，反而怀疑系同班组工人曹×所反映，因而对曹×怀恨在心，多次挑衅报复。

［例 8］经医生鉴定，被害人剑突下偏左伤口长 3 公分，深达肌层，右侧腹伤口长 1.5 公分，左手小鱼际软组织撕脱一块，见豆骨被削去一块，缝合后伤口约 8 公分长。

［例 9］1944 年 4 月 11 日，经上海市精神疾病司法定专家委员会对张×1983 年 1 月 30 日行凶作案时精神状态的鉴定，张×1983 年 1 月 30 日行凶作案时精神分裂症发病期，对行为丧失辨认和控制能力，应认定为无责任能力。

［例 10］在新刑法施行之后，对于无责任能力的精神病人实施危害行为，造成危害后果的情况，应适用新刑法第 18 条第 1 款进行处理。

任务 4：法律思维训练

任务要求：

（1）阅读下列示例，分析示例中的说理有哪几种类型？简单介绍每种类型的说理方法。

（2）小组合作学习：请解析示例说理的内在逻辑结构，以思维导图等形式展示。（每组至少要展示两例）

（3）组长应做好讨论记录，并将结果记录在报告中。

【示例1】魏某明等人抢劫案

说理方法：援引刑事司法解释对“入户抢劫”中“户”的界定进行说理。

【案情简介】

被告人：魏某明、岳某海、岳某。

2002年3月19日，被告人魏某明、岳某、岳某海3人预谋对位于上海市××区××镇××村的芳芳商店进行抢劫，并为此准备了仿真玩具手枪、封箱胶带、尼龙绳和三棱刮刀等犯罪工具。当晚11时30分许，魏某明3人乘店内无顾客之机，携带犯罪工具进入商店后，用仿真玩具手枪、三棱刮刀顶住店主陈某飞头部及胸部，对其进行威胁，并强行将商店卷帘门关上，用透明封箱带捆住陈某飞，封住其嘴巴和眼睛。随即，魏某明从该店营业箱内劫得现金450元。岳某海持三棱刮刀冲入商店的内侧卧室，对睡在床上的陈某飞妻子黄某芳进行威胁，逼其交出钱款，并在陈某飞的衣服口袋内及衣橱顶部劫得现金人民币900余元。这时，民警接报警后赶到，当场将魏某明、岳某海2人抓获，岳某逃离现场后于次日凌晨被抓获归案。

【文书摘要】

法院生效裁判认为：芳芳商店系被害人公开营业的商店，该店有工商管理机关核发的营业执照，故不应认定其为居民的住宅，而应认定其为营业场所。该店由连成一体的三间店面房组成，内部各房间之间没有明确的隔离，其中两间分别用于放置货架或作为门市，另一间内有一张床和一台液化气灶具，同时也堆放着数袋大米、货架和冰柜，以上情况说明店内的生活区域与营业场所没有明确的分隔，生活功能和营业功能的区分不明显。刑法“入户抢劫”中的“户”，是指公民的私人住宅，即公民以居住、生活为目的，与外界相对隔离的场所。依据《最高人民法院关于审理抢劫案件具体应用法律若干问题的解释》的规定，户为他人生活的与外界相对隔离的住所，包括封闭的院落、牧民的帐篷、渔民作为家庭生活场所的渔船、为生活租用的房屋等。根据该解释，作为刑法意义上的“户”，应当是以生活为目的或主要以生活为目的设立的场所，而其他为生产、经营、学习设立的场所，则不宜被认定为“户”。芳芳商店是以营业为目的开设的公开营业场所，虽部分区域兼有生活功能，但不具有居民私人住宅相对封闭性的特征。本案事实表明，魏某明3人在实施抢劫时，芳芳商店还在营业之中。魏某明等人是以抢劫商店的营业款为目的而实施犯罪的，犯罪意图和指向明确。被害人的卧室仍然是商店的一部分，与商店的经营区域不处于封闭的状态，故不能以魏某明等人在此亦实施了抢劫就认定构成入户抢劫。根据本案事实，魏某明、岳某海、岳某3人虽共谋抢劫并共同以暴力威胁为手段实施了抢劫财物的行为，均已构成抢劫罪，但尚不能认定魏某明、岳某海、岳某3人的具体行为构成了“入户抢劫”。

【示例2】王某诈骗案

说理方法：最高人民法院对个案作出的答复，何种情形下适用于人民法院同类案件审理的说理。

【案情简介】

被告人：王某。

其一，骗取唐某英41 500元。被告人王某（网名“磊哥”）于2009年4月通过腾讯QQ与被害人唐某英（网名“深谷幽兰”）相识。在聊天的过程中，王某谎称自己留美回国，在国家电网下属的设备公司工作，管理全国大型电力设备检测和维修，月薪四五万元，在北京和南通都有房产，亲生父母是经营房地产、宾馆、酒店、家具的大老板，在上海、苏州、无锡、常州等地有很多家公司，养母是上海某某医院的原党委书记，前妻是日本人，在法国出车祸死亡，自己身体不好，一个人带着孩子在北京生活。王某编造虚假的个人信息，骗取唐某英的同情和好感。

王某编造各种虚假事实向唐某英行骗，让唐某英前后共15次通过中国银行（卡号×××××××××××××××××××）给其汇款共计39 500元。加上王某在南岳向唐某英行骗的2 000元现金，共计41 500元。王某骗来的钱款除用于购买笔记本电脑、衣服等物品外，其余全部用于自己个人挥霍。

唐某英在得知自己受骗后，多次通过电话要求王某退还被骗钱款，王某总是找借口推脱，后来便开始频繁更换手机号码进行躲避。唐某英在腾讯QQ上让王某还钱，王某仍旧不承认自己欺骗了她，或者直接下线进行躲避。唐某英在找不到王某的情况下，从湖南奔赴江苏南通王某的家里，找王某父母说明被王某欺骗的事实，并以报警相要挟。王某母亲金某某在唐某英多次追讨被骗钱款的情况下，于2010年7月9日、9月16日、10月26日先后分三次汇了共计9 000元返还给唐某英。唐某英在多次向王某及其家人追讨剩余钱款无果后，于2010年11月16日向衡阳市南岳区公安分局报案。2010年12月，唐某英将已经报案的事实告诉王某本人及其父母，王某的母亲金某某于2010年12月24日、2011年1月4日通过汇款返还给唐某英被骗钱款共计25 000元。2011年2月10日，衡阳市南岳区公安分局决定立案侦查，案发后公安机关为唐某英追回被骗赃款7 500元。

其二，骗取刘某9 500元。被告人王某在骗取唐某英感情和钱财得手后，深知在网上骗取单身女人的感情和钱财很容易，便萌生了在网上继续行骗的意图。其先后分六次骗取刘某9 500元。2010年10月底，王某就开始躲避刘某，刘某打电话找不到王某，在腾讯QQ和“世纪佳缘”网上留言王某也不回信息。在意识到自己被骗后，刘某通过网络与同被王某所骗的受害人唐某英取得联系，共同维权报案。案发后，公安机关为刘某追回了被骗的全部钱款。被告人王某另给予刘某5 500元赔偿。

被害人唐某英于2011年8月8日提起附带民事诉讼，经双方协商，被告人王某赔偿被害人唐某英8 000元，随即唐某英撤回了对王某附带民事部分的起诉。

一审法院认为，被告人王某诈骗他人财物51 000元，数额巨大，其行为已构成诈骗罪。其辩护人依据《最高人民法院研究室关于申付强诈骗案如何认定诈骗数额问题的电话答复》，认为王某的行为是诈骗数额较大而不是巨大。因该答复是最高人民法院研究室对河南省高级人民法院关于合同诈骗案的电话答复，其性质不是司法解释，不具有普遍适用效力，对此不予采纳。被告人王某认罪态度好，有悔罪表现，积极赔偿被害人损失，可酌情从轻处罚。一审法院以诈骗罪判处被告人王某有期徒刑三年，并处罚金一万元。

一审宣判后，王某提出上诉，本案不是诈骗数额巨大，而是数额较大，归还的款项应当扣除，请求改判缓刑。

二审法院于2011年12月1日作出判决，以诈骗罪判处王某有期徒刑三年，缓刑四年，并处罚金一万元。

【文书摘要】

法院生效裁判认为：王某以非法占有为目的，采用虚构事实和隐瞒真相的方法，骗取他人财物，数额巨大，其行为已构成诈骗罪。上诉人王某在侦查期间能如实供述自己的罪行，属于坦白，可以从轻处罚。上诉人王某上诉提出，本案不是诈骗数额巨大，而是数额较大，归还的款项应当扣除。经查，《最高人民法院研究室关于申付强诈骗案如何认定诈骗数额问题的电话答复》规定，在具体认定诈骗犯罪数额时，应把案发前已被追回的被骗款额扣除，按最后实际诈骗所得数额计算。该电话答复虽是最高人民法院研究室于1991年4月23日针对申付强诈骗个案作出，但答复所确定的计算诈骗犯罪数额的原则和精神与后来的法律和司法解释没有矛盾和冲突，对人民法院审理同类案件仍具有指导作用，应当遵照执行。电话答复中所指的"案发"时间一般可理解为案件发生或者被发现的时间，而被害人向公安机关报案，则说明案件既已被被害人发现，也已被公安机关发现。故在本案中应当以报案时间为案发时间，被害人唐某英在报案前追回9 000元，该9 000元应当扣除，不计算为诈骗犯罪数额。故上诉人王某诈骗的金额应当认定为42 000元，仍属数额巨大。据此，上诉人王某上诉称其诈骗的金额是数额较大的理由不能成立，不予采纳。综上所述，原判认定事实清楚，证据确实、充分，定罪准确，审判程序合法，但原判没有认定上诉人王某具有的坦白情节不当，予以纠正。鉴于上诉人王某的亲属在二审期间赔偿了被害人唐某英的全部损失，取得了唐某英的谅解，根据其犯罪情节和悔罪表现，可以适用缓刑。二审法院2011年12月1日作出判决，以诈骗罪判处王某有期徒刑三年，缓刑四年，并处罚金一万元。

【示例3】张某某、雍某某贪污、受贿案

说理方法：援引最高人民法院第11号指导性案例对贪污罪的对象扩大情形进行说理。

【案情简介】

被告人：张某某、雍某某。

关于被告人张某某、雍某某贪污的犯罪事实。2007年下半年（国庆后）的一日，时任××市××区××镇党委书记的被告人张某某为了达到非法占有石马农机站涪江村加工房、石马老油厂、石马老饭店和石马粮站加工房这四家土地，安排时任××镇财政所业务所长的被告人雍某某对这几处资产的建筑面积和土地面积进行丈量。张某某把自己想找人代买的想法告诉了雍某某，雍某某随即提出其亲戚也想购买一处，同时张某某还专门向雍某某交代将四处资产的处置时间提到2004年，价格以2003年的处置标准计算。而后，二人草拟好了公开处置的公告，并约定张某某负责签字和安排盖章，雍某某负责进行伪造协议、找人冒名顶替和财务处理。后雍某某分别物色了范某某、敬某某和敬某清三人，以这三人的名义分别购买了老油厂、农机站涪江村加工房和老饭店三处资产。雍某某以陈某某的名义为其弟弟雍某1购买了粮站加工房的资产，张某某购买资金为达到平账目的，实际支付125 655元（多支付655元），该款由其妻子赖某于2008年1月11日交给财政所出纳岳某，雍某1购买资金12 000元由其本人支付；后雍某某安排财政会计吴某某将这四宗资产处置的账目以及相关资料全部记入2004年度，并将同期发生的等额票据置换提出后记入2007年12月会计凭证。2008年初，张某某故意隐瞒事实真相，告诉新任××镇镇长兰某，政府以前处理了一些资产，当初在处置这些资产时，在合同中明确约定由镇政府给购买人办理相关资产的房产证和国有土地使用证，办证的费用由镇政府支付，现在有关人员找政府要求履行合同义务，兰某认为是政府的遗留问题，同意张某某提议的由镇政府工作人员徐某某具体经办此事。2008年10月，经××镇政府申请，绵阳市国土资源局于同月21日发布国家土地所有权公告，同年11月27日对石马老饭店（面积271.3平方米）、石马榨油厂（1 029.72平方米）、石马农机站涪江村加工房（434.12平方米）、石马镇人民政府机关原用地（原乡政府，2 987.74平方米）四宗土地进行了国有土地确权。后张某某又指使其妹夫李某某与范某某签订了老油厂的转让协议，协议内容是范某某向李某某转让老油厂，转让价30万元（实际未支付），将老油厂资产纳入李某某名下。2012年1月，康居拆迁公司与李某某签订了老油厂拆迁赔偿协议。同年1月18日，康居公司将老油厂的拆迁赔偿款290万元连同原乡政府的拆迁赔偿款1 000余万元及折迁奖励20万元、附着物赔偿款30余万元，共计1 350余万元打入了李某某的工行账户。2012年4月的一天，张某某通过银行转账的方式，向李某某的妻子张某转款100万元，作为辛苦费。2013年2月底的一天，张某某找到在2002年9月至2006年11月在××镇担任副书记的王某某，将党委会记录本交给王某某，要求其补虚假的2004年1月12日的党委会记录，并在纸上写好了需要补充的内容，王某某按照张某某的安排，将党委会研究处置老油厂等四宗土地的虚假内容补进了会议记录。案发后经四川立信房地产土地评估有限公司评估，石马农机站涪江村加工房、石马老油厂、石马老饭店和石马粮站加工房这四处资产2008年1月的价值为1 026 400元。

【文书摘要】

法院生效裁判认为：根据一、二审认定的事实，结合控辩双方的观点，本案关于贪污部分涉及以下几个焦点问题：(1) 公诉机关指控的被告人侵吞的公共财产究竟是什么，土地使用权能否成为贪污的对象；(2) 被告人是否具有利用职务上的便利侵吞公共财产的主观故意的问题；(3) 被告人客观上是否有利用职务上的便利侵吞公共财产的行为……

关于公诉机关指控的被告人侵吞的公共财产究竟是什么，土地使用权能否成为贪污的对象。案涉的是四宗没有房产证和国有土地使用证的房地产。由于我国实行土地公有制，行为人永远不能侵害国有土地的所有权，行为人即使侵犯土地也是在一定时期内通过非法行使土地使用权从而达到侵犯土地所有权人用益物权的不法后果。2012年9月18日，最高人民法院发布了第三批指导性案例第11号杨延虎等贪污犯罪案例，判决认定，杨延虎购买拆迁区域内的农村房屋是不能获得拆迁补偿的，其为了达到补偿目的，利用职务之便，伪造材料使其从不具备补偿条件变成具备补偿条件，无偿骗取国有商业用地，并得以确权，从而获得两间门面（72平方米）土地的拆迁安置补偿。判决认为土地使用权具有财产性利益，属于《刑法》第382条第1款规定中的公共财产，可以成为贪污的对象。在该案中，最高人民法院将贪污罪的对象从“财产”扩大到“财产性权益”，故土地使用权能够作为贪污罪的对象。

关于被告人是否具有利用职务上的便利侵吞公共财产的主观故意。虽然2002年、2003年张某某已经以镇政府的名义以抵政府欠款和出卖的方式“处置”没有两证的房地产，且约定镇政府负责办证，税费各自承担，但这类房地产，其所在地的××镇党组织和镇人民政府均无权转让或出让。此次“处置”比照先前模式，虚构了2004年由党组织集体决定，并由张某某代表镇政府签约，这样操作只能达到其可能自认为的“处置”程序合法、合规的目的。从此次签订的合同第5条“上述房地产办理过户手续按规定缴纳税费，由甲乙双方各自承担”的内容看，双方对“购买”的房产没有两证是明知的，对两证要办到“买受人”名下，还要依法承担税费也是明知的，即办证时该向国家支付的还要支付，但须等待，只是暂时“购买”案涉的房产和暂时实际控制。但是，暂时的实际控制也是侵占。因此，应当认定张某某和雍某某有侵吞公共财产的主观故意。

关于被告人客观上是否有利用职务上的便利侵吞公共财产的行为。在土地使用权无证、依法不能出让或转让的情况下，由于我国实行土地公有制，这种特殊制度决定了土地使用权人在处分土地使用权时，要受到国家法律、法规在实体及程序上的严格限制。本案被告人虽然仅虚构了2004年由党组织集体决定“处置”、2004年由张某某代表镇政府签约合同并虚构了合同上的购买人的事实，还没有达到有权机关可以确权到购买人的名下或者已确权到购买人的名下的程度，但是，被告人已达到了对案涉房地产的控制，因此，能够认定被告人客观上具有利用职务上的便利侵吞公共财产的行为。

张某某、雍某某身为国家工作人员，利用职务上的便利，侵吞国有财产，二人的行为均已构成贪污罪。

【示例4】李某某交通肇事案

说理方法：对刑法禁止双重评价原则的说理。

【案情简介】

被告人：李某某。

2011年10月10日21时30分许，被告人李某某驾驶中联牌重型特殊结构货车（车牌号：京G740××，所有人：北京某某混凝土有限公司），由东向西行驶至本市××区朝阳北路金榆路口西内侧车道，适逢樊某某骑普通二轮摩托车（悬挂号牌：京J74××）由东南方向驶来，李某某所驾车辆碾轧樊某某，造成樊某某当场死亡。事发后，李某某继续驾车向前行驶六七十米后停车，后驾车驶回公司。经公安交管部门认定：李某某承担此次事故主要责任，樊某某承担此次事故次要责任。当日23时许，被告人李某某被公安机关查获。2011年11月25日，被告人李某某接电话通知后到公安机关接受处理。

公诉机关认为被告人李某某的行为已构成交通肇事罪，且系逃逸。

北京市××区人民法院于2013年6月14日作出（2013）朝刑初字第××号刑事判决，认定：被告人李某某犯交通肇事罪，判处有期徒刑一年。宣判后，被告人李某某没有提出上诉，公诉机关亦未提起抗诉，判决已发生法律效力。

【文书摘要】

法院生效裁判认为，控辩双方争议的焦点之一是本案是否属于交通运输肇事后逃逸的情形。本案公安交管部门认定李某某具有逃逸行为，故推定其负全部责任；鉴于被害人未按照驾驶证载明的准驾车型驾驶机动车，存在一定过错，故认定李某某负主要责任，樊某某负次要责任。公诉机关据此指控李某某的行为构成交通肇事罪，已将逃逸行为作为入罪情节加以考量，如再将该行为作为法定刑升格的根据，则有违刑法禁止重复评价原则，故本案被告人李某某尽管具有逃逸行为，但不属于《刑法》第133条规定的“交通运输肇事后逃逸”的情形。被告人李某某法制观念淡薄，违反交通运输管理法规，造成一人死亡的后果，承担事故主要责任，其行为已构成交通肇事罪，依法应予惩处。北京市××区人民检察院指控被告人李某某犯交通肇事罪的事实清楚，证据确实、充分，指控罪名成立，鉴于被告人李某某具有投案情节，在量刑时酌情予以考虑，故作出上述判决。

【示例5】于某故意泄露国家秘密案

说理方法：从“国家秘密”这一法律术语出发，对泄露国家秘密罪进行说理。

【案情简介】

被告人：于某。

2000年8月21日，河南省焦作市××律师事务所律师于某、助理律师卢某接受涉嫌贪污犯罪的马某明之妻朱某荣的委托，担任马某明案的一审辩护人。2001年1月1日，沁阳市人民检察院以贪污罪对马某明提起公诉并向沁阳市人民法院移送了该案主要证据的复印件6本，共计421页。同年11月3日，朱某荣得知该案已到法院后，即告诉于某。当日下午，于即安排卢某前来沁阳，并与马某明的亲属朱某荣、马某1、马某2等人一同来到沁阳市人民法院立案庭。卢某依照规定办理了有关手续后，将检察机关移送到法院的马某明贪污案主要证据卷宗材料全部借出，并予以复印。复印后，朱某荣向卢某提出看一看复印的案卷材料，卢某没同意，答复要请示于某同意。随后马某2用手机拨通了于某的电话，向于某提出要看复印材料。于某表示同意，让马某2把手机交给卢某，并在电话中交代卢某把复印材料留下。卢某按照于某的安排将复印的案卷材料留下后返回焦作。当晚，朱某荣等人对照起诉书及案卷材料进行了研究。次日，马某1到焦作给卢某归还了复印的案卷材料。朱某荣根据案卷材料反映的情况，对所涉及的证人逐一进行联系，并做了相应工作。同年11月8日、10日，马某明贪污案的有关证人张某田、吕某旗、侯某刚等人在于某来沁阳调查、取证时，均出具了虚假证明。

2000年11月11日，被告人于某到沁阳调查、取证后回焦作时，因未能取到王某胜（案卷材料所涉及的证人）的证明，又将复印的案卷材料留下给朱某荣。11月13日，朱某荣找到王某胜，让王某胜阅读了马某明的供述，王某胜根据马某明的供述出具了虚假证明。经河南省国家保密局、河南省焦作市国家保密局鉴定，被告人于某让马某明家属所看的马某明贪污案的案卷材料均属机密级国家秘密。

沁阳市人民法院于2001年4月19日判决：被告人于某犯故意泄露国家秘密罪，判处有期徒刑一年。

一审宣判后，于某不服，向河南省焦作市中级人民法院提出上诉。焦作市中级人民法院于2002年5月23日判决：(1) 撤销沁阳市人民法院的一审刑事判决；(2) 上诉人于某无罪。

【文书摘要】

法院生效裁判认为：本案中上诉人于某让马某明亲属查阅的案卷材料，是其履行律师职责时，通过合法手续，在法院从马某明贪污案的案卷中复印的。这些材料，虽然在检察机关的保密规定中被规定为机密级国家秘密，但当案件进入审判阶段后，审判机关没有将检察机关随案移送的证据材料规定为国家秘密。于某不是国家机关工作人员，也不属于检察机关保密规定中所指的国家秘密知悉人员。作为刑事被告人的辩护人，于某没有将法院同意其复印的案件证据材料当作国家秘密加以保守的义务。检察机关在移送的案卷上，没有标明密级。整个诉讼活动过程中，没有人告知于某马某明贪污案的案卷材料是国家秘密，不得泄露给马某明的亲属，故也无法证实于某明知这些材料是国家秘密而故意泄露。因此，于某在担任辩护人期间，将通过合法手续获取的案卷材料让当事人亲属查阅，不构成故意泄露国家秘密罪。原判认定的基本事实清楚，审判程序合法，但适用法律错误，应予改判。

【示例6】韦某盗窃案

说理方法：运用常识、经验对“遗忘物”进行解释认定。

【案情简介】

被告人：韦某。

西安市中级人民法院经审理查明：2004年4月10日凌晨6时许，被告人韦某（系出租车司机）上班途经西安市文艺路，发现一辆白色凌志400型轿车四个车窗玻璃未关，车灯未熄，车中无人，停靠在机动车车道。约一小时后，韦某驾车再次途经此路段，发现该车仍然停放原处，即将自己所驾驶的出租车放好后，潜入白色凌志车中。此时，韦某又发现车钥匙未拔，且无人对其干涉，便将车开走，藏匿于西安市建设西路解放军三二三医院停车场。嗣后，韦某对车辆进行检验，发现了失主的身份证、名片、手机、皮鞋、高尔夫球杆等物品及200美元。韦某使用了手机和皮鞋，将美元挥霍，将高尔夫球杆藏匿于其姐家中。为了便利其使用，韦某还对车辆进行了维修，更换了车牌。2005年1月，被害人郑某发现了被盗车辆，公安机关将韦某抓获。被盗车辆以及高尔夫球杆等物品已发还被害人。经鉴定，涉案陕A××××白色凌志400型轿车价值人民币373 380元。案发后，韦某自愿拿出2万元补偿被害人，郑某予以接收。

西安市中级人民法院于2005年6月11日判决：被告人韦某犯盗窃罪，判处有期徒刑10年，并处罚金人民币1万元。

韦某不服一审判决，以开走涉案车辆只是对他人遗忘物的非法侵占，没有非法占有的主观故意，不构成盗窃罪为由，向陕西省高级人民法院提出上诉。

陕西省高级人民法院于2005年12月26日裁定：驳回上诉，维持原判。

【文书摘要】

法院生效裁判认为：对于涉案物品是否属于“遗忘物”，应当就案件的具体情形，参酌日常社会生活的准则加以判断。对于财物来说，一般以是否能够移动并且移动后是否损害其经济价值为标准，可分为动产和不动产。有一类动产较为特殊，例如机动车、船舶等，它们虽可移动，且移动后也不会影响其经济价值，但是这类财物的价值较大，所有人必须以所有权凭证来主张自己的所有权，相关交易必须办理过户登记手续，所有权才发生转移。它们的物权变动遵照不动产物权变动的规则，具有区别于一般动产的特性。对于一般的动产而言，成为“遗忘物”的外部表现形式为物品附近没有人或者无人对该物品声明支配。但是对于机动车这类财产的占有支配，不以特别声明为必要，也不以持续不断的实际控制为先决条件。司机离开车辆，并不意味着完全失去对机动车的控制。另外，从社会日常生活观念来看，所有人或占有人对停放在路边的机动车的支配关系也并不因车窗未关、车门未锁、钥匙未拔而受影响，即使机动车辆的外在表现形式为暂时无人支配，也能从常理推断该车并非被人遗忘。故涉案机动车虽未关窗、关门，没拔钥匙，亦不能推定其是“遗忘物”。

【示例7】孟某、何某盗窃案

说理方法：对电子证据审查判断进行说理。

【案情简介】

被告人：孟某、何某。

被害单位茂立公司通过与腾讯科技（北京）有限公司（以下简称腾讯公司）、广州网易计算机系统有限公司（以下简称网易公司）签订合同，成为腾讯在线Q币以及网易一卡通在上海地区网上销售的代理商。

2005年6～7月间，被告人孟某通过互联网，在广州市利用黑客程序窃得茂立公司登录腾讯、网易在线充值系统使用的账号和密码。同年7月22日下午，孟某通过网上聊天方式与被告人何某取得联系，向何某提供了上述所窃账号和密码，二人预谋入侵茂立公司的在线充值系统，窃取Q币和游戏点卡后在网上低价抛售。

2005年7月22日18时许，被告人孟某先让被告人何某为自己的QQ号试充1个Q币。确认试充成功后，孟某即在找到买家并谈妥价格后，通知何某为买家的QQ号充入Q币，要求买家向其中国工商银行牡丹灵通卡（卡号9558××××02001916770，以下简称770号牡丹卡）内划款。自2005年7月22日18时32分至次日10时52分，何某陆续从茂立公司的账户内窃取价值人民币24 869.46元的Q币32 298个，除按照孟某的指令为买家充入Q币外，还先后为自己及朋友的QQ号充入数量不等的Q币。自2005年7月23日0时25分至4时07分，何某还陆续从茂立公司的账户内窃取价值人民币 1 079.5 元的 50 点游戏卡 134 张、100 点游戏卡 60 张。以上二被告人盗窃的 Q 币、游戏点卡，共计价值人民币 25 948.96 元。

被害单位茂立公司发现被盗后，立即通过腾讯公司在网上追回被盗的 Q 币 15 019 个。茂立公司实际损失 Q 币 17 279 个，价值人民币 13 304.83 元。连同被盗的游戏点卡，茂立公司合计损失价值人民币 14 384.33 元。被告人孟某、何某到案后，家属分别帮助交付人民币 8 000 元和 2.6 万元以抵顶赃款。侦查机关将其中的 14 384.33 元发还给茂立公司，多余款项退还交款人。

【文书摘要】

法院生效裁判认为：《刑事诉讼法》第 42 条第 1 款规定："证明案件真实情况的一切事实，都是证据。"电子文件与传统的文字原件不同，有易被复制、修改和删除的特性，因此不具有靠其内容独立发挥证明作用的功能。但是，电子文件如果与案件关联，在与其他证据印证后能够客观地反映案件的真实情况，且该电子文件是合法取得的，依法也可以成为刑事诉讼中的证据。

判断某一电子文件能否作为刑事诉讼中的证据使用，首先应审查其来源是否属实、合法。本案用以证明案件事实的电子文件主要有：关于 IP 地址 202.97.144.230 的电脑用户登录了腾讯在线销售平台 mlsoft 账户的证明，关于 QQ 聊天的记录，从电脑硬盘中检出的文件和网页截图。审查这些电子证据，IP 地址是腾讯公司受被害单位茂立公司的委托查询得来，这个地址得到了公安机关的确认，其用户是被告人何某当时的工作单位；QQ 聊天记录是公安机关按照被告人孟某的 QQ 号码从消息管理器中导出；黑客程序和载有被害单位账号、密码的文件，也是公安机关从孟某工作地和其女友处扣押的孟某使用过的硬盘中检出；特定时间段的网页截图，由茂立公司、网易公司和腾讯公司分别提供。所有这些电子证据，都由司法机关依照法定程序收集。审查这些电子证据证明的内容，黑客程序和载有被害单位账号、密码的文件以及 QQ 聊天记录，证明了相应账号、密码由孟某盗取，孟某将账号、密码告知何某，二人密谋盗卖茂立公司的 Q 币和游戏点卡；由茂立公司、网易公司和腾讯公司分别提供且能相互印证的网页截图，证明了特定时间段内茂立公司的财产受损；IP 地址证明了登录账户的用户终端，何某在这个特定时间段内担任这个单位的网管，有重大作案嫌疑，而知道该公司账号和密码，并能用 IP 地址为 202.97.144.230 用户终端机登录行窃的，只能是何某，不再需要排除他人。这些电子证据虽然都不能单独证明案件事实，但将其与相关的证人证言、孟某 770 号牡丹卡进出账情况等证据相印证，就可以得出排他性结论。电子文件在排除了合理怀疑并与其他证据相印证后，可以纳入证据链中，作为证明案件事实的证据。

【示例 8】张某、张某平叔侄无罪案

说理方法：对非法证据排除规则进行说理。

【案情简介】

原审被告人：张某。

原审被告人：张某平。

杭州市中级人民法院判决认定，被告人张某、张某平系叔侄关系。2003 年 5 月 18 日晚 9 时许，两人驾驶皖 J×××解放牌货车送货去上海，途中经过安徽省×县××镇"非典"检查站时，遇要求搭车的同县女青年王某，张某平同意将王捎带至杭州市。当晚 12 时左右，该车到达浙江省××市××镇，停车休息片刻，于次日凌晨 1 时 30 分到杭州市天目山路汽车西站附近。王某借用张某平的手机打电话给朋友周某箭要求其前来接人，周某箭让王某自己打的到钱江三桥后再与其联系。张某见此遂起奸淫王某的邪念，并将意图告诉张某平后，驾车调头驶至杭州市××区××镇××路××村路段僻静处停下，在驾驶室内对王某实施强奸。王某挣扎，张某平即应张某要求按住王某的腿，而后张某采用掐颈等暴力手段对王某实施奸淫，并致王某因机械性窒息死亡。随后，张某、张某平将被害人尸体抛于路边溪沟，并在开车逃离途中将被害人所携带的背包等物丢弃。二审判决认为，被告人张某因被害人孤立无援而产生奸淫之念，并与被告人张某平沟通后，采用掐颈等暴力手段，对王某实施强奸并致其窒息死亡的行为，均已构成强奸罪。公诉机关指控罪名成立。本案系共同犯罪，其中，张某平的作用虽较张某的小，但尚不属于次要或辅助，不能构成从犯。张某刑满释放后五年内又犯本罪，构成累犯，应依法从重处罚。两被告人的犯罪行为给附带民事诉讼原告人造成的经济损失，依法应予赔偿，对于附带民事诉讼原告人提出的赔偿精神抚慰金等要求，依法不属于刑事附带民事诉讼赔偿范围，诉讼请求中其余合理合法部分予以支持，具体赔偿数额依据具体情况予以确定。故判决：(1) 被告人张某犯强奸罪，判处死刑，剥夺政治权利终身；(2) 被告人张某平犯强奸罪，判处无期徒刑，剥夺政治权利终身；(3) 被告人张某、张某平各赔偿附带民事诉讼原告人经济损失人民币 5 000 元，互负连带赔偿责任。

附带民事诉讼原告人王某某、吴甲及其代理人上诉提出，原判确定的赔偿数额过低，要求根据法律和司法解释的规定，判令被告人赔偿经济损失共计人民币 133 302 元。

被告人张某、张某平及其辩护人上诉提出，原判认定事实不清，证据不足，原有罪供述系在侦查人员刑讯逼供下取得，且两被告人供述的作案细节不一，本案 DNA 鉴定不能排除他人作案的可能等，要求撤销原判，宣告两被告人无罪。张某平的辩护人还提出，原判决既然作有罪判决，又未认定张某平为从犯此系不当。

法院二审判决认定的事实与一审判决的一致。

二审判决认为，被告人张某、张某平违背妇女意志，采用暴力手段奸淫妇女，致人死亡，其行为均已构成强奸罪。其犯罪行为给附带民事诉讼原告人造成的损失，依法应予赔偿。张某、张某平及其二审辩护人分别提出应宣告无罪的理由不能成立，均不予采纳。张某又系累犯，依法应当从重处罚。但鉴于本案的具体情况，张某尚不属必须立即执行死刑的罪犯。张某平帮助他人强奸，系从犯，依法可以从轻处罚。张某平的二审辩护人就此提出的意见成立，原判未予认定确有不妥，应予纠正。原判定罪正确，审判程序合法，故判决：(1) 驳回附带民事诉讼原告人王某某、吴甲的上诉；(2) 撤销一审判决中的量刑部分，维持判决的其他部分；(3) 被告人张某犯强奸罪，判处死刑，缓期二年执行，剥夺政治权利终身；(4) 被告人张某平犯强奸罪，判处有期徒刑十五年，剥夺政治权利五年。再审中原审被告人张某、张某平及其辩护人均提出，再审阶段的新证据相关 DNA 鉴定反映，排除张某和张某平作案，不能排除有其他人致王某死亡。两原审被告人在被刑事拘留后长时间被非法关押。一、二审法院认定张某、张某平犯罪的事实，主要证据是两人的有罪供述，但两人的供述包括指认现场的笔录系侦查机关采用刑讯逼供等非法方法收集，公安机关对其收集证据的合法性至今未提供充分的证据予以证明，应依法予以排除。侦查机关还违法使用同监犯袁某某采用暴力、威胁等方法参与案件侦查，协助公安机关获取张某有罪供述，同时又以该同监犯的证言作为证据，直接炮制了本起冤案。退一步讲，两人的供述即使不能作为非法证据予以排除，其供述相互间也存在矛盾，且与尸体检验报告等证据反映的情况不符；原判认定张某、张某平犯罪，没有证据能够证实。要求依法改判张某、张某平无罪。

出庭检察官认为，本案没有证明原审被告人张某、张某平强奸杀人的客观性直接证据、间接证据极不完整，缺乏对主要案件事实的同一证明力，没有形成有效的证据链。重要的技术鉴定不能排除勾某某作案的可能。公安机关在侦查本案时，侦查程序不合法，相关侦查行为的一些方面确实存在不规范或个别侦查人员的行为存在不文明的情况，不能排除公安机关在侦查过程中有以非法方法获取证据的一些情形。两原审被告人的有罪供述，依法不能作为定案的依据，应宣告两原审被告人无罪。

经再审查明，原判认定原审被告人张某、张某平系叔侄关系，2003 年 5 月 18 日晚 9 时许，被害人王某（殁年 17 岁）经他人介绍搭乘张某、张某平驾驶送货去上海的皖 J×××解放牌货车，途经浙江省××市××镇，次日凌晨 1 时 30 分到达杭州市天目山路汽车西站附近的事实清楚。有王某某、潘某某、许某某、周某某、吴乙等人的证言及杭州市公安局西湖区分局出具的《关于 5·19 案件通话时间的说明》等证据证实。张某、张某平对此所作的供述与上述证据证明的情况相符，再审予以确认。

再审又查明，原判认定被害人王某离开汽车西站后于 2003 年 5 月 19 日早晨被人杀害，尔后尸体被抛至杭州市××区××镇××路××村路段路边溪沟的事实清楚。有黄某某、刘甲、刘乙、吴甲等人的证言，公安机关的现场勘查笔录，尸体检验报告等证据证实，再审予以确认。

再审法院认为，原一、二审判决认定原审被告人张某、张某平强奸并致被害人王某死亡的证据经查证不实。原判定罪、适用法律错误，依法应予改判纠正。检、辩双方要求撤销原判，宣告张某、张某平无罪的意见成立，均予以采纳。原审附带民事诉讼原告人王某某、吴甲对张某、张某平所提起的附带民事诉讼不符合起诉的条件，应予驳回。本院［2006］浙刑执字第××号刑事裁定书对张某的减刑裁定，系基于二审判决作出，现二审判决已予改判，该裁定依法应予撤销。依照《刑事诉讼法》第 245 条、第 50 条、第 54 条、第 58 条、第 225 条第 1 款第（3）项，《民事诉讼法》第 207 条、第 119 条、第 170 条第 1 款第（2）项之规定，判决如下：（1）撤销本院［2004］浙刑一终字第××号刑事附带民事判决和杭州市中级人民法院［2004］杭刑初字第××号刑事附带民事判决及本院［2006］浙刊执字第××号刑事裁定；（2）原审被告人张某无罪；（3）原审被告人张某平无罪；（4）驳回原审附带民事诉讼原告人王某某、吴甲的起诉。

【文书摘要】

原判认定原审被告人张某、张某平犯强奸罪的证据，现已查证不实。

第一，有新的证据证明，本案不能排除系他人作案的可能。根据杭州市公安局 2003 年 6 月 23 日作出的法医学 DNA 检验报告所提取的被害人王某 8 个指甲末端检出混合 DNA 谱带，是由死者王某和一名男性的 DNA 谱带混合形成，并不能排除张某、张某平与王某混合形成。

杭州市公安局于 2011 年 11 月 22 日将王某 8 个指甲末端擦拭滤纸上分离出来的一名男性的 DNA 分型与数据库进行比对时，发现与勾某某 DNA 分型七个位点存在吻合的情况，该局将此结果送公安部物证鉴定中心再次进行鉴定。2011 年 12 月 6 日，该中心出具物证鉴定查询比对报告证明，经查询比对，王某 8 个指甲末端擦拭滤纸上的 DNA 检出的混合 STR 分型中包含勾某某的 STR 分型。上述鉴定意见具有科学依据，符合客观性的要求。

经再审查实，罪犯勾某某是吉林省××县人，2002 年 12 月 4 日始在杭州市从事出租汽车司机工作，2005 年 1 月 8 日晚 7 时 30 分许，勾某某利用其驾驶出租汽车的便利，采用扼颈等手段将乘坐其出租汽车的浙江大学城市学院学生吴某某杀死并窃取吴随身携带的财物。2005 年 4 月 22 日，勾某某因犯故意杀人罪、盗窃罪被终审判处死刑，剥夺政治权利终身，并处罚金人民币 1 000 元，经核准已于同年 4 月 27 日被执行死刑。

综合本案现有的相关事实证据不能排除系勾某某杀害被害人王某的可能。检、辩双方对此所提的意见予以采纳。

第二，原判据以认定案件事实的主要证据不能作为定案依据。

原判认定原审被告人张某、张某平强奸的事实，主要依据两原审被告人有罪供述与现场勘查笔录、尸体检验报告反映的情况基本相符来定案。再审庭审中，张某、张某平及其辩护人以两原审被告人的有罪供述和指认犯罪现场笔录均是采用刑讯逼供等非法方法收集等为由，申请本院对上述证据予以排除。出庭检察官认为，本案不能排除公安机关在侦查过程中有以非法方法获取证据的一些情形。经再审庭审查明，公安机关审讯张某、张某平的笔录、录像及相关证据证明，侦查人员在审讯过程中存在对犯罪嫌疑人不在规定的羁押场所关押、审讯的情形；公安机关提供的张某首次有罪供述的审讯录像不完整；张某、张某平指认现场的录像镜头切换频繁，指认现场的见证人未起到见证作用；从同监犯获取及印证原审被告人有罪供述等侦查程序和行为不规范、不合法。因此，本案不能排除公安机关存在以非法方法收集证据的情形，张某、张某平的有罪供述、指认现场笔录等证据，依法应予排除。综上，原判据以定案的主要证据，即原审被告人张某、张某平的有罪供述，指认现场笔录等不能作为定案依据。

【示例9】李某醉酒驾驶案

说理方法：围绕平衡司法对于当事人情感的尊重和司法理性，坚守法律界限，进行说理阐述。

【案情简介】

上诉人（原审附带民事诉讼原告人）：张某某，男，系被害人张某之父。

原审被告人：李某，男，1992年4月6日出生。因涉嫌犯交通肇事罪，于2013年9月23日被羁押，次日被刑事拘留，因涉嫌犯以危险方法危害公共安全罪，于同年10月30日被逮捕。

2013年9月23日晚，被告人李某与刘某等人一起饮酒后，由李某的同学驾驶被告人李某的速腾牌轿车（车牌号：京P7N×2×）将李某送回家。之后，被告人李某不听李某的同学言语劝阻，又驾驶汽车到××小区接上高某向延庆县第七中学方向行驶。

当晚21时10分左右，被告人李某超速行驶到延庆县第七中学门口处时，恰逢学生下晚自习，大量学生陆续走出校园，李某未避让行人，其车辆前部将走人行横道过公路的北京市延庆县第七中学高三学生张某撞飞，致张某受伤。

被告人李某发现发生事故后，驾车从道路前方断口处返回，将车辆停在道路北侧非机动车道上，用自己的手机拨打120，说自己在第七中学门口撞人，后来到事故现场。民警和急救车赶到现场后，将张某送往北京市延庆县医院急救。李某向民警承认是其饮酒后驾车撞人。后被害人因闭合性颅脑损伤经抢救无效于当日死亡。经鉴定，被告人李某在案发当时其体内血液的酒精含量为227.1mg/100ml。被告人李某负此次交通事故的全部责任。

故判决：(1) 被告人李某犯交通肇事罪，判处有期徒刑两年十一个月。(2) 被告人李某赔偿附带民事诉讼原告人张某、闫某总计人民币九十四万零二百零七元八角四分。

判决后，北京市人民检察院第一分院提出抗诉的意见认为：李某酒后在人流密集的限速道路上高速行驶，与放火、爆炸、投放危险物质一样，都对不特定多数人造成了严重的生命威胁；李某不听他人劝阻执意酒驾，驾车过程中明知延庆七中附近有前方学校的提示标志和限速40公里/小时的标志，仍然没有按照交通提示行驶，对危害结果的发生没有采取任何避免措施，且案发地能见度高、人流密集，李某没有对此予以重视，强行高速通过，结合案发前后的表现，可以证明李某在明知危害后果可能发生的情况下，没有采取任何避免措施，放任危害结果发生，具有危害公共安全的间接故意，故李某的行为应构成以危险方法危害公共安全罪，而非交通肇事罪。

二审法院裁定驳回北京市延庆县人民检察院的抗诉及上诉人张某、闫某的上诉，维持原判。二审法院裁定为终审裁定。

【文书说理】

生效裁判文书认为：首先，关于案发现场的状况。延庆县人民检察院在起诉书中对此描述为“大量学生涌出校园”，而延庆县人民法院在一审判决书中则描述为“大量学生陆续走出校园”。二审庭审中，上诉人及其代理人对一审判决的这一表述提出异议，认为当时案发现场的状况是大量学生晚自习后涌出校园，原审被告人李某驾车冲撞人群。对此，合议庭经对一审庭审举证、质证的现场证人证言，现场勘验检查笔录及照片，道路交通事故认定书及延庆县第七中学门前监控视频资料进行分析认为，从现场勘查情况及道路交通事故认定书可见，延庆县第七中学大门外为一条东西走向的道路，上下行各有两条机动车道（每条 3.8 米）和一条非机动车道（6.2 米），道路两侧设有机、非隔离带（2 米）。

案发时虽确有大量学生晚自习后陆续从学校大门出门，但通过学校门前监控视频可以看出，学生出校门后并未在校门前滞留、聚集形成密集人群，而是沿不同方向离开，大部分学生的行动轨迹是骑自行车或步行沿非机动车道向东边延庆县城方向，另有一部分学生向西行走，仅有为数不多的学生陆续由南向北沿人行横道过马路。而李某驾车是在机动车道内由东向西行驶，撞击被害人的地点也位于机动车道内，不存在驾车冲向人员密集的人群的情况。故合议庭认为，一审判决书对于案发现场状况的描述更加客观。

其次，关于李某驾车过程中是否打电话。上诉人在二审庭审中曾提出，李某案发前驾车过程中一直疯狂打电话，导致撞人。但根据公安机关调取的李某手机的通话记录显示，李某于 21 时 03 分 37 秒通话 3 分 30 秒后，直至案发后 21 时 11 分 26 秒拨打 120，其间没有其他通话记录，不存在因其案发前仍在打电话导致发生事故的情形，上诉人的上述意见缺乏事实和证据依据。

最后，关于李某是否构成肇事后逃逸。上诉人在二审庭审中对延庆县公安局交通大队于案发后出具的《研究工作记录》提出异议，认为不应凭该证据认定李某不构成逃逸。上诉人及代理人均在庭审中提出李某撞人后继续向西行驶 60 余米，已离开现场大部分人视线，应认定为肇事后逃逸。对此问题，首先应明确一点，一审判决中并未采纳上诉人提出异议的《研究工作记录》作为定案依据，更未仅依据该证据认定李某不构成逃逸。关于何谓交通肇事后逃逸，并非如上诉人的代理人在二审庭审中所述，没有法律或司法解释规定，相反，早在 2000 年 11 月发布的《最高人民法院关于审理交通肇事刑事案件具体应用法律若干问题的解释》中第 3 条就已明确规定，交通肇事后逃逸是指“在发生交通事故后，为逃避法律追究而逃跑的行为”。即构成逃逸要求行为人客观上实施了逃离现场的行为，主观上逃离现场的目的是逃避法律追究。

本案中，现有证据可以证明，李某驾车撞人后未采取制动措施而是继续向西行驶了 60 余米，随后驾车掉头将车停放在北侧非机动车道，李某让同车人高某离开后用自己的手机拨打了 120 并返回案发现场。根据监控视频，李某驾车撞人的时间发生在 21 时 10 分以后，而通话记录显示，李某拨打 120 电话的时间是 21 时 11 分 26 秒，证明从李某驾车撞人至其返回现场拨打 120 中间仅间隔约 1 分钟，整个过程是一个连贯的行为，且李某拨打 120 后一直在现场等候，并在民警赶到后主动向民警表示是自己酒驾撞人，并没有逃避法律追究的行为。故李某的行为不构成肇事后逃逸，一审判决未认定李某肇事后逃逸是符合事实和法律规定的。

首先，关于李某是否构成自首。上诉人在二审庭审中提出不应对李某认定自首。根据证人王某 1 的证言、李某手机的通话记录和公安机关出具的出警记录可以证明，李某在发生事故后于 21 时 11 分 26 秒拨打了 120，此后一直在案发现场等候并曾向周围群众表示是自己撞的人，在民警出警时，李某主动向民警表示自己酒后撞人，到案后至庭审也一直如实供述醉酒超速驾车撞人的基本犯罪事实，其行为符合《刑法》第67条第1款及相关司法解释关于“自动投案”和“如实供述自己罪行”的情形，一审判决认定李某构成自首，符合法律规定。

其次，关于是否认定赔偿这一从轻处罚情节。上诉人及代理人在二审庭审提出不应以法院强制执行财产作为对被告人从轻处罚的情节。对此问题，延庆县人民法院在一审审理期间确实根据被害人家属的申请对李某驾驶的肇事车辆采取了保全措施，但目前在案的人民币7 250元系李某的家属于一审审理期间主动向一审法院交纳作为赔偿款，该款项并非一审法院通过查封、扣押、冻结等强制手段执行，根据《最高人民法院关于适用〈中华人民共和国刑事诉讼法〉的解释》第157条的规定：审理刑事附带民事诉讼案件，人民法院应当结合被告人赔偿被害人物质损失的情况认定其悔罪表现，并在量刑时予以考虑。一审判决将这一赔偿情节作为对被告人从轻处罚的情节，并无不当。

二审庭审中，抗诉机关的抗诉意见、北京市人民检察院第一分院的支持抗诉意见以及上诉人及其诉讼代理人的意见主要围绕对李某的行为究竟应当认定为以危险方法危害公共安全罪还是交通肇事罪所展开，故合议庭认为本案的法律适用问题是二审要解决的核心问题。本案是一起醉酒超速驾车发生事故致人死亡的案件，对于该类案件被告人的主观心态究竟是过失还是故意，需要结合案件具体分析。

首先，应当明确一点，本案不存在被告人为发泄不满、报复社会而故意驾车冲撞人群危害公共安全的直接故意，且李某作为心智健全的成年人应当能够认识到其醉酒超速驾车发生危害后果的可能性，而且证人李某的同学的证言证明曾劝说李某不要酒后驾车，因此本案也不存在被告人应当预见自己的行为可能发生危害社会的后果因疏忽大意没有预见的“疏忽大意的过失”。故关于本案法律适用的焦点问题在于案发时李某究竟是持放任危害后果发生的间接故意，还是持轻信能够避免发生危害后果的过于自信的过失。

在刑法理论中，对于间接故意和过于自信的过失的区分一直是一个难点问题，正如德国刑法学家汉斯·韦尔策尔所总结：“间接故意与有认识过失的分界问题是刑法最困难和最具争议的问题之一，这个问题难在意欲是一种原始的、终极的心理现象，它无法从其他感性或知性的心理流程中探索出来，因而只能描述它，无法定义它。”

在刑事审判实践中，考虑到被告人犯罪时的主观心态只存在于其本人主观意识之中，要证明其主观心态只能通过行为人的认知水平、行为时间、地点、对象、力度、使用的工具以及事发后表现等外在的客观表象，根据主客观相一致的原则，运用经验规则与逻辑规则形成判断，以此来推定行为人的主观心态。

这种推定，正如我国刑法学家陈兴良教授所言：“是在被告人的主观意图认定中经常采用的一种司法技术。”也正是基于此点，合议庭完全赞同检察官在二审法庭辩论阶段发表的以下意见，即认定行为人的主观心态是一件非常复杂的事情，必须综合全案证据，综合考虑。具体到本案被告人李某的主观心态究竟是间接故意还是过于自信的过失，继而对李某的行为究竟应定性为交通肇事罪还是以危险方法危害公共安全罪，合议庭认为应作如下分析：根据刑法理论，罪过由两项因素组成。一是行为人对自己的行为会引发危害社会后果的认知，即认识因素；二是在认识因素基础上对该危害后果所持的态度，即意志因素。间接故意与过于自信的过失在认识因素和意志因素两方面均存在区别：按照我国《刑法》第14条和第15条的规定，间接故意的认识因素为“明知自己的行为会发生危害社会的结果”，过于自信的过失则是“应当预见自己的行为可能发生危害社会的结果”。所谓“明知”和“会”是指清楚明确地知道发生危害后果的必然性，而“已经预见”和“可能”则只是行为人对危害后果可能性的一种认知。

正如我国刑法学家王作富教授所概括：“间接故意是明知危害结果发生的现实可能性，过于自信的过失是预见到危害结果发生的假定可能性。”在意志因素方面，二者的区别更加明显，间接故意是放任危害结果发生，即行为人对于危害结果的发生并不反对，不持排斥的态度，而过于自信的过失则是行为人轻信能够避免发生危害后果，其对危害后果的发生持反对和排斥的态度。以此为切入点，具体到本案，原审被告人李某案发前大量饮酒处于醉酒状态，而且超速驾驶，此外，李某对于案发地周边的环境是熟悉的，由此是否可以推定李某对于发生撞人事故在主观上已经认识到了现实的可能性，并且放任这一结果发生？

首先，根据我国《刑法》第114、115条的规定，以危险方法危害公共安全罪要求的“其他危险方法”应当与“放火、决水、爆炸以及投放毒害性、放射性、传染病病原体等物质”具有同等破坏性、危险性，必须性质相当。而醉酒超速驾车与发生事故之间联系的紧密性远远低于放火、决水、爆炸等引发危害后果的危险性，而且在醉酒超速驾车的情况下，既有可能发生本案这种撞击他人的事故，也有可能发生撞击其他车辆或翻车的事故，而一旦发生事故，驾驶者本人有很大可能自身也在事故中受到人身伤害。根据上述一般经验常识可以推断，李某在实施醉酒超速驾车行为时，虽然意识到有发生事故的可能性，但出于避免自身伤害的目的也不希望发生事故。其次，从李某当时驾车出行目的看，李某本人供述和同车证人高某的证言均证明二人是要开车出去玩，在这种情况下，按照正常逻辑，李某此时也是不希望发生事故的。再次，根据李某到案后的第一次供述，他当时开着远光灯由东向西以80公里的时速在内侧机动车道内行驶，通过校门口时按了喇叭，他认为别人应该让他，所以没有减速，发现被害人时来不及躲闪，发生相撞。李某的这一供述反映其判断可以避免发生危害后果的依据是认为行人会避让车辆，符合其当时的主观心态。最后，虽然不能单纯以事后行为判断行为人的主观心态，但行为人事发后即时的行为在推定其主观心态过程中，也是必须加以考量的因素之一。从李某案发后的行为看，其及时返回现场拨打120，并向周围群众和出警的民警承认是自己醉酒驾车撞人，此点也可以作为推断李某主观上对于发生危害后果持反对态度的依据之一。

综上分析，从本案被告人李某驾车撞人事前、事中及事后的证据看，只能证明其对违反交通法规是故意的，但不能证明其在主观上具有危害公共安全的故意，故应按照过失犯罪处理。对于这一逻辑推理的过程、方法和结论，在刑法学理论界已经取得共识，德国刑法学家克劳斯·罗克辛在其著作《德国刑法学总论》（第1卷）中就曾有过如下总结：“在驾驶员不顾同车人的警告，以危险的方式超车并因此造成了交通事故的情况下，这样的案件在通常情况下都不会是故意的，而仅仅是有意识的过失，尽管行为人认识到了可能发生的结果，甚至有人还向他提醒了这一点。区别在于，在这样一种情况下的汽车驾驶员，虽然有风险的意识，但是通常都相信，凭借自己的驾驶技术能够避免这种结果，否则，在其他情况下，由于他本身会是自己行为的第一位被害人，这位驾驶员是会放弃自己的行为的。这种比软弱无力的希望更多一些的对好结果的相信，不能导致反对受保护的法益的决定。”

基于上述刑法学一般理论及本案的证据情况，合议庭认为，只要有理由相信被告人不愿意看见危害结果的发生，就应当认为其心态属于有认识的过失而非间接故意，而不能只强调对发生危害后果的可能性有无认识。只有在有充分证据证明被告人违章驾车的动机已经偏离了驾车本身并具有利用机动车辆实施加害行为的情况下，才能认定被告人主观上具有故意并认定其行为构成以危险方法危害公共安全罪，反之，还是应当以交通肇事罪处理。至于醉酒及超速，只是交通肇事中违反交通法规的程度不同，这些情节都只能作为量刑情节考虑而不能作为影响定罪的因素。

此外，还需特别指出，现行法律及司法解释对于醉酒驾车致人伤亡类案件区分交通肇事罪与以危险方法危害公共安全罪有明确的认定标准。2000年11月发布的《最高人民法院关于审理交通肇事刑事案件具体应用法律若干问题的解释》第2条中规定："交通肇事致一人以上重伤，负事故全部或者主要责任，并具有下列情形之一的，以交通肇事罪定罪处罚：（一）酒后、吸食毒品后驾驶机动车辆的"。即该类案件原则上应以交通肇事罪定罪。但不可否认，在审判实践中，对于此类案件也有按照以危险方法危害公共安全罪判决的案例，如2006年广东省佛山市黎景全案及2009年四川省成都市孙伟铭案等。为统一该类案件的法律适用标准，最高人民法院于2009年9月11日发布了《最高人民法院关于印发醉酒驾车犯罪法律适用问题指导意见及相关典型案例的通知》，其中规定："行为人明知酒后驾车违法、醉酒驾车会危害公共安全，却无视法律醉酒驾车，特别是在肇事后继续驾车冲撞，造成重大伤亡，说明行为人主观上对持续发生的危害结果持放任态度，具有危害公共安全的故意。对此类醉酒驾车造成重大伤亡的，应依法以以危险方法危害公共安全罪定罪。"

上述司法解释从立法层面对此类案件明确了具体的法律适用认定标准，即仅一次碰撞行为的，除非有充分的证据证明行为人对危害结果的发生持希望或放任态度，否则难以认定其具有危害公共安全的直接或间接故意，只能认定为过失，以交通肇事罪论处；有二次碰撞行为的，说明行为人出于逃逸等目的，将他人的生命置于高度危险之中，其本人已没有能力对这种危险予以控制，危险随时会发生，但依然不管不顾，主观上具有危害公共安全的间接故意，应定以危险方法危害公共安全罪。从审判实践看，包括上述黎景全案、孙伟铭案在内的二次碰撞案件，均按照以危险方法危害公共安全罪定罪。而通过前文对本案事实及证据的梳理，本案不存在二次碰撞的情形，且现有证据亦不能证明李某具有直接或间接危害公共安全的主观故意，故一审判决认定其行为构成交通肇事罪符合刑法理论及现行法律规定。

虽然在法律层面上，本案只是一起典型的醉酒超速驾车发生事故致人死亡的交通肇事案件，但在情感方面，本案被害人张某是一名对未来人生充满美好憧憬、正在努力准备高考的高三女生。可以想象，当这个正值花样年华的少女在完成一天繁重的课业，准备通过人行横道过马路返回家中享受父母的呵护时，无论如何不会想到自己那本该精彩的人生、尚未绽放的生命，会终结在一个素昧平生的醉酒司机手中。而更加残酷的是，本案被害人母亲当时正在马路另一侧准备迎接自己的女儿。近在咫尺的母亲目睹女儿被车撞击的过程，此时这对母女之间的距离也许就是人世间最近却又最遥远的距离。这一场景对于任何具有正常情感和同情心的人来说，都是可以想象到的最为悲伤的画面之一。正因如此，在本案二审审理过程中，特别是在面对正处中年却已早生华发的被害人之母以及沉默寡言的被害人之父张某时，合议庭法官同样经历了最为痛楚的心路历程。

如果基于一般的社会情感及其体现出的情绪评价，一审判决对被告人李某科处的刑罚可能无法与被害人父母遭受的痛苦相匹配。但基于前文对本案事实、证据认定及法律适用方面的分析，这种失衡并非源于一审判决在事实、证据认定或法律适用方面存在错误，而是源于罪刑法定原则与个人情感接受度之间的冲突。在面对内心悲伤情绪激动的被害人亲属时，合议庭也曾经多次讨论过是否要为了追求被害人亲属的情感接受度与刑罚的高度契合，而改变本案的定罪与量刑。但法官不应是情绪化的法律人，而应是能够遵守法律规定，严守法律底线，在法律框架内从事审判活动的理性法律人，不能以个人同情之心去突破法律规定和司法认知界限。

因此，在经历情感与法律的艰难抉择后，合议庭一致认为，对于案件的审判只能以法律为唯一标准和底线。虽然尊重被害人亲属的情感是司法联系人民群众的重要纽带，更是司法裁判合法性及正当性的基础，是实现公平正义的重要依托，但是司法对于当事人情感的尊重不能是盲目的和随意的，必须基于理性而非感性，必须遵循司法规律而非个人道德观念，必须保证坚守法律界限而非个人价值选择，必须坚持公正立场而非袒护一方。

无论是根据法律，还是司法规律，刑事审判都应该坚持以罪定刑，如果仅仅为追求最终刑罚后果与被害人亲属情感的契合来决定案件罪名，就会演变为以刑定罪，不仅会使刑事责任失去确定性，而且会使刑事法律规范也失去确定性，其代价就是牺牲刑法的基本原则和法治的基本精神。

也许，在个案角度突破罪刑法定的基本原则选择适用重罪罪名得出的刑罚结果可以满足被害人亲属情感对个案公正的需求，但在这种情况下，定罪沦为量刑的装饰，司法权力堂而皇之地摆脱了制约，甚至会导致司法权篡夺立法权；更加危险的是，这种思路势必导致审判结果更多取决于法官个人道德观念或是并不稳定的当事人情绪，司法很容易为个人情感所左右，法律的尊严终将丧失殆尽，民众对于法律尚未坚固的信仰会轰然坍塌，建设法治化国家的努力也将付诸东流。若此，何谈依法治国？因此，无论怎样追求罪刑均衡，均不能突破罪刑法定原则的底线。

面对本案这样一起对被害人一家造成严重伤害的悲剧，合议庭法官完全能够理解被害人亲属，特别是被害人父母在本案诉讼过程中，多次强烈表达诉求的心情，也深知如何严谨的逻辑论证也不能挽回被害人的生命，如何专业的法律分析也不能抚平被害人亲属的悲伤。也许在被害人亲属看来，上述判决理由过于冰冷无情，但可以确定的是，本案的裁判结果是合议庭法官经历对情与法的纠结和挣扎后，严格依据法律所作，而且也是合议庭唯一能够作出的裁判结果。

【示例 10】林某某故意杀人案

说理方法：对鉴定意见的审查判断进行说理。

【案情简介】

被告人林某某与被害人黄某（殁年 27 岁），分别系××大学××医学院××××级影像医学与核医学专业、耳鼻咽喉科学专业硕士研究生，二人同住上海市××路×××号××大学××校区西××号宿舍楼×××室（以下简称“×××室”）。林某某因日常琐事对黄某不满，决意采用投放毒物的方式加害黄某。2013 年 3 月 31 日下午，林某某以取物为借口，从他人处借得钥匙后，进入××大学附属××医院（以下简称“××医院”）××号楼×××影像医学实验室（以下简称“×××实验室”），取出其于 2011 年参与医学动物实验后存放于此处的、内装有剩余剧毒化学品二甲基亚硝胺原液的试剂瓶和注射器，并装入一个黄色医疗废弃物袋中带离该室。当日 17 时 50 分许，林某某携带上述物品回到×××室，趁无人之机，将试剂瓶和注射器内的二甲基亚硝胺原液投入该室饮水机内，后将试剂瓶等物装入黄色医疗废弃物袋，丢弃于宿舍楼外的垃圾桶内。4 月 1 日 9 时许，黄某在×××室从该饮水机接水饮用后，出现呕吐等症状，即于当日中午到××医院就诊。4 月 2 日下午，黄某再次到××医院就诊，经检验发现肝功能受损，遂留院观察。4 月 3 日下午，黄某病情趋重，转至该院重症监护室救治。林某某在此后直至 4 月 11 日，包括在接受公安人员调查询问时，始终未说出实情。4 月 12 日零时许，公安机关确定林某某有作案嫌疑并对其传唤后，林某某才如实供述了其向×××室饮水机投放二甲基亚硝胺的事实。4 月 16 日，黄某经抢救无效死亡。经法医鉴定，黄某系因二甲基亚硝胺中毒致急性肝坏死引起急性肝功能衰竭，继发多器官功能衰竭死亡。

一审法院判决被告人林某某犯故意杀人罪，判处死刑，剥夺政治权利终身。林某某不服一审判决，提起上诉。二审法院裁定驳回上诉，维持原判。

【文书摘要】

法院生效裁判认为：被告人林某某及其辩护律师在本院复核阶段，提出饮水桶内水样、黄某尿液和饮水杯均是黄某的同学自行提取，检材有被污染可能，且两家鉴定机构对黄某尿液的检验结果相互矛盾的辩解、辩护意见。法院审查认为，根据现有证据，黄某的同学自行提取相关检材时，黄某的真实病因尚未确诊，事件性质尚不明确，并未进入侦查程序，此属为治疗而查明病因的客观情势所致。且提取检材者均为医学专业研究生，具备无菌操作知识，又是遵医嘱使用无菌器材提取，操作规范，故检材可能受到污染的辩护意见缺乏客观依据。物鉴中心对黄某尿液的检验结果，可佐证林某某所供其在饮水机内投放二甲基亚硝胺后黄某接水饮用的内容。且相关鉴定人员已对前后两次检验结果的差异作出了合理解释。故对该项辩解、辩护意见不予采纳。

【示例11】张某某过失致人死亡案

说理方法：对故意伤害罪的证据不足进行说理。

【案情简介】

原审被告人：张某某。

2013年5月13日14时许，原审被告人张某某在北京市××区白纸坊东街十字路口东北角，因骑电动自行车自南向北险些与自西向东骑自行车的被害人甘某某（男，殁年53岁）相撞，两人为此发生口角。其间，甘某某先动手击打张某某，张某某使用拳头还击，打到甘某某面部致其倒地摔伤头部。甘某某于2013年5月27日在医院经抢救无效死亡。经鉴定，甘某某符合重度颅脑损伤死亡。张某某作案后于2013年6月3日被公安机关查获归案。

原公诉机关指控张某某犯故意伤害罪。原判认为，被告人张某某在因琐事与被害人发生争执及相互殴打时，应当预见自己的行为可能发生被害人伤亡的后果，由于疏忽大意未能预见，致被害人倒地后因颅脑损伤死亡，其行为已构成过失致人死亡罪。鉴于张某某具有到案后能如实供述犯罪事实，且积极赔偿被害方经济损失，取得被害方谅解等情节，对其从轻处罚。

北京市人民检察院第二分院指控张某某犯罪的事实清楚，证据确实、充分，唯指控其犯故意伤害罪的证据不足，应根据在案证据依法认定张某某犯罪行为的性质。据此判决张某某犯过失致人死亡罪，判处有期徒刑六年。北京市人民检察院第二分院抗诉认为：一审判决认定张某某犯过失致人死亡罪，定性不正确，适用法律错误。主要理由是：被告人有伤害他人身体的主观故意，并实施了具体的伤害行为，导致被害人死亡。其伤害行为与伤害结果之间具有明确的因果关系，应认定为故意伤害罪。

北京市人民检察院支持抗诉及出庭意见认为：原判认定事实清楚，证据确实、充分，程序合法，量刑适当，但定性错误，应改判故意伤害罪。主要理由：一是被告人张某某具有预见自身行为可能造成他人身体受到伤害的认识因素，且具有预见的能力；二是张某某基于该认识因素实施击打被害人头面部的行为，体现了故意伤害他人身体的意志因素，其对伤害行为造成的任何后果持放任心态；三是张某某的行为客观上造成被害人受到伤害的后果，被害人被打后头部触地，因死亡的后果系被告人拳打后触地直接造成的，被害人的死亡结果与张某某的拳击行为存在因果关系；四是在案证据能够充分证明被告人的故意伤害行为，被告人亦有伤害他人的故意，不符合过失致人死亡罪的构成要件，依法应认定为故意伤害罪。

张某某在庭审中辩称：其当时没有想故意伤害被害人。张某某的辩护人认为：原判认定事实清楚，定罪准确，量刑适当，建议维持原判。主要理由：一是被告人在行为发生时其客观表现反映主观上不具有主动攻击、伤害他人身体的故意；二是被告人在受到对方殴打时，为防止病体受撞击而推挡对方，亦不符合故意犯罪的要件；三是将双方临时因为口角而发生的撕扯认定为互殴，进而认为被告人具有伤害他人的故意不准确；四是被告人的行为在客观上并未直接造成被害人身体的伤害，被告人打到被害人脸颊仅是被害人摔倒的部分原因，还受到被害人案发前饮酒、争吵情绪激动、患有糖尿病等因素影响；五是因摔伤而导致的重度颅脑损伤及脑疝不是全部死因，死因还包括肺部感染等并发症。

二审法院经审理后认为，原审人民法院根据张某某犯罪的事实，犯罪的性质、情节和对于社会的危害程度所作的判决，定罪和适用法律正确，量刑适当，审判程序合法，应予维持。据此裁定驳回北京市人民检察院第二分院的抗诉，维持原判。

【文书摘要】

法院生效裁判认为：本案二审检辩双方争议的焦点是，被告人张某某是否属于故意犯罪，原判认定张某某犯过失致人死亡罪的定性是否正确。法院对双方的意见综合评判如下。

《刑法》第 14 条规定："明知自己的行为会发生危害社会的结果，并且希望或者放任这种结果发生，因而构成犯罪的，是故意犯罪。"就本案而言，张某某在与被害人争执中击打被害人面部致其倒地，造成被害人重度颅脑损伤，医院治疗两周后死亡。从在案证据看，被告人张某某实施的击打行为是被害人倒地摔伤的直接因素，被害人在案发后的入院治疗过程正常，被害人死亡的结果与张某某的行为之间存在因果关系，且本案无证据显示有明显其他介入因素（辩护人所提被害人死因中的肺部感染等并发症，亦主要由颅脑损伤所致）。至于被告人行为时其对被害人死亡的危害后果是否明知并希望或放任该结果发生，则需要结合具体案情判断。

从审理查明的事实及在案证据看，本案事发突然，属于激情犯罪，当事人双方素不相识，此次因琐事引发矛盾。证据显示争执发生时被害人甘某某先停车骂人并动手打人。被告人张某某在遭受对方击打时使用拳头还击，徒手打中被害人面部，见被害人倒地即停止侵害，没有进一步伤害行为。目击证人均证实张某某离开现场时并不慌张，张某某归案后一直供称其对被害人死亡后果"根本没有想到"，现场证人亦以为被害人倒地不起"是装的呢"。综上，若推定被告人张某某在本案中对被害人死亡后果"明知"，进而认为其希望或放任该结果发生，构成故意伤害罪，依据不充分。此外，被害人尸检鉴定未见受击打的面部有损伤形成，现有证据亦不能充分证明被告人实施击打行为的具体部位、力度等情况，故原判认为检察机关"指控张某某犯故意伤害罪的证据不足"。

《刑法》第 15 条规定："应当预见自己的行为可能发生危害社会的结果，因为疏忽大意而没有预见，或者已经预见而轻信能够避免，以致发生这种结果的，是过失犯罪。"在本案中，被告人张某某在因琐事与被害人发生争执中，使用拳头击打被害人面部时，应当预见其行为可能发生被害人伤亡的后果，由于疏忽大意未能预见，致被害人倒地后因颅脑损伤死亡，其行为符合过失致人死亡罪的构成要件，依法认定过失致人死亡罪并无不当。

任务 5：文体写作训练

任务要求：

（1）根据下列材料，每人写一份刑事判决书。

（2）个人完成后，要结“对子”互评，对作品的结构、写作目的是否达成、语言表达等内容进行评价。小组要推荐做得好的同学在课堂上展示，展示的同学可使用PPT。

（3）每位同学对文体写作训练中存在的问题要进行修改，提交的刑事判决书应该是反复定稿、修改后的成果。

（4）小组长要召集小组成员讨论和交流写作体会，并写入报告中。

【训练素材】

材料1：人民检察院起诉书

河北省邯郸市人民检察院
起诉书

邯检公诉［2003］××号

被告人张甲，男，1974年1月17日出生，汉族，教师，大专文化，住邯郸县××中学校内。2000年7月6日因涉嫌故意杀人被邯郸县公安局刑事拘留，2001年5月15日由邯郸县人民检察院批准逮捕，5月15日由邯郸县公安局执行逮捕。

本案由邯郸县公安局侦查终结，以被告人张甲涉嫌故意杀人罪于2001年8月22日移送邯郸县人民检察院审查起诉，邯郸县人民检察院于2001年8月24日转至本院审查起诉。因事实不清，证据不足，先后于2001年9月20日、2001年12月28日经邯郸县人民检察院退回邯郸县公安局补充侦查。邯郸县公安局补充侦查后，于2003年7月8日经邯郸县人民检察院再次转至本院。本院受理后，已告知被告人有权委托辩护人，告知被害人的近亲属有权委托诉讼代理人，依法讯问了被告人，审查了全部案件材料。

经依法审查查明：

1999年暑假期间，时任邯郸县××中学初三87班班主任的被告人张甲趁其妻回涉县娘家休产假、自己在学校为学生补课之机，多次奸污本班女生张乙（1984年6月1日出生），因怕事情败露产生杀害张乙之念。2000年6月22日傍晚，张甲得知中考后的张乙仍住在学校后，于当晚深夜携带军用匕首来到初三87班女生宿舍，见张乙和同班女生杨某晓同睡一床时，将屋内电灯拧熄。后用右手捂住张乙的嘴，左手持匕首朝张乙颈部割了一刀，又朝张乙腰部、背部连捅两刀后逃走。

认定上述事实的证据如下：

1. 物证：从现场灯泡上提取指纹一枚。

2. 证人杨某晓、王某奎、陈某、魏某超、吴某敏、高某、孙某云等人证言。

3. 被告人张甲的供述及辩解。

4. 鉴定结论。

（1）邯郸县公安局法医学科学技术鉴定结论为死者张乙系被他人用锐器致伤颈部、后背部、左侧肩胛骨下缘5～6肋间处致左肺损伤造成失血性休克死亡。

（2）公安部物证检验意见书检验出现场灯泡上的一枚指纹系被告人张甲左手中指所留。

5. 现场勘查笔录。

综上所述，被告人张甲目无国法，奸污学生并杀人灭口。其行为触犯了《中华人民共和国刑法》第二百三十二条，事实清楚，证据确实充分，应当以故意杀人罪追究其刑事责任。根据《中华人民共和国刑事诉讼法》第一百四十一条之规定，提起公诉，请依法判处。

此致

河北省邯郸市中级人民法院

检察官：杨××

二〇〇三年七月十四日

附：1. 被告人张甲现羁押于邯郸县看守所。

2. 移送证据目录、证据名单和主要证据复印件。

材料2：辩护词

辩护词

尊敬的审判长、审判员：

根据《中华人民共和国刑事诉讼法》的有关规定，河北××律师事务所律师李某某、刘某受被告人张甲亲属的委托并经其本人同意，担任其涉嫌故意杀人一案的辩护人，依法参加本案的审理活动。

在法庭的公正主持下，控辩双方围绕本案的事实进行了认真、细致和针锋相对的举证、质证活动。现在请允许我们依据法庭调查查明的案件事实和有关法律的规定，发表以下辩护意见：

1. 公诉人指控被告人张甲奸污受害人张乙毫无事实根据；指控被告人张甲持军用匕首杀死被害人张乙与案件真实情况严重不符，并且没有证据支持；指控被告人张甲构成故意杀人罪不能成立。

首先，公诉人对被告人张甲的指控，完全建立在被告人曾作的“口供”上；而这“口供”又是被告人遭公安机关侦查人员刑讯逼供而来，因此，不能作为认定事实的依据。

《刑事诉讼法》第四十三条规定：审判人员、检察人员、侦查人员必须依照法定程序，收集能够证实犯罪嫌疑人、被告人有罪或者无罪、犯罪情节轻重的各种证据。严禁刑讯逼供和以威胁、利诱、欺骗以及其他非法的方法收集证据。

《刑事诉讼法》第四十六条规定：对一切案件的判处都要重证据，重调查研究，不轻信口供。只有被告人供述，没有其他证据的，不能认定被告人有罪和处以刑罚；没有被告人供述，证据充分确实的，可以认定被告人有罪和处以刑罚。

本案中，从2000年7月4日被邯郸县公安局传唤，到2000年7月9日下午被羁押至邯郸县公安局看守所，在长达6天的时间里，被告人张甲一直被控制在刑警队和南堡派出所（现有“询问笔录”卷315～364页为证）。在此期间，被告人张甲遭受了下跪、捆绑、吊打等刑讯逼供行为，致其左右两个肩窝、双膝等处受伤，虽历经3年多时间，伤痕仍清晰可辨。

出庭证人、与张甲在邯郸县公安局看守所第14号监室同室居住的××县××乡黄某某以及与张甲在邯郸县公安局看守所第10号监室同室居住的××市××乡李某的当庭证词，邯郸县××村田某某、邯郸县阎某某、邯郸县董某的书面证言，都证明他们在看守所第一次见到张甲时，张甲的两肩膀、双膝、手腕均有新鲜伤痕。以上证据之间均能相互印证。

庭审时律师依据张甲要求提请法庭调取的、张甲现被保存在邯郸县公安局看守所的遗留有血迹的裤子，也能证明被告人张甲的身体新伤是在刑警队造成的，被告人的有罪供述系刑讯逼供所致。

至于庭审时公诉方所出示的看守所医生的证明，它只是证明张甲符合入所的健康条件，却不能否认张甲身体有新鲜伤痕的事实。

根据《最高人民法院关于执行〈中华人民共和国刑事诉讼法〉若干问题的解释》第六十一条规定："严禁以非法的方法收集证据。凡经查证确实属于采用刑讯逼供或者威胁、利诱、欺骗等非法的方法取得的证人证言、被害人陈述、被告人供述，不能作为定案的根据。"我国于1986年12月参加的联合国《禁止酷刑和其他残忍、不人道或有辱人格的待遇或处罚公约》第十五条也规定："每一缔约国应确保在任何诉讼程序中不得援引任何已经确定系以酷刑取得的口供为证据，但这类证据可用于被控施用酷刑者刑讯逼供的证据。"因此，被告人张甲在遭受刑讯逼供时所作的"口供"，不能作为证据使用，也不能作为定案的依据。

其次，由于被告人张甲的"口供"是遭受刑讯逼供所获得，所以其供述内容与案件真实情况严重不符。现择其要列举如下：

(1)"作案"时间与案件真实情况不符。

被告人张甲在2000年7月5日下午6时28分的"讯问笔录"中供述："大约凌晨2点钟，解了第三次大便后，在床上躺了一会儿，想了会儿。"其后从抽屉拿出一把匕首去杀人（见证据卷320页）；

在2000年7月5日的另一份没有注明时间的"讯问笔录"中供述："大约凌晨3点钟，我解完了第三次大便后，拿出一把匕首，上穿白背心，下穿浅色裤衩"去杀人（见证据卷327页）；

在2000年7月6日的"讯问笔录"中，供述作案时间是"23号凌晨2点左右"（见证据卷342页）；

在2000年7月8日的"悔过书"中，供述"2点半我带着凶器"到女生宿舍门前（见证据卷356页）；

在2000年7月9日的"悔罪书"中，供述"直到2点左右我见都睡着就起床，带上刀具往宿舍走去……"（见证据卷361页）。

而邯郸县××中学89班魏某超在2000年6月23日（见证据卷133页）和2000年7月7日的"讯问笔录"中（见证据卷135页）两次提道：当晚12点半他送89班女同学陈某萍回与87班女生宿舍相邻的89班女生宿舍时，看见87班女生宿舍的灯已经黑了，而89班女生宿舍的灯还亮着。魏某超送完陈某萍，回到男生宿舍的时间是12点34分。这一时间也被当夜与其在一个宿舍住的同学贾某亮和白某，分别在2000年6月24日的"询问笔录"（见证据卷142、144页）和2003年6月5日的"询问笔录"中（见证据卷146页）得到证实。

另外，在2000年6月29日对吴某佳的"询问笔录"中（见证据卷165页），吴某佳提到案发当晚11点多钟，她第三次到87班女生宿舍找姜某时，被害人张乙和其当晚同住女伴杨某晓已经在床上睡了，当时宿舍的灯还亮着（见证据卷167页）。

在2003年6月5日对白某的"询问笔录"中，白某还提道：当晚11点多他起身上厕所，经过女生宿舍的院门口时，看到87班女生宿舍的灯还亮着（见证据卷146页）。

在2000年6月23日对杨某晓的"询问笔录"中，杨某晓谈到案发当晚大约7点多钟，她与张乙到丛中村大街买烧饼吃（见证据卷57页）。依据2000年6月24日邯郸县公安局"刑事科学技术鉴定书（法医学尸体检验报告）"鉴定：被害人死亡时间为最后一次进餐4小时左右（见证据卷11页），不难得出结论：凶手作案时间是在2000年6月22日夜11点30分至6月23日零点30分之间。这与张甲供述的6月23日凌晨2点、2点半、3点"作案"的时间严重不符。

(2)"作案"过程与案件事实不符，并且情节荒诞，漏洞百出。

A. 2000年7月5日下午6时28分的"讯问笔录"中，张甲供述其"作案"过程为："左腿跪到张的南边，右腿在下站着，用右手捂住张的嘴，张尖叫了两声，左手用刀从张的脖子上拉了一刀，张就呼呼地喘气，接着就朝张的腰和后背刺了两刀。随后我就出了屋门往东拐，路过花池子原路返回，到我家门口先在我家脏水桶里洗了洗刀，又到东邻居小井旁的水桶里洗了洗，把刀子放在我宿舍东里间的抽屉内，就上床了。”（见证据卷331、337、338页）

B. 在2000年7月6日的“讯问笔录”中，张甲供述其“作案”过程为：“我见张乙躺南边睡，我就上前将她的嘴捂上，我害怕她出声，就这样她还是喊了一两声，我就用刀子捅在她的脖子上，我听到她的喘气声，后来我用刀捅了她的腰部一刀，脊梁一刀（后背），我看她没有什么声音，我就甩甩刀子出去了。出来后，我是从学校西墙翻出去的。顺着围墙外面的路往南去，从外面转到学校大门口，从大门南侧的小门跳进学校，回到我的住处，在门口将刀洗了洗，将水倒掉后，我就回屋睡觉了。”（见证据卷343页）

C. 在2000年7月8日13时20分的“讯问笔录”中，张甲供述其“作案”过程为：“我从床上下来，到张乙床东边，左腿跪到张乙的南边，右腿在下边站着，用右手捂住张乙的嘴，张乙尖叫了几声‘啊！啊！’我赶紧用左手握着刀从张乙的脖子上拉了一刀，就听见张乙‘呼呼’地喘气，不再喊了，接着我用刀朝她的腰部和背部刺了两刀。”（见证据卷352页）“我随后就出了屋门往西拐，到初三女宿舍西边的墙头处，我把刀子放到后边口袋里，顺着墙上的砖垛爬到墙上，翻到墙外去了。我到墙外边后沿着围墙外边的路先向南，然后向东，再向北来到大门口，见大门锁着，就从南边小门翻过去，回到我的办公室。我进屋前把刀子抽出来，在西边邻居门口的水桶里用水洗了洗刀上的血，悄悄把刀子放回原处，躺在床上睡了。”（见证据卷352、353页）

D. 在2000年7月8日的“悔过书”和7月9日的“悔罪书”中，张甲供述的“作案”过程大致如上。简要归纳，就是“左腿跪床，右腿站地，先右手捂嘴，再左手割脖子，再刺腰、背；原路返回或翻墙逃走，翻门进来；洗刀子上的血，放回原处，上床睡觉。”

而据杨某晓2000年6月23日“询问笔录”陈述：“12点至3点之间，我听见张乙叫了一声，同时她用手拽了我的背一下（当时我是背着她躺着的），接着又尖叫四五声，然后我又听见她的喘气声（就像向暖瓶倒水的声音），我听她喘气约10秒钟，我扭过身问她‘咋嘞’，她没吭声。我推了推她胳膊，她也没吭声。我以为她没事了，睡着了，我就又扭过身。在扭身的那一个瞬间，我看见一个男的，在张乙铺板上南边蹲着，正起身要往门外走。我扭过身后很害怕，就用被子把身子盖平，一个多小时，不到两个小时，我害怕得睡不着。因为我不知道那个男的是不是走了，后来听不见啥动静了。”（见证据卷58页）

这段陈述表明：杨某晓当时神智非常清醒，因为张乙拽她背、张先后两次尖叫、张呼呼喘气像往暖瓶倒水、张喘气约10秒钟、凶手在床铺上蹲着、后来听不见啥动静等，这些细节、时间，她都非常清楚。这也同时说明以下几个问题：

第一，被害人张乙喘气之时，凶手已经实施完犯罪过程，正准备逃离现场。否则凶手再有什么举动，杨某晓当时肯定会发觉或听见。

第二，杀人真凶应是蹲在床上对被害人的后背部第七胸椎处和左侧肩胛下端第5～6肋间处先进行刺创后，才割断被害人的气管的，否则被害人根本发不出两次间隔性的尖叫。

第三，尸检照片和尸检报告显示：被害人左耳垂前有一道划痕，颈部的切创从左至右由浅到深，根据法医学原理，真凶是从被害人左颈部斜向下侧脖子切割的。根据杨某晓陈述，凶手当时蹲在床上。联系被害人身上后背部两处刺创，一处深达骨质，一处深达胸腔，用力凶狠，应是凶手用右手所为。

同时，现场勘查照片显示：被害人张乙床铺上南边叠放的被子上，有多块擦拭状血迹，应是凶手作案后蹲在床上擦拭手上或刀上的血迹所致，与杨某晓陈述的凶手当时所处位置相符。

而据张甲的供述：他是先捂被害人的嘴，再割颈，再刺背、腰（实际是左侧肩胛骨下端第5～6肋间处），则被害人在被捂嘴时已发不出“尖叫”声；被割颈后气管断开，更是“呼呼”喘气发不出任何“尖叫”，杨某晓怎么会听得见？而且，张甲在张乙“呼呼”喘气后，再刺被害人后背、腰，肯定会被当时十分清醒的杨某晓看见动作或听见声音。

此外，张甲供述的“作案”过程的不合情理，还在于其供述的逃跑路线和方式。张甲开始时供述“出了屋门往东拐，路过花池子原路返回”，后来改为“从学校西墙翻墙出去的”“顺着墙上的砖垛爬到墙上，翻到墙外去了”。

现场勘查显示：87 班女生宿舍西边的围墙，顶部砖沿距地面 2.5 米，砖沿上部水泥覆顶约高 0.15 米，除了顶部砖沿，周围没有可供攀缘之物，墙面也没有可供攀爬之缺口。张甲身高 1.67 米，体重 170 斤左右，根本翻越不过去。并且，从现场勘查照片看，墙体上留有蹬擦痕迹之处，距地面约 1.2 米，张甲抬腿抬到极限高度也未必达到。

还有，张甲供述当夜其身穿浅色短裤，白色“挎篮”背心，那么其双臂双腿肯定暴露在外。除非他是影视作品中身轻如燕、腾跃自如的武林高手，否则，以其 170 斤重、1.67 米高的矮胖身材，在翻越 2.65 米高的围墙时，四肢皮肤不可能不与墙体及覆顶水泥接触产生擦痕。而他在案发后仍穿此身衣服出现在现场，其后又帮侦查人员工作，并没有人发现他在这些方面有异常。

(3)“作案”凶器与案件事实不符。张甲在 2000 年 7 月 5 日下午 6 时 28 分的“讯问笔录”中，供述其作案凶器是一把军用匕首，是从老勇（张丙）家拿的（见证据卷 332、339 页）。

在 2000 年 7 月 8 日 13 时 20 分的“讯问笔录”中，供述刀子是一把军用匕首，刀子连把有半尺多长，是双刃刀，有点生锈。（见证据卷 352 页）

在 2000 年 7 月 26 日对张丙的“询问笔录”中，张丙陈述自己曾经拾到过一把匕首，上面有警徽。（见证据卷 292 页）

在 2000 年 9 月 4 日对张丙的“询问笔录”中，张丙陈述拾到的那把匕首上有一个蓝盾图案，刀长 30～35 厘米，刃长 15 厘米左右，刃上有沟槽。并说张丁玩过那把匕首（见证据卷 297 页）。

在 2003 年 3 月 10 日对张丁的“询问笔录”中，张丁再次陈述刀子上有点生锈，两侧刀刃有点钝，刃上的缺口比较多。（见证据卷 309 页）

而据 2000 年 6 月 24 日邯郸县公安局的“尸检报告”：被害人张乙的左前颈部、后背部第七胸椎处、左肩胛骨下缘 5～6 肋间处的创口，创边齐，创腔无组织间桥；两处刺创分别深达胸腔和骨质。（见证据卷 10 页）

尸检照片也显示：被害人张乙后背部的两处刨口，均呈两边尖锐，创边整齐光滑，显然是非常锋利的双刃锐器所致，而绝不是刀刃生锈或有缺口的匕首所致。因为如果是后者所致，那么，一是创口的两边创角会呈钝状，创边会不齐且呈毛刺状；二是创腔不可能形成无组织间桥；三是创腔里会有刀刃缺口挂带的衣物纤维。

张甲所供述的其用作“作案凶器”的那把军用匕首，根本形不成“尸检报告”和尸检照片显示的结果。

2. 公诉人对被告人张甲的指控严重缺乏证据。

(1) 在起诉书中，公诉人对张甲奸污被害人张乙的指控，依据的是被害人张乙处女膜 3.5.9 点处呈陈旧性破裂，深达基底部（见证据卷 10 页），而这一证据并不能证明张甲奸污被害人张乙。

第一，被害人张乙处女膜3.5.9点处呈陈旧性破裂，深达基底部（见证据卷10页），只能证明被害人生前曾与人有过性行为（或因剧烈运动导致处女膜破裂），而不能证明系张甲奸污所致。

第二，案发现场被害人的体表、体内，或被害人的生前衣物、枕巾、被单及其他生活用品中，未发现并检验出有张甲精液、精斑及相关遗留物。也未在张甲家里或其他地方的物品中，发现并检验出有被害人的体液及相关遗留物。

第三，无论是张甲在邯郸县××中学的同事、学生，还是邻居，都证明张甲生活作风正派，乐于助人。并且他与妻子姚某某系同班同学，相知相亲，恩爱和睦，与被害人张乙也有亲属关系，很难想象他会作出奸污被害人张乙这等伤天害理之事。

第四，无论是案发前，还是案发后，没有任何人指证张甲奸污被害人张乙，或反映张甲有生活作风问题。

（2）起诉书中，公诉人指控被告人张甲用军用匕首杀害张乙，没有任何证据支持。

第一，截至目前，尽管邯郸县公安局“6·23”专案组多次带张甲去指认“抛刀现场”，并张贴告示、重金悬赏，却仍然没有找到张甲供述的“杀人凶器”军用匕首的下落。（见证据卷447页）

第二，在张甲供述抛弃“杀人凶器”军用匕首的地方，承包经营该区域土地的周围村民们，都证明从没有捡到也没有发现过这样形状的军用匕首。（见证据卷448～454页）

第三，即使找到一把这样形状的军用匕首，那么该匕首是否是张甲所说的那把特定的生锈、有缺口的军用匕首，刀刃上是否有被害人张乙的血痕，或张甲带血的指纹，一切都有待调查清楚。

第四，事实上，公安机关不仅没有找到张甲供述的“杀人凶器”军用匕首的下落，甚至到现在都还没有搞清楚致使被害人张乙死亡的凶器究竟是何种锐器？他们仅仅推测是双刃刀（见证据卷××页）。也就是说，虽然公安机关至今都没有查清致被害人死亡的凶器究竟是何种锐器，但却早已经言之凿凿地确定张甲用军用匕首杀人了！邯郸县公安局办案人员搞有罪推定搞到如此境界，简直就是草菅人命！！这恐怕连顽石都要为之浩叹！！！

（3）起诉书中，公诉人指控被告人张甲杀死被害人张乙，而公安机关提取的案发当晚张甲所穿的衣物却没有任何血迹。

张甲在2000年7月5日下午6时28分的“讯问笔录”和7月5日的另一份“讯问笔录”中，供述“作案”时，“上身穿一件白色挎篮背心，下身穿白色松紧带裤衩”（见证据卷343页）；在2000年7月8日13时20分的“讯问笔录”中，供述“作案”时，“上身穿一件白挎篮背心，下身穿浅色裤衩”（见证据卷351页）；杀人后“把刀子放在裤衩后边的口袋里”（见证据卷353页）。而据邯郸县公安局办案人员陈某某和马某某证明，当时他们“提取了张甲的衣物，经对衣物仔细察看，未发现衣物上有血迹”。（见证据卷456页、458页）

前述已知：被害人张乙颈部切割创致气管断开，后背两处刺创分别达到胸腔和骨质，不可能没有血迹喷溅或沾蹭到凶手身上、手上、刀上。被害人床铺南边被子上的血迹也表明凶手擦拭过刀上或手上的血迹，按照张甲的供述，其是在黑暗中杀人，身上的衣服竟然没有沾蹭到一点血迹，岂不是一大怪事！他将杀人后的刀子装在裤衩后面兜里翻墙逃走（刀子装得下装不下、翻墙翻得过翻不过姑且不管），刀子上的新鲜血迹不可能不沾蹭到裤衩后兜里，怎么会没有血迹呢？即使衣物洗过了，用DNA多态性检验也可以检验出来。如果没有血迹，那只能证明：张甲没有杀人。

3. 起诉书中所列现有依法采集的证据，不能证明张甲有罪。

(1) 起诉书中所列从案发现场提取的物证灯泡及公安部物证鉴定书鉴定上面留有张甲的左手中指指纹（见证据卷××页），并不能证明张甲杀了人。

2000 年 7 月 5 日，公安部物证鉴定中心［2000］公物证鉴字第 2110 号“中华人民共和国公安部物证鉴定书”作出结论：1 号指纹是张甲左手中指所留。但这只能证明张甲接触过此灯泡，或张甲到过案发现场，并不能证明张甲杀了人。

第一，张甲在 2000 年 7 月 4 日的“讯问笔录”中，提到案发前一个月内，因 87 班女生宿舍学生反映宿舍热、潮，要求安电扇，张甲曾去女生宿舍，并上到床铺上面，察看能不能走线、安电扇。(见证据卷 317～319 页)

2000 年 7 月 12 日，在邯郸县看守所的“讯问笔录”中，张甲又一次提到为察看能不能安电扇，上到床铺上层察看电线，见电线老化，不能用，就下来了。(见证据卷××页)

庭审中，原邯郸县××中学 87 班班长梁某、87 班女生宿舍长吴某也分别证实了此事。因灯泡悬于木梁之下 20 厘米左右，电线搭在木梁上，不排除张甲当时在察看电线时，触摸了该灯泡底部。

第二，张甲在灯泡上留下的指纹，究竟遗留了多长时间，不能确定。张甲左手中指指纹在灯泡上的位置，照片显示在底部，这就进一步说明可能是触碰留下的。因为手持灯泡、手拧灯泡、触碰灯泡，留下指纹的位置会不同，指纹形状也不一样；并且，站在床上手拧、触碰灯泡，与站在桌子上手拧、触碰灯泡，留下指纹的位置和指纹形状也会不一样。

第三，灯泡上留有张甲左手中指的指纹，只能说明张甲接触过此灯泡，或张甲到过案发现场，并不能证明张甲杀了人。

正如今天开庭，有许多人到审判大厅，也会留下各自的指纹和其他痕迹；假如某一天这里发生了凶杀案，不能认为来过此处且留下指纹的人就是凶手。

第四，张甲供述其“作案”时上床用右手拧灭了灯泡（见证据卷××页），然而灯泡上并没有张甲右手的指纹。

(2) 从女生宿舍西边围墙处提取的犯罪嫌疑人的足迹不是张甲留下的脚印，更不能证明张甲杀了人。

第一，气象资料显示，2000 年 6 月 20 日、6 月 21 日、6 月 22 日连续三天都有降雨（见证据卷××页），土地潮湿。张甲是体重 170 斤、身高 1.67 米的矮胖型身材，案发当天穿着新买不久的棕色皮鞋，在这种地面上行走，不可能不留下清晰的脚印，而提取的脚印并不清晰，显然不是张甲所留。

第二，中华人民共和国公安部物证鉴定中心分别于 2000 年 9 月 7 日（第一份）、2003 年 6 月 27 日（第二份）作出了“中华人民共和国公安部物证检验意见书”。第一份结论为：张乙被杀案现场提取的鞋印因反映的特征稳定性无法验证，故作不出明确结论；第二份结论为：送检的现场鞋印不具备同一认定条件。

如果说第一份结论无法验证，那么第二份结论已完全确定“送检的现场足迹不是张甲所留”。

中华人民共和国公安部物证鉴定中心是我国物证鉴定的最高权威机关，尤其第二份鉴定是足迹鉴定的权威研究员程某恩所作出，故第二份鉴定应作为定案的依据。

第三，中国刑警学院的鉴定，不具有法律效力。

《公安机关办理刑事案件程序规定》第二百三十五条第二款规定："刑事技术鉴定，由县级以上公安机关刑事技术部门或者其他专职人员负责进行。"第二百四十五条规定："对犯罪嫌疑人作精神病鉴定的时间不计入办案期限，其他鉴定时间都应当计入办案期限。"本案于2001年9月20日、2001年12月28日经邯郸市人民检察院两次退回邯郸县公安局补充侦查，在2003年7月14日由邯郸市人民检察院提起公诉，这意味着已经侦查终结。邯郸县公安局不能在审查起诉阶段，再对刑事技术鉴定结论进行补充鉴定或重新鉴定。

如果邯郸市人民检察院对邯郸县公安局移送案卷中的鉴定结论进行审查时，觉得有必要或有疑问，根据《人民检察院刑事诉讼规则》第二百零四条和第二百零六条的规定，应由邯郸市人民检察院提出补充鉴定或重新鉴定的意见，报检察长批准后，指派或者聘请有专门知识的人或者鉴定机构进行补充鉴定或重新鉴定。

而邯郸市人民检察院并没有提出补充鉴定或重新鉴定的意见，也没有指派或者聘请有专门知识的人或者鉴定机构进行补充鉴定或重新鉴定。

邯郸县公安局在审查起诉阶段不具备提出补充鉴定或重新鉴定的主体资格，因此，其在2003年8月3日提请中国刑警学院所作的鉴定，不具有法律效力，不能作为证据使用。

(3) 无论是指纹还是脚印，作为间接证据，都不足以排除其他可能性，也不能得出唯一的、确凿无疑的结论。

运用间接证据认定案件的主要事实时，必须遵守以下规则：

第一，一切间接证据必须与案件主要事实存在客观联系；

第二，间接证据必须形成一个完整的证明体系，即对犯罪的目的、动机、时间、地点、过程、手段、工具、后果等各个方面有相应的证据予以证明；

第三，间接证据与案件事实之间以及间接证据相互之间，必须协调一致，没有矛盾；

第四，间接证据的证明体系必须足以排除其他可能性，得出的结论必须是唯一的、确凿无疑的。

本案中，张甲的左手中指指纹和并非张甲遗留的脚印，以及不知下落的"作案"凶器和没有血迹的衣物，不能形成一个完整的、协调一致、没有矛盾的证明体系，也不能得出唯一的、确凿无疑的结论，即证明是张甲犯罪；相反，所有这些都从反面证明了张甲没有犯罪。邯郸市人民检察院依据案发现场提取的犯罪嫌疑人的足迹，来指控被告人张甲奸污、杀害被害人张乙，其结果只能是也应该是导致人民法院依法宣告被告人张甲无罪。

4. 被告人张甲不具备作案动机。

(1) 张甲多次被评为先进，并于1999年年底交了入党申请书；

(2) 张甲与妻子姚某某是武安师范学校同班同学，从相知到相爱，并育有爱子，家庭生活美满和谐；

(3) 张甲与被害人张乙有亲属关系，张甲的姐夫是张乙的亲舅舅；

(4) 张甲性情温和，胆子较小，不具备犯罪分子心狠手辣的凶残。

5. 公安机关侦破案件严重违法，有罪推定、刑讯逼供、诱供，是造成这起错案的根本原因。

(1) 对目击者指认出相貌特征甚至指认出名字的重大嫌疑人不去排查，却在没有任何证据的情况下就对张甲采取强制措施。

2000年6月23日，邯郸县××中学初三87班学生杨某晓，也就是案发当晚与被害人张乙同睡一张床的目击证人，在侦查人员询问时，指证疑凶"瘦瘦的，脖子挺长"。(见证据卷60页)

在2000年12月21日的询问笔录中，杨某晓又提到自己曾向张甲说过“那人的脖子挺长，长得像陈某”。(见证据卷87页)

杨某晓从未指证过疑凶像张甲。并且张甲的体貌是胖胖的，脖子很短，与杨某晓目击的疑凶特征截然相反。邯郸县公安局办案人员对如此重要的线索不去排查，而只凭发现张甲指纹就武断推定是张甲杀人，并刑讯逼供搜集“证据”。

(2) 邯郸县公安局办案人员在办案过程中，对张甲进行所谓的“观察”，使张甲间接参与办案，并由此知道了部分案情。

第一，邯郸县公安局刑警大队2001年10月27日的“说明”中，证明“2000年6月23日张乙被杀后，当天张甲即被列为重点嫌疑对象。在调查该案过程中，为观察张甲，技侦民警专门让张甲给办案民警送水”。(见证据卷457页)

第二，张甲曾受办案人员陈某建指派，了解被害人张乙生前与哪些社会青年交往，得知张乙处女膜陈旧性破裂。

第三，张甲与办案人员孔某岭调查安眠药事情时，看见女生宿舍西边围墙处有警犬和干警，得知杀人凶手从围墙处逃跑。

第四，张甲从办案人员赵某平处，得知被害人张乙颈部被刺一刀，后背、腰（其实是左肩胛骨下缘肋部）各被刺一刀。

(3) 超期羁押，剥夺诉讼权利。

张甲从2000年7月4日被公安机关采取强制措施，到2001年6月9日将近一年的时间，律师才第一次被允许会见；公安机关从2001年9月20日第一次被退卷补充侦查，到2003年7月23日邯郸市人民检察院审查起诉，将近两年时间；甚至在2003年7月31日审判阶段，律师为准备出庭辩护，带着完备的手续去会见张甲时，邯郸县公安局看守所竟然要律师出具手续和到法院“盖章”，否则不予安排会见。直到律师投诉到其上级机关，才最终会见到张甲。

审判长、审判员：《中华人民共和国刑事诉讼法》要求，审理刑事案件，对被告人定罪量刑，一定要做到事实清楚，证据确实、充分。

本案从公安机关立案侦查至今，已达三年多时间，其间因事实不清，证据不足，先后于2001年9月20日、2001年12月28日，两次由邯郸市人民检察院退回邯郸县公安局补充侦查，并造成了严重的超期羁押。这不仅使被告人张甲背负着奸污、杀害女学生的恶名，与家人一直笼罩在涉嫌犯罪的阴影当中，承受着肉体和心灵的痛苦，也使真正的杀人凶手一直逍遥法外。

上述结果不仅有违《中华人民共和国刑事诉讼法》“惩罚犯罪分子，保障无罪的人不受刑事追究”的重要原则，也难以让九泉之下的被害人张乙的灵魂得以安息。张甲案目前在全国都产生了较大的影响，对它的判决更要经得起历史的检验。

本着法律赋予辩护人的责任，出于维护法律正确实施的律师使命，我们特提出以上辩护意见，请人民法院“以事实为依据，以法律为准绳”，对本案作出合法、公正的判决：宣告张甲无罪！

辩护人　河北××律师事务所律师
李某某　刘某
二〇〇三年八月十三日

项目 7　提请减刑、假释建议书

一、实训目的

（1）通过实训，能记忆和理解提请减刑、假释建议书的制作条件，减刑、假释的适用情形等。

（2）通过实训，能讲述提请减刑、假释建议书的格式、内容及写作要求。

（3）能根据案情，运用法律法规知识制作一份合格的提请减刑、假释建议书，在实训中培养分析问题的能力、语言运用能力，为今后从事相关法律实务工作奠定坚实的基础。

二、实训原理

提请减刑、假释建议书，是指监狱依照《刑法》和《刑事诉讼法》的规定，对符合法定条件的罪犯依法向人民法院建议减刑、假释时所制作的文书。

所涉法律如下：

《刑事诉讼法》

第 273 条　罪犯在服刑期间又犯罪的，或者发现了判决的时候所没有发现的罪行，由执行机关移送人民检察院处理。

被判处管制、拘役、有期徒刑或者无期徒刑的罪犯，在执行期间确有悔改或者立功表现，应当依法予以减刑、假释的时候，由执行机关提出建议书，报请人民法院审核裁定，并将建议书副本抄送人民检察院。人民检察院可以向人民法院提出书面意见。

《监狱法》

第 29 条　被判处无期徒刑、有期徒刑的罪犯，在服刑期间确有悔改或者立功表现的，根据监狱考核的结果，可以减刑。有下列重大立功表现之一的，应当减刑：（一）阻止他人重大犯罪活动的；（二）检举监狱内外重大犯罪活动，经查证属实的；（三）有发明创造或者重大技术革新的；（四）在日常生产、生活中舍己救人的；（五）在抗御自然灾害或者排除重大事故中，有突出表现的；（六）对国家和社会有其他重大贡献的。

第 30 条　减刑建议由监狱向人民法院提出，人民法院应当自收到减刑建议书之日起一个月内予以审核裁定；案情复杂或者情况特殊的，可以延长一个月。减刑裁定的副本应当抄送人民检察院。

第 31 条　被判处死刑缓期二年执行的罪犯，在死刑缓期执行期间，符合法律规定的减为无期徒刑、有期徒刑条件的，二年期满时，所在监狱应当及时提出减刑建议，报经省、自治区、直辖市监狱管理机关审核后，提请高级人民法院裁定。

第32条 被判处无期徒刑、有期徒刑的罪犯，符合法律规定的假释条件的，由监狱根据考核结果向人民法院提出假释建议，人民法院应当自收到假释建议书之日起一个月内予以审核裁定；案情复杂或者情况特殊的，可以延长一个月。假释裁定的副本应当抄送人民检察院。

监狱向人民法院建议减刑假释，要向人民法院提交有关材料。这些材料有提请减刑建议书、提请假释建议书、罪犯减刑假释审核表、罪犯评审鉴定表、罪犯奖惩审批表、终审法院判决书、裁定书、历次减刑裁定书的复制件，以及罪犯悔改，或者立功，或者重大立功表现具体事实的证明材料等。这些材料应当齐全、完备。

（一）提请减刑建议书

1. 提请减刑建议书的概念

提请减刑建议书，是监狱依照法定程序，对符合减刑条件的罪犯向人民法院提出减刑建议时所制作的文书。

监狱对有期徒刑、无期徒刑和死刑缓期二年执行罪犯建议减刑，应分别依照《刑法》第78条、第79条、第81条所规定的条件进行。

《刑法》第78条规定，被判处管制、拘役、有期徒刑、无期徒刑的犯罪分子，在执行期间，如果认真遵守监规，接受教育改造，确有悔改表现的，或者有立功表现的，可以减刑；有下列重大立功表现之一的，应当减刑：（1）阻止他人重大犯罪活动的；（2）检举监狱内外重大犯罪活动，经查证属实的；（3）有发明创造或者重大技术革新的；（4）在日常生产、生活中舍己救人的；（5）在抗御自然灾害或者排除重大事故中，有突出表现的；（6）对国家和社会有其他重大贡献的。减刑以后实际执行的刑期不能少于下列期限：（1）判处管制、拘役、有期徒刑的，不能少于原判刑期的1/2；（2）判处无期徒刑的，不能少于13年；（3）人民法院依照本法第50条第2款规定限制减刑的死刑缓期执行的犯罪分子，缓期执行期满后依法减为无期徒刑的，不能少于25年，缓期执行期满后依法减为25年有期徒刑的，不能少于20年。

《刑法》第79条规定减刑程序：对于犯罪分子的减刑，由执行机关向中级以上人民法院提出减刑建议书。人民法院应当组成合议庭进行审理，对确有悔改或者立功事实的，裁定予以减刑。非经法定程序不得减刑。

《刑法》第81条规定假释的适用条件：被判处有期徒刑的犯罪分子，执行原判刑期1/2以上，被判处无期徒刑的犯罪分子，实际执行13年以上，如果认真遵守监规，接受教育改造，确有悔改表现，没有再犯罪的危险的，可以假释。如果有特殊情况，经最高人民法院核准，可以不受上述执行刑期的限制。对累犯以及因故意杀人、强奸、抢劫、绑架、放火、爆炸、投放危险物质或者有组织的暴力性犯罪被判处10年以上有期徒刑、无期徒刑的犯罪分子，不得假释。对犯罪分子决定假释时，应当考虑其假释后对所居住社区的影响。

《刑法》第82条规定假释的程序：对于犯罪分子的假释，依照本法第79条规定的程序进行。非经法定程序不得假释。

从条件上看，对有期徒刑、无期徒刑罪犯的减刑，分为“可以减刑”和“应当减刑”两种情况。“可以减刑”属于授权性规范，也称必要性条件，即在罪犯具有悔改或有立功表现时，可以考虑对其减刑，但罪犯最终能否减刑，还要受到减刑起始时间、两次减刑之间的间隔、减刑比例等情况的制约。“应当减刑”属于命令性规范，也称充分性条件，只要罪犯具有《刑法》第78条规定的重大立功表现之一，就必须给予减刑，无须考虑其他因素。

对死刑缓期二年执行罪犯的减刑，分为两种情况：一是在死刑缓期执行期间，没有故意犯罪，二年期满以后，减为无期徒刑；二是如果确有重大立功表现，二年期满后，减为15年以上20年以下有期徒刑。

从程序上看，对有期徒刑罪犯的减刑，由监狱提出建议，由所在地中级人民法院裁定；对无期徒刑和死刑缓期二年执行罪犯的减刑，由监狱提出建议，经省（区、市）监狱管理局审核后，由高级人民法院裁定。

提请减刑建议书，应当严格按照法律规定的减刑条件和程序制作。

2. 提请减刑建议书的内容和制作方法

提请减刑建议书的结构分为三部分。

（1）首部。首部由以下三部分构成：文书标题，即提请减刑建议书；文书编号，包括年号、机关代字和文书顺序号；减刑对象的基本情况，依次写明罪犯姓名、性别、出生日期、民族、原户籍所在地、罪名、作出生效判决的人民法院、判决时间、判决书字号、附加刑情况、刑期、收监日期等。如果罪犯在服刑期间刑种、刑期或者服刑场所发生过变动，也要一并写明，没有变动的不需要填写。

（2）正文。这是提请减刑建议书的核心部分。首先要叙述罪犯符合减刑条件的事实叙述依据，其基本格式是：

该犯在近期确有×××××表现，表现具体事实如下：

×××××××××××××××××××××××××××。

在事实依据之后，接着写法律依据和建议，其写法是：

为此，根据《中华人民共和国监狱法》第××条、《中华人民共和国刑法》第××条第××款、《中华人民共和国刑事诉讼法》第××条第××款的规定，建议对罪犯×××予以减刑×××××，特提请裁定。

需要注意的是，对于有期徒刑和无期徒刑罪犯，需要引用《监狱法》第30条、《刑法》第78条的某款和《刑事诉讼法》第273条某一款；对于死刑缓期执行的罪犯，需要引用《监狱法》第31条、《刑法》第50条的某一款和《刑事诉讼法》第273条某一款，作为提请减刑建议的法律依据。

（3）尾部。尾部由三项内容组成，即主送机关、落款、附件。在法律依据及建议之后，标明主送机关，写为：

此致

×××××人民法院

落款，写成×××监狱，加盖公章并注明年月日。

附件，写清附送罪犯服刑改造档案的卷数、册数和页数。

3. 提请减刑建议书的制作要点

提请减刑建议书的制作，关键要写好事实依据。为了突出文书的主要观点，使阅文者一目了然，在叙述方式上，宜将“事实结论”前置，即先点明结论，然后写“具体事实”，再予以“综合论述”，这样的叙述清晰、明确。

（1）事实结论的写法。

对无期徒刑、有期徒刑罪犯建议减刑的，按照对不同条件的罪犯在减刑的法定期限间隔和起始时间上的不同处理，以及相关法律和司法解释的规定，事实结论可分别写为：确有悔改表现；确有立功表现；确有重大立功表现；确有悔改并有立功表现；确有悔改表现并有重大立功表现；悔改表现突出；悔改表现突出并有立功表现。

对被判处死刑缓期二年执行罪犯提请减刑时，根据罪犯的不同情况，依照法律规定，事实结论可有两种写法：一是没有故意犯罪；二是有重大立功表现。

（2）具体事实的写法。

这部分内容是写作的重点，写作时应注意以下问题。

1）具体事实与结论要前后呼应。具体事实是用来证明事实结论的，因此，两者之间必须前后呼应。如果结论是“确有悔改表现”，具体事实则要从它所包含的内容，即认罪服法等几个方面叙述罪犯悔改的事实；如果结论是“确有立功表现”，则要叙述其立功的具体情形；如果结论是“确有悔改并有立功表现”，则应写明悔改和立功两方面的情形。

2）具体事实要用证明材料支持。建议书本身是表明监狱态度的，本身不是证据材料，建议书所有的情节，都必须有相应的证据作支持。

（3）综合论述的写法。

综合论述是代表监狱机关对具体事实作出定性和定量的综合性陈述，也可以认为是提请建议减刑的理由。这一部分要求语言精练，概括性强。

（二）提请假释建议书

1. 提请假释建议书的概念

提请假释建议书，是监狱依照法定程序，对符合假释条件的罪犯向人民法院提出假释建议时所制作的文书。

假释是附条件的提前释放。假释必须按法定的条件和法定的程序进行。根据《刑法》第 81 条、第 82 条、第 83 条的规定，被判处有期徒刑的罪犯，执行原判刑期 1/2 以上，被判处无期徒刑的罪犯，实际执行 13 年以上，如果认真遵守监规，接受教育改造，确有悔改表现，没有再犯罪的危险的，可以假释。如果有特殊情况，经最高人民法院核准，可以不受上述执行刑期的限制。

假释的程序与减刑的程序相同。

2. 提请假释建议书的内容和制作方法

提请假释建议书在结构上与提请减刑建议书基本相同，只是引用的法律条款不同。提请假释建议书的制作，关键是事实依据的写法。

事实依据同样分为三个部分，即“事实结论”“具体事实”“综合论述”。

提请假释建议书中的事实结论的写法有两种：一是确有悔改表现，假释后不致再危害社会。二是具有特殊情况（“特殊情况”是指涉及国家政治、国防、外交等方面的特殊需要的情况）。

具体事实和综合论述的写法与提请减刑建议书的要求基本相同。但重点要写好假释后不致再危害社会的事实和理由。这是提请假释建议书与提请减刑建议书的重要区别。

三、实训任务

任务 1：原理学习

任务要求：认真学习实训原理，思考：怎么在 10～15 分钟内给同伴讲清楚提请减刑、假释建议书的写作要领？（建议做成 PPT）

任务 2：实例学习

任务要求：

（1）认真阅读下列实例，分析实例的写作目的、逻辑结构及其表述特点或问题。

（2）任选一实例，把实例分析的成果制作成 PPT，并向小组同伴讲述，讲述不清时返回再分析、再修改，如此循环，直至讲清楚为止。

（3）小组长要认真组织和记录小组的学习活动。

【案例 1】提请减刑建议书

提请减刑建议书

自公监管减字〔××××〕××号

罪犯××，男，出生于 1974 年 2 月 22 日，汉族，××人，因犯故意伤害罪，××人民法院于××××年 4 月 21 日以（××××）×刑初××号刑事判决书，判处有期徒刑 3 年 6 个月，于××××年 5 月 7 日留××看守所服刑执行刑罚。现已执行 1 年，满刑日期为：××××年 3 月 9 日，现有余刑 1 年 7 个月。

该罪犯在服刑改造期间，确有悔改、立功表现，具体事实如下：

一、认罪服法方面

该罪犯通过管教干部的教育、帮助，清醒地认识到自己的行为给他人造成了严重的恶果，被判刑是罪有应得，其认罪服法，决心在改造中以实际行动向国家和人民赎罪。

二、遵守监规，接受教育改造方面

该罪犯严格以《罪犯改造行为规范》约束自己，认真遵守各项监规纪律，积极维护监管秩序，听从管理，服从安排，接受教育改造，投改以来无违反监规纪律的行为。

三、积极参加政治、文化、技术学习方面

该罪犯认真积极参加监所组织的“三课”学习，努力学习法律知识、时事政策、看守所的规章制度，学习“三个代表”理论，学习党的十八大精神，写出心得体会文章，努力改造其世界观和人生观，按时向组织汇报思想改造情况。

四、积极配合管教民警做好重点人员监控工作和监室的稳定工作

该罪犯留所服刑以来，一直担任 A5 监室的安全耳目，监控、监护死刑犯×××。积极带头维护好监室的管理秩序，随时向管理汇报重点在押人员的思想状态，制止、劝阻毕某某违规 3 次，并成功制止、劝阻、报告在押人员××企图自杀的情况，确保了监室安全稳定，协助管教民警维护了监室的安全稳定。积极带头搞好监室卫生及物品规范，投改以来所在监室每月被考评为模范监室或合格监室。该罪犯属改造积极分子，认罪服法、确有悔改表现，圆满完成了组织分配的各项劳动任务。

五、罪犯××积极响应监所号召的做好事、树新风活动

罪犯××自愿出资为监所购买理发推剪五把。为方便在押人员学习法律知识，罪犯××自愿出资购买法律书籍10套40本送予监所，为生病同监在押人员洗衣服，打热水，背同监室在押人员看病等，累计争做好事28件。该罪犯决心在今后的改造中，努力学习，争取早日把自己改造成遵纪守法的合格公民。

总之，罪犯××认罪服法，遵守监规，接受教育改造，积极参加“三课”学习，圆满完成组织交办的各项任务，确有悔改和立功表现。根据《中华人民共和国刑法》第七十八条、《中华人民共和国刑事诉讼法》第二百七十三条之规定，建议对罪犯××予以减刑奖励，特提请审核裁定。

此致

××市中级人民法院

（公章）

××××年七月二十六日

附：罪犯××档案共1卷

【案例2】提请减刑建议书

提请减刑建议书

鲁北狱减建字〔2018〕××号

罪犯于××，男，1970年11月10日生，汉族，原户籍所在地山东省××市，因盗掘古墓葬罪经山东省××市人民法院于2011年12月31日以（2012）平刑初字第××号刑事判决书判处有期徒刑十二年，剥夺政治权利二年，并处罚金人民币15 000元（未缴纳），不得假释。刑期自2011年9月28日起至2023年9月27日止，于2012年2月14日送监狱服刑改造。服刑期间执行刑期变动情况：2016年11月30日减刑1年8个月，执行有期徒刑十年四个月，刑期至2022年1月27日止，附加剥夺政治权利二年。

该罪犯在近期确有悔改表现，具体事实如下：

该罪犯自服刑以来，能够认罪悔罪，服从判决。能够利用空余时间学习法律知识，增强守法观念，提高自己明辨是非的能力。其在认罪悔罪书中写道：“由于法律意识淡薄，触犯了法律，给社会造成了危害和不良影响，通过入监教育，使我增强了法律意识，真正在思想上服从法院对我的公正判决，我认罪悔罪，不断加快改造步伐。”

近期，该罪犯能够服从管理，遵守《监狱服刑人员行为规范》和各项监规纪律，没有违规违纪情况发生，能够举止文明，以礼待人，杜绝打架斗殴和私藏违禁品。

该罪犯能够接受思想、文化、职业技术教育，努力提高自己的文化水平，遵守课堂纪律，上课认真听讲，课后认真复习，考试成绩均能达到90分以上。

劳动中，该罪犯能够遵守各项规章制度，树立正确的劳动观念，把安全生产放在首位。该罪犯在生产中，能积极完成生产任务，保证产品质量，每月都能超额完成任务。该犯系一次累犯，财产刑判项未履行，依法从严。

综上所述，该罪犯近期能够认罪悔罪，服从管理，遵守监规纪律，接受教育改造，按时参加思想、文化、职业技术学习和各项劳动，完成劳动任务，该罪犯现有结转表扬奖励1次，2017年3月、7月、12月，2018年3月兑现表扬奖励4次，综合考察该罪犯确有悔改表现。

为此，根据《中华人民共和国刑法》第七十八条、第七十九条，《中华人民共和国刑事诉讼

法》第二百六十二条第二款，《中华人民共和国监狱法》第二十九条的规定，建议对罪犯于××予以减刑六个月。特提请裁定。

此致

山东省××市中级人民法院

（公章）

二〇一八年八月二十四日

附：罪犯于××卷宗材料共1卷1册105页。

【案例3】提请假释建议书

提请假释建议书

××（2018）黔女一监假字第×号

罪犯燕××，女，1971年10月14日出生，汉族，贵州省××县人，捕前系农民。贵州省××县人民法院于2015年1月22日作出（2015）长刑初字第××号刑事判决，认定该犯犯容留卖淫罪，判处有期徒刑五年，并处罚金人民币2 000元。于2015年3月12日投入贵州省第一女子监狱服刑改造。

刑期自2014年11月14日起至2019年11月13日止。

余刑日期：2019年11月13日。

呈报假释起始时间：30个月。

截至分监区合议时间2017年9月20日，该犯已实际服刑二年十个月零七天，剩余刑期二年一个月零二十五天。

罪犯罚金情况：罚金人民币2 000元（已缴纳，附收据）。

该罪犯在服刑改造期间确有悔改表现，具体事实如下：

其自2015年6月至今在二监区二分监区从事收帮脚工种，且入监以来能认罪服法，遵守监规，服从管理。“三课”学习成绩良好，积极完成生产任务。

一、三课学习

法制教育97分；时事教育97分；道德教育98分；安全教育97分；技术教育96分。

二、立功或奖励

改造积极分子：2015年6月～2016年10月（现已兑换为三个表扬）。

2017年4月～2017年6月获表扬一个。

由其哥哥作假释担保人，已出具身份证复印件、户籍证明、住房证明、收入证明及担保书、征求意见书等，并愿为该罪犯假释后提供生活保障。

该罪犯在服刑期间，确有悔改表现，2018年1月26日经监狱减刑、假释评审委员会合议，拟对该犯提请假释。

贵阳市筑城地区人民检察院派驻贵州省第一女子监狱监狱中心检察室审查意见：

经驻监检察部门审查，认为该犯情形符合假释条件，对监狱呈报该犯的假释无异议。

综上所述，该罪犯在服刑改造期间，确有悔改表现，实际服刑已过原判刑期的二分之一，且出监后有基本的生活保障，假释后没有再犯罪危险。

为此，根据《中华人民共和国刑法》第八十一条第一款、《中华人民共和国刑事诉讼法》第二百六十二条第二款、《中华人民共和国监狱法》第三十二条之规定，建议对罪犯燕××予以假释，特提请审核裁定。

此致

贵阳市中级人民法院

（公章）

二〇一八年二月二十四日

附：罪犯燕××改造档案共×卷×页

案号：××××

贵阳市中级人民法院审查意见：……

审查人：×××

××××年××月××日

【案例4】提请假释建议书

提请假释建议书

××（2018）黔女一监假字第×号

罪犯李×，女，1967年7月14日出生，汉族，贵州省××县人，捕前系农民。贵州省盘县人民法院于2012年4月10日作出（2012）黔盘刑初字第××号刑事判决，认定该犯犯拐卖儿童罪，判处有期徒刑十一年，并处罚金人民币2 000元。于2012年5月9日投入贵州省第一女子监狱服刑改造。

刑期自2011年11月29日起至2022年11月28日止。

2015年8月经贵州省贵阳市中级人民法院裁定减刑二十一个月。

余刑日期：2021年2月28日。

上次减刑距此次呈报假释时间：25个月。

截至分监区合议时间2017年10月16日，该罪犯已实际服刑五年十个月零十八日，剩余刑期三年四个月零十三日。

罪犯罚金情况：罚金人民币2 000元（已缴纳，附收据）。

该罪犯在服刑改造期间确有悔改表现，具体事实如下：

其自2015年2月至2017年7月在二监区四分监区从事手套缝合工种，2017年8月至今在二监区四分监区从事制衣工种，且能认罪服法，遵守监规，服从管理。“三课”学习成绩良好，积极完成生产任务。

一、三课学习

法制教育92分；时事教育95分；道德教育95分；安全教育95分。

二、立功或奖励

改造积极分子：

2015年2月～2016年1月（现已兑换为表扬三个）；

2016年2月～2017年1月（现已兑换为表扬三个）；

2017年4月～2017年5月获表扬一个。

由其女儿作假释担保人，已出具身份证复印件、户籍证明、住房证明、收入证明及担保书、征求意见书等，并愿为该犯假释后提供生活保障。

该犯在服刑期间，确有悔改表现，2018年1月26日经监狱减刑、假释评审委员会合议，拟对该犯提请假释。

贵阳市筑城地区人民检察院派驻贵州省第一女子监狱监狱中心检察室审查意见：

经驻监检察部门审查，认为该犯情形符合假释条件，对监狱呈报该犯的假释无异议。

综上所述，该犯在服刑改造期间，确有悔改表现，实际服刑已过原判刑期的二分之一，且出监后有基本的生活保障，假释后没有再犯罪危险。

为此，根据《中华人民共和国刑法》第八十一条第一款、《中华人民共和国刑事诉讼法》第二百六十二条第二款、《中华人民共和国监狱法》第三十二条之规定，建议对罪犯李×予以假释，特提请审核裁定。

此致

贵阳市中级人民法院

（公章）

二〇一八年二月二十四日

附：罪犯李×改造档案共×卷×页

案号：××××

贵阳市中级人民法院审查意见：……

审查人：×××

××××年××月××日

任务 3：语言表达与修辞训练（语病修改）

任务要求：

（1）认真阅读分析下列材料，指出材料中的语病。

（2）讨论：语病产生的原因及语病修改。

[例 1] 沈×用被盖住女儿尸体全身，转身取来一根尼龙绳逃出村外，欲上吊自缢……。案发后，被告人沈×经……作精神医学鉴定，结论系精神分裂症（偏执型）发病期，在杀害女儿时，在思维逻辑推理障碍和病理性被害妄想支配下，辨认与控制能力削弱，评定具有部分刑事责任能力。

[例 2] 被告人潘×因强奸罪、盗窃罪被判死刑缓期二年执行，剥夺政治权利终身。投入监狱后，认罪服法，有悔改表现……。经监狱机关报请人民法院经认真审查，核准罪犯潘×死缓期满减为十五年有期徒刑，剥夺政治权利六年。

[例 3] 这名群众毫不畏惧地同 3 人展开搏斗，并与及时赶到的巡警和巡防队员将其中一名犯罪嫌疑人抓获。随后，在这名群众的协助下，另两名抢劫后逃跑的犯罪嫌疑人也人赃俱获、相继落网。

[例 4] 陈××将很快被投入监狱，开始漫长的刑期。

[例 5] 受害人内心的痛苦也很难愈合。

[例 6] 高大的人民英雄纪念碑前，排满了前来敬献花圈的队伍，有刚下班的工人；有从郊区来的农民；有机关干部；有解放军战士；有青年学生；还有戴红领巾的孩子们。

[例 7] 这是一起高智商盗窃案，盗贼从自来水道打地洞进入超市，打开金库门及保险柜而得手，盗走价值 161 万元的金银首饰。

[例 8] 在原、被告婚姻关系存续期间，双方经常为生活琐事发生吵打，互不信任，不能正确对待夫妻间产生的矛盾，致使夫妻关系恶化。

［例9］2005年11月24日，被告人李×犯强奸罪、非法拘禁罪、故意伤害罪，被××区人民法院判处有期徒刑9年。

［例10］2001年7月，正在某监狱服刑的沈×第3次越狱脱逃，之后，沈×一直四处逃窜，2个月后他逃到×××市，在火车站附近一小旅社住了下来。

任务4：法律思维训练

任务要求：

（1）根据材料，分析二审认定"上诉人卢某某无罪"的逻辑线索，并制作成思维导图。请各小组派出代表进行解说。

（2）组长应做好讨论记录，并将结果记录在报告中。

【案情简介】

原公诉机关：云南省西双版纳傣族自治州人民检察院。

上诉人（原审被告人）：卢某某。

原判认定：2012年9月10日18时30分许，被告人卢某某在勐腊县××乡××村看见被害人邓某在田里劳作，遂通过小路来到李某生家稻田南侧等候，待邓某准备回家时，卢某某尾随邓某，并强行将邓某拖至草丛中强奸。在邓某反抗过程中，卢某某为掩盖罪行使用扼颈、捂口等暴力手段致邓某死亡，并用被害人的锄头挖坑将尸体掩埋，后把锄头丢弃在附近小河中逃离现场。同月19日18时许，卢某某在家中被公安机关抓获。经鉴定，被害人邓某系机械性窒息死亡。

一审判决结果：数罪并罚，决定执行死刑，缓期二年执行，剥夺政治权利终身，被告人卢某某赔偿附带民事诉讼原告人各项物质损失共计人民币27 184元。

二审法院判决如下：（1）撤销云南省西双版纳傣族自治州中级人民法院（2015）西刑初字第×××号刑事附带民事判决。（2）上诉人卢某某无罪。（3）上诉人卢某某不承担民事赔偿责任。

【文书摘要】

二审法院生效裁判认为：

一、锄头柄上检出上诉人卢某某DNA的鉴定意见不能作为定案的证据

西双版纳傣族自治州公安司法鉴定中心出具的（西）公（司）鉴（物证）字［2012］837号DNA鉴定书（以下简称"西双版纳州837号鉴定书"）显示，从锄头柄部擦拭物上检出与上诉人卢某某血样STR分型相同的物质。原判据此认定，现场提取的锄头系卢某某掩埋尸体的工具。经查：

（1）用于DNA鉴定的锄头柄部擦拭物来源不清。现场勘查笔录、勐腊县公安局腊公刑聘字［2012］183号鉴定聘请书证实，锄头柄部擦拭物为现场提取；勐腊县公安局2014年5月16日出具的情况说明、勐腊县公安局技术室2014年11月18日出具的情况说明均载明，锄头原物封装送西双版纳傣族自治州公安局刑科所后提取柄部擦拭物；勐腊县公安局2015年11月18日出具的情况说明载明，锄头原物、锄头柄部擦拭物同时送至西双版纳傣族自治州公安局刑科所。以上关于检材提取过程的证据之间相互矛盾，无法确定作为鉴定检材的锄头柄部擦拭物的来源。

（2）用于DNA鉴定的上诉人卢某某血样来源不清。西双版纳州837号鉴定书中用于比对的卢某某血样，卷内无提取笔录，故该检材来源不清。

（3）经重新鉴定，锄头柄部未检出上诉人卢某某的DNA。二审期间，检察机关、公安机关分别委托相关鉴定机构重新提取锄头柄部擦拭物进行鉴定，云南省公安司法鉴定中心2016年7

月10日作出的云公司鉴［2016］492号生物物证/遗传关系检验报告（以下简称“云南省492号检验报告”）、公安部物证鉴定中心2016年9月6日作出的公物鉴字［2016］2629号物证鉴定书（以下简称“公安部2629号鉴定书”）证实，从锄头柄部擦拭物上均未检出阳性DNA扩增产物。该鉴定意见，经庭审举证、质证，检、辩双方均无异议。

综上，西双版纳州837号鉴定书中用于DNA鉴定的锄头柄部擦拭物、上诉人卢某某的血样均来源不清，办案机关所作的情况说明存在矛盾，锄头柄部检出卢某某DNA的鉴定意见依法不能作为定案的根据，且经重新鉴定，锄头柄部未检出卢某某的DNA，无证据证实现场提取的锄头与卢某某存在关联。故对检、辩双方提出的相关意见，二审法院均予采纳。

二、上诉人卢某某唯一一次有罪供述不能作为定案的证据

上诉人卢某某在侦查阶段共有八次供述，仅第七次作有罪供述，随后翻供。原判认定，卢某某的有罪供述能够和证人证言、现场勘查笔录、鉴定意见等证据相印证，系认定其犯罪的主要证据。经查：

(1) 在案证据显示上诉人卢某某有罪供述的讯问地点相互矛盾。勐腊县公安局提讯证、第七次讯问笔录载明讯问地点在勐腊县看守所第二审讯室，但讯问录像显示的讯问地点并非看守所讯问室，二者存在明显矛盾。

(2) 在案证据显示上诉人卢某某有罪供述的讯问时间相互矛盾。勐腊县公安局提讯证证实，卢某某于2012年9月21日22时00分至9月22日1时20分被提讯；第七次讯问笔录载明2012年9月21日22时47分至9月22日01时08分卢某某作出了有罪供述；讯问录像显示第七次讯问时间为2012年9月21日22时00分至9月22日01时49分。上述证据关于讯问的起止时间存在明显矛盾。

(3) 上诉人卢某某有罪供述的讯问录像存在重大疑问，没有作出合理解释。当庭播放的讯问录像图像中仅有卢某某的背影，且没有声音。对于上述问题，勐腊县公安局于2014年5月16日出具说明称，画面无声音系拾音器出现故障；同年11月5日又出具说明称，因办案场所改造未及时安装录音设备。两份说明前后不一，存在明显矛盾。此外，录像画面显示，面对卢某某方向有一部摄像机，但无该摄像机录制的视频资料。对此，公安机关未予说明。

综上，上诉人卢某某唯一一次有罪供述的讯问地点、时间和讯问录像存在重大瑕疵，公安机关亦未作出合理解释。卢某某有罪供述的取证程序违反了2012年《最高人民法院关于适用〈中华人民共和国刑事诉讼法〉的解释》及《看守所条例实施办法》的相关规定，不能作为定案的证据。检、辩双方所提卢某某有罪供述应予以排除的意见，二审法院予以采纳。

三、现场指认录像、指认笔录不能作为定案的证据

2012年9月22日，上诉人卢某某在作出有罪供述的次日，对作案现场进行了指认，公安机关制作了现场指认录像及指认笔录。原判认定现场指认录像及笔录与卢某某有罪供述一致。经审查：

(1) 二审庭审中质证的现场指认录像显示，上诉人卢某某在指认时多次迟疑不决，现场多次出现他人提示的情形，指认过程不顺畅、不自然。

(2) 上诉人卢某某指认现场时描述的作案过程与指认笔录及其有罪供述存在明显矛盾。原判认定现场指认录像及笔录与卢某某有罪供述一致，与事实不符。

综上，现场指认不能排除存在诱导的可能，违反了相关法律规定。现场指认录像与指认笔录不能作为定案证据，对出庭检察员所提应予排除的意见，二审法院予以采纳。

四、二审期间出现了新的证据，不能排除他人作案的可能

二审期间，云南省公安司法鉴定中心对送检的被害人阴道、外阴擦拭物进行了重新鉴定，并作出的云南省 492 号检验报告，证实从被害人阴道、外阴擦拭物上检出混合常染色体 STR 分型，不排除包含有被害人邓某、被害人丈夫及第三人的常染色体 STR 分型，检出 Y 染色体 STR 分型，不排除包含被害人丈夫及第三人的 Y 染色体 STR 分型，但均未检出上诉人卢某某的 STR 分型；公安部物证鉴定中心对送检被害人阴道擦拭物和被害人内裤进行了鉴定，并作出公安部 2629 号鉴定书，证实从被害人阴道擦拭物上检出的混合 STR 峰谱不排除包含被害人邓某、被害人丈夫和第三人的 DNA 分型，所检被害人内裤上检出精斑反应，其混合 STR 峰谱不排除包含被害人丈夫和第三人的 DNA 分型，但均未检出卢某某的 DNA 分型。

公安部物证鉴定中心于 2012 年 12 月 17 日作出的公物证鉴字〔2012〕5220 号物证鉴定书证实，现场提取的毛发 mtDNAHVI 区序列与上诉人卢某某、被害人邓某的相应序列不同，不是源于卢某某及邓某。

经审查，以上三份鉴定意见检材来源清楚，送检程序合法，云南省 492 号检验报告、公安部 2629 号鉴定书采用的 DNA 鉴定技术更为先进，鉴定检材更为全面，证明力更强。经庭审质证，检、辩双方均无异议，根据上述鉴定意见，不能排除他人作案的可能，对检、辩双方所提的相关意见，二审法院予以采纳。

二审法院认为，原判据以定案的从锄头柄部检出上诉人卢某某 DNA 的鉴定意见、卢某某的有罪供述、现场指认录像、指认笔录均不能作为定案的根据；其他在案证据均不能证实卢某某与被害人邓某被强奸、杀害的事实之间存在关联性；二审期间出现了新的证据，不能排除他人作案的可能。原判认定卢某某故意杀人、强奸的事实不清、证据不足，不能认定卢某某有罪，依法予以改判。

任务 5：文体写作训练

任务要求：

(1) 根据下列材料，分别制作提请减刑、假释建议书。

(2) 个人完成后，要结“对子”互评，对作品的结构、写作目的是否达成、语言表达等内容进行评价。小组要推荐做得好的同学在课堂上展示，展示的同学可使用 PPT。

(3) 每位同学对文体写作训练中存在的问题要进行修改，提交的减刑、假释建议书应该是反复定稿、修改后的成果。

(4) 小组长要召集小组成员讨论和交流写作体会，并写入报告中。

【根据以下材料制作提请减刑建议书】

罪犯王××，男，1966 年 4 月 21 日出生于贵州省××县，小学文化，汉族，现在贵州省××监狱二监区服刑。

2011 年 11 月 17 日其因犯贩卖毒品罪被贵州省贵阳市××区人民法院判处有期徒刑六个月，2012 年 2 月 9 日刑满释放；2015 年 9 月 17 日，贵州省贵阳市××区人民法院作出（2015）云刑初字第×××号刑事判决书，认定王××犯贩卖毒品罪，判处有期徒刑八年，并处罚金人民币 5 000 元（未履行）。判决发生法律效力后于 2015 年 10 月 27 日交付执行。

刑期起止：2015 年 5 月 29 日—2023 年 5 月 28 日。罪犯实际送交刑罚执行机关时间：2015 年 12 月 11 日。

2018年6月29日，贵州省黔南布依族苗族自治州中级人民法院作出（2018）黔27刑更×××号刑事裁定书，对罪犯王××减去有期徒刑六个月。减刑裁定送达时间：2018年7月3日。

罪犯改造表现情况概述：

自服刑改造以来，能认罪服法，遵规守纪，服从管教，主动向干警汇报思想，深挖犯罪思想根源，自觉矫正恶习，能认识到自己犯罪给家人、社会带来的危害。能积极主动参加劳动，该犯从事监舍夜值星工作，坚守劳动岗位，踏实肯干，严格按要求完成任务，表现较好。能自觉接受和参加"三课"教育，到课率100%，尊重教师，遵守课堂纪律，不迟到和早退，按时完成作业，在《贵州省监狱服刑人员2018年度思想教育统一考试》中获得A2卷82分、B2卷74分的优异成绩。在2018年1月1日至2018年6月30日，获1个表扬；2018年7月1日至2018年12月31日，获1个表扬；2019年1月1日至2019年6月30日，获1个表扬（共3个表扬）。

【根据以下材料制作提请假释建议书】

罪犯钟××，男，1985年1月27日出生于贵州省××县，小学文化，汉族，现在贵州省××监狱二监区服刑。

2012年12月10日，贵州省贵阳市××区人民法院作出（2012）白刑初字第×××号刑事判决书，认定钟××犯盗窃罪，判处有期徒刑十年零六个月，剥夺政治权利一年，并处罚金20 000元（已履行）。判决发生法律效力后于2013年1月25日交付执行。实际送交刑罚执行机关时间：2013年2月1日。刑期起止：2012年8月22日—2023年2月21日。

2015年10月20日，贵州省黔南布依族苗族自治州中级人民法院作出（2015）黔南刑执字第××号刑事裁定书，对罪犯钟××减去有期徒刑十一个月（刑期至2022年3月21日止），剥夺政治权利一年不变。2017年11月1日，贵州省黔南布依族苗族自治州中级人民法院作出（2017）黔27刑更××号刑事裁定书，对罪犯钟××减去有期徒刑七个月，剥夺政治权利一年不变。上次减刑裁定送达时间：2017年11月6日，刑期至：2021年8月21日。

罪犯改造表现情况概述：

自服刑改造以来，能认罪服法，遵规守纪，服从管教，主动向干警汇报思想，深挖犯罪思想根源，自觉矫正恶习，能认识到自己犯罪给家人、社会带来的危害。能积极主动参加劳动，该犯从事车间辅助工作，坚守劳动岗位，踏实肯干，按时完成劳动任务，表现较好。能自觉接受和参加"三课"教育，到课率100%，尊重教师，遵守课堂纪律，不迟到和早退，按时完成作业，在《贵州省监狱服刑人员2018年度思想教育统一考试》中获得A1卷92分、B1卷94分的优异成绩。在2017年5月1日至2017年10月31日，获1个表扬；2017年11月1日至2018年4月30日，获1个表扬；2018年5月1日至2018年10月31日，获1个表扬；2018年11月1日至2019年4月30日，获1个表扬（共4个表扬）。

模块二

民事法律文书

项目8 民事起诉状

一、实训目的

（1）通过实训，记忆民事起诉状的法律依据与适用条件。

（2）理解民事起诉状的基本结构、格式和写作要求。

（3）能根据案情，运用法律法规知识制作一份民事起诉状，并在实训中培养分析问题的能力、语言运用能力，为今后从事相关法律实务工作奠定坚实的基础。

二、实训原理

（一）民事起诉状的概念

民事起诉状是指公民、法人或非法人组织，因自己的民事权益受到侵害或者与他人发生民事争议时，为维护自己的合法权益，依据事实和法律，依法向人民法院提起民事诉讼时制作并使用的文书。

民事起诉状既是人民法院受理民事案件的依据，也是原告依法维护自己合法权益的工具。

法人、其他经济组织、个体工商户、农村承包经营户之间的经济纠纷与民事纠纷适用同一程序，即我国的民事诉讼法，故因经济纠纷所提交的起诉状，通常叫经济起诉状。经济起诉状与民事纠纷使用的起诉状也可统称民事起诉状，二者的制作方法是相同的。

现行《民事诉讼法》第124条规定："起诉状应当记明下列事项：（一）原告的姓名、性别、年龄、民族、职业、工作单位、住所、联系方式，法人或者其他组织的名称、住所和法定代表人或者主要负责人的姓名、职务、联系方式；（二）被告的姓名、性别、工作单位、住所等信息，法人或者其他组织的名称、住所等信息；（三）诉讼请求和所根据的事实与理由；（四）证据和证据来源，证人姓名和住所。"

（二）内容和制作方法

1. 首部

（1）标题，即"民事起诉状"。

（2）当事人的基本情况。如果当事人是自然人，应写明姓名、性别、出生年月日、民族、籍贯、职业或工作单位和职务等内容。如果当事人是法人，则写明单位名称、地址、法定代表人或代表人的姓名、职务和电话等内容，接着还要依次写明企业性质、组织机构代码、经营范围和方式、开户银行和账号、联系电话等。

（3）案由与诉讼请求。

案由，要按照最高人民法院有关民事案件案由的规定予以表述，主要是确定民事法律关系。根据我国《民法典》《民事诉讼法》以及处理民事法律关系的其他法律法规的规定，人民法院主管的民事案件，可归类如下：1）民法所调整的财产关系和与财产相联系的人身关系所发生的争议；2）由婚姻家庭法所调整的婚姻家庭、继承、收养关系所发生的争议；3）由经济法律、法规所调整的经济关系所发生的按照民事诉讼程序审理的争议；4）由其他法规所调整的其他法律关系所发生的并按照民事诉讼程序审理的争议。在刑事自诉状中必须写明案由，而在民事起诉状中对此没有硬性要求，但写明案由，明确案件性质，其好处是明确了法律关系，为确定诉讼请求带来方便。

诉讼请求要明确具体，即请求法院依法解决有关民事权益争议的具体问题，如要求解决损害赔偿、要求离婚、要求履行合同等。语言要明确、简练，合理合法。

2. 正文

正文包括事实、理由、证据三方面内容。

（1）事实。事实是提起诉讼、实现诉讼请求的基础和依据，也是人民法院进行裁判的基础和依据。其包括叙事和说理两层内容。诉讼请求相当于提出的论点，而事实和理由就是为论点服务的事实和法律论据。事实部分主要写明被告侵权行为的具体情况。

首先，应交代清楚原、被告之间的关系，如离婚案件当事人之间为夫妻关系等，以便于了解纠纷的起因和经过。

其次，写明当事人双方争议的焦点和实质性分歧，这是事实部分的核心。例如请求离婚的起诉状，叙事的重点就在于用典型、具体、有力的事实材料说明当事人“双方感情已经破裂”。“凡是能够说明感情确已破裂”的材料都可以写进事实部分。在叙述方法上可采用顺叙法，一般应先写明结婚时的感情状况，即双方何时结婚，是自由恋爱，还是经人介绍相识，结婚时感情基础如何；然后写婚后感情变化情况，即双方何时因何产生感情隔阂，以致关系进一步恶化，如何发展到破裂地步，以便客观地再现感情演变过程。

最后，说明被告应承担的责任，如原告有一定责任，亦应如实说明。

叙写事实应注意的问题：一是必须实事求是，既不夸大，也不缩小；二是应当围绕请求事项叙写；三是既要反映事实的全貌，又要突出重点。

（2）理由部分。该部分是对事实的概括和评说。理由包括两方面。

一是应依事论理，写明被告实施的侵权行为或者双方发生争议的纠纷性质、已经造成的后果以及应当承担的责任。事实理由不能是对前面案情的重复，而是对全部事实从法理角度进行高度概括，以分析纠纷的性质，说明是非曲直，分析危害后果以及对方应负的责任。

二是依法论理，写明原告提起诉讼所依据的法律条款。引用法律条款要与事实相符，准确、完整，即根据不同性质的案件，援引有关的法律条款阐明起诉理由。如婚姻纠纷与继承纠纷案件，可以援引《民法典》婚姻家庭编、继承编的有关条款。

（3）证据和证据来源，证人姓名和住址。

证据是证明案件事实真实性、可靠性的依据。

列写证据应注意：第一，证据的名称应规范，必须符合法律规定。第二，不仅要写明证据的名称，还应写明证据的来源。第三，涉及证人证言的，应当写明证人的姓名。

3. 尾部

致送受诉法院名称，起诉人签名或者盖章、年月日等；附项应写明起诉状的副本数、附送证据的名称及件数。

（三）格式

1. 公民提起民事诉讼

民事起诉状

原告：×××，男/女，××××年××月××日生，×族，……（写明工作单位和职务或职业），住……联系方式：……

法定代理人/指定代理人：×××，……

委托诉讼代理人：×××，……

被告：×××，……

…………

（以上写明当事人和其他诉讼参加人的姓名或者名称等基本信息）

诉讼请求：

…………

事实和理由：

…………

证据和证据来源，证人姓名和住所：

…………

此致

××××人民法院

附：本起诉状副本×份

起诉人（签名）

××××年××月××日

【说明】

（1）本样式根据《民事诉讼法》制定，供公民提起民事诉讼用。

（2）起诉应当向人民法院递交起诉状，并按照被告人人数提交副本。

（3）原告应当写明姓名、性别、出生日期、民族、职业、工作单位、住所、联系方式。原告是无民事行为能力人或者限制民事行为能力人的，应当写明法定代理人姓名、性别、出生日期、民族、职业、工作单位、住所、联系方式，在诉讼地位后括注与原告的关系。

（4）起诉时已经委托诉讼代理人的，应当写明委托诉讼代理人基本信息。

（5）被告是自然人的，应当写明姓名、性别、工作单位、住所等信息；被告是法人或者非法人组织的，应当写明名称、住所等信息。

（6）原告在起诉状中直接列写第三人的，视为其申请人民法院追加该第三人参加诉讼。是否通知第三人参加诉讼，由人民法院审查决定。

（7）起诉状应当由本人签名。

2. 法人或非法人组织提起民事诉讼

民事起诉状

原告：×××，住所……

法定代表人/主要负责人：×××，……（写明职务），联系方式：……

委托诉讼代理人：×××，……

被告：×××，……

…………

（以上写明当事人和其他诉讼参加人的姓名或者名称等基本信息）

诉讼请求：

…………

事实和理由：

…………

证据和证据来源，证人姓名和住所：

…………

此致

××××人民法院

附：本起诉状副本×份。

起诉人（公章和签名）

××××年××月××日

【说明】

（1）本样式根据《中华人民共和国民事诉讼法》制定，供法人或者非法人组织提起民事诉讼用。

（2）起诉应当向人民法院递交起诉状，并按照被告人人数提交副本。

（3）起诉时已经委托诉讼代理人的，应当写明委托诉讼代理人基本信息。

（4）被告是自然人的，应当写明姓名、性别、工作单位、住所等信息；被告是法人或者非法人组织的，应当写明名称、住所等信息。

（5）原告在起诉状中直接列写第三人的，视为其申请人民法院追加该第三人参加诉讼。是否通知第三人参加诉讼，由人民法院审查决定。

（6）起诉状应当加盖单位印章，并由法定代表人或者主要负责人签名。

（四）使用要求

（1）按对方人数提交副本份数。

（2）证据另写证据清单及说明附后。

三、实训任务

任务1：原理学习

任务要求：认真学习实训原理，思考：怎么在10～15分钟内给同伴讲清楚民事起诉状的写

作要领？（建议做成 PPT）

任务2：实例学习

任务要求：

（1）认真阅读下列实例，分析实例的写作目的、逻辑结构及其表述特点或问题。

（2）任选一实例，思考：如何把实例分析的成果向小组同伴讲述清楚？（建议做成 PPT）

（3）小组长要认真组织和记录小组的学习活动。

【案例1】

民事起诉状

原告：胡××，女，1975 年 2 月 23 日出生，汉族，河北省××市人，系本市××啤酒厂工人，家住本市××路××号×室。

被告：凌××，男，1969 年 12 月 28 日出生，汉族，江苏省××市人，系本市××啤酒厂干部，家住本市××小区××号×室。

诉讼请求：

1. 请求法院准予判决我与被告离婚。
2. 本市××路××号×室住房由我继续租住。
3. 除我个人衣物外，我放弃其他共同财产的财产权利。

事实与理由：

我与被告凌××于19××年经人介绍相识，20××年 1 月 15 日登记结婚，婚后感情一般，至今未生育子女。婚后时间长了，我发现被告性格孤僻，不爱与人往来，生活情趣和人生志向与我的差异很大，他还强行限制我与同事、朋友交往。婚后不久我发现被告不愿意过夫妻生活，性功能已基本丧失，虽经多方医治，仍不见效，被告因此常发脾气。被告还以我与夜大同学剧××有不正当的关系为由，不让我上课，并经常毒打我。20××年 11 月 15 日 16 点我外出回家后，被告趁我不备，一拳将我打倒，然后骑在我身上用弹簧锁、皮带对我殴打近两个小时，并逼我写出与剧××有不正当关系的书面材料。我拒绝后，被告就以拿菜刀割耳朵、剁手来威逼我就范，最后在邻居的干涉下，我才得以脱逃。从家里逃出时，我已不能直立行走，遍体鳞伤。从此以后，我不敢回家，与被告分居至今。我与被告感情已彻底破裂，无法继续共同生活下去了，故请求法院能判准我和被告离婚。我与被告婚后住房本市××路××号×室两居室一套是我单位分给我的，离婚后我没有其他住处，请求法院依法将此住房判决由我继续租住。

证据和证据来源，证人姓名和住址：

1. 医院关于被告性功能的诊断证明一份；
2. 证明人陈×，男，住××区××路××弄×号；
3. 中心医院关于我被被告打伤后的诊断证明一份；
4. 啤酒厂开具的租房证明一份。

此致

××市××区人民法院

附：本起诉状副本一份。

起诉人　胡××

二○××年××月××日

【案例2】

民事起诉状

原告：夏×俐，女，43岁（1961年2月8日出生），汉族，天津市人，本市××服装厂工人，住本市××区黄陵大街18号。

被告：长城保温瓶厂，地址：本市××路266号。

法定代表人：张×力，长城保温瓶厂厂长。

诉讼请求：

1. 判令被告返还购货款68元整。

2. 判令被告赔偿医药费、营养养费、护理费、误工工资等各项损失共计人民币17 748元整。

事实与理由：

2003年4月22日，我在长城保温瓶厂门市部购买了一只该厂生产制造的长城牌Ⅱ型保温桶，该保温桶标有经检验合格的产品合格证，售价为68元。同年11月16日，我用该保温桶盛上馄饨到医院给我丈夫送饭，到医院后，我刚打开保温桶，该桶即在我手上爆炸，滚烫的馄饨和破碎的水银玻璃碎片喷溅在我的脸上、手上和脚上。经医生诊断为Ⅲ度烫伤，烫伤面积左手达80%，右手达30%，脸上达10%，并有多处破口。为治疗烫伤、创伤，花去医疗费、药费9 604元；误工50天，损失工资及奖金4 750元；营养费1 144元；我生活不能自理，也无法照顾住院的丈夫，为此请一保姆，支出费用2 250元；各项损失共计17 748元。事情发生后，我几次持发票找被告要求赔偿，被告承认保温桶是他们生产的产品，但主管部门之间又相互推诿，不愿赔偿，故诉请法院主持公道。

证据和证据来源，证人姓名和住址：

1. 2003年4月22日从长城保温瓶厂门市部购买长城牌保温桶的发货票据一张；

2. 该产品使用说明书一份；

3. 爆炸破碎的长城牌保温桶照片一张；

4. 合理使用保温桶的见证人朱×俊，男，住本市××路210号；

5. ××灼伤医院诊断证明书二份；

6. 药费单据四十七张，车票及各类单据共三十三张。

此致

××市××区人民法院

附：本起诉状副本一份。

起诉人　夏×俐

二〇〇三年五月二十七日

【案例3】

民事起诉状

原告：杨××，男，汉族，19××年9月23日出生，住址：遵义市××××大院，电话139××××××××。

被告：××县精卫房地产开发有限公司，地址：××县××镇西大街南段××××小区。

法定代表人：陈×进，电话：139××××××××。

诉讼请求：

1. 请求判令被告向原告支付“房屋实际面积小于合同约定面积的，误差比在3%以内（含3%）部分的房价款及利息”，计人民币8 802.08元。

2. 请求判令被告向原告双倍支付“面积误差比超过3%部分的房价款”，计人民币75 996.89元。

3. 本案的诉讼费用由被告承担。

事实与理由：

原告于2011年4月29日，与被告签订房屋拆迁安置补偿协议书，协议约定撤除原告名下位于××县××镇西大街南段（××公园门口）宅基地住宅房60平方米一套，被告应于2013年11月9日交付建筑面积90.34平方米安置房一套。安置房地点为××苑商住小区第二期晴×坊住房第××层×号房。协议签订后，原告即时按协议约定履行了自己的义务，将拆迁房屋交付给了被告。

2013年12月下旬，被告通知原告接房，2014年1月1日，原告到安置房实地看房，发现房屋面积大小与合同约定图纸标识严重不符。依合同标识尺寸（见合同图纸）计算建筑面积为90.34平方米，与合同约定面积一致。但实际房屋严重缩水，根据被告提供的图纸，客厅的宽度由4.80米变为4.00米，卧室长度由3.96米变为3.30米，总面积只有75.96平方米，相差14.38平方米。原告遂与被告交涉，被告负责人陈××接待后声称合同图纸标识错误，另拿一份同户型售房图纸，其称此图纸中的标识才是实际房屋大小尺寸（见附件）。对于如何处理的问题，陈××称要与公司领导商量后答复。2014年1月12日，原告再次向被告询问如何处理此事，被告以图纸标识错误为由，对房屋面积严重缩水拒绝负责，公然违反合同约定。

根据《中华人民共和国民法通则》第四条：“民事活动应当遵循自愿、公平、等价有偿、诚实信用的原则”和《中华人民共和国合同法》第六十条：“当事人应当按照约定全面履行自己的义务”，被告应当按照拆迁补偿安置协议的内容提供建筑面积为90.34平方米的安置房，而不是建筑面积只有75.96平方米的安置房。

根据我国《民法通则》和《合同法》的相关规定，当事人一方不履行合同义务或者履行合同义务不符合约定的，应当承担违约责任和赔偿责任。被告提供安置房面积严重缩水、与协议要求严重不符，被告的行为已构成实质上的违约，应当承担相应的违约责任。同时，被告故意不履行协议，妄图玩弄“建筑面积”概念混淆视听达到其贪婪、故意缩水房屋面积的目的。因此，被告有“履行合同义务不符合约定”的主观故意。被告一直态度强硬，不仅给原告造成物质上的损失，而且给原告带来了精神上的压力。

综上，双方合同约定建筑面积为90.34平方米，实际建筑面积为75.96平方米，相差14.38平方米，面积误差比达15.95%。根据《最高人民法院关于审理商品房买卖合同纠纷案件适用法律若干问题的解释》第十四条的规定，被告应当返还原告“房屋实际面积小于合同约定面积的，面积误差比在3%以内（含3%）部分的房价款及利息”，计算公式：＝（90.34×3%）×商品房单价（免除利息），目前××苑商住小区第二期住房售价为每平方米3 248元，计人民币8 802.08元。同时被告还应当双倍返还原告“面积误差比超过3%部分的房价款”，计算公式：＝90.34m^2×(15.95%－3%）×商品房单价×2，以每平方米3 248元计算，计人民币75 996.89元。

两项合计人民币84 798.97元。

证据和证据来源，证人姓名和住所：

1. 房屋拆迁安置补偿协议书副本1份。

2. 房屋拆迁安置补偿合同附件图纸副本1份。

3. 同户型售房平面图（被告提供）1份。

为此，根据《中华人民共和国民事诉讼法》第一百一十九条，特向贵院提起诉讼，请求保护原告之合法权益并支持原告的诉讼请求。

此致

××县人民法院

起诉人　杨××

2014年1月15日

【案例4】

民事起诉状

原告：何××，男，27岁．住武州市富阳区××小区×栋×号房。

被告：××市扬帆出租汽车公司，地址：××市××区福州路×号。

法定代表人：贾××，该公司经理。

被告：包××，男，××市扬帆出租汽车公司驾驶员。

诉讼请求：

1. 判令二被告公开向原告赔礼道歉，赔偿原告丢失的财物和精神损失共计人民币9 800元。

2. 判令二被告承担本案的全部诉讼费用。

事实与理由：

2010年8月21日晚11时许，原告在本市××区东环广场处，乘坐由被告包××驾驶的被告扬帆公司的出租汽车后，明确告诉其原告要求去双井。当车行至东便门桥北50米处时，原告的癫痫病突然发作，被告包××见状未予理睬；又行至广武门桥东100米左右时，自行停车，将癫痫病发作后处于昏迷状态的原告拖下车弃于路旁后，驾车离去，致使原告的手机、钱包在原告昏睡时丢失。被告包××作为一名出租车驾驶员，理应将原告安全运达目的地，在原告病情发作时，应当尽力救助，然而被告包××在履行运输职责时，对突发癫痫病的原告不仅不尽救助的法定义务，反而中途停车，将昏睡中的原告弃于路旁，使原告处于危险状态下，其行为应受到社会的谴责，其本人也应承担相应的法律责任。原告本身是病人，平时生活中经常感受到被他人歧视，这一次又像物品一样被人扔下了出租车，使原告的精神遭受很大的刺激。被告武州市扬帆出租汽车公司作为被告包××的管理者，对被告包××在履行运输职责时所发生的行为负有不可推卸的责任。由于二被告没有履行基于旅客运输合同而产生的对原告应尽的保护义务，不仅给原告造成了财产损失，更使原告遭受精神和心灵创伤。为保护原告的合法权益不受侵犯，根据《中华人民共和国合同法》和《中华人民共和国民法通则》的有关规定，特向贵院提起诉讼，请予依法受理并裁决。

证据和证据来源，证人姓名和住址：

1. ××天坛医院的诊断证明，证明何××患有原发性癫痫病，会全身大发作。

2. 原告代理律师夏××对胡××的调查笔录，证明何××在承租胡××的房屋时，胡××曾见到何××的癫痫病发作，发病持续时间长，病人无知觉，症状为口吐白沫、四肢抽搐。

3. 原告代理律师夏××对何××的朋友刘××的调查笔录，除证明所见何××的症状与胡××叙述的相似外，还证明2010年8月21日晚，她与何××分手时，何××带着一个黑色背包，内有手机和钱包；8月23日晚，她和何××在东环广场又找到包××。

4. 原告代理律师夏××对徐××的调查笔录，证明2010年8月22日凌晨1时左右，徐××在××区垂杨柳市场门口（位于广武门立交桥东）捡到何××的背包，包内没有手机和钱包，他根据包内的电话本与何××的家属取得联系。

5. ××市公安局朝阳分局双井派出所接何××报案后，于2010年8月25日分别对何××和包××进行询问所作的笔录。在包××的询问笔录中，包××承认2010年8月21日晚11时从东环广场载客去双井；当车行至东便门桥北50米左右时，客人突然浑身哆嗦、口吐白沫、满头大汗，问他话也不回答；当行至广武门桥东100米左右时，包××停车。包××称，何××是自己下车的。

此致

××市××区人民法院

附：本起诉状副本一份。

起诉人　何××
二〇一〇年十月十日

任务3：法律思维训练

任务要求：

（1）根据提供的材料，在小组内开展讨论或一对一的辩论。

（2）小组应当查询相关资料作为参考，包括相关法律法规、案例、论文等。

（3）小组长要认真组织活动、记录和报告。

【案例】

小王参加了A旅游公司到黄果树瀑布的旅游团，A公司租借B公司的旅游大巴运送旅游团，途中汽车出了事故，小王受伤治疗花了8 000元，耽误上班10天被扣工资5 000元。

问题：

（1）小王来到你所在的律师事务所咨询并委托律所代理打官司，你作为实习律师接待他。请问：你要在接待笔录中记录哪些内容，才能满足起诉状的要求？

（2）针对这个案子，律所领导要你汇报对策。问题：你准备怎样汇报？（建议做成PPT）

任务4：文体写作训练

任务要求：

（1）根据下列材料，代理小杜制作一份民事起诉状。

（2）个人完成后，要结“对子”互评，对作品的结构、写作目的是否达成、语言表达等内容进行评价。小组要推荐做得好的同学在课堂上展示，展示的同学可使用PPT。

（3）在小组讨论中交流自己的写作体会与互评中的感受，分享经验。

（4）每位同学对文体写作训练中存在的问题要进行修改，提交的民事起诉状应该是反复定稿、修改后的成果。

实训操作：

（1）了解案情，收集分析证据，明确当事人，查找相应法律法规。

（2）分析案件事实和纠纷性质、责任以及责任的大小、范围。

（3）确定案由，确定诉讼请求，确定管辖法院。

(4) 撰写民事起诉状。

【实训素材】

小杜家住太原，20××年6月4日中午，为了让刚怀孕两个月的妻子可以好好养身体，他和爱人吃过午饭后走进卧室准备午睡，就在两人躺在床上闲聊的时候，小杜忽然发现暖气罩后面有亮光，他觉得非常奇怪，下去一看，竟然发现那里放着一个监视器的探头，还有一个微型话筒。凭直觉，小杜断定卧室里被人安上了监视器。

卧室里竟然被人安上了监视器，而且摄像机的探头竟然正对着床上，小杜夫妇在惊讶气愤的同时，急忙绕到后院，查看监视器是从何处接过来的。他们找到了原本埋在墙里的线和镜头，顺着线路，跳过墙，进到了邻居家。他们怎么也想不到，一墙之隔的邻居竟是偷窥事件的肇事者。

看着那些用于监视的装备，小杜夫妇惊讶得不知如何是好，想不到平时只在电影里出现的场景竟会发生在自己的身上。最后，他们决定拨打110报警，让警察来看个究竟。

太原市公安局涧河派出所接到报案后立即派民警到小杜家进行调查。当时邻居家里没有人，民警守候到晚上11时左右，终于有人回来，经询问得知，邻居家的男主人名叫廉某，33岁，毕业于北京某学院，至今没有固定职业，半年前和妻子租房住到118小区，和小杜家互为邻居。半年来，两家并无往来，也无过节。派出所民警介绍说，廉某本人说是出于好奇，认为前一段时间，小杜夫妇好像是吵架了，说话声音总是很高，他好奇他们两个人会发生些什么事。出于这种心理，廉某安了一个可视门铃去窥视邻居的卧室，他想观察他们到底是干啥了。

项目9　民事答辩状

一、实训目的

（1）通过实训，能讲述民事答辩状的基本结构、格式和写作要求。

（2）通过实训，能根据案情，运用法律法规知识制作一份合格的民事答辩状。

（3）在实训中培养分析问题的能力、语言运用能力，为今后从事相关法律实务工作奠定坚实的基础。

二、实训原理

（一）概念

答辩状是指诉讼的被告或上诉人针对起诉状或上诉状的内容，针对原告提出的诉讼请求或上诉人提出的上诉请求作出答复，并依据事实和理由进行辩驳的法律文书。

被告可以通过答辩状充分阐明自己的观点与主张，使人民法院能够全面了解案情，作出公正裁决。

（二）法律依据

《民事诉讼法》

第128条　人民法院应当在立案之日起五日内将起诉状副本发送被告，被告应当在收到之日起十五日内提出答辩状。答辩状应当记明被告的姓名、性别、年龄、民族、职业、工作单位、住所、联系方式；法人或者其他组织的名称、住所和法定代表人或者主要负责人的姓名、职务、联系方式。人民法院应当在收到答辩状之日起五日内将答辩状副本发送原告。被告不提出答辩状的，不影响人民法院审理。

第174条　原审人民法院收到上诉状，应当在五日内将上诉状副本送达对方当事人，对方当事人在收到之日起十五日内提出答辩状。人民法院应当在收到答辩状之日起五日内将副本送达上诉人。对方当事人不提出答辩状的，不影响人民法院审理。原审人民法院收到上诉状、答辩状，应当在五日内连同全部案卷和证据，报送第二审人民法院。

（三）答辩状结构、内容和制作方法

1. 首部

（1）标题。（2）当事人基本情况（与民事起诉状的相同）。（3）案由。

2. 正文

主要写明答辩理由。叙写答辩理由通常从以下几方面入手：

（1）针对不实事实进行反驳。

（2）针对适用法律不当进行反驳。凡属无理的诉讼请求难免在说理过程中出现语言逻辑混乱、观点与材料相矛盾、违背人情常理等问题。答辩人只要能准确地抓住这些问题，就可以反驳对方的主张，使对方的诉讼理由不能成立。

（3）针对原告诉讼请求的错误向人民法院提出，答辩人要求法院驳回起诉，或要求法院否定原告请求事项的全部或一部分。

3. 尾部

尾部包括结尾和附项，基本与起诉状的相同。

（四）使用要求

答辩人应按法定期限向人民法院提交答辩状，并按对方当事人的人数提供副本，答辩人自备一份。

三、实训任务

任务 1：原理学习

任务要求：认真学习实训原理，思考：怎么在 10～15 分钟内给同伴讲清楚民事答辩状的写作要领？（建议制作 PPT）

任务 2：实例学习

任务要求：

（1）认真阅读下列实例，分析实例的写作目的、逻辑结构及其表述特点或问题。

（2）任选一实例，思考：如何把实例分析的成果向小组同伴讲述清楚？（建议做成 PPT）

（3）小组长要认真组织和记录小组的学习活动。

【案例 1】（继承）

民事答辩状

答辩人：李×，女，32 岁，汉族，北江市人，北江市××小学教师，现住北江市××区××路××号。联系电话：×××××××

委托代理人：刘×，北江市××律师事务所律师。

因王×诉李×继承纠纷一案，现提出答辩如下：

1. 我对婆婆尽了主要赡养义务，依法有权继承遗产。原告诬我不孝婆婆，事实恰恰相反。1995 年我嫁入王家，一直与婆婆相处很好。丈夫去世后，全家靠我照料。我心疼婆婆年老体弱，小姑需要照顾，一直未再嫁。1999 年原告出嫁，婚事也是我一手操办。5 年来，我与婆婆相依为命，对其照顾周到，从未发生过争执。主要家务由我来做，由于近三年来，我在学校任毕业班班主任，工作特别忙碌，因而有时婆婆帮我做些家务是正常的。我们婆媳和睦，街坊四邻皆知（证据1)。近两年，我家连续被街道评为五好家庭（证据2)。根据《中华人民共和国继承法》第十二条的规定："丧偶儿媳对公、婆，丧偶女婿对岳父、岳母，尽了主要赡养义务的，作为第一顺序继承人。"我对婆婆尽了主要赡养义务，我有权作为第一顺序继承人，继承婆婆的遗产。

2. 关于遗产的分割。原告称全部遗产由她一人继承，让我暂住西屋，找到房后立即搬走。对此我坚决反对。我与原告同属第一顺序继承人，我有权继承全部遗产的一半份额，即房屋45平方米，存款5 000元人民币。

总之，我与婆婆的关系一直很好，并对其尽了全部赡养义务，有权继承上述遗产。原告列举的情形纯属无中生有，目的是要独占遗产。请人民法院依继承法的规定，对我的继承权加以确认和保护，驳回原告的无理请求。

此致

北江市××区人民法院

答辩人　李×

2004年3月11日

附：1. 邻居毛××、陈××的证词。

2. 居委会出具的证词。

3. 本答辩状副本×份。

【案例2】(交通肇事)

民事答辩状

答辩人：成×，男，25岁，汉族，××市第二制药厂司机，住本市××区子长路小区×号门303室。

委托代理人：李×机，××市××律师事务所律师。

因原告陆×云诉我交通肇事赔偿一案，提出答辩如下：

2003年5月14日晚11时50分，我酒后驾车由西向东行至××区汶水东路水电路路口，在避让前方意外情况时，所驾车子失控，翻车后将在同向慢行道上骑自行车的原告撞倒，致其受伤，造成直接经济损失14 702.28元，这是事实。但是，因我工作时间不长，没有积蓄，同时还要赔偿因报废汽车造成的13 000元损失，依照《道路交通事故处理办法》第三十一条中"承担赔偿责任的机动车驾驶员暂时无力赔偿的，由驾驶员所在单位或者机动车的所有人垫付"的规定，陆×云可以起诉我所在单位××市第二制药厂替我垫付或赔偿。

此致

××市××区人民法院

附：本答辩状副本一份。

答辩人　成×

二〇〇三年六月二十八日

【案例3】(人身损害)

民事答辩状

答辩人：长城保温瓶厂。所在地址：本市××路266号。

法定代表人：张×力，厂长。

企业性质：全民所有制，工商登记标准号：×工企业第473862号。

经营范围和方式：生产保温瓶。

开户银行：中国工商银行××分行××分理处，账号：××××××××××××。

因夏×俐起诉我厂因产品质量造成其人身损害赔偿一案，现提出答辩如下：

1. 我厂生产经营的长城牌Ⅱ型保温桶是1988年试制、检测后大批量生产投放市场的。该产品的工艺可靠、品质优良，数年来从未发生过质量问题，并几次荣获轻工业部颁发的优质产品奖，获得了“信得过产品称号”。保温桶内均附有使用说明，讲明应防止骤冷骤热。夏×俐购买保温桶后，未按使用说明使用产品。11月16日这一天，正值本市天气寒冷，原告从－4℃的室外一下进入29℃的室内，并着急地打开瓶塞，冷热骤变，致使保温桶爆炸。发生这种事故完全是原告未按使用说明正确操作、自己错误使用造成的，与保温桶质量问题无关。

2. 我厂不同意返还原告购物款，亦不同意赔偿夏×俐的任何损失。

此致

××市××区人民法院

附：本答辩状副本一份。

答辩人　长城保温瓶厂

二〇〇三年六月十三日

【案例4】（客运合同纠纷）

民事答辩状

答辩人：武州市扬帆出租汽车公司，地址：武州市××区福州路×号。

法定代表人：贾××，该公司经理。

企业性质：有限责任，工商登记核准号：××××××××。

经营范围和方式：旅客出租营运。

开户银行：××××银行，账号：×××××。

因何××诉我公司客运合同纠纷一案，提出答辩如下：

一、原告何××是自行下车的，答辩人雇佣的驾驶员包××并未将其拖下车弃于路旁。

2000年8月21日晚11时许，原告何××在本市××区东环广场处，乘坐答辩人的出租汽车后，说要去双井，当车行至东便门桥北时，原告口吐白沫、四肢抽搐，驾驶员包××认为是拉了一位毒瘾发作的吸毒人员，未敢吱声；继续前行至广武门桥东附近时，停车询问原告是否到站，此时原告的神志已经恢复，但未作回答便携带其物品下车，包××见状害怕，未敢向其索要车费。因此，不存在驾驶员包××将原告拖出车弃于路旁的事实。

二、答辩人所雇佣的驾驶员按原告的要求将其运送到了指定地点，已经完成了自己在旅客运输合同中应尽的义务。

原告乘坐驾驶员包××驾驶的出租车后，只声称要去××区双井，未讲明要去的具体地点。当车行至广武门桥东附近时，驾驶员包××认为已到达原告要去的双井，于是停车询问原告是否到站下车。此时原告的神志已经恢复，但未作回答便携其物品下车。所以答辩人认为自己已按原告的要求将其运送到了指定地点，完成了自己在旅客运输合同中应尽的义务。

三、答辩人所雇佣的驾驶员不知道原告身患何病，在未得到原告任何明示的情况下，未将其送至医院，不为过错，不能因此承担责任。

驾驶员在承运原告的过程中，原告突然口吐白沫、四肢抽搐，驾驶员包××不知道这是癫痫病症状，认为是拉了一位毒瘾发作的吸毒人员，不敢吱声；后来在原告神志恢复的情况下，经询问，原告未作回答携带其物品自行下车后，包××才驾车离去。作为出租车司机，包××对原告所犯的疾病无法得知，也没有义务必须了解，不存在过错，不能因此承担责任。

综上所述，驾驶员已按原告的要求将其运送到指定地点，已经完成了自己在旅客运输合同中应尽的义务；同时在不知原告身患何病又未得到原告任何明示的情况下，未将其送至医院，不为过错，不能因此承担责任，故请法院依法裁决，驳回原告的诉讼请求。

此致

武州市××区人民法院

附：本答辩状副本1份。

武州市××出租汽车公司

二〇〇〇年十月二十日

任务3：法律思维训练

任务要求：

(1) 根据提供的材料，在小组内开展讨论或一对一的辩论。

(2) 小组应当查询相关资料作为参考，包括相关法律法规、案例、论文等。

(3) 小组长要认真组织活动，做好记录和报告。

【案例1】

申诉人：黄山金马集团有限公司（以下简称金马集团公司）。

被申诉人：中国环境保护公司（以下简称环保公司）。

被申诉人：黄山金马股份有限公司（以下简称金马股份公司）。

环保公司于2008年3月31日以金马集团公司为被告，向北京市第一中级人民法院提起诉讼，以朝阳微电机厂于1998年注销并入金马集团公司为由，请求法院判决金马集团公司返还国债资金及利息。北京市第一中级人民法院于2009年12月14日作出（2008）一中民初字第14895号民事判决，判令金马集团公司返还环保公司国债项目资金人民币一千万元。判决书中载明："关于金马集团公司作为本案诉讼主体的问题，已生效的北京市高级人民法院（2007）高民终字第664号民事裁定认定安徽省朝阳微电机厂于1998年3月15日已经被安徽省祁门县工商行政管理局核准注销，其民事主体资格已依法终止。祁门县工商行政管理局于2009年7月6日出具的关于安徽省朝阳微电机厂于2004年9月3日因未办理2003年度年检，被该局依法吊销营业执照的证明，不能推翻已生效的北京市高级人民法院（2007）高民终字第664号民事裁定关于安徽省朝阳微电机厂已依法被注销的事实的认定。已生效的北京市高级人民法院（2007）高民终字第664号民事裁定认定被兼并的安徽省朝阳微电机厂的债务应由兼并后的企业金马集团公司承担，故金马集团公司作为本案的诉讼主体适格。金马集团公司关于其不是安徽省朝阳微电机厂的债务的承担主体的抗辩主张，没有事实根据，本院不予支持。"

最高人民法院裁定：(1) 撤销北京市高级人民法院（2007）高民终字第664号民事裁定和北京市第一中级人民法院（2006）二中民初字第11346号民事裁定；(2) 本案由北京市第一中级人民法院审理。

问题：

(1) 以小组为单位讨论：什么叫原告的适格性？

(2) 讨论现行《民事诉讼法》第122条中"有明确的被告"的具体含义。

【案例 2】

在阳光充足的时候，你可能会看到小区花园里有老人在晒被子。

这时候物业就出来禁止了，说这是陋习，影响了社区美观，也损害了其他业主的合法权益。晒被子的业主自然不服气：我晒被子没影响其他人，而且杀菌消毒，会让家人更健康，怎么就不对了，凭什么要禁止。

问题：

(1) 辩论：在小区内是否可以晒被子?

(2) 讨论：从物业管理的角度看，应当如何处理晒被子的问题?

提示：用法律人的“权利思维”进行论述。

任务 4：文体写作训练

任务要求：

(1) 实训作业：请根据下列材料，拟定一份民事答辩状。

(2) 个人完成后，要结“对子”互评，对作品的结构、写作目的是否达成、语言表达等内容进行评价。小组要推荐做得好的同学在课堂上展示，展示的同学可使用 PPT。

(3) 在小组讨论中交流自己的写作体会与互评中的感受，分享经验。

(4) 每位同学对文体写作训练中存在的问题要进行修改，提交的民事答辩状应该是反复定稿、修改后的成果。

实训操作：

(1) 了解案情，收集分析证据，明确当事人，查找相应法律法规。

(2) 分析案件事实和纠纷性质、责任以及责任的大小、范围。

(3) 确定答辩理由及相应理据。

(4) 撰写民事答辩状。

【实训素材】蒋××与××家园房屋中介、马×房屋买卖合同纠纷案

材料 1：基本案情

蒋××在金华市××区有一处房产。其价值在 50 万元左右。蒋××想将该房屋卖掉。蒋××将产权证及房屋钥匙交与××家园房屋中介并委托其帮自己以不低于 50 万元的价格卖掉该房。蒋××向该中介签订了委托授权书，载明：“由××家园代理的关于出售该房屋与一切手续，对委托人均为有效”，代理权期限为三个月，并书面承诺当办理完委托事项后，向其支付4 000 元的劳务费。同时口头委托其表弟孙某代为收取售房款，当时有该中介客户郭某和宋某在场。5 日后，该中介将该房屋以 50 万元的价格售予本中介的员工业务员马×，房款 50 万元支付给了孙某，孙某向该中介开具了 50 万元收款凭证。但是为了少交契税，在过户时以 30 万元的价格办理了过户手续。后来当蒋××向孙某索取房款时，孙某已将该笔款项用于偿还自己的债务，不能归还蒋××，在蒋××的一再催要下，孙某竟然离家出走，不知去向。蒋××无奈将××家园房屋中介和马×告上法庭。

材料 2：起诉状

民事起诉状

原告：蒋××，男，1972 年 9 月生，现住中山区××花园小区××号楼×单元×××室，电话：1384××××××××。

被告：××家园房屋中介有限公司。

法定代表人：李×，总经理。

地址：中山区××大厦A座101室，电话：×××××××××。

被告：马×，女，1977年12月生，现住中山区××小区×号楼×单元×室，电话：××××××××。

诉讼请求

1. 请求法院确认被告××家园房屋中介有限公司以原告名义与被告马×所签的房屋买卖协议无效；

2. 责令二被告恢复原告对该房屋的所有权；

3. 诉讼费用由被告承担。

事实和理由

2009年4月，原告委托被告为其出售房屋，但被告却以30万元的低价将价值50万元的房屋卖与其员工马×，并办理了过户手续，且至今未向原告支付房款。两被告恶意串通，骗取原告房产，其所签的房屋买卖协议严重侵犯了原告的合法权益，依法应认定为无效。被告马×依据无效协议所取得的房产理应返还给原告。敬请法院依法裁决。

此致

××区人民法院

具状人　蒋××

2009年9月7日

附：1. 本诉状副本1份。

2. 证据和证据来源，证人姓名和住址。

材料3：举证通知书

法院受理了此案，向被告送达了应诉通知书、举证通知书、原告起诉状以及开庭传票等法律文书。

金华市中山区人民法院

举证通知书

（2009）中民初字第××××号

××家园房屋中介有限公司：

根据《中华人民共和国民事诉讼法》和《最高人民法院关于民事诉讼证据的若干规定》，现将有关举证事项通知如下：

一、当事人应当对自己提出的诉讼请求所依据的事实或者反驳对方诉讼请求所依据的事实承担举证责任。当事人没有证据或者提出的证据不足以证明其事实主张的，由负有举证责任的当事人承担不利后果。

二、向人民法院提供证据，应当提供原件或者原物，或经人民法院核对无异议的复制件或者复制品。并应对提交的证据材料逐一分类编号，对证据材料的来源、证明对象和内容作出简要说明，依照对方当事人人数提出副本。

三、申请鉴定，增加、变更诉讼请求或者提出反诉，应当在举证期限届满前提出。

四、你方申请证人作证，应当在举证期限届满的10日前向本院提出申请。

五、申请证据保全，应当在举证期限届满的7日前提出，本院可根据情况要求你方提供相应的担保。

六、你方在收到本通知书后，可以与对方当事人协商确定举证期限，向本院申请认可。你方与对方当事人未能协商一致，或者未申请本院认可，或本院不予认可的，你方应当于2009年10月22日前向本院提交证据。

七、你方在举证期限内提交证据材料确有困难的，可以依照《最高人民法院关于民事诉讼证据的若干规定》第三十六条的规定，向本院申请延期举证。

八、你方在举证期限届满后提交的证据，不符合《最高人民法院关于民事诉讼证据的若干规定》第四十一条、第四十三条第二款、第四十四条规定的“新的证据”的规定的，视为你方放弃举证权利。但对方当事人同意质证的除外。

九、符合《最高人民法院关于民事诉讼证据的若干规定》第十七条规定的条件之一的，你方可以在举证期限届满的7日前书面申请本院调查收集证据。

2009年9月20日

（院印）

材料4：传票

金华市中山区人民法院

传票

案号：(2009) 金中民初字第××××号

案由	蒋××与××家园房屋中介有限公司、马×房产纠纷案			备注
被传唤人	××家园房屋中介有限公司			
单位或地址	中山区××大厦A座101室			
传唤事由	开庭			
应到时间	2009年10月28日9时30分	应到处所	第一审判庭	
联系人	×××	联系电话	139×××××××	

注意事项：

1. 被传唤人必须准时到达应到处所。
2. 传票由被传唤人携带来院报到，兼作出入凭证，到案后收回入卷。
3. 被传唤人收到传票后，应在送达回证上签名或盖章。

审判长　张××

审判员　李××

审判员　胡××

书记员　王××

2009年9月20日

项目 10　民事代理词

一、实训目的

（1）能记忆和讲述代理律师的职责。

（2）能讲述代理词的基本结构、格式和写作要求。

（3）能根据案情，运用法律法规知识制作一份合格的民事代理词，在实训中培养分析问题的能力、语言运用能力，为今后从事相关法律实务工作奠定坚实的基础。

二、实训原理

（一）代理词的概念

代理词是诉讼代理人为了维护被代理人的合法权益，在法庭辩论阶段，根据事实和法律，当庭发表的综合性演说词。

代理词不是法定的法律文书。有的案件代理人发表代理词，有的并不发表代理词。从写作特点上看，代理词是一种说明性或辩驳性的文书，要求代理人在代理权限内维护被代理人的合法权益，其所提要求、意见应合情、合理、合法，注意以理服人，不能侵害对方当事人的合法权益，并结合案情宣传法律知识，增强公民的法制观念。

（二）格式

代理词

审判长、审判员：

依照法律规定，受原告（或被告）的委托和××律师事务所的指派，我担任原告（或被告）××的诉讼代理人，参与本案诉讼活动。

开庭前，我听取了被代理人的陈述，查阅了本案案卷材料，进行了必要的调查。现发表如下代理意见：

…………

（阐明案件事实、诉讼请求的依据和理由，或阐明反驳原告起诉的事实、诉讼请求的依据和理由）

…………

（提出建议）

××律师事务所律师××

××××年×月×日

（三）内容和制作方法

有关代理词的制作在实践中并不一致，如原告代理人和被告代理人或上诉人的代理人和被上诉人的代理人发表的代理词在写法上就不一样，这需要根据不同案情来定。但是代理词的结构和辩护词的基本相同，一般可分为前言、正文、结束语三部分。

1. 前言

前言即序言，亦即开场白，要尽量简洁，重点在代理意见部分。

前言包括：一是说明代理人出庭的合法性，概述接受委托和指派，担任本案哪一方当事人的代理人；二是说明代理人接受代理后进行工作的情况，即在出庭前做了哪些方面的工作，如查阅案卷、调查了解案情等；三是表明代理人对本案的基本看法，也可以不说。如系上诉案件，则要说明对一审判决的看法和意见。

2. 正文

正文是代理词的核心内容。

这一部分应根据具体案情、被代理人所处的诉讼地位、诉讼目的和请求以及被代理人与对方当事人的关系等因素来确定其内容。代理人应当在代理权限内，依据事实和法律，陈述并论证被代理人提供的事实与理由成立，从而支持其主张和请求，同时揭示、驳斥对方的错误。代理意见通常从认定事实、适用法律和诉讼程序等几个方面或从其中一、两个方面展开论述。

一般地讲，代理意见的内容主要应从以下方面进行阐述：其一，陈述纠纷事实，提出有关证据，反驳对方不实之处；其二，对纠纷的主要情节、形成纠纷的原因以及双方当事人争执的焦点进行分析，以分清是非，明确责任，认定性质；其三，阐明当事人双方的权利和义务，促使当事人彼此之间互相谅解，把权利和义务有机地统一起来；其四，提出对纠纷解决的办法和意见，这部分内容既要保护当事人的合法权益，又要考虑有利于纠纷的解决；其五，如系二审，还应对原判决进行评论，提出要求和意见。

对于正文的内容，要从具体案情出发，抓住本案的特点，有针对性地阐明几个问题，为解决纠纷提出切实可行的主张、意见、办法和要求，使案件得到正确、合法、及时的处理。

3. 结束语

本部分是归纳全文的结论性见解和具体主张，为被代理人提出明确的诉讼请求。要求要言不烦、简洁明了，使听众对整个代理词留下深刻、鲜明的印象。这部分还包括代理人签名和注明日期。

除上述内容外，代理词在写法上应注意以下问题：

第一，代理词主要用证明的方法来写，对错误的观点有时也可以进行必要的驳斥，用反驳的方法来写，但通常是把正面说理与反面驳斥有机地结合起来，以正面说理为主，或两种方法兼而有之。

第二，代理词必须在熟悉案情，了解真相，掌握材料的基础上动笔制作，这样才能对案件了如指掌，才能在法庭上立于不败之地。

第三，代理词要尊重事实、忠于法律，对纠纷事实和证据进行透彻的分析论证。不能歪曲事实和法律，不能强词夺理，向法庭提出无理要求。

第四，代理词所提意见要切合实际，掌握分寸；代理词要以理服人，体现出解决问题的诚意；代理词要晓之以理，动之以情，措辞恳切，语气平和，这样才能为对方当事人和法庭所接受。

三、实训任务

任务 1：原理学习

任务要求：认真学习实训原理，思考：怎么在 10～15 分钟内给同伴讲清楚代理词的写作要领？（建议做成 PPT）

任务 2：实例学习

任务要求：

（1）认真阅读下列实例，分析实例的写作目的、逻辑结构及其表述特点或问题。

（2）任选一实例，思考：如何把实例分析的成果向小组同伴讲述清楚？（建议做成 PPT）

（3）小组长要认真组织和记录小组的学习活动。

【实例 1】借贷案例

代理词

尊敬的审判长、审判员：

我接受原告刘××的委托作为其委托代理人参与本案诉讼，庭审前我们认真核实相关证据、查找法律依据，通过今天的法庭调查，对本案的事实有了清楚了解，现结合事实和法律发表如下代理意见：

一、本案被告从原告处借款的事实十分清楚

2000 年 4 月 17 日××县公安局工作人员对被告进行询问时，被告明确回答“通过我给梁××两万元钱，这钱不是我的，是俺单位刘××的，1997 年他分两次给我”“这钱是刘××的”。两份证人证言也对此予以印证，各份证据之间形成有效链条，均证实这样的事实：1997 年原告分两次借给被告 20 000 元钱。此外，根据原被告共同确认，被告于 2001 年偿还 3 000 元，余下 17 000 元至今未还。

二、本案所涉借款与梁××无关，双方之间属于合法的借贷关系

庭审中，虽然被告一再强调从原告处借款后自己未用，而是交给闫××，闫××又交给梁××，但根据原告的陈述及庭审的调查情况来看，作为原告的刘××对款项借出后的去向并不明了，只是在后来的催要过程中才从被告处得知，因此该款项的去向与原告无关。另外，根据法律规定，原告作为出借人没有询问和得知款项去向及款项借出后如何使用的义务，原告对此不承担任何责任。如果被告从原告处借得款项后将该款项抛弃，那么是否原告也要对此负责呢？答案是不言而喻的！因此，被告与梁××之间的合法或者非法关系与原告无关，其行为性质不影响原告与被告之间存在的合法借贷关系！被告妄图将自己的责任转嫁给原告，是不符合法律规定的！

三、本案未超过诉讼时效，原告的权利应当得到保护

款项借出后，原告一直未间断向被告催要，因此本案的诉讼时效一直处于不断中断之中，不存在超过诉讼时效的问题。退一万步讲，即使款项借出后，原告一直未催要，因为从原告处借款时，双方只约定原告需要用时被告返还，并没有确定具体的还款期限，所以该借贷合同属于未约定债务履行期限的法律行为。根据规定，未约定履行期限的法律行为，从债权人主张债权的次日起计算诉讼时效。本案中，原告因急需用钱，遂于 2001 年年底向被告主张权利，被告偿还原告 3 000 元钱。从 2001 年开始起算，到原告起诉时止，未超过法定的 2 年诉讼时效。

因此，本案借款事实十分清楚，借贷关系合法有效，且未超过法定诉讼时效，被告应当承担偿还责任。

以上代理意见，请合议庭合议时予以充分考虑！

代理人××

××××年××月××日

【实例 2】离婚案例

代理词

审判长：

××魅达律师事务所接受原告柴×明委托，指派我作为其诉讼代理人，出庭参加今天的庭审活动，以维护其合法权益，经过今天庭审认真的举证、质证，本案事实基本查明，现依据相关法律法规，发表代理意见如下：

第一，被告袁×霞仅因琐事便抛夫弃子，离家出走至今，又在原告柴×明毫不知情的情况下，将原告辛苦借来十七万元购房款取出并据为己有，原被告之间感情已完全破裂，应依法判决离婚。

原被告已分居长达一年时间。依法庭查明的事实，原被告于 2014 年 7 月 23 日因琐事发生纠纷，被告却以此大做文章，悍然抛夫弃子，离家出走，在外独自租房居住。原被告二人自此开始分居，迄今已长达一年时间。被告对此也予以认可，但辩称柴×明也经常到被告处居住，却无任何证据证实，也与事实不符，其主张不能成立。

被告悍然将原被告倾尽家资所购商品房款偷偷退掉，并据为己有，夫妻感情已完全破裂。依庭审查明的事实，原被告于 2014 年 7 月份在巩义市世搏一品城购买住房，先期缴纳购房款 17 万余元。令人意想不到的是，2014 年 8 月 15 日，双方缴纳房款尚不足一个月，被告便瞒着原告及家人，偷偷将房子退掉，为此损失近 4 万元，并将所得房款 14 万余元全额据为己有。

被告的这种行为骇人听闻。原被告是夫妻，购买住房是夫妻之间的一件大事，是为了原被告以后生活的长远打算。为购房，原告全家举债，借遍了亲戚朋友，可以说是债台高筑，倾尽家资。为了选择合适的房屋，原被告及其家人四处奔波，一个个小区看，一个个楼盘转，细心研究，仔细比较，可以讲是费尽了心思，耗尽了家资。被告却在原告毫不知情的情况下，不惜损失 3 万余元，将房屋退掉，并将巨额购房款据为己有，并且公然声称绝不拿出半分。原被告系夫妻，夫妻之间有争执很正常，但无论任何原因，都不能私自将双方辛苦购置的住房给退掉，更不能将 17 万余元退房款据为己有。被告此举向原告及其家人表明，其已经决意和被告离婚，被告此举也表明原被告之间的感情已然破裂。

第二，原被告的财产应依法进行分割。

1. 被告持有的巨额购房款为原被告夫妻共同财产。2014 年 7 月，原被告在巩义市世搏一品

城购置住房一套，缴纳首付 17 万余元。不到一个月的时间，被告私自将所购房屋退掉，并将所退房款 14 万余元据为己有，此为夫妻共同财产，应依法与原告进行分割。

被告私自退房后，原告打电话给被告，询问退房的事情，原告对该通话进行了录音。在录音中，被告是这样说的：

袁（即被告袁×霞）：那会就少退两万五？违约金再加上什么税，七千多的税没有退。

柴（即原告柴×明）：那你退的不到十四万？

袁：对呀，能有多少？你这破房子能有多少？

柴：十几万呢。

袁：对呀，我能拿着这点钱跑了？

…………

上述录音证实，被告私自退掉的购房款为 14 万余元，并非被告当庭所讲的仅退款 13 万元。

被告声称为退房又请客送礼花了 4 万元不能成立。现实生活中，购房后因种种原因退房的情况并不少见，而且办理程序很简单，只需扣除违约金后即可办理退房手续，根本无须所谓的请客送礼，更不可能耗资 4 万余元支付所谓的请客送礼的相关费用。被告既然声称请客送礼了，那么送给谁了，请谁的客？何时何地请的客？送的礼？被告根本说不清楚，也没有任何证据证实其荒谬的主张，这也与基本生活常识相悖，法庭不应认定。

被告在电话录音中这样说：

但退房款，我现在不拿出来，咱俩在一起得再观察观察，如果真行了，一年以后东区的房子你随便挑，首付我拿，你看吧。

…………

啥叫我把钱装兜里？我把钱装兜里那能咋着？我把这钱留给儿子娶媳妇或再买房子，这钱都是花在自己家，要花在刀刃上的。

…………

你现在就是让我回去把钱拿出来，那是不可能的我给你说，但是这钱我将来留给儿子，或者咱再买房子。

…………

那我用不用，我自己说，我把这钱留给儿子，将来给儿子娶媳妇。

…………

我还是那句话，你要让我回去，以后的钱你都拿着，这钱不能动。

…………

你也别提这些要求了，房款是不可能了，咱俩再过日子，都相互品品对方，看看咱俩合适不，但这房款现在不能，我回去了如果行，一年后东区的房子咱照买。我给五姐昨天也说过了，回去行的话，一年以后东区的房子柴丁随便选，首付我拿。

由上述录音可以充分证实，被告在退掉房款后至今仍然持有该房款，该房款为原被告夫妻共同财产，法庭应依法认定并判令原被告依法分割。

2. 被告所经营的时尚套餐餐饮店为夫妻共同财产。在今天的庭审中，被告当庭认可在星月三楼美食广场经营了一间时尚套餐餐饮店。此为夫妻共同财产，应与原告共同分割。被告辩称该店为其母亲投资，被告替其母亲打理之说没有任何证据，也与事实不符。被告之母已六旬有余，又远在东北，怎么可能远赴巩义投资经营一间所谓的时尚套餐小店？

第三，原被告为购房、开店先后负债近12万元，此为夫妻共同债务，应依法分割。依法庭查明的事实，2014年7月，原被告在巩义市世搏一品城购房一套，缴纳房屋首付款17余万元。为筹集房款，原告先后向其姐、舅舅及其他亲朋好友借款累计12万元。

1. 向吴×借款2.5万元。2014年7月一天晚上，为购房筹资，原告和其母亲一块到原告所在的巩义市××镇××村村主任吴×处借房款2.5万元。吴×将房款如数交到了柴×明手中，并由柴×明给吴×打了借条。在今天的庭审中，吴×出庭作证，向法庭讲述了借款的详细过程。

一个月后，在原被告通话的录音中，原被告也多次提到了此事。

> 柴：……这点房款光借咱五姐两次共六万，二姐一万五，大姐一万，三舅一万，村长两万多，加起来十一二万左右，这是房款呀，咱交上去，让我还，得还到啥时候？
>
> …………
>
> 那你意思咱开店买房借那么多你不管？我借咱五姐六万，大姐一万，二姐一万五，三舅一万，那天三舅跟妗子手递手给你，村长按两万多，我借不错，我借那也是为了咱买共同的房子，那不还是咱俩借的？现在你把房子退了，钱你握住，要我自己还钱，你拿着房子钱装你自己兜里面？
>
> 袁：啥叫那么多，村长的钱和三舅的钱都是你跟你妈去借的，让你妈还，哪有那么多？

吴×证实原告找其借款用于购房，时间是在2014年7月份，原被告购房也发生在7月份；而且，原被告2014年8月16日的通话录音中，原被告多次提到了此事，被告也认可原告向村长吴×借钱的事。吴×的证言和原被告当庭的陈述、通话录音等多项证据相互印证，证实了原被告为购房向吴×借款的事实，此证言真实、客观，法庭应依法采纳，对此2.5万元借款，法庭应依法认定。

2. 借原告三舅李×一万元。2014年7月份，原被告购房时，因资金不足，原被告向其三舅李×借款一万元，由李×和其妻子闫××将借款亲自送到原被告所开的店内交给了袁×霞，袁×霞接到钱后放到了其包内。原被告的通话录音中也多次提到了此事，被告不但没有否认，还予以认可："啥叫那么多，村长的钱和三舅的钱都是你跟你妈去借的，让你妈还，……"（见通话录音）在今天的庭审中，原被告的三妗子闫××欲出庭作证，却被被告以所谓的程序问题无理阻挠，导致证人无法出庭作证。如果不是心中有鬼，为何怕当庭对质？

3. 借柴甲6万元。

为开店，原被告于2014年3月找到其姐柴甲借款3万元，被告当庭予以认可，法庭应予认定。

2014年7月，为购房，原被告又到柴乙家中借款3万元。原被告的通话录音中多次提到此事，被告也未予否认，对此笔三万元借款，法庭应予认定。

4. 借柴丙、柴甲共计2.5万元。2014年7月13日，为购房，原被告借柴丙1万元，借柴甲1.5万元。在今天的庭审中、原被告的通话录音中，原告都多次提及上述借款事实，被告均未明确否认，则对上述借款，法庭应予认定。

综上所述，婚后为购房、开店，原被告先后借款12万余元，此为原被告夫妻共同债务，原被告应当共同承担，法庭应依法认定。

第四，婚生子柴丁一直由原告抚养，随原告父母生活，不易轻易变更。

柴丁应由原告抚养。依法庭查明的事实，原被告婚后于2011年5月7日生育一子柴丁。在今天的庭审中，被告也认可柴丁一直跟随原告和原告之父母生活。柴丁一直随原告生活，由原告之父母抚养。柴丁已适应了此种家庭环境，不易轻易变更抚养关系。而且被告在外租房居住，在外打理生意，没有更多的时间与精力照顾柴丁。结合种种因素，婚生子柴丁由原告抚养更有利于其健康成长。

被告应当给付抚养费。依《最高人民法院关于人民法院审理离婚案件处理子女抚养问题的若干具体意见》第七条规定："子女抚育费的数额，可根据子女的实际需要、父母双方的负担能力和当地的实际生活水平确定。有固定收入的，抚育费一般可按其月总收入的百分之二十至三十的比例给付……无固定收入的，抚育费的数额可依据当年总收入或同行业平均收入，参照上述比例确定。"被告在星月三楼经营时尚套餐餐饮店，其收入应以上年度河南省住宿餐饮行业人均工资标准计算。河南省 2014 年度服务行业人均工资标准为 28 081 元/年，按此标准，被告应当给付的抚养费标准为：28 081 元/年÷12×30％＝702.1 元。

综上所述，原被告购房不久，被告便因生活琐事，借题发挥，离家出走，原被告开始分居至今已达一年之久；被告在原告毫不知情的情况下，将原被告购置商品房退掉，并将 14 万余元巨额购房款据为己有，原被告之间夫妻关系已完全破裂，法庭应依法判决原被告离婚。被告所持有的 14 万元巨额购房款及在星月三楼所经营的时尚套餐餐饮店属夫妻共同财产，被告应依法与原告共同分割；为购房、开店，原告先后向亲戚朋友借债 12 万余元，此债务用于夫妻共同生活，属夫妻共同债务，原被告离婚时应予分担。婚生子柴丁一直随原告生活，由原告抚养更有利于其健康成长，被告应给付原告抚养费。

以上代理意见，请法庭参考采纳。

代理人：××魁达律师事务所
律师：谢××
2015 年 7 月 24 日

【实例 3】继承案例

继承纠纷代理词

尊敬的审判长、审判员：

××律师事务所依法接受原告张××的委托并指派我担任其与张甲、张乙遗产继承纠纷一案的一审代理人，通过庭前调查取证及认真研究案情，结合今天的法庭调查，现发表如下代理意见：

一、本案诉争的房屋及银行存款系被继承人丙与原告丁的夫妻共同财产

本案诉争的房屋是被继承人丙与原告丁在婚姻存续期间共同购置的住房，户主为被继承人丙所有，银行存款也是丙与丁在婚姻存续期间的共同收益。依据《中华人民共和国婚姻法》第十七条，我认为本案涉及房屋应当系被继承人与原告的夫妻共同财产。

二、原告张××及丁长期在美国生活，因此主张对本案诉争房屋进行拍卖分割系合理要求

根据《最高人民法院关于贯彻执行〈中华人民共和国继承法〉若干问题的意见》第五十八条的规定，本案所有的继承人均不在房屋实际居住，二原告即将移居美国，二被告也有自己的独立居住住所，因该处诉争房屋无人居住，所以原告主张将此处房产予以评估拍卖，进而将拍卖款按照法定继承进行分割。

三、被告具有侵吞遗产的事实，所以分割遗产时应对被告不予分割或少分遗产

被告在未告知任何一方继承人的情况下将被继承人遗留的存款全部提走，被告的行为具有侵吞遗产的事实并且严重侵害原告张××的财产权及其他继承人的合法继承权，根据《中华人

民共和国继承法》第二十四条，以及《最高人民法院关于贯彻执行〈中华人民共和国继承法〉若干问题的意见》第五十九条，原告主张对被告张甲可以酌情减少其应继承的份额的请求应得到人民法院的支持。

四、被告对其他继承人不尽赡养义务，原告主张对被告不分或少分遗产

被告张甲对丁不尽赡养义务，张甲虽与原告一起生活，却根本不管原告的生活起居，经常用一个馒头或者稀饭来解决原告一顿饭，原告生病也不带原告去医院就医。张××常年居住在美国，虽然地域遥远却不得不与丈夫分居两地，回到国内照顾丁的生活，因此在分割遗产时对于没有收入的丁和尽赡养义务更多的张××也应该多分，张甲应该不分或少分。

以上代理意见恳请合议庭采纳，恳请法庭依法驳回原告的诉讼请求，依法作出公正裁决。

此致

××县人民法院

代理人：×××律师事务所

律师：××

一九九九年××月××日

【实例 4】房屋买卖合同纠纷

代理词

尊敬的审判长、审判员：

北京李××律师事务所接受张某的委托，指派乐××律师作为她的诉讼代理人，经过仔细阅卷和参加庭审，根据事实和法律，现发表代理意见如下：

一、被告在售房时对涉案房屋小区内环境和周围配套设施作出了明确约定。

1. 原告向法庭提交了一系列的证据，如宣传彩页、红地产、《京华时报》、照片、证人证言，形成了完整的证据体系，证明了被告对原告购买的房屋小区内的设施、环境、地理位置以及小区内外的配套设施作出了明确的约定，其构成了双方签订买卖合同的重要内容，特别是《京华时报》，作为北京市委主管的有公信力、传播力、影响力的报纸对涉案房屋周围环境和小区内外的配套设施清晰描绘如下：

1）在此打造企业总部信息港；

2）万平商街，繁华灿烂；

3）河畔美景、滨海长廊；

4）全套教育设施，全程无忧，在区域内建造幼儿园、知名师范学校、图书馆、文化艺术馆……

2. 原告购买的房屋是具有优美环境和完整配套设施的高品质的房屋。房屋是否通过验收只是房屋是否能够入住的最低底线的要求，是房屋交付的法定标准。原告购买的不是最低要求的房屋，而是高品质的房屋，双方约定的标准远远高于法定的最低底线的标准。

3. 被告通过宣传资料、《京华时报》等对原告产生了重大的吸引力，这是原告确定与被告签订购房合同的关键因素，原告当时花了比香河县城区房屋还高的价格购买此房，原告就是相信被告能够诚信履行合同，故这些宣传材料是有法律效力的，但是交房时原告发现情况同当时售房时的承诺相差甚远。

4. 判断被告是否违约是以交房的时间点为准。根据双方签订的“商品房买卖合同”第八条的规定，双方约定的交房时间为 2014 年 11 月 10 日。

二、被告交房时的实际状况，即使是时至今日，其涉案房屋的实际状况都可以现场查看，双方谁也无法造假，实际状况距离双方的约定相差甚远，现将实际状况陈述如下：

1. 被告宣称的黄冈中学、幼儿园，尚处于描绘之中，未见被告提供任何有关学校和幼儿园的办学的批文、师资力量和招生的相关文件。

2. 被告宣称的河畔美景仅仅是一个臭水沟。

3. 被告宣称的所谓的企业总部信息港，该房屋小区周围现在可见的是农村的耕地和农民低矮的民宅。

4. 所谓的商业街只是临街的空房，甚至连普通的商店都没有，造成原告无法购买日常用品，无法正常居住。

5. 6 号楼正处在涉案楼房正南稍微偏西的位置，对原告房屋的通风、采光、眺望等造成严重影响。

6. 被告没有证据证明其履行了上述义务。根据《最高人民法院关于民事诉讼证据的若干规定》第五条第二款的规定，对合同是否履行发生争议的，由负有履行义务的当事人承担举证责任。

三、因被告未依法履行合同，对原告的合法权益造成一系列的损害。

1. 在房屋的市场价值上，涉案房屋因为没有达到双方约定的条件而造成了房屋市场价值的降低。

2. 小区建筑容积率增加，生活品质降低，人均对公共配套占有率降低，配套设施平均使用率更加频繁，使用寿命降低，维修成本增加。

3. 对原告的采光、通风、眺望权利造成了严重的影响。在冬季每天下午一点至三点原告房屋无法被太阳照射，影响了原告的采光权，对原告健康长期造成影响，通风不畅会影响原告的呼吸系统，眺望视野被遮拦会影响欣赏窗外景色的心情。

4. 房屋的价格是一个综合性的因素，不仅在于房屋本身，更重要的在于房屋的位置、交通设施、小区内外的配套设施和环境。

四、被告的行为构成了违约，应当依法承担违约责任。

1. 根据《最高人民法院关于审理商品房买卖合同纠纷案件适用法律若干问题的解释》第三条规定，出卖人对房屋及相关设施的说明和允诺具体确定，对商品房买卖合同的订立和房屋价格确定有重大影响的，视为合同内容，应当承担违约责任。

2. 根据《中华人民共和国合同法》第一百一十一条和《最高人民法院关于审理买卖合同纠纷案件适用法律问题的解释》第二十三条的规定，商品质量不符合约定的，买受人有权主张返还减价后多出的部分价款。

3. 我方提出的诉讼请求属于合法合理要求。我方购买涉案房屋支付的价款近 70 万元，而我方提出的诉讼请求只有 15 万元，相对于房屋的总价款在 20%左右，没有超过法律规定 30%的限额，属于合理范围。

五、对被告辩解的批驳。

1. 被告辩称其 6 号楼的存在有规划部门的批准，这种观点不能成立。原告是依据被告的宣传材料对被告项目进行了解的，被告没有将规划文件向购房者进行公示，故该规划文件不能作为被告的抗辩依据。被告未向法庭提交有关规划文件，即使提交了该文件，也不能成为本案裁判的依据。

2. 在《红地产》的广告中前面有一页印刷的图片中没有6号楼，而后面有一页的印刷图片中存在6号楼，对于被告方制作的自相矛盾的广告，应作出对被告不利的解释。

3. 被告辩称相关配套设施正在建设之中。被告是否构成违约是以交房时间为准的。被告声称建设之中是个未知数，被告也未提供相应的证据来证明。根据《最高人民法院关于民事诉讼证据的若干规定》第五条第二款的规定，对合同是否履行发生争议的，由负有履行义务的当事人承担举证责任。

4. 原告只是一个普通人士，只能从被告售楼人员发布的宣传材料、售楼处的沙盘、报纸等宣传材料去了解被告的项目，现在被告又以宣传材料中有免责条款来规避应负的责任，这实际上是被告利用专业人员的优势玩弄文字游戏欺骗原告的行为，其企图逃避法律责任，这种免责的霸王条款是无效条款。

5. 被告没有提出任何有力的证据来证明其依约履行了合同，企图用无关的证据在法庭上滥竽充数，甚至企图用事后伪造的证据蒙混过关，其代理人企图隐瞒真实的身份在法庭上做无力的辩解。

综上所述，我方依约全额支付了购房款，但被告的交房未达到约定和承诺条件，造成了原告的楼房贬值，生活品质下降，被告依法应当承担违约责任，我方请求法院依法判令被告返还我方部分购房价款是有事实依据和法律依据的。

法律是对守约者的鼓励，是对违约者的制裁，也是对弱势购房者的保障！

以上意见，望合议庭予以采纳，谢谢！

代理人：乐××律师

2015年7月4日

任务3：法律思维训练

任务要求：

(1) 根据提供的材料，在小组内开展讨论或一对一的辩论。

(2) 小组应当查询相关资料作为参考，包括相关法律法规、案例、论文等。

(3) 小组长要认真组织活动、记录和报告。

【案例1】

原告：仲××。

被告：上海市××房地产项目开发有限公司。

2002年7月12日，原告仲××与被告××公司签订“××商铺认购意向书”一份，约定原告向被告支付购房意向金2 000元，原告随后取得小区商铺优先认购权，被告负责在小区正式认购时优先通知原告前来选择认购中意商铺，预购面积为150平方米，并明确小区商铺的均价为每平方米7 000元（可能有1 500元的浮动）。如原告未在约定期限内认购，则视同放弃优先认购权，已支付的购房意向金将无息退还。如原告按约前来认购，则购房意向金自行转为认购金的部分。意向书对楼号、房型未做具体明确约定。上述意向书签订之后，原告向被告支付了2 000元意向金。

2002年11月4日被告取得房屋拆迁许可证，2003年5月29日取得建设工程规划许可证，2003年6月30日被告取得预售许可证。但被告在销售涉案商铺时未通知原告前来认购。2006年初原告至售楼处与被告交涉，要求被告按意向书签订正式买卖合同。被告称商铺价格飞涨，对原约定价格不予认可，并称意向书涉及的商铺已全部销售一空，无法履行合同，原告交 2 000 元意向金可全数退还。双方因此发生争议，原告遂诉至法院，请求判令被告赔偿原告经济损失 100 万元。

2007 年 3 月 22 日，上海市××区人民法院判决：(1) 解除原告仲××与被告××公司签订的“××商铺认购意向书”；(2) 被告返还原告意向金 2 000 元；(3) 被告赔偿原告经济损失 10 000 元；(4) 驳回原告的其他诉讼请求。仲××不服一审判决，向上海市第二中级人民法院提起上诉。2007 年 10 月 19 日，上海市第二中级人民法院判决：(1) 维持上海市虹口区人民法院 [2007] 虹民三（民）初字第 14 号民事判决第一、二、四项；(2) 撤销上海市虹口区人民法院 [2007] 虹民三（民）初字第 14 号民事判决第三项；(3) ××公司赔偿仲××人民币150 000 元。

问题：

(1) 根据法律思维训练内容，讨论被告为什么会输掉官司？

(2) 讨论：诚实信用原则的内涵是什么？为什么说被告违反了诚实信用原则？

【案例 2】

被告蒋×芳与丈夫黄××于 1986 年结婚。2010 年，黄××认识了原告张×英，并与张同居。2015 年 4 月 22 日，黄患肝癌去世，在办丧事时，张当众拿出黄生前的遗嘱，称她与黄是朋友，黄对其财产作出了明确的处理，其中一部分指定由蒋继承，另一部分总价值约 60 万元的遗产遗赠给她，此遗嘱经公证机关于 2015 年 4 月 20 日公证。遗嘱生效后，蒋却控制全部遗产。张认为，蒋的行为侵害了她的合法权益，按《中华人民共和国继承法》等有关法律规定，请求法院判令蒋给付遗产。

问题：

(1) 讨论：黄××生前立下的书面遗嘱是合法有效的吗？请说明理由。

(2) 如果你是法官，请说出你审理此案的思维过程及结果。

任务 4：文体写作训练

任务要求：

(1) 实训作业：请根据案情，代表原告拟写一份代理词。

(2) 个人完成后，要结“对子”互评，对作品的结构、写作目的是否达成、语言表达等内容进行评价。小组要推荐做得好的同学在课堂上展示，展示的同学可使用 PPT。

(3) 在小组讨论中交流自己的写作体会与互评中的感受，分享经验。

(4) 每位同学对文体写作训练中存在的问题要进行修改，提交的民事代理词应该是反复定稿、修改后的成果。

实训操作：

(1) 分析案情，分析证据，明确当事人，查找相应法律法规。

(2) 分析案件事实和纠纷性质、责任以及责任的大小、范围。

(3) 确定代理意见及相应论据。

(4) 撰写代理词。

【实训素材】

何某某诉××热水器公司人身损害赔偿纠纷案。

【基本案情】

20××年 11 月××日晚，原告（何某某，男，1959 年 3 月 4 日出生，汉族，无业，住××

县××村××号）之女××学院学生（何某，女，1988年5月7日出生，汉族，学生，已去世）入住××市××路××小区5号楼2单元×号房间（该房房主是李某，女，19××年2月2日出生，汉族，无业，住××市××区××号）后，一氧化碳中毒死亡。原因是××热水器公司（法定代表人张某某，男，该公司经理）的人员在安装燃气热水器时，未按规定安装废气排放管道。原告何某某因女儿的去世遭受了巨大的经济损失和严重的精神创伤。故原告何某某根据我国相关法律规定，向法院起诉，要求被告依法赔偿包括死亡赔偿金、丧葬费等在内的全部损失共计人民币52万元。

项目 11　一审民事调解书

一、实训目的

（1）能理解和讲述民事调解的基本原则。

（2）能讲述民事调解书的基本结构、内容与制作要领。

（3）能根据案情，运用法律法规知识制作一份合格的一审民事调解书，在实训中培养分析问题的能力、语言运用能力，为今后从事相关法律实务工作奠定坚实的基础。

二、实训原理

民事调解书是人民法院审理民事案件和经济纠纷案件时，在查明事实，分清是非的基础上，由审判人员依法主持调解，双方当事人自愿、合法达成解决纠纷的协议后，由人民法院予以认可而制作的具有法律效力的法律文书。调解书既是双方当事人协商结果的记录，也是人民法院承认和批准调解协议的证明。

人民法院对民事案件进行调解，有利于彻底解决纠纷，有利于增强人民内部团结，有利于防止矛盾激化，维护社会治安，也有利于法治宣传教育，并可降低诉讼成本。

《民事诉讼法》

第 96 条　人民法院审理民事案件，根据当事人自愿的原则，在事实清楚的基础上，分清是非，进行调解。

第 97 条　人民法院进行调解，可以由审判员一人主持，也可以由合议庭主持，并尽可能就地进行。人民法院进行调解，可以用简便方式通知当事人、证人到庭。

第 98 条　人民法院进行调解，可以邀请有关单位和个人协助。被邀请的单位和个人，应当协助人民法院进行调解。

第 99 条　调解达成协议，必须双方自愿，不得强迫。调解协议的内容不得违反法律规定。

第 100 条　调解达成协议，人民法院应当制作调解书。调解书应当写明诉讼请求、案件的事实和调解结果。调解书由审判人员、书记员署名，加盖人民法院印章，送达双方当事人。调解书经双方当事人签收后，即具有法律效力。

第 101 条　下列案件调解达成协议，人民法院可以不制作调解书：（一）调解和好的离婚案件；（二）调解维持收养关系的案件；（三）能够即时履行的案件；（四）其他不需要制作调解书的案件。对不需要制作调解书的协议，应当记入笔录，由双方当事人、审判人员、书记员签名或者盖章后，即具有法律效力。

样式一：人民法院民事调解书（第一审普通程序用）

××××人民法院
民事调解书

（××××）××民初××号

原告：×××，……

法定代理人/指定代理人/法定代表人/主要负责人：×××，……

委托诉讼代理人：×××，……

被告：×××，……

法定代理人/指定代理人/法定代表人/主要负责人：×××，……

委托诉讼代理人：×××，……

第三人：×××，……

法定代理人/指定代理人/法定代表人/主要负责人：×××，……

委托诉讼代理人：×××，……

（以上写明当事人和其他诉讼参加人的姓名或者名称等基本信息）

原告×××与被告×××、第三人×××……（写明案由）一案，本院于××××年××月××日立案后，依法适用普通程序，公开……/因涉及……（写明不公开开庭的理由）不公开开庭进行了审理（开庭前调解的，不写开庭情况）。

…………

（写明当事人的诉讼请求、事实和理由）

本案审理过程中，经本院主持调解，当事人自愿达成如下协议或当事人自行和解达成如下协议，请求人民法院确认/经本院委托……（写明受委托单位）主持调解，当事人自愿达成如下协议：

一、……

二、……

（分项写明调解协议内容）

上述协议，不违反法律规定，本院予以确认。

案件受理费……元，由……负担（写明当事人姓名或者名称、负担金额。调解协议包含诉讼费用负担的，则不写）。

本调解书经各方当事人签收后，即具有法律效力/本调解协议经各方当事人在笔录上签名或者盖章，本院予以确认后即具有法律效力（各方当事人同意在调解协议上签名或者盖章后发生法律效力）。

审判长　×××

审判员　×××

审判员　×××

××××年××月××日

（院印）

书记员　×××

【说明】

(1) 本样式根据《民事诉讼法》制定，供人民法院在审理第一审普通程序案件过程中适用，当事人自行和解达成协议请求人民法院确认、人民法院主持调解达成协议、人民法院委托有关单位主持调解达成协议由人民法院确认后，制作民事调解书用。

(2) 案号类型代字为“民初”。

(3) 调解书应当写明诉讼请求、案件事实和调解结果。

(4) 调解协议的内容不得违反法律规定。

(5) 诉讼请求和案件事实部分的写法力求简洁、概括，可以不写审理过程及证据情况。

样式二：人民法院民事调解书（简易程序用）

________人民法院民事调解书

（人民法院在审理过程中主持调解的）

（××××）××民初××号

原告：……（写明姓名或名称等基本情况）

被告：……（写明姓名或名称等基本情况）

（当事人和其他诉讼参加人的列项和基本情况的写法，与一审民事判决书的相同）

本院于________年________月________日立案受理了原告诉被告________（写明案由）一案。依法由审判员……适用简易程序公开（或不公开）进行了审理。

（写明当事人的诉讼请求和简要事实）

本案在审理过程中，经人民法院主持调解，双方当事人自愿达成如下协议：

…………

（写明协议的内容）

…………

（写明诉讼费用的负担）

双方当事人一致同意本调解协议自双方在调解协议上签名或捺印后即具有法律效力。

上述协议，不违反法律规定，本院予以确认。

审判员________

________年________月________日

（院印）

书记员________

本件与原本核对无异

注：

(1) 本样式供人民法院在当事人一方要求调解，并在达成调解协议后要求法院制作具有法律效力的民事调解书时使用。

(2)“协议内容”是指当事人自愿达成解决争讼的协议条款。“诉讼费用的负担”如果是由双方当事人协商解决的，可以作为调解协议的最后一项内容予以写明；如果诉讼费用是由人民法院决定的，应当在协议内容之后另起一行写明。

(3) 民事调解书经书记员核对无异后，加盖“本件与原本核对无异”章。

三、实训任务

任务 1：原理学习

任务要求：认真学习实训原理，思考：怎么在 10～15 分钟内给同伴讲清楚一审民事调解书的写作要领？（建议做成 PPT）

任务 2：实例学习

任务要求：

（1）认真阅读下列实例，分析实例的写作目的、逻辑结构及其表述特点或问题。

（2）任选一实例，思考：如何把实例分析的成果向小组同伴讲述清楚？

（3）小组长要认真组织和记录小组的学习活动。

【实例 1】离婚纠纷

调解书

（20××）铁东民二初××号

原告：张×，女。

被告：王××，男。

托付代理人：李某峰，男。

案由：离婚纠纷。

经审理查明：原、被告于 2000 年 7 月 6 日登记结婚，婚后感情一般，婚生女王甲，现年 9 岁。现原告以夫妻感情破裂为由要求与被告离婚，被告表示同意离婚。2006 年 6 月原、被告将一饭店出兑，得款 90 000 元，该款被原告掌控。

本案在审理过程中，经本院主持调解，双方当事人自愿达成如下协议：

一、原告张×与被告王××自愿离婚。

二、婚生女王甲随原告张×共同生活，被告王××每月给付王甲抚育费 300 元，直至王甲经济独立时为止。

三、原告张×于 200×年 1 月 24 日给付被告王××20 000 元，双方再无其他财产纠纷。

案件受理费 300 元，减半收取 150 元（原告已付），由原告张×承担。

上述协议符合法律有关规定，本院予以确认。本调解书经双方当事人签收后，即具有法律效力。

代理审判员：梅××

二〇××年一月二十四日

【实例 2】合同纠纷

人民法院民事调解书

（20××）珠斗法民二初××号

原告：浙江甲汽车电器有限公司，住宅地：浙江省乐清市××镇×××路。

法定代表人：周××，总经理。

委托代理人：华××，××律师事务所律师。

被告：珠海市乙实业有限公司，住宅地：广东省珠海市××区××镇××大道××号。

法定代表人：丙，董事长。

原告浙江甲汽车电器有限公司诉被告珠海市乙实业有限公司买卖合同纠纷一案，本院于20××年7月11日立案受理，依法由审判员杨××适用简易程序公开开庭进行了审理。

原告浙江甲汽车电器有限公司（以下简称浙江甲公司）的托付代理人华××，被告珠海市乙实业有限公司（以下简称珠海乙公司）的法定代表人丙到庭参加诉讼。

原告甲公司诉称：20××年7月1日，原告与被告达成协议，约定原告向被告提供光电机，型号、数量按被告提供给原告的采购订单确定，单价按含税价每只40元计算，付款时间及方式为货到后一个月内被告验收合格后一次性付清原告货款。截至20××年9月30日原告共向被告提供的物资总价为A元，按双方之间的货款确认单，被告应于20××年12月31日付清全部货款。但被告未完全履行付款义务，仅支付B元，扣除退货款4 848元，剩余货款C元至今未付。为维护原告的合法权益，原告诉至法院，请求法院依法判令被告立即支付货款C元，及按照中国人民银行一年至三年期的贷款利率支付从20××年1月1日起至还清之日止的利息。本案受理费由被告承担。

经审理查明，本案事实与原告陈述一致，被告对欠款事实予以确认，故本院不再赘述。被告确认拖欠原告货款共计C元，并制定了相关的还款方案。

本案在审理过程中，经本院主持调解，双方当事人自愿达成如下协议：

一、被告珠海市乙公司拖欠原告浙江甲公司货款C元，被告珠海市乙公司于20××年8月31日清偿完毕；

二、如被告珠海市乙公司未按时履行第一项协议的付款义务，则被告珠海市乙公司支付逾期付款利息给原告浙江甲公司，以本金C元为基数，从20××年1月1日起按照中国人民银行一年至三年期的贷款利率6.15%。计算至清偿之日止。

三、本案受理费D元，减半收取E元，由原告浙江甲公司负担；如被告珠海市乙公司未按时履行第一项协议，则受理费E元由被告珠海市乙公司承担。

双方当事人一致同意，本调解协议自双方在调解协议上签名或捺印后，即具有法律效力。

上述协议，不违反法律规定，本院予以确认。

审判员：郑××

二〇××年八月十一日

【实例3】交通事故责任纠纷

人民法院民事调解书

(2014) 桐民初字第00×××号

原告：吴××，女，××××年3月生，汉族，住××省××县××镇××村××组。法定监护人：陈甲，原告之母，住址同上。

委托代理人：吴甲，××律师事务所律师。

被告：吕××，男，1970年9月生，汉族，司机，住××省××市××镇××村九组。

委托代理人：贺××，基本情况同下。

被告：河南省××市陕县××汽车运输有限责任公司。

法定代表人：贺××，该公司经理。(下称××运输公司)

委托代理人：贺××，基本情况同下。

被告：中国人民财产保险股份有限公司××市分公司。

法人代表人：刘××，任经理职务。（下称人保××公司）

委托代理人：陈××，河南××律师事务所律师。

原告吴××与被告吕××、××运输公司、人保××公司机动车交通事故责任纠纷一案，本院受理后，依法由审判员独任审判，公开开庭进行了审理。

现查明：××××年6月2日8时25分许，被告吕××驾驶豫MA××号挂车，沿312国道自东向西行驶至××县××镇××村××组时，与自南向北横过道路的原告发生碰撞，造成原告受伤住院，花费医疗费10 819.78元。该事故经××县公安交警大队认定，原告负事故的次要责任，吕××负事故的主要责任。另查明，吕××驾驶的车辆在人保××公司投有交强险和第三者责任险。原告伤情经南阳阳光法医鉴定所鉴定为十级伤残，原告的损失为41 839元（其中医疗费10 819.78元，护理费8 272元，营养费2820元，住院伙食补助费2 820元，残疾赔偿金13 208.06元，精神抚慰金3 500元，交通费400元）。经本院调解，各方当事人达成如下调解协议：

一、被告中国人民财产保险股份有限公司××市分公司于调解之日起十五日内赔偿原告吴××经济损失41 500元。

二、××省××市××县××汽车运输有限责任公司为原告垫支的1 700元医疗费不予返还。

案件受理费1 050元、鉴定费700元，共计1 750元，由原告吴××负担。

以上协议符合法律规定，本院予以确认。

本调解协议经双方当事人签字后，即具有法律效力。

审判员：赵××
二〇一四年十月三十日

任务3：法律思维训练

任务要求：

(1) 根据提供的案例1或案例2，在小组内开展二对二的辩论。

(2) 请熟悉案例3的相关材料，设计调解脚本，并运用正确的方式演示法院调解过程。

(3) 小组长要认真组织活动，做好记录和报告。

【案例1】

在一起交通事故损害赔偿纠纷案中，法院在调解中了解到，受害人甲不得不同意肇事者乙在法院调解中提出的以15万元一揽子解决纠纷的方案。虽然医生提醒他，他的后续治疗需要的费用远远不止这个数额，但甲考虑再三后还是签订了调解协议，因为他急需钱，而乙生活在异地，并准备将货运车辆卖掉后改行。

问题：

(1) 讨论：如何理解司法调解的自愿原则？

(2) 辩论：本案例中是否存在违反“当事人自愿原则”的情况？

【案例2】

甲因劳动争议起诉乙公司，在法院调解期间，甲数次拒绝了乙公司提出的和解方案。一日，甲主动打电话给经办法官，表示改变了主意，愿意接受乙公司的和解方案。双方签收调解书后，法官从其他渠道了解到，乙公司让还在公司打工的甲的儿子出面做甲的思想工作，但这一细节，甲从未向法院透露过，调解协议的内容也已经得到了执行。

问题：

(1) 讨论：如何理解司法调解的合法原则?

(2) 辩论：本案例中“调解协议”是否有效?

【案例 3】

杨××和申××系夫妻。2016 年 5 月，二人经人介绍相识恋爱，2017 年 12 月 25 日自愿登记结婚，婚后夫妻感情尚好。2019 年 1 月，因申××与其单位女同事关系暧昧，夫妻时常为此发生争吵。同年同月，杨××向法院提起诉讼，要求法院判决离婚。被告申××认为，他们夫妻感情没有破裂，表示愿意改正过去的不良行为，坚持不同意离婚。

法院在审理此案时，依法进行了调解。经过法院法官多次耐心细致地做劝说工作，原告杨××承认他们仍有一定的感情，表示同意与被告申××继续共同生活，放弃离婚打算。在法院的调解下，双方和好。办理该案的审判员告诉双方当事人：“你们和好了，案件就此了结，因为和好的离婚案件，不用制作调解书。现在把结婚证退还给你们。”

问题：请熟悉案件事实材料，运用正确的方法演示法院调解过程。

任务 4：文体写作训练

任务要求：

(1) 实训作业：请根据下列材料拟写一份民事调解书。

(2) 个人完成后，要结“对子”互评，对作品的结构、写作目的是否达成、语言表达等内容进行评价。小组要推荐做得好的同学在课堂上展示，展示的同学可使用 PPT。

(3) 在小组讨论中交流自己的写作体会与互评中的感受，分享经验。

(4) 每位同学对文体写作训练中存在的问题要进行修改，提交的民事调解书应该是反复定稿、修改后的成果。

实训操作：

(1) 分析案情，查找相应法律法规。

(2) 确定调解的法律程序。

(3) 确定调解书样式及相关内容。

(4) 撰写民事调解书。

【实训素材】

王某与杨某婚姻家庭纠纷再审民事判决书

(2020) 内民再 181 号

案由：婚姻家庭纠纷

案件类型：民事

文书类型：判决书

当事人：

被申诉人（一审被告、二审被上诉人）：杨某，男，1971 年 5 月 12 日出生，汉族，无固定职业，住内蒙古自治区包头市。

本院查明：

本院再审查明，2015 年 5 月 7 日，王某诉至包头市东河区人民法院，请求确认杨某名下的位于包头市东河区环城西路房屋（位于广汇花卉宠物市场）及土地使用权，包头市昆都仑区××路××号街坊 19-8 号房屋属于双方共同共有。包头市东河区人民法院作出（2015）包东民初字第 1077 号民事判决，支持了王某的诉讼请求。2016 年 5 月 18 日，王某在包头市昆都仑区人民法院提起离婚诉讼，后王某撤回起诉。2016 年 6 月 25 日，杨某从其银行账户支取 80 万元。2015 年 5 月 7 日杨某（乙方）与包头稀土高新区土地收储中心（甲方）签订“包头稀土高新区国有土地上房屋征收货币补偿协议”，协议约定，甲方征收乙方位于滨河新区的院落 159.12 平方米，房屋建筑面积 156.28 平方米，甲方给付乙方房屋、装修、附属物、搬迁费等共计补偿款 578 626 元。2015 年 6 月 19 日杨某出具收条，收据载明其收到包头稀土高新技术产业开发区土地收储中心地上物拆迁补偿款 578 626 元。2015 年 6 月 19 日杨某在包商银行包头分行营业部的账户内转给案外人董某 578 626 元。本院再审查明的其他事实与原审判决查明事实一致，本院予以确认。上述事实有当事人提交的包头市东河区人民法院民事判决书、人民法院受理案件通知书、杨某建行账户流水单、房屋征拆档案资料、“包头稀土高新区国有土地上房屋征收货币补偿协议”、董某银行流水明细、房屋产权证书等证据在案佐证。

裁判结果：

一、撤销内蒙古自治区包头市中级人民法院（2018）内 02 民终 2219 号民事判决及内蒙古自治区包头市昆都仑区人民法院（2017）内 0203 民初 3120 号民事判决；二、杨某于本判决生效后三日内给付王某现金 40 万元；三、驳回王某的其他诉讼请求。如果未按本判决指定的期间履行给付金钱的义务，应当依照《中华人民共和国民事诉讼法》第二百五十三条之规定，加倍支付迟延履行期间的债务利息。一审案件受理费 17 208 元、二审案件受理费 17 208 元，共计 34 416 元，由王某负担 14 455 元，由杨某负担 19 961 元。本判决为终审判决。

本院认为：

本院再审认为，本案的争议焦点为杨某是否有转移隐藏财产的行为，王某应否分割房屋拆迁补偿款 578 626 元及存款 80 万元。《最高人民法院关于适用〈中华人民共和国婚姻法〉若干问题的解释（三）》第 4 条规定，“婚姻关系存续期间，夫妻一方请求分割共同财产的，人民法院不予支持，但有下列重大理由且不损害债权人利益的除外：（一）一方有隐藏、转移、变卖、毁损、挥霍夫妻共同财产或者伪造夫妻共同债务等严重损害夫妻共同财产利益行为的；……”本案中，杨某对其于 2016 年 5 月 25 日支取现金 80 万元的事实并无异议，杨某辩称该款项已经交给了王某。经查，王某于 2015 年 5 月就双方共同财产的确认提起诉讼，2016 年 5 月 18 日因解除婚姻关系纠纷提起诉讼，由此可以证实在此期间王某与杨某夫妻关系产生信任危机。杨某辩称取款当天将钱给了王某，但王某不认可其收到 80 万元。杨某辩称支付 80 万元的行为发生于王某与其离婚诉讼期间，且款项数额巨大，其辩称理由不合常理，在王某否认收到该笔款项的情况下，杨某应当就其辩称理由提供证据，本案诉讼至今，杨某并未能够提供 80 万元交付王某的相关证据，故本院对杨某关于将 80 万元交付王某的答辩意见不予采信。杨某在王某提起离婚诉讼期间将其银行账户内 80 万元现金取出，根据杨某银行账户流水明细，该 80 万元系杨某于 2015 年 5 月 25 日分两次从其证券账户转入的，该笔款项属于王某、杨某的共同财产，双方对该笔款项应平等地享有占有、使用、收益和处分的权利。杨某在 2015 年 5 月 25 日将 80 万元取出独自支配，在本案诉讼期间，其对该 80 万元的去向未能作出合理解释，亦未能提供证据证明王某的诉讼请求损害债权人利益，其行为已经构成转移夫妻共同财产，严重损害了王某对夫妻共同财产的平等支配权。故依据《最高人民法院关于适用〈中华人民共和国婚姻法〉若干问题的解释（三）》第 4 条的规定，虽然王某、杨某二人婚姻关系仍在存续期间，但杨某有转移夫妻共同财产严重损害对方当事人合法权益的行为，王某关于分割 80 万元的诉讼请求符合法律规定，本院予以支持。关于房屋拆迁款 578 626 元应否分割的问题。首先，王某主张分割的财产应为双方共同财产，如果该房屋系双方共同财产，从生活常理来看，王某对其家庭主要不动资产应当知晓，但在王某请求确认共有权的诉讼中，并未涉及该套房产。其次，在杨某取得拆迁款的当天即 2015 年 6 月 19 日由其包商银行包头分行营业部的账户转给案外人董某 578 626 元，杨某将拆迁款全部转给案外人董某的事实能够证实其代董某办理房屋拆迁事宜。综上，杨某辩称其代董某办理房屋拆迁事宜有事实依据，本院予以采信。王某主张案涉房屋系其与杨某的共同财产，其应当分割房屋拆迁款 578 626 元缺乏依据，王某的该项请求本院不予支持。综上所述，原审判决关于杨某是否转移夫妻共同财产的事实认定不清，应予纠正。王某关于分割 80 万元的再审理由成立，其再审请求应予支持。

审判长　付×斌

审判员　闫×波

审判员　张×婷

2020 年××月××日

项目 12　一审民事判决书

一、实训目的

（1）能记忆一审民事判决书的法律依据与适用条件。

（2）能理解和讲述一审民事判决书的基本结构、格式和写作要求。

（3）能根据案情，运用法律法规知识制作一份合格的一审民事判决书，在实训中培养文书写作者分析问题的能力、语言运用能力，为今后从事相关法律实务工作奠定坚实的基础。

二、实训原理

（一）民事判决书的概念

人民法院在民事诉讼中，为解决具体的民事权利义务的争议，就案件的实体问题依法制作的具有法律效力的文书。

（二）民事判决书的种类

按照审判所适用的程序不同，可分为第一审民事判决书、第二审民事判决书、再审民事判决书以及适用特别程序的民事判决书和公示催告程序的除权判决书等。

本节主要介绍第一审民事判决书的制作。

（三）民事判决书的内容和制作方法

我国《民事诉讼法》第155条对判决书的内容作了规定。第一审民事判决书由首部、正文和尾部等部分组成。

1. 首部

在首部应依次写明标题、案号、诉讼参加人及其基本情况，以及案件由来、审判组织和开庭审理过程等，以体现审判程序的合法性。

（1）标题使用“民事判决书”。

（2）案号的基本要素为收案年度、法院代字、类型代字、案件编号。收案年度是收案的公历自然年，用阿拉伯数字表示。法院代字是案件承办法院的简化标识，用中文汉字、阿拉伯数字表示。类型代字是案件类型的简称，用中文汉字表示。案件编号是收案的次序号，用阿拉伯数字表示。

案号各基本要素的编排规格为：收案年度＋法院代字＋类型代字＋案件编号。每个案件编定的案号均应具有唯一性。

例如，贵州省贵阳市南明区人民法院第 66 号一审民事判决书，表述为：（2021）黔 0102 民初 66 号。

（3）诉讼参加人称谓及其基本情况。

诉讼参加人包括当事人和诉讼代理人。当事人的称谓为原告、被告和第三人。诉讼代理人的称谓，视其性质的不同，应为法定代理人、指定代理人和委托代理人。

（4）当事人基本情况：一是由公民提起诉讼的，应写明原告的姓名，性别，出生年月日，民族，职业或工作单位和职务，住址。二是由企事业单位、机关工作单位和职务。如果法定代表人又委托了诉讼代理人的，应先写法人名称，后写法定代表人，再写委托代理人的情况。

（5）案件由来和审理经过的写法。

一般表述为："原告××诉被告××××……（写明当事人的姓名或名称和案由）一案，本院于××××年××月××日受理后，依法组成合议庭（或依法由审判员××独任审判），公开（或不公开）开庭进行了审理。×××（写明本案当事人及其诉讼代理人等）到庭参加诉讼。本案现已审理终结。"这一部分的内容主要应客观地来表明原告与被告之间发生了什么性质的纠纷，案件受理日期、审判组织形式和审判方式，以及当事人及其诉讼代理人等是否到庭参加了诉讼的情况。

写这一部分内容的目的，主要就是对案件审理的主要过程有一个客观、全面的反映，使判决结论具有充分的法律依据。为此，对案件审理过程中出现的遇有当事人主体变更、追加的情况，合议庭成员变更、超审限等情况，案件的受理中出现的需要交代的情况，财产保全的措施以及本案管辖权异议的处理等，都必须写入判决书并表述清楚，这样才会使产生判决结果的程序合法性得到最大限度的反映。社会公众和当事人对案件的审理经过有一个全面的了解，这有利于法官自觉接受社会公众的监督，同时也能充分体现法官实事求是、依法办案的公正、公开、公平的办案态度，规范办案程序，杜绝违规操作和损害当事人行使诉权的情况发生。

2. 正文

一审民事判决书的正文，是由事实、理由和判决结果这三项内容组成的。正文是民事判决书的主体部分，也是核心部分，制作时必须认真予以对待，把每一部分的内容都写好。

（1）事实。

一审民事判决书的事实部分，应当写明当事人的诉讼请求、争议的事实和理由以及法院认定的事实及证据。

1）当事人的诉讼请求、争议的事实和理由。

这部分主要应当写明原告通过诉讼，想具体解决争议的什么问题，解决的意见及提供的案件事实和理由是什么；被告针对原告的诉讼请求和理由是如何答辩的；如有第三人，还应写明第三人的陈述意见。这些内容主要是通过原告、被告或第三人的诉、辩主张及陈述来反映与表述的。

具体写法是以"原告诉称""被告辩称""第三人述称"为领起句来表述的。对原告、被告、第三人的陈述内容都不能漏写、少写，而应当完整、平等、全面地反映当事人的诉、辩称内容。语言表述上力求准确简明，一般用第三人称来表述。在当事人诉、辩称内容表述完后，还应当完整地列举出当事人支持其主张的证据，以充分体现民事诉讼"谁主张谁举证"的举证责任。

证据部分既可以结合事实来写，即在自己叙述事实的同时一并列举或提出，也可以自成一段列举，但是不管用哪一种方法都要对证据进行分析和论证，并且要注意，列举证据时要保护当事人的隐私和声誉，同时也不得泄露国家机密。对于当事人的诉讼请求及争议的事实和理由（诉称、辩称部分）的写作，应当注意重点反映当事人的争议焦点，突出体现当事人对焦点辩论的对立性，而对双方互认的事实内容，完全可以在归纳提炼之后一笔带过，不必浪费笔墨。

2）法院认定的事实和证据。

一般包括下列要素，即当事人之间的法律关系、纠纷发生的时间、地点、原因、经过、情节、双方争议的焦点、认定事实的证据等。不同的案件具备的要素不尽相同，所以写作时要根据不同的案情来写。

根据《民事诉讼文书样式》的规定与要求，这一部分可以用“经审理查明”或“根据当事人陈述和经审查确认的证据，本院认定事实如下：……”为领起句来引出法院所认定的事实和证据。由法院查明且认定的事实及证据，应是通过法院的审案法官对诉、辩双方提供给法庭的主要事实的争议焦点及围绕此争议焦点所举出的关键性、冲突证据的分析、认定，而后推出、认定的一个法律事实及证据。而对这一法律事实及证据的叙述方法也应视案件的具体情况而定，不宜采用固定模式来撰写。

（2）理由。

一审民事判决书中的理由，是判决书的灵魂。它应当注意写明判决的理由和判决所依据的法律条文两项内容。

1）判决的理由。

写这一部分内容时，要针对案情，根据法院认定的事实和当事人的争议，依据我国法律、法规和政策的有关规定，从法理上、事理上对当事人之间争议的是非曲直作公正、合法的评定，从而具体阐明人民法院在处理此案时的观点和意见，即明确写清当事人谁是谁非以及双方的责任；写明对当事人合法的请求予以支持，对不合法的请求予以反驳的理由。在具体阐述时，应当做到：

第一，分析论证要全面、透彻，体现法律的规定。

第二，分析论证要强调针对性。每一个案件都有其特性。判决书在阐述理由时，必须针对当事人之间特定的争议和诉讼请求来进行具体、深入的分析论证，以表明人民法院对某一特定案件的基本观点。

第三，分析论证是非要明确，责任要分明。民事或经济纠纷案件大多数是由当事人一方或双方的过错引起的，人民法院必须查清在纠纷中哪些行为是合法的，哪些诉讼请求是合理的，哪些当事人的行为是有过错责任的等。还要恰如其分地把每个人该承担的法律责任认定准确。这是解决纠纷的前提和关键。

第四，分析论证要严谨、充分。理由的分析要严谨，要有较强的逻辑性，推理要精确，无懈可击，此外，理由的论证要充分，对法律关系复杂的案件，要从不同层次和方面进行分析，真正做到以理服人。

第五，分析论证要规范。在说理方式上，主要从正面展开，步步推进，反面论证（驳论）只在必要时有限制地加以使用。在说理层次上，要视案情需要，采用分段分层式论述，力求条理清晰，层次分明。在语言上，应当运用规范的法律语言，力求规范、严谨；语气中立、公允，防止不适当偏向。

2）判决所依据的法律条文。

判决书中所要援引的有关法律条文，即判决所依据的法律，它是判决理由中的一大重要内容。这一内容是人民法院具体处理纠纷的法律依据，为了表明判决的合法性，一审民事判决中必须准确、全面地引用与当事人民事权利义务关系有关的各种法律条文。

准确，包含三层含义：一是要处理好普通法与特别法之间的关系，凡特别法有规定的就不必再援引普通法。二是要处理好基本原则与具体规定之间的关系，有具体法律规定的就不必再去援引基本原则。三是要处理好程序法与实体法之间的关系，引用法条中既有程序法又有实体法的，应先引用程序法。

全面，是指在解决纠纷时，可能会遇到要适用多个法律的情况。在这种情况下，就应当把所适用的法律全部引用，不能遗漏。另外，援引法条时还应当按照条、款、项、目的顺序依次写明，不能只注意条，而忽略了款或者只援引了条和款而忽视了项。还要注意准确援引司法解释。

（3）判决结果。

判决结果，是人民法院对民事和经济纠纷案件的实体问题依法作出的处理结果，也是当事人执行判决的依据。它要用确切具体、明白无误的语言，来确认当事人之间的民事权利义务，从而最终解决民事权益纠纷。它在判决书上的行文位置，是在判决所依据的法律条文之后，用“判决如下”引出的。

判决结果的表达一定要明确、具体、完整。所谓明确，就是语意要明白，即让人看了就明白其中的含义，不致产生误解。所谓具体，就是对当事人必须履行的具体事项所作的结论，应具体为如何履行、何时履行。所谓完整，就是一个案件，凡是应当由当事人履行的问题，都必须全部交代清楚，做到事项完整，解决本诉中当事人的所有争端，对于当事人不合法、不合理的诉讼请求，也应当依法予以驳回。

判决结果的内容有多项的，应当分条或分项叙写，且按事项的逻辑分类，排列有序。给付的财物品种过多的，可以概写，详情另附清单。

对被认定为无效合同或必须终止履行合同的经济案件，应当在判决结果的第一项首先写明，然后再分项写明当事人之间应承担的其他责任。

3. 尾部

在一审民事判决书的尾部，应当写明诉讼费用的负担、当事人的上诉权利、上诉期间和上诉法院名称，以及审判人员的姓名和判决日期等内容。

一是在写完判决结果后，另起一行，写明本案诉讼费的负担内容。

二是交代上诉事项。主要应写明上诉权利、上诉期限和上诉法院的名称。应注意，按样式规定的要求，应写明“如不服本判决，可在判决书送达之日起××日内……”这里有一个期间的计算问题。我国《民事诉讼法》第 170 条规定：当事人不服地方人民法院第一审判决的，有权在判决书送达之日起 15 日内向上一级人民法院提起上诉。

三是依照特别程序审理的案件，实行一审终审，可写明“本判决为终审判决”字样。

四是审判人员署名。组成合议庭的，由审判长和合议庭的其他审判人员（包括审判员、陪审员）署名；独任审判的，由审判员一人署名。

五是写明判决日期。审判人员署名后，另起一行写明文书制作的年、月、日。与此同时，由书记员经过核对无误后，在判决日期的另一边加盖“本件与原本核对无异”的印戳。盖完后，再在判决日期的下一行由书记员署名。

4. 制作与运用中应当注意的问题

第一，不要漏列和错列当事人。漏列和错列当事人就剥夺了当事人的诉讼权利。具体来说，需注意以下几个方面：要注意把符合条件的未成年人列为当事人；不要把已死亡的人再列为当事人；共同诉讼的案件，不要遗漏了共同诉讼人；不要把不符合条件的第三人错列为第三人；起诉或应诉的人如果不符合当事人条件的，不能列为当事人。

第二，要准确归纳当事人的诉辩主张，突出争议焦点，为后面法院认定事实和阐述判决理由做好铺垫。但叙述时也要注意方式，对当事人无争议的观点和事实可一笔带过，而对存在分歧和争议的观点与事实，应详细列举，写明各自主张的事实、请求的权利、证明的证据、适用法律的建议、对权利处分的意见等。

第三，叙述法院查明认定的事实和证据时，要突出重点，掌握关键，条理清晰。重点要对有争议的焦点所涉及的事实及情节进行证据论证和事实认定，把有争议的事实讲清讲透。查明事实部分在层次上还应当反映案件发生的逻辑过程，为法官最后作出判决做好事实上的铺垫。

第四，民事判决书中应当反映当事人举证、质证情况和法院认证的意见。对于当事人争议的每一个事项，文书中都应当写明当事人的主张及其举证、质证意见和合议庭的认证意见，使证据论证事实的全过程能真正落到实处。法官在程序正当的基础上作出公正的判决。

第五，阐述理由要有针对性，说理论证要透彻有力。要注意围绕案件的焦点，针对诉辩主张采纳与否逐一展开说理，逐一评述，分析论证，明确表明态度，以达到分清是非、明确责任，使当事人明白胜在何处或败在哪里。另外，民事判决书在说理时，还应特别强调法官应当对适用法律作出说明，即应当在判决书中写明认定当事人是非曲直所依据的法律及其内容是什么，以及适用此法律的理由。

第六，判决主文的内容应写得规范、科学，便于执行。对认定当事人应承担连带责任的，在主文中不要漏判。

第七，不能把诉讼费用负担的决定，作为正文的一项写在主文里。

第八，不公开开庭、缺席判决的案件，既要引用实体法，又要引用程序法，缺一不可。

（四）民事判决书样式（第一审普通程序用）

××××人民法院

民事判决书

（××××）××民初××号

原告：×××，男/女，××××年××月××日出生，×族，……（工作单位和职务或者职业），住……

法定代理人/指定代理人：×××，……

委托诉讼代理人：×××，……

被告：×××，住所地……

法定代表人/主要负责人：×××，……

委托诉讼代理人：×××，……

第三人：×××，……

法定代理人/指定代理人/法定代表人/主要负责人：×××，……

委托诉讼代理人：×××，……

（以上写明当事人和其他诉讼参加人的姓名或者名称等基本信息）

原告×××与被告×××、第三人×××……（写明案由）一案，本院于××××年××月××日立案后，依法适用普通程序，公开……/因涉及……（写明不公开开庭的理由）不公开开庭进行了审理。原告×××、被告×××、第三人×××（写明当事人和其他诉讼参加人的诉讼地位和姓名或者名称）到庭参加诉讼。本案现已审理终结。

×××向本院提出诉讼请求：

1. ……

2. ……

（明确原告的诉讼请求）

事实和理由：……（概述原告主张的事实和理由）

×××辩称：……（概述被告答辩意见）

×××诉/述称：……（概述第三人陈述意见）

当事人围绕诉讼请求依法提交了证据，本院组织当事人进行了证据交换和质证。对当事人无异议的证据，本院予以确认并在卷佐证。对有争议的证据和事实，本院认定如下：1. ……；2. ……

（写明法院是否采信证据，事实认定的意见和理由）

本院认为，……

（写明争议焦点，根据认定的事实和相关法律，对当事人的诉讼请求作出分析评判，说明理由）

综上所述，……（对当事人的诉讼请求是否支持进行总结评述）依照《中华人民共和国××法》第×条、……（写明法律文件名称及其条款项序号）规定，判决如下：

一、……

二、……

（以上分项写明判决结果）

如果未按本判决指定的期间履行给付金钱义务，应当依照《中华人民共和国民事诉讼法》第二百六十条规定，加倍支付迟延履行期间的债务利息（没有给付金钱义务的，不写）。

案件受理费……元，由……负担（写明当事人姓名或者名称、负担金额）。

如不服本判决，可以在判决书送达之日起十五日内，向本院递交上诉状，并按照对方当事人或者代表人的人数提出副本，上诉于××××人民法院。

审判长　×××

审判员　×××

审判员　×××

××××年××月××日

（院印）

书记员　×××

（五）样式说明

1. 依据

本样式根据《民事诉讼法》第155条等制定，该条规定：“判决书应当写明判决结果和作出该判决的理由。判决书内容包括：(一) 案由、诉讼请求、争议的事实和理由；(二) 判决认定的事实和理由、适用的法律和理由；(三) 判决结果和诉讼费用的负担；(四) 上诉期间和上诉的法院。判决书由审判人员、书记员署名，加盖人民法院印章。”

人民法院适用第一审普通程序开庭审理民事案件终结后，根据已经查明的事实、证据和有关的法律规定，对案件的实体问题作出判决。除有特别规定外，其他民事判决书可以参照本判决书样式和说明制作。

2. 标题

标题由法院名称、文书名称、案号组成。

依照《民事诉讼法》第156条规定，就一部分事实先行判决的，第二份民事判决书开始可在案号后缀“之一”“之二”……，以示区别。

3. 首部

首部依次写明诉讼参加人基本情况、案件由来和审理经过。

(1) 诉讼参加人基本情况。

第一，诉讼参加人包括当事人、诉讼代理人。全部诉讼参加人均应分行写明。

第二，当事人诉讼地位写明“原告”“被告”。反诉的写明“原告(反诉被告)”“被告(反诉原告)”。有独立请求权第三人或者无独立请求权第三人，均写明“第三人”。

当事人是自然人的，写明姓名、性别、出生年月日、民族、工作单位和职务或者职业、住所。

我国港澳台地区的居民分别写明“香港特别行政区居民”“澳门特别行政区居民”“台湾地区居民”，外国人写明国籍，无国籍人写明“无国籍”。

共同诉讼代表人参加诉讼的，按照当事人是自然人的基本信息内容写明。

当事人是法人或者非法人组织的，写明名称、住所。另起一行写明法定代表人或者主要负责人及其姓名、职务。

当事人是无民事行为能力人或者限制民事行为能力人的，写明法定代理人或者指定代理人及其姓名、住所，并在姓名后括注与当事人的关系。

当事人及其法定代理人有委托诉讼代理人的，写明委托诉讼代理人的诉讼地位、姓名。委托诉讼代理人是当事人近亲属的，近亲属姓名后括注其与当事人的关系，写明住所；委托诉讼代理人是当事人本单位工作人员的，写明姓名、性别及其工作人员身份；委托诉讼代理人是律师的，写明姓名、律师事务所的名称及律师执业身份；委托诉讼代理人是基层法律服务工作者的，写明姓名、法律服务所名称及基层法律服务工作者执业身份；委托诉讼代理人是当事人所在社区、单位以及有关社会团体推荐的公民的，写明姓名、性别、住所及推荐的社区、单位或有关社会团体名称。

委托诉讼代理人排列顺序：近亲属或者本单位工作人员在前，律师、法律工作者、被推荐公民在后。

委托诉讼代理人为当事人共同委托的，可以合并写明。

(2) 案件由来和审理经过。

在案件由来和审理经过部分，应依次写明当事人诉讼地位和姓名或者名称、案由、立案日期、适用普通程序、开庭日期、开庭方式、到庭参加诉讼人员、未到庭或者中途退庭的诉讼参加人、审理终结。

不公开审理的，写明不公开审理的理由，例如："因涉及国家秘密"或者"因涉及个人隐私"或者"因涉及商业秘密，×××申请"或者"因涉及离婚，×××申请"。

当事人及其诉讼代理人均到庭的，可以合并写明，例如："原告×××及其委托诉讼代理人×××、被告×××、第三人×××到庭参加诉讼"。

诉讼参加人均到庭参加诉讼的，可以合并写明，例如："本案当事人和委托诉讼代理人均到庭参加诉讼"。

当事人经合法传唤未到庭参加诉讼的，写明："×××经传票传唤无正当理由拒不到庭参加诉讼"或者"×××经公告送达开庭传票，未到庭参加诉讼"。

当事人未经法庭许可中途退庭的，写明："×××未经法庭许可中途退庭"。

诉讼过程中，如果存在指定管辖、移送管辖、程序转化、审判人员变更、中止诉讼等情形，应当同时写明。

4. 事实

事实部分主要包括：原告起诉的诉讼请求、事实和理由，被告答辩的事实和理由，人民法院认定的证据和事实。

(1) 当事人诉辩意见。

诉辩意见包括原告诉称、被告辩称；有第三人的，还包括第三人诉（述）称。

第一，原告诉称包括原告诉讼请求、事实和理由。

先写诉讼请求，后写事实和理由。诉讼请求有两项以上的，用阿拉伯数字加点号分项写明。

诉讼过程中增加、变更、放弃诉讼请求的，应当连续写明。增加诉讼请求的，写明："诉讼过程中，×××增加诉讼请求：……"变更诉讼请求的，写明："诉讼过程中，×××变更……诉讼请求为……"放弃诉讼请求的，写明："诉讼过程中，×××放弃……的诉讼请求"。

第二，被告辩称包括对诉讼请求的意见、事实和理由。

被告承认原告主张的全部事实的，写明："×××承认×××主张的事实"。被告承认原告主张的部分事实的，先写明："×××承认×××主张的……事实"，后写明有争议的事实。

被告承认全部诉讼请求的，写明："×××承认×××的全部诉讼请求"。被告承认部分诉讼请求的，写明被告承认原告的部分诉讼请求的具体内容。

被告提出反诉的，写明："×××向本院提出反诉请求：1.……；2.……"，后接反诉的事实和理由，再另段写明："×××对×××的反诉辩称：……"

被告未作答辩的，写明："×××未作答辩"。

第三，第三人诉（述）称包括第三人主张、事实和理由。

有独立请求权的第三人，写明："×××向本院提出诉讼请求：……"后接第三人请求的事实和理由。再另段写明原告、被告对第三人的诉讼请求的答辩意见："×××对×××的诉讼请求辩称：……"

无独立请求权第三人，写明："×××述称：……"第三人未作陈述的，写明："×××未作陈述"。

原告、被告或者第三人有多名，且意见一致的，可以合并写明；意见不同的，应当分别写明。

(2) 证据和事实认定。

对当事人提交的证据和人民法院调查收集的证据数量较多的，原则上不一一列举，可以附证据目录清单。

对当事人没有争议的证据，写明："对当事人无异议的证据，本院予以确认并在卷佐证"。

对有争议的证据，应当写明争议证据的名称及法院对争议证据的认定意见和理由；对争议的事实，应当写明事实认定意见和理由。

争议的事实较多的，可以对争议事实分别认定，针对同一事实有较多争议证据的，可以对争议的证据分别认定。

对争议的证据和事实，可以一并叙明；也可以先单独对争议证据进行认定后，另段概括写明认定的案件基本事实，即"根据当事人陈述和经审查确认的证据，本院认定事实如下：……"

对于人民法院调取的证据、鉴定意见，经庭审质证后，按照是否有争议分别写明。

召开庭前会议或者在庭审时归纳争议焦点的，应当写明争议焦点。争议焦点的摆放位置，可以根据争议的内容处理。争议焦点中有证据和事实内容的，可以在当事人诉辩意见之后写明。争议焦点主要是法律适用问题的，可以在"本院认为"部分，先写明争议焦点，再进行说理。

5. 理由

理由应当围绕当事人的诉讼请求，根据认定的事实和相关法律，逐一评判并说明理由。理由部分，有争议焦点的，先列争议焦点，再分别分析认定，最后综合分析认定。

没有列争议焦点的，直接写明裁判理由。

被告承认原告全部诉讼请求，且不违反法律规定的，只写明："被告承认原告的诉讼请求，不违反法律规定"。

就一部分事实先行判决的，写明："本院对已经清楚的部分事实，先行判决"。

经审判委员会讨论决定的，在法律依据引用前写明："经本院审判委员会讨论决定，……"

6. 裁判依据

在说理之后、作出判决前，应当援引法律依据。

分项说理后，可以另起一段，综述对当事人诉讼请求是否支持的总结评价，后接法律依据，直接引出判决主文。说理部分已经完成，无须再对诉讼请求进行总结评价的，直接另起一段援引法律依据，写明判决主文。

援引法律依据，应当依照《最高人民法院关于裁判文书引用法律、法规等规范性法律文件的规定》处理。

法律文件引用顺序：先基本法律，后其他法律；先法律，后行政法规和司法解释；先实体法，后程序法。实体法的司法解释可以放在被解释的实体法之后。

7. 判决主文

判决主文有两项以上的，各项前依次使用汉字数字分段写明。

单项判决主文和末项判决主文句末用句号，其余判决主文句末用分号。如果一项判决主文句中有分号或者句号的，各项判决主文后均用句号。

判决主文中可以用括注对判项予以说明。括注应当紧跟被注释的判决主文。例如：(已给付……元，尚需给付……元)，(已给付……元，应返还……元)，(已履行)，(按双方订立的"××借款合同"约定的标准执行)，(内容须事先经本院审查)，(清单详见附件) 等。

判决主文中当事人姓名或者名称应当用全称，不得用简称。

金额应用阿拉伯数字。金额前不加"人民币"，人民币以外的其他种类货币的，金额前加货币种类。有两种以上货币的，金额前要加货币种类。

8. 尾部

尾部包括迟延履行责任告知、诉讼费用负担、上诉权利告知。

（1）迟延履行责任告知。

判决主文包括给付金钱义务的，在判决主文后另起一段写明：“如果未按本判决指定的期间履行给付金钱义务，应当依照《中华人民共和国民事诉讼法》第二百六十条规定，加倍支付迟延履行期间的债务利息。”

（2）诉讼费用负担。

根据《诉讼费用交纳办法》决定案件受理费，写明：“案件受理费……元”。

减免费用的，写明：“减交……元”或者“免予收取”。

单方负担案件受理费的，写明：“由×××负担”。

分别负担案件受理费的，写明：“由×××负担……元，×××负担……元”。

（3）上诉权利告知。

当事人上诉期为 15 日。在中华人民共和国领域内没有住所的当事人上诉期为 30 日。同一案件既有当事人的上诉期为 15 日又有当事人的上诉期为 30 日的，写明：“×××可以在判决书送达之日起 15 日内，×××可以在判决书送达之日起 30 日内，……”

9. 落款

落款包括合议庭署名、日期、书记员署名、院印。

合议庭的审判长，不论审判职务，均署名为“审判长”；合议庭成员有审判员的，署名为“审判员”；有助理审判员的，署名为“代理审判员”；有陪审员的，署名为“人民陪审员”；书记员署名为“书记员”。

合议庭按照审判长、审判员、代理审判员、人民陪审员的顺序分行署名。

落款日期为作出判决的日期，即判决书的签发日期。当庭宣判的，应当写宣判的日期。

两名以上书记员的，分行署名。

落款应当在同一页上，不得分页。落款所在页无其他正文内容的，应当调整行距，不写“本页无正文”。

院印加盖在审判人员署名和日期上，要求骑年盖月、朱在墨上。

加盖“本件与原本核对无异”印戳。

三、实训任务

任务 1：原理学习

任务要求：

（1）认真学习实训原理，明确一审民事判决书的结构与写作要求。

（2）请扫右侧二维码获取《人民法院民事裁判文书制作规范》认真学习，掌握民事裁判文书制作的一般规范。

（3）请结合原理与民事裁判文书制作规范，思考如何在 10～15 分钟内给同伴讲清楚一审民事判决书写作的写作要领？（建议做成 PPT）

《人民法院民事裁判文书制作规范》

任务2：实例学习

任务要求：

(1) 认真阅读下列实例，分析实例的写作目的、逻辑结构及其表述特点或问题。

(2) 认真阅读【实例1】，请用思维导图等方式表示其逻辑结构，并用简明的语言加以说明。

(3) 认真阅读【实例2】，请分析法院认定的事实和理由。

(4) 小组长要认真组织和记录小组的学习活动。

【实例1】一份获全国优秀法律文书评选全国一等奖的民事判决书

南京市玄武区人民法院

民 事 判 决 书

(201×) 玄商初字第××号

原告：安徽省××通信有限公司，住所地在安徽省××市××路××号××大厦12层。

法定代表人：王××，该公司董事长。

委托代理人：高×，北京××（合肥）律师事务所律师。

委托代理人：李××，女，汉族。

被告：安徽××科技发展有限公司，住所地在安徽省××市××区××路189号之××购物中心4层21号。

法定代表人：袁××，该公司董事长。

委托代理人：潘×，男，汉族。

委托代理人：王×，男，汉族。

原告安徽省××通信有限公司（以下简称甲公司）诉被告安徽××科技发展有限公司（以下简称乙公司）买卖合同纠纷一案，本院受理后，依法组成合议庭，公开开庭进行了审理。原告甲公司的委托代理人高×、李××，被告乙公司的委托代理人潘×、王×到庭参加诉讼。经本院审判委员会讨论决定，本案现已审理终结。

原告甲公司诉称：原、被告于2013年1月11日签订购销合同，约定原告向被告购买580台ipad4，每台单价3 410元，总价1 977 800元，原告于合同签订后三个工作日内将全额货款付至被告指定银行账户，被告收到货款后7个工作日内交付货物。原告按约支付货款后，多次向被告催要货物，被告至今未向原告发货。被告的违约行为导致原告在春节销售旺季时无货可卖，因电子产品更新较快且已有新品上市，原告诉至本院，请求法院判令：1. 解除原、被告之间的购销合同；2. 被告返还货款1 977 800元，并按年利率24%支付至2014年5月7日止的利息612 521.95元。

被告乙公司辩称：1. 原、被告之间进行了连续的交易，原告交易的目的不是取得货物的所有权，而是通过与被告员工程×的合作获得保底收益；2. 程×虽然是被告员工，但是与原告的交易过程中却代表原告的利益，程×从被告处提货，即代表原告收到货物，被告履行了交货义务；3. 原告与程×合谋，损害被告的利益，通过被告赋予程×的职权，低价销售被告货物，牟取月息2%、年息26.85%的高额收益。程×为原告从被告处购买货物、提货，为原告销售、交付、催收销售回款。综上，被告认为，本案讼争货物已被代表原告利益的程×提走，被告也是受害者。请求法院驳回原告的诉讼请求。

经审理查明：2013 年 1 月 11 日，被告销售经理程×将加盖了被告合同专用章的“产品销售单次合同”电子扫描件发给原告，主要内容为：原告（甲方）向被告（乙方）购买 580 台 ipad4，单价为 3 410 元，价款总计 1 977 800 元；甲方于合同签订后 3 个工作日内将货款金额付至乙方指定的银行账户，乙方收到货款后 7 个工作日内交付货物；合同未选择具体的交货方式（1. 乙方送货。2. 甲方自提。3. 甲方指定提货人）；甲方收（提）货时，风险发生转移；合同还约定了违约责任、争议管辖等条款。原告于同日将货款 1 977 800 元汇至被告账户。2013 年 3 月，原告诉至本院，提出本案诉讼请求。

另查明：

1. 2012 年 10 月 16 日至 12 月 13 日期间，双方先后签订过七份买卖合同，除同年 11 月 8 日双方签订的第四份合同（合同标的价 612 900 元）未实际履行外，其余的六份合同均已履行完毕，但被告在六份合同中没有一次是按照合同约定品名、单价交付货物。原告对此的解释是，苹果产品的特性是随行就市，不可能按照合同约定的价格交付货物。被告认为，这说明原告并不关心合同的内容，只是要程×保证原告取得每月 2%的保底收益。

2. 2013 年 3 月 8 日，程×因涉嫌犯罪被公安机关抓获。2013 年 12 月 27 日，南京市玄武区人民检察院指控被告人程×犯职务侵占罪、合同诈骗罪，向本院提起公诉。本院查明的程×与本案相关的犯罪事实是，2013 年 1 月中旬，程×利用担任被告苹果电子产品区域销售经理的职务便利，侵占被告销售给原告并已发货的价值 1 977 800 元的 ipad4 平板电脑，后擅自卖出，货款用于赌博。程×对指控的基本犯罪事实及定性均不持异议。本院于 2014 年 3 月 17 日以程×犯职务侵占罪，判处有期徒刑六年；犯合同诈骗罪，判处有期徒刑十一年，并处罚金 50 000 元；决定执行有期徒刑十五年，并处罚金 50 000 元；并责令程×退赔赃款 5 700 900 元，发还给被害单位及被害人。该刑事判决现已生效。

上述事实有双方当事人陈述、南京市玄武区人民检察院玄检诉刑诉（2013）390 号起诉书、本院（2014）玄刑初字第 30 号刑事判决书、刑事庭审笔录、刑事卷宗材料以及本院庭审笔录等证据证实。

本案争议焦点：被告销售经理程×与原告之间是否存在“保底收益条款”的约定？原、被告之间的交易惯例是怎样的？被告对涉案货物的交付义务有无履行？

原告否认其与程×之间有“保底收益条款”的约定，其与被告之间是正常的买卖合同关系，被告未按约定交付货物，就应当返还货款。原告提供合肥市××科技有限公司（以下简称丙公司）出具的“情况说明”一份，主要内容为：其与原、被告均有业务往来，主要看哪家公司的供货价格合理，程×曾多次称，被告给业务员规定有销售任务，丙公司曾委托程×向原告采购货物，并书面委托程×付款。原告另提供编号为 HWT×2012－11－01－0020 的出货指令单一份，证明 2012 年 11 月 1 日，被告销售部按照原告发货指令将 100 台手机发送给北京××商贸有限公司。

被告对上述两份证据的真实性不予认可。被告认为，原告不能证明公章为丙公司加盖，也不能保证所述内容是丙公司的真实意思。正常情况下，转卖价格肯定高于直接采购价格，原告的倒卖转售行为，恰恰说明程×和原告存在利益的合谋；被告从未收到过原告的出货指令单，也未设置销售部。依交易习惯，既然是出货指令，也应当有被告方的签收记录。

被告还认为，程×虽为被告员工，但其与原告串通，将名义上销售给原告的货物直接加价销售给下家客户，所得利润与原告分成，被告将货物交付给程×，视为向原告履行了交付义务。

为查明事实，本院从南京市公安局玄武分局调取该局对奚××（原系原告销售总监）和程×讯（询）问笔录、程×与奚××的QQ聊天记录。由于上述材料的形成时间在检察机关两次退回补充侦查结束之后，公安机关未向检察机关移交上述材料，故在本院刑事案件审理中未涉及上述材料。

1. 2013年12月27日，南京市公安局玄武分局对奚××进行询问。奚××称：2012年10月，原告总经理王甲和程×签订协议（一式三份，程×留一份，原告留存两份），协议内容是原告每月出资200万元作为运作资金，程×要确保原告2个点的毛利收入，如果达不到，就由程×补足。实际上，原告提供一个资金平台，将资金打到被告的对公账户，由程×为原告开拓销售渠道。程×以批发价或者以较低的价格供货，为原告开拓销售渠道，销售给下家，程×能加价销售，加价利润由程×拿。2012年10月至2013年1月，原告从被告处进货，共发生六、七笔批发业务。原告通过电话或QQ和程×联系洽谈，然后签合同，原告先打款，将货款打到被告的对公账户，按合同约定，5～7天内被告发货，大部分货物都是程×安排送货人员直接送货给下家，只有少部分货物是程×安排送货人员送给原告，也能视为无货交易。这些下家都是程×找的，之前这些下家已将货款打到原告对公账户。一个月之内程×把被告的发票给我，我在二个月之内将原告开具的发票通过程×直接交给合肥本地的下家，外地的下家按程×给的地址寄发票。所有客户都签合同，如果是合肥本地的客户，程×把对方电话告诉我，之前程×都和对方谈好品名、价格、数量，我就电话联系，让对方将盖好章的合同送给我，我再盖原告的公司印章，双方各执一份。

2. 2014年1月23日，南京市公安局玄武分局对程×进行了讯问。程×的供述与奚××的陈述内容基本相同，但对程×与原告之间有无签订过书面协议一事，俩人陈述不一致。程×否认签过书面协议，程×称原告曾要求通过其让被告出一个书面东西，并附加一个书面保证，其未答应，也未向被告柯总汇报此事。

3. 2014年4月4日，南京市公安局玄武分局对程×进行了再次讯问。程×称其是帮原告送货给下家客户，这些下家客户都知道是代原告送货的。

4. 南京市公安局玄武分局调取了程×与奚××之间的QQ聊天记录。记载的内容是程×与奚××之间从2012年10月16日至2013年1月22日期间对话情况。根据QQ聊天记录，2012年10月16日，奚××让程×汇给原告法定代表人王××20万元（程：账号给我，我把20先办过去，最好工行的）。在程×与原告合作期间，原告根据买卖合同将货款汇至被告账户，程×或程×许可的人（奚：可要带啥手续。程：不要）从被告处提取原告订购的同等价值的货物。原告利用程×在被告处工作所积累的人脉和客户资源，允许程×自主确定销售价格（奚：单品价格多少？程：PAD平出，手机3 415）代为销售其从被告处订购的货物（奚：北京××商贸有限公司4 180×290的销售合同、收货收条。奚：没有就先把收货收条搞好。程：以后，就搞个收货收条吧。程：不要搞合同了，有点麻烦），谋取保底收益。双方合作期间，奚××曾提醒程×注意回款风险（奚：你必须等到款才能发货），程×亦多次将客户回款汇给原告。2013年1月22日，奚××通过QQ向原告发送最后一条信息（奚：款呢），但程×没有回应。

5. 本院于2014年5月7日对奚××做了调查。奚××称：其从2012年10月起，和程×合作了三个月，如原告每月毛利不足两个点，由程×补足差额。2012年10月16日，程×曾汇给原告法定代表人王××的20万元系保证金，以保证原告有每月2个点的毛利，如果毛利不足，从20万元保证金中扣除。程×帮原告将货卖给下家，价格由程×负责洽谈。2012年11月30日，因当月利润未达标，程×汇补差款30 500元至原告账户。

6. 2014年7月17日，本院至镇江监狱开庭，程×作为证人接受原、被告质询。程×表示曾交20万元保证金给原告，交保证金是为了保证原告利润。原告这几单批发业务80%～90%都是其介绍的，确认客户订单后，其帮原告代发货。奚××曾要求签订书面协议，但最终并没有签。

7. 本院要求原、被告分别提供货款支付及货物交易清单。双方从各自的电脑上导出相应数据。被告的出库商品名称、数量、单价、金额与原告的基本相同。仅有一次记载不相同，即2012年12月23日被告出库记载为联想笔记本200台、单价是3 550元，总金额是71万元，而原告次日的进库记录则是苹果4S，但单价、数量和总金额都是一致的。此外，原告称其没有收到本案讼争货物，但原告在2013年1月17日的进库单中记载其总共进了价值1 987 700元的四个品种的苹果手机。2013年1月13日，被告的出库单显示，其向原告销售了上述货物。被告陈述，实际交付货物与合同价款的差价9 900元，由程×现金补足。

8. 原告的银行账户显示，2012年10月29日至同年12月25日，程×先后汇给原告478 100元、136 600元、332 000元、12 200元、500 000元、168 800元、30 500元、500 000元、250 000元、275元、303 480元。

9. 因程×陈述其曾向原告法定代表人王××交纳保证金20万元，QQ记录有相应记载，奚××亦认可此事，为此，本院限期原告提供王××的工商银行账户交易清单。原告以王××不参与公司实际经营，且王××现居国外等为由未予提供。为此，本院调取了王××的银行账户交易清单，该清单显示程×于2012年10月16日汇给王××20万元。

原告对上述证据的真实性不持异议，但认为内容不能证明原、被告之间的交易过程，奚××所称的200万元额度与原告每次的转账记录相矛盾，第一笔交易额为34万元，第二笔为612 900元，除了最后一笔为1 977 800元，其余几笔都不足100万元，与200万元亦相差较远。奚××称程×与原告之间有书面协议，但程×否认有书面协议，证明奚××的陈述不具有真实性。奚××的QQ聊天记录是其个人的意思表达，与原告无关。至于王××有无收到20万元，与原告无关，这是王××的个人行为，不能证明原告收到程×的保证金。

被告对上述证据的真实性无异议，认为上述证据能够证明程×与原告之间存在合作关系，即程×给原告每月不少于资金额度2个点的回报，程×向原告交纳保证金20万元，帮助原告联系下家客户，并由程×确定销售价格。至于程×与原告之间有无书面协议，奚××与程×的陈述不一致，但有无书面协议，不影响原告按200万元的资金额度收取每月2个点的保底收益，不足部分，由程×补足，事实上也是这样操作的。

关于原告与程×之间有无“保底收益条款”的约定。

本院认为，程×归案后，公安机关从程×的电脑上提取的QQ聊天记录，具有较强的证明力，虽然不能完整地呈现原、被告之间的交易全貌，但结合公安机关对奚××、程×所作的谈话、讯（询）问笔录，本院对奚××、程×所作的调查笔录以及程×向原告法定代表人王××汇款20万元等相关事实，本院认为上述证据已形成证据链，能够证明程×与原告存在利益勾连，即程×代原告进行销售，原告从程×处获得相应利益。至于双方之间有无“保底收益条款”的书面协议，不影响对双方行为性质的认定。原告认为王××收到程×的20万元是王××的个人行为，与原告无关。因王××系原告的法定代表人，与原告存在特殊的关系，程×按照其与奚××在QQ中的约定将20万元汇至王××的账户上，原告没有举证王××与程×还存在其他债权债务关系，故对原告的该项理由，本院不予采纳。

关于原、被告之间的交易惯例。

本院认为，从程×与奚××之间的QQ聊天记录来看，程×与原告合作期间，原告利用程×在被告处工作所积累的人脉和客户资源，允许程×自主确定销售价格，代为销售其从被告处订购的货物，谋取收益。原告出于风险控制，要求程×向其法定代表人交纳保证金20万元。双方合作期间，奚××曾提醒程×注意客户的回款风险，程×亦按双方的约定多次将客户回款汇给原告。如果程×仅是作为被告员工履行职务，不应出现程×在两个月左右时间多次从个人账户汇款给原告的情形，从而可以推断程×与原告之间存在利益上的勾连。原、被告之间履行了数份合同（2012年11月8日的合同外），在履行过程中，被告实际交付的货物品名、数量、单价与合同约定均不符，只是每次交付的货物总价大体相同，说明合同只是一个形式，原告的目的是通过程×的转售谋取收益，程×虽然是被告员工，但在转售谋利上与原告存在利益勾连，表面上，程×行使了类似或超越原告销售经理的职权，实质上，原告并不关心程×的销售过程或销售价格，只关心其收益能否实现。因此，从上述交易过程可以认定，原、被告之间的交易惯例是：原告根据买卖合同将货款汇至被告账户，程×或程×许可的人从被告处提取货物，由程×交付给原告或代为销售给下家客户，代销的货物由程×负责收回货款。

关于被告对涉案货物的交付义务有无履行。

本院认为，根据查明的事实以及原、被告之间的交易惯例，原告向被告订购的等价值货物，均由程×或程×许可的人代为提取，对前几批货物的交付，原告从未向被告提出过异议，说明前几批合同的交付义务已经完成。本案所涉的双方于2013年1月11日签订的合同，合同约定的是原告购买被告580台iPad4，单价为3 410元，价款总计1 977 800元。被告的出库单说明被告交付的货物是苹果手机，并且已出库。而原告2013年1月17日的进货记录显示，原告共进了价值1 987 700元的苹果手机（非合同约定的iPad4），原告的进库记录与被告的出库记录完全相同，可以视为原告已实际收到货物。否则，若实际交付的货物与合同约定不符，原告不可能作出准确的记载。至于程×将该批货物转售，并不违反原告的意志。程×将货款收回后未按惯例汇给原告，系程×违反了其与原告之间的约定，而不是被告未履行交付义务。与之相佐证的是，2013年1月22日，奚××在最后一次QQ聊天中向程×催要的并非本案拖欠的货物，而是销售回款。

此外，刑事案件被害人的认定理论也可以辅助判断本案被告的交付义务有无履行。根据刑法理论，在经济犯罪案件审理中，被害人的确定应当遵循直接原则、过错原则。直接原则，是指通常情况下犯罪行为直接针对的对象就是被害人。过错原则，是指在经济犯罪案件中存在多个民事合同关系和多个民事法律主体的情况下，应保护善意、无过错的民事主体，不认定其为被害人。与之相对应的，因追逐高额回报，贸然从事高风险投资对自己的财产受到损失持不谨慎甚至放任态度，主观上存在过错的，应认定为被害人。

南京大学刑法学专家孙国祥教授在2014年5月13日南京市中级人民法院召开的经济犯罪案件中刑民交叉问题案例研讨会（以下简称刑民交叉研讨会）上认为，在刑民交叉案件被害人的确定问题上，过错原则的确立是非常重要的。在善意、过错两方同时存在的情况下，善意一方的利益更值得保护。

本案中，程×作为被告的员工，本应尽心为公司创造价值。程×将本属于被告的客户介绍给原告，使本应属于被告的销售利润在原告与程×之间进行分配，原告应当知道其与程×之间的这种合作关系必然会损害被告的利益，原告也应当知道其允许程×转售货物并转交货款可能存在风险，但原告为追求高额回报，贸然从事高风险投资，对自己的资金安全持不谨慎甚至放任态度，主观上存在过错，应认定为被害人。在程×未及时将销售回款汇给原告后，原告转而要求被告承担本应由原告承担的交易风险，不符合诚信原则，本院不予支持。

关于民事诉讼中出现未涵盖在生效刑事判决中的新证据，致民事判决与生效刑事判决可能存在冲突如何协调的问题，法律或司法解释缺乏相应的规定。对此，南京大学民法学专家叶金强教授在刑民交叉研讨会上认为，刑民交叉案件的处理应当采取分别判断、个案判断，即在该类案件中，案件的事实是同一的，但刑事审判程序与民事审判程序关注的重点不同，需要的案件事实、证据材料不同，裁判的结果也应当根据刑法、民法分别作出判断。东南大学法学院院长刘艳红教授在刑民交叉案研讨会上认为，刑民交叉案件没有一个简单的处理模式，无论是“先民后刑”还是“先刑后民”都是教条化、简单化的处理方法，最重要的原则还是取决于具体个案中民事关系和刑事关系的关联性和相互影响程度。本院认为，在刑民交叉案件中，刑事证据的认定标准远高于民事证据的。就同一法律事实，刑事判决在先，民事判决在后，刑事判决中认定的事实应当作为民事裁判的依据。但在刑事判决生效后，出现新的证据，民事案件不应仍依据生效的刑事判决书作出裁判，而应根据优势证据规则作出独立的判断。因民事判决与刑事判决并非基于同一法律事实，故也不存在两判决认定事实冲突的问题。

鉴于程×案的刑事判决已经生效，在判决中责令程×向被害人退赔赃款，因实际受害人为原告，故被告若收到程×退赔的赃款，应及时转交给原告。

综上，被告的交付义务已经履行，原告要求解除合同、返还货款并赔偿损失的诉讼请求，缺乏事实与法律依据，本院不予支持。依照《中华人民共和国合同法》第九十一条第（一）项，《最高人民法院关于适用〈中华人民共和国合同法〉若干问题的解释（二）》第七条，《最高人民法院关于民事诉讼证据的若干规定》第二条，《中华人民共和国民事诉讼法》第一百四十二条之规定，判决如下：

驳回原告甲公司的诉讼请求。

本案案件受理费23 888元、保全费5 000元，共计28 888元，由原告甲公司负担。

如不服本判决，可在判决书送达之日起十五日内，向本院递交上诉状，并按对方当事人的人数提交副本，上诉于江苏省南京市中级人民法院，同时根据国务院《诉讼费用交纳办法》的有关规定，向南京市中级人民法院预交上诉案件受理费。南京市中级人民法院开户银行：南京市××银行××支行；账号：10××××76。

审判长　陈××
人民陪审员　封　×
人民陪审员　吕××
二〇一×年十二月十九日
见习书记员　褚××

附：获奖点评

中国法学会法律文书学研究会：

一、突破思维定式

根据具体案情，认真分析，独立思考，作出符合事理情理但又不违背法理的民事判决，以民事判决改变了刑事判决对刑事受害人认定的内容，并以此作为民事判决的事实依据，进而作出民事判决。

二、突破刑民界限

本案法官审理民事案件，却往返穿梭于民事案件以及与民事案件有牵连的刑事案件之间，足见该案法官对所承办案件认真负责的精神，对法律公平正义的坚守，对刑民案件法律知识的娴熟掌握，对驾驭刑民案件审理的综合能力。

三、突破法律框架

其一，根据民事案件的事实，改变了刑事判决对刑事受害人认定的内容。

其二，根据本案中双方当事人所形成的交易习惯认定民事案件事实。

其三，在判决书中借用专家学者的理论观点，作为民事判决的理论支撑。

【实例2】彭×案一审判决书

南京市鼓楼区人民法院

民事判决书

（2007）鼓民一初字第××号

原告：徐××，女，汉族，1942年8月9日生，住本市×××12号。

委托代理人：唐×，南京×××律师事务所律师。

被告：彭×，男，汉族，1980年7月2日生，江苏×××有限公司职工，住本市×××2×3-1号。

委托代理人：李×，女，汉族，198×年8月8日生，住本市×××19号。

委托代理人：高××，江苏×××××师事务所律师。

原告徐××与被告彭×人身损害赔偿纠纷一案，本院受理后，依法组成合议庭，公开开庭进行了审理，原告徐××及其委托代理人唐×，被告彭×及其委托代理人李×、高××到庭参加诉讼。本案现已审理终结。

原告徐××诉称：2006年11月20日上午，原告在本市水西门公交车站等候83路车。大约9点半，2辆83路公交车进站，原告准备乘坐后面的83路公交车，在行至前一辆公交车后门时，被从车内冲下的被告撞倒，导致原告左股骨颈骨折，住院手术治疗。因原、被告未能在公交治安分局城中派出所达成调解协议，故原告诉至法院，请求判令被告赔偿原告医疗费40 460.7元、护理费4 497元（住院期间护理费897元、出院后护理费3 600元）、营养费3 000元、伙食费346元、住院期间伙食补助费630元、残疾赔偿金71 985.6元、精神损害抚慰金15 000元、鉴定费500元，共计人民币136 419.3元，并由被告承担本案诉讼费。

被告彭×辩称：被告当时是第一个下车的，在下车前，车内有人从后面碰了被告，但下车后原、被告之间没有碰撞。被告发现原告摔倒后做好事对其进行帮扶，而非被告将其撞伤。原告没有充分的证据证明被告存在侵权行为，被告客观上也没有侵犯原告的人身权利，不应当承担侵权赔偿责任。如果由于做好事而承担赔偿责任，则不利于弘扬社会正气。原告的诉讼请求没有法律及事实依据，请求法院依法予以驳回。

经审理查明，2006年11月20日上午，原告在本市水西门公交车站等候83路车，大约9时30分，两辆83路公交车同时进站。原告准备乘坐后面的83路公交车，在行至前一辆公交车后门时，被告第一个从公交车后门下车，原告摔倒致伤，被告发现后将原告扶至旁边，在原告的亲属到来后，被告便与原告亲属等人将原告送往医院治疗，原告后被诊断为左股骨颈骨折并住院治疗，进行了髋关节置换手术，产生了医疗费、护理费、营养费等损失。

事故发生后，南京市公安局公共交通治安分局城中派出所接到报警后，依法对该起事故进行了处理并制作了讯问笔录。案件诉至本院后，该起事故的承办民警到法院对事件的主要经过作了陈述并制作了谈话笔录，谈话的主要内容是原、被告之间发生了碰撞。原告对该份谈话笔录不持异议。被告却认为谈话笔录是处理事故的民警对原、被告在事发当天和第二天所作询问笔录的转述，未与讯问笔录核对，真实性无法确定，不能作为本案认定事实的依据。

案件审理期间，处理事故的城中派出所提交了当时对被告所作讯问笔录的电子文档及其誊写材料，电子文档的属性显示其制作时间为 2006 年 11 月 21 日，即事发后第二天。讯问笔录电子文档的主要内容为：彭×称其没有撞到徐××，但其本人被徐××撞到了。原告对讯问笔录的电子文档和誊写材料不持异议，认为其内容明确了原、被告相撞的事实。被告对此不予认可，认为讯问笔录的电子文档和誊写材料是复制品，没有原件可供核对，无法确定其真实性，且很多内容都不是被告所言；本案是民事案件，公安机关没有权利收集证据，该电子文档和誊写材料不能作为本案认定事实的依据。

被告申请证人陈××出庭作证，证人陈××证言主要内容：2006 年 11 月 20 日其在 21 路公交车水西门车站等车，当时原告在其旁边等车，不久来了两辆车，原告想乘后面那辆车，从其面前跑过去，原告当时手上拿了包和保温瓶；后来其看到原告倒在地上，被告去扶原告，其也跑过去帮忙；但其当时没有看到原告倒地的那一瞬间，也没有看到原告摔倒的过程，其看到的时候原告已经倒在地上，被告已经在扶原告；当天下午，根据派出所通知其到派出所去作了笔录，是一个姓沈的民警接待的。对于证人证言，原告持有异议，并表示事发当时是有第三人在场的，但不是被告申请的出庭证人。被告认可证人的证言，认为证人证言应作为本案认定事实的依据。

本院认为，当事人的合法权益受法律保护。对于本案的基本事实，即 2006 年 11 月 20 日上午原告在本市水西门公交车站准备乘车过程中倒地受伤，原、被告并无争议。但对于原告是否为被告撞倒致伤，双方意见不一。根据双方诉辩观点，本院归纳本案的争议焦点为：一、原、被告是否相撞；二、原告损失的具体数额；三、被告应否承担原告的损失，对此分别评述如下。

一、原、被告是否相撞。

本院认定原告系与被告相撞后受伤，理由如下：

1. 根据日常生活经验分析，原告倒地的原因除被他人的外力因素撞倒之外，还有绊倒或滑倒等自身原因情形，但双方在庭审中均未陈述存在原告被绊倒或滑倒等事实，被告也未对此提供反证证明，故根据本案现有证据，应着重分析原告被撞倒之外力情形。人被外力撞倒后，一般首先会确定外力来源、辨认相撞之人，如果相撞之人逃逸，作为被撞倒之人的第一反应是呼救并请人帮忙阻止。本案事发地点在人员较多的公交车站，是公共场所，事发时间在视线较好的上午，事故发生的过程非常短促，故撞倒原告的人不可能轻易逃逸。根据被告自认，其是第一个下车之人，从常理分析，其与原告相撞的可能性较大。如果被告是见义勇为做好事，更符合实际的做法应是抓住撞倒原告的人，而不仅仅是好心相扶；如果被告是做好事，根据社会情理，在原告的家人到达后，其完全可以在言明事实经过并让原告的家人将原告送往医院，然后自行离开，但被告未作此等选择，其行为显然与情理相悖。

城中派出所对有关当事人进行讯问、调查，是处理治安纠纷的基本方法，其在本案中提交的有关证据能够相互印证并形成证据锁链，应予采信。被告虽对此持有异议，但并未提供相反的证据，对其抗辩本院不予采纳。根据城中派出所对原告的询问笔录、对被告讯问笔录的电子文档及其誊写材料等相关证据，被告当时并不否认与原告发生相撞，只不过被告认为是原告撞了被告。综合该证据内容并结合前述分析，可以认定原告是被撞倒后受伤，且系与被告相撞后受伤。

2. 被告申请的证人陈××的当庭证言，并不能证明原告倒地的原因，当然也不能排除原告和被告相撞的可能性。因证人未能当庭提供身份证等证件证明其身份，本院未能当庭核实其真实身份，导致原告当庭认为当时在场的第三人不是出庭的证人。证人庭后第二天提交了身份证以证明其证人的真实身份，本院对证人的身份予以确认，对原告当庭认为当时在场的第三人不是出庭的证人的意见不予采纳。证人陈××当庭陈述其本人当时没有看到原告摔倒的过程，其看到的只是原告已经倒地后的情形，所以其不能证明原告当时倒地的具体原因，当然也就不能排除在该过程中原、被告相撞的可能性。

3. 从现有证据看，被告在本院庭审前及第一次庭审中均未提及其是见义勇为的情节，而是在第二次庭审时方才陈述。如果真是见义勇为，在争议期间不可能不首先作为抗辩理由，陈述的时机不能令人信服。因此，对其自称是见义勇为的主张不予采信。

4. 被告在事发当天给付原告二百多元钱款且一直未要求原告返还。原、被告一致认可上述给付钱款的事实，但关于给付原因陈述不一：原告认为是先行垫付的赔偿款，被告认为是借款。根据日常生活经验，原、被告素不认识，一般不会贸然借款，即便如被告所称为借款，在有承担事故责任之虞时，也应请公交站台上无利害关系的其他人证明，或者向原告亲属说明情况后索取借条（或说明）等书面材料。但是被告在本案中并未存在上述情况，而且在原告家属陪同前往医院的情况下，由其借款给原告的可能性不大；而如果撞伤他人，则最符合情理的做法是先行垫付款项。被告证人证明原、被告双方到派出所处理本次事故，从该事实也可以推定出原告当时即以为是被被告撞倒而非被他人撞倒，在此情况下，被告予以借款更不可能。综合以上事实及分析，可以认定该款并非借款，而应为赔偿款。

…………

三、被告应否承担原告损失。

根据前述分析，原告系在与被告相撞后受伤且产生了损失，原、被告对于该损失应否承担责任，应根据侵权法诸原则确定。

本案中，原告赶车到达前一辆公交车后门时和刚从该车第一个下车的被告瞬间相撞，发生事故。原告在乘车过程中无法预见将与被告相撞；同时，被告在下车过程中因为视野受到限制，无法准确判断车后门左右的情况，故对本次事故双方均不具有过错。因此，本案应根据公平责任合理分担损失。公平责任是指在当事人双方对损害均无过错，但是按照法律的规定又不能适用无过错责任的情况下，根据公平的观念，在考虑受害人的损失、双方当事人的财产状况及其他相关情况的基础上，判令加害人对受害人的财产损失予以补偿，由当事人合理地分担损失。根据本案案情，本院酌定被告补偿原告损失的40%较为适宜。

关于原告主张的精神损害抚慰金问题。本次事故虽给原告的精神造成了较大痛苦，因双方均无过错，故原告要求赔偿精神损害抚慰金 15 000 元的诉讼请求于法无据，本院不予支持。

综上，为维护当事人的合法权利，依据《中华人民共和国民法通则》第九十八条、第一百一十九条，《最高人民法院关于审理人身损害赔偿案件适用法律若干问题的解释》第十七条之规定，判决如下：

被告彭×于本判决生效之日起十日内一次性给付原告徐××人民币 45 876.36 元。

被告彭×如果未按本判决指定的期间履行给付金钱义务，应当按照《中华人民共和国民事诉讼法》第二百三十二条之规定，加倍支付迟延履行期间的债务利息。

本案受理费 890 元、其他诉讼费 980 元，合计 1 870 元。由原告徐××负担 1 170 元，彭×负担 700 元原告已预交，故由被告在履行时一并将该款给付原告。

如不服本判决，可在判决书送达之日起十五日内，向本院递交上诉状，并按对方当事人的人数提出副本，上诉于江苏省南京市中级人民法院。

审判长　×　×

代理审判员　×××

代理审判员　×　×

二〇〇七年九月三日

见习书记员　×　×

【实例 3】杨某与王某离婚后财产纠纷一审民事判决书

贵州省××县人民法院

民事判决书

（2018）黔民初××号

原告：杨某，女，1976 年 9 月 6 日生，布依族，住贵州省××县，

被告：王某，男，1979 年 9 月 10 日生，布依族，住贵州省××县，

原告杨某与被告王某离婚后财产纠纷一案，本院于 2018 年 4 月 4 日受理后，依法由审判员柏×适用简易程序公开开庭进行了审理，原告杨某到庭参加诉讼，被告王某经法院合法传唤未到庭参加诉讼。本案现已审理终结。

原告杨某诉称：原、被告于××××年××月××日结婚，因婚后感情不和，于 2017 年 6 月 26 日协议离婚，离婚协议约定福特车牌号为 J×××××的轿车一辆归原告方所有，此车现在被告方处，现请求法院判令：被告将车牌号为贵 J×××××的福特车（价值10 万元）一辆归还原告。

被告王某未答辩。

经审理查明：原告杨某与被告王某于××××年××月××日结婚，因婚后感情不和，双方于 2017 年 6 月 26 日至惠水××××花红镇人民政府婚姻登记处办理离婚手续，签订了“离婚协议”，协议中对财产分割作了约定：双方在婚姻关系存续期间共有位于贵州省××县××花红镇××村××房屋××栋，共两层，离婚后归男方所有，共有福特车一辆，车牌号为贵 J×××××，归女方所有。协议签订后，被告未把车辆归还原告，故原告诉至法院，请求判如所请。

上述事实有原告的当庭陈述、原告出具的离婚证、“离婚协议”、车辆购买发票证据予以证实。

本院认为：根据《中华人民共和国婚姻法》第三十九条第一款规定：“离婚时，夫妻的共同财产由双方协议处理；协议不成时，由人民法院根据财产的具体情况，照顾子女和女方权益的原则判决”。本案中，原告杨某与被告王某于 2017 年 6 月 26 日协议离婚，双方为此签订了“离婚协议”，对夫妻共同财产进行了处理，该协议对原、被告具有法律约束力，被告应当按照协议内容履行义务，将车牌号为贵 J×××××福特轿车归还原告。故本院对原告的诉请依法予以支持。

被告王某在本院送达开庭传票等法律文书后，无正当理由拒不到庭参加诉讼，放弃对原告诉请进行抗辩的权利，由此产生的不利后果应当由被告王某承担。

综上，依照《中华人民共和国合同法》第八条、第六十条第一款、第一百零七条，《中华人民共和国婚姻法》第三十九条第一款，《中华人民共和国民事诉讼法》第一百四十四条之规定，判决如下：

被告王某于本判决生效之日起十五日内向原告杨某归还车牌号为J×××××的福特轿车。

案件受理费200元，减半收取100元，由被告王某承担。

如不服本判决，可以在判决书送达之日起十五日内，向本院递交上诉状，并按对方当事人的人数或代表人的人数提出副本，上诉于贵州省黔南布依族苗族自治州中级人民法院。

审判员　柏×

二〇一八年五月三日

书记员　袁×（代）

【实例4】李甲与李乙、李丙共有财产纠纷一审民事判决书

贵州省××市人民法院
民事判决书

（2018）黔民初××号

原告：李甲，女，汉族，1961年4月29日生，贵州省××市人，住××市，

委托诉讼代理人：胡××，系贵州××律师事务所律师。

被告：李乙，男，汉族，1962年10月9日生，贵州省××市人，户籍住址××市，现住××市。

委托诉讼代理人：王××，系××市××法律服务所法律工作者。

被告：李丙，女，汉族，1965年8月10日生，贵州省××市人，住××市。

第三人：李丁，男，汉族，1989年5月19日生，贵州省××市人，现住××市。

原告李甲与被告李乙、李丙共有纠纷一案，本院于2017年10月12日作出（2017）黔2702民初1497号民事判决，原告李甲不服，提起上诉，黔南州中级人民法院作出（2017）黔27民终2479号民事裁定，撤销原判，发回重审。本院依职权追加李丁作为有独立请求权的第三人参加诉讼，并依法另行组成合议庭公开开庭进行了审理。原告李甲及其委托诉讼代理人胡××，被告李乙及其委托诉讼代理人王××，被告李丙，第三人李丁均到庭参加诉讼。本案现已审理终结。

原告李甲向本院提出诉讼请求：1. 判决确认位于××市金山卫生局宿舍1栋2楼处属于秦××所有的房屋被征收补偿款的三分之一，即108 203.29元归原告；2. 本案诉讼费由被告承担。

事实和理由：原告李甲与被告李乙、李丙系同胞姊妹，其母亲秦××去世后遗留有位于××市卫生局宿舍1栋2单元处楼房一套和两个煤棚。2016年该房被政府征用，李乙和李丙在未取得李甲同意的情况下，将该权益全部登记于李乙之子李丁的名下，经政府测算该房可获得补偿款324 609.87元，因该款分配问题经多次协商未果，被告拒绝分割，其行为已侵害了原告的合法权益，为此，依法向法院提起诉讼。

被告李乙辩称：1. 原告的诉请已过诉讼时效，母亲秦××在2009年正月初六去世时，继承已经开始，且原告李甲明知李乙在母亲去世后，换了本案房屋的门锁，无法进入，也应在此时就该对自己的合法权益进行主张，但原告未主张；2. 原告李甲将李丙列为被告不适格，李丙的身

份应为共同原告；3. 本案并非法定继承，而是遗嘱赠与，秦××在世时，李乙从 1995 年其父亲去世后一直与母亲秦××居住，照顾母亲秦××的生活起居、病痛护理，秦××已将本案争议的房屋遗赠给唯一的孙子李丁，这是符合常理及社会常情的，且李丁已表示接受该遗赠；4. 有证人谢某、周某及李丙证实秦××已口头将本案争议的房屋遗赠给李丁，李乙、李丙及外人都知道这个事情，李甲不可能不知情，且李丙正是因为坚持其母亲秦××的这个遗赠意愿，并未要求对本案争议房屋进行继承，由此可见，秦××的口头遗嘱是能够认定的；5. 本案争议的房屋仅 69 个平方米，原告也只能局限于这 69 个平方米进行继承，除此之外的物品，如阳台的装修、生活用品电磁炉等均是由被告李乙添附所得，而原告诉请的 108 203.29 元是建立在全部补偿的基础上算出来的，是虚假的，应当予以驳回。

被告李丙辩称：1. 不明白原告李甲为何列自己为被告，且自己未有房子居住，也没有钱给李甲；2. 本案争议的房子，母亲秦××已经给孙子李丁，自己虽然也想要这个房子，但这是母亲的决定，自己不能主张要房子；3. 原来家里有 2 套房子，其中一套李甲已经卖了，但没有给自己和李乙讲过。

第三人李丁述称：其父母 1999 年离异后，其与奶奶一直居住在争议房屋内，奶奶不止一次说把房屋遗赠给李丁，当时原、被告均表示同意，其也表示接受，其间，其父亲也出钱装修了该房屋，房屋门锁换后，没有将钥匙给原告，原告也没有提出任何意见。另原告曾与其联系办理房屋过户手续问题，因其读书没有时间，故房屋一直没有办理过户手续，也没有公证，现该房屋被拆迁，原告就反悔了。原告所述不属实，请求驳回原告的诉讼请求。

原告李甲在举证期限内向本院提交以下证据：

1. 李甲身份证，证明原告的身份信息。经质证，二被告及第三人无异议。

2. 不动产登记资料查询结果，证明产权编号为×××××的位于××市××镇××路卫校宿舍 01 幢住房一套系秦××所有。经质证，被告及第三人无异议。

3. 关于××市卫生局宿舍 1 栋 2 楼（右）秦××房屋产权归属情况说明，证明在原告不知情的情况下，李乙、李丙向××市古城文化旅游景区建设暨棚户区改造指挥部出具了秦××将争议房屋留给孙子李丁，兄妹三人当时都没有意见的说明。经质证，被告及第三人均无异议。

4. ××市棚户区改造房屋征收补偿付款清册以及房屋分户登记表，证明争议房屋因拆迁应得补偿款共计 30 余万元。经质证，被告李乙无异议，认为补偿包括其装修所得补偿款；被告李丙无异议，认为装修是母亲在世时装修一次，母亲去世时，哥哥李乙装修一次；第三人李丁无异议。

5. 拆迁办调解记录，证明拆迁办在 2017 年 7 月组织李甲、李乙进行调解的情况。经质证，被告李乙认为与本案无关；被告李丙表示其没有参与，不知情；第三人李丁无异议。

6. 墓碑照片、秦××死亡证明，证明原、被告父母死亡时间。经质证，被告及第三人对其真实性无异议。

7. 秦××住院病历及证明，证明秦××住院期间多是李甲在照顾。经质证，被告及第三人均对住院病历无异议，但认为证明不真实，不符合证据三性，应不予采信。

8. 福泉县公房出售价格及租住租金计算表，证明争议房屋系原、被告父母共同购买的房改房，属父母共同遗产。经质证，被告及第三人均无异议，但认为与本案无关联性。

9. 证人张 1、刘某、张 2、陈某证言，证明秦××生病期间，多是原告在照顾护理。经质证，被告及第三人均认为证人证言不真实，李乙另认为与本案无关联性，且证人与原告系朋友关系，不能作为证据采信。

被告李乙在举证期限内向本院提交以下证据：

1. 房屋所有权证，证明××市××镇××路卫校宿舍的面积是69平方米。经质证，原告无异议，但认为应当以政府征用的实际面积为准；被告李丙及第三人李丁无异议。

2. 土地收益金结算票据，证明2005年李乙就已经缴纳争议房屋土地出让金。经质证，原告李甲无异议，但认为2005年秦××还在世，不是李乙在管理房屋；被告李丙及第三人李丁无异议。

3. 秦××住院病历，证明李乙系秦××住院期间的联系人，在母亲秦××公开表示房子由李丁继承后，李乙表示秦××的生老病死由其负责。经质证，原告无异议，但认为不能证明被告的主张，且秦××的医药费是可以报销的；被告李丙及第三人李丁无异议，并认可秦××的医药费用全部是由李乙支付。

4. 黔南州诚信建筑工程有限公司证明，证明2009年7月初李乙与公司的业务经理李×利联系后，由该公司对其居住的××市卫生局宿舍1栋2楼进行装修，包工不包料，装修过程中产生的材料费、人工费由李乙承担。经质证，原告李甲有异议，认为该证明不属实，没有其他证据相佐证。被告李丙及第三人李丁无异议。

5. ××市妇幼保健院出具的秦××抚恤金及丧葬费领取情况、收条，证明秦××死亡后，李乙就放弃领取秦××的抚恤金及丧葬费，李丙领取了7 442.75元，李甲领取了17 657.25元。经质证，原告李甲无异议，但认为与本案无关联；被告李丙及第三人李丁无异议。

6. 证人谢某证言，证明从1978年开始就与秦××是邻居关系、朋友关系。关于秦××在卫校宿舍的房子，大概是在2005年或是2006年时候，秦××过生日宴请大家，在饭桌上讲过房子是给孙子李丁的，但后来秦××对争议房屋是如何处理，其不清楚。经质证，原告李甲认为不属实，口头遗嘱在去世时才有效；被告李丙及第三人李丁无异议，认为应作为证据采纳。

7. 证人周某证言，证明认识秦××一家人，一直有往来，与李乙、李丙是朋友关系，秦××家有什么大事小事都参与。在秦××过高寿时，大家在一起吃饭，秦××当着大家的面讲过房子给李丁，后来怎么讲的不清楚。在秦××生病期间，是周某爱人来照顾的。经质证，原告李甲认为证人回答不清楚；被告李丙及第三人李丁无异议。

被告李丙在举证期限内未提供证据。

第三人李丁在举证期限内未提供证据。

经庭审举证、质证，本院对原、被告提供的证据作如下认证：

原告提供的1、2、4、5、6、8号证据、7号证据中的住院病历，被告提供的1、2、3、4号证据，能证明本案客观事实，符合证据三性特征，本院予以确认。原告提供的3号证据情况说明，无其他证据予以佐证，本院不予确认。原告提供的7号证据中的证明及9号证据，被告提供的5号证据，与本案无关联性，本院不予确认。被告提供的6、7号证据证人证言，不符合口头遗嘱的法定条件，本院不予确认。

经审理查明，原告李甲与被告李乙、李丙系同胞兄弟姊妹。原、被告的父母于1992年共同购买了位于××市卫生局宿舍1栋2楼（卫校宿舍）房改房一套，即争议房屋。1995年原、被告父亲去世，属于其父亲的遗产没有进行分割。1999年4月30日，原、被告母亲秦××办理了争议房屋所有权证，房屋所有权人登记为秦××。被告李乙离婚后，于1999年与儿子李丁共同与母亲秦××居住在争议房屋内至房屋被拆迁。2009年1月31日（2009年农历正月初六），原、被告的母亲秦××去世。2009 年 7 月，李乙对争议房屋重新装修，并于 2005 年 12 月 26 日缴纳该房屋土地收益金 690 元。

2017 年××市棚户区改造，××市政府组成的××市古城文化旅游景区建设暨棚户区改造指挥部办公室（以下称××市拆迁办）对秦××遗留在此处的房产进行征收，在此过程中，被告李乙、李丙出具“关于××市××局宿舍 1 栋 2 楼（右）秦××房屋产权归属情况的说明”，向××市拆迁办说明该处房屋系秦××口头遗嘱赠给孙子李丁，原、被告三人同意的情况，××市拆迁办依据该情况说明将秦××该处房产的户主（所有权人）登记为李丁，对争议房屋实际测量后，预算该争议房屋（住房 88.12 平方米）应得补偿款 276 344.32 元、房屋（非住房煤棚）应得补偿款 3 109.6 元、住房附属设施、装修及搬家过渡费 30 154.95 元、提前搬家奖励 15 000 元，共计 324 608.87 元。原告李甲认为其母秦××未立过将房屋赠给李丁的遗嘱，便向××市拆迁办主张分配该争议房屋三分之一征收补偿款 108 203.29 元，××市拆迁办组织李甲与被告李乙调解未果，建议房屋拆迁安置协议由原、被告三人与金山街道办事处签订，拆迁款项的分配以人民法院生效判决为准，因此拆迁办未将该争议房屋的征收补偿款进行发放。原告李甲遂诉至本院，请求判决支持其如前诉请。

本院认为：公民可以立遗嘱将个人财产赠给国家、集体或者法定继承人以外的人。本案被告及第三人均称秦××在生前已口头立遗嘱将争议房屋赠给法定继承人以外的第三人李丁，虽提供证人谢某、周某证言，但该证人证言均证明秦××系在过生日吃饭时说过争议房屋留给孙子即第三人李丁，根据《中华人民共和国继承法》第十七条第五款规定，遗嘱人在危急情况下，可以立口头遗嘱。口头遗嘱应当有两个以上见证人在场见证。危急情况解除后，遗嘱人能够用书面或者录音形式立遗嘱的，所立的口头遗嘱无效。被继承人秦××过生日吃饭时口述遗嘱，不属于法律规定的危急情况，不符合口头遗嘱的法定条件，所以秦××的意思表示不具有法律效力。故对登记在被继承人秦××名下的××市××局宿舍 1 栋 2 楼（××宿舍）69 平方米的房屋，只能按法定继承的规定，由被继承人秦××的第一顺序继承人原告与二被告继承。现该争议房屋被征收，测量实际面积为 88.12 平方米，所得补偿款亦应由原、被告三人共同享有，鉴于 1999 年至征收前被告李乙与其母亲共同居住在争议房屋，且对该房屋进行装修，故该拆迁补偿款中房屋补偿款 279 453.92 元由原告与二被告平均享有，各自享有 93 151.30 元，住房附属设施、装修及搬家过渡费共计 45 154.95 元由被告李乙享有为宜。原告主张其享有争议房屋补偿款三分之一份额即 108 203.29 元，其合理部分，本院予以支持。被告及第三人辩称争议房屋系遗赠，且第三人李丁亦表示接受遗赠，原告无权利享有该争议房屋拆迁补偿款的理由不充分，本院不予采纳。被告另抗辩原告主张已过诉讼时效，因诉讼时效期间自权利人知道或者应当知道权利受到损害以及义务人之日起计算，秦××2009 年死亡后，原、被告三人均未提出该争议房屋如何继承，直到 2017 年××市棚户区改造原告才知道二被告将争议房屋登记在第三人李丁名下，才知其权利被侵害，故其诉请未超过诉讼时效，被告及第三人抗辩理由不成立，本院不予采纳。为此，依照《中华人民共和国继承法》第五条、第十条、第十三条第一款，《中华人民共和国物权法》第九十五条、第九十九条之规定，判决如下：

确认原告李甲享有××市××局宿舍 1 栋 2 楼（××宿舍）征收补偿款九万三千一百五十一元三角（93 151.30 元）。

案件受理费 2 464 元，由被告李乙承担 2 128 元，原告李甲承担 336 元。

如不服本判决，可在判决书送达之日起十五日内向本院递交上诉状，并按对方当事人的人数提出上诉状副本，上诉于贵州省黔南布依族苗族自治州中级人民法院。

审判长　熊××
人民陪审员　索××
人民陪审员　刘××
二〇一八年四月十七日
书记员　滕××

【实例5】杨××与中国工商银行股份有限公司××支行储蓄存款合同纠纷一审民事判决书

贵州省××县人民法院
民事判决书

(2017) 黔民初××号

原告：杨××，女，1962年10月18日出生，侗族，农民，住贵州省××县。

委托代理人：罗×，男，贵州××律师事务所律师。

被告：中国工商银行股份有限公司××支行。

统一社会信用代码：××××××××××××××××××。

地址：贵州省××县××镇××街55号。

法定代表人：龙××，男，该行行长。

委托代理人：张××，男，贵州××律师事务所律师。

原告杨××诉被告中国工商银行股份有限公司××支行储蓄存款合同纠纷一案，本院受理后，依法由审判员毛××担任审判长，与审判员杨甲、人民陪审员吴甲组成合议庭于2017年4月14日公开开庭进行了审理。原告及其委托代理人罗×，被告委托代理人张××到庭参加诉讼。本案现已审理终结。

原告诉称：2015年11月14日上午8时许，原告的工商银行卡在高屯被歹徒抢走，当歹徒走后，原告即借他人手机打电话给原告女儿，叫原告女儿马上到被告处挂失，原告女儿接到电话后于当天8时40分即打车到被告业务大厅，当即对大厅工作人员说要求对原告被抢走的银行卡挂失，可被告工作人员不是马上采取措施，而是不紧不慢地履行什么填表手续，结果在此时间段歹徒竟然公开用威胁原告手段获取的密码，并连续两次取走了原告的51 000元存款。此事发生后，原告曾多次找被告协商赔偿事宜，但均无结果。原告认为其所受损失与被告工作人员的机械工作方法有直接的因果关系。为此，为维护原告的合法财产权益，现原告特依法向人民法院提起诉讼，请求：1. 依法判决被告偿还原告存款损失计人民币51 000元；2. 被告承担原告被取走的现金51 000元的相应利息，从原告银行卡内现金被取走时起计算至原告银行卡内金额追回时为止；3. 本案诉讼费用由被告承担。

原告在举证期限内向法院提供了4份证据：

1. 身份证，证明原告身份基本信息；

2. 立案决定书，证明原告存款被取走的事实；

3. 请求报告，证明原告曾向被告提出过赔偿申请；

4. 监控视频，证明原告的女儿及时到被告处报案，证明原告存款被盗的事实。

经庭审质证，被告对证据1、2没有异议；对证据3的真实性持有异议，这是原告个人陈述的，是否真实需要其他证据来证明；对证据4的真实性没有异议，对于证明内容有异议，其内容不能完全证明原告的女儿到被告处报案时所有的信息。

同时，原告申请其女儿吴××作为证人出庭作证，吴××证实其到银行营业大厅向银行工作人员说明存折、银行卡被他人抢走，特申请挂失，被告工作人员要求其填写挂失申请单，提供原告身份证，因其没有携带原告身份证，亦不知道原告身份证号码，就到大厅外打电话给证人的父亲询问，后回到大厅办理挂失手续时，银行卡、存折里面的钱已被他人取走的经过、事实。

被告辩称：一、被答辩人将本人在工行开户办理的银行卡和存折密码告知他人，是导致其账户存款被他人取走的直接原因和主要原因，造成的损失应当由被答辩人自己承担。1. 被答辩人在诉状中自认他人得到了其在工行××支行开户办理的银行卡存折及密码。2. 被答辩人诉称他人抢劫其在工行××支行开户办理的银行卡和存折，并以威胁方式获取了其密码，其主张没有证据佐证。公安机关的协查通报，真实、合法、有效，足以证明他人诈骗获取被答辩人在工行××支行开户办理的银行卡和密码的事实。3. 答辩人无论是被抢劫，还是被诈骗，其完全可以不告知他人本人在工行××支行开户办理的银行卡和存折的密码；即使被挟持和威胁，也可以不告知他人真实密码而达到保护本人财产安全的目的。但遗憾的是，被答辩人将关系到其存款安全的“安全门钥匙”——密码告知了他人，被答辩人对其存款被他人取走造成的损失存在重大过错。4. 除非是黑客或者网络高手侵犯银行计算机网络系统，在客户保管好自己身份证和银行卡、存折及有关信息和密码的情况下，客户存款是很安全的。因此，被答辩人将本人在工行××支行开户办理的银行卡和存折及密码告知他人，是导致其账户存款被他人取走的直接原因和主要原因，造成损失应当由被答辩人自己承担。二、答辩人既没有违约，也没有违法，对被答辩人的存款被他人取走发生的损失不承担民事责任。1. 要求银行支取存款是客户的权利，他人持银行存折或者银行卡到答辩人处取款，并输入正确的密码，答辩人无正当理由拒绝支取；如果答辩人无正当理由而拒绝支取，就会对客户构成违约，承担相应的违约责任。2. 被答辩人诉称，其女儿对答辩人大厅工作人员说要对被答辩人抢走的银行卡挂失，可答辩人的工作人员不是马上采取措施，而是不紧不慢地履行什么填表手续，该主张缺乏证据佐证。被答辩人的女儿到达答辩人营业厅是事实，但其在营业厅向答辩人的工作人员提出了什么申请，提供了哪些信息，被答辩人没有证据佐证。3. 通过伪造他人身份证并对他人银行卡或者存折申请挂失后重新补办银行卡或者存折的方式盗取他人银行卡存款的犯罪案件时有发生，储蓄机构严格审查他人提出的挂失申请也是为了保护客户的财产安全。如储蓄机构不严格审查他人提出的挂失申请导致客户存款被他人用以上手段盗取，储蓄机构依法要承担相应的民事责任。因此，答辩人在被答辩人的女儿没有提供必要信息的情况下未受理其挂失申请，既未违约，也未违法。4. 即使答辩人的女儿向答辩人的工作人员提出银行卡和存折挂失的口头申请，因被答辩人没有提供银行受理挂失申请必备的信息，如姓名、身份证号码等信息，答辩人无法受理被答辩人口头委托其女儿口头提出的挂失申请。被答辩人的储蓄存款是在受理挂失前他人支取的，根据《储蓄管理条例》第三十一条“储户遗失存单、存折或者预留印鉴的印章的，必须立即持本人身份证明，并提供储户的姓名、开户时间、储蓄种类、金额、账号及住址等有关情况，向其开户的储蓄机构书面申请挂失。在特殊情况下，储户可以用口头或者函电形式申请挂失，但必须在 5 天内补办书面申请挂失手续。储蓄机构受理挂失后，必须立即停止支付该储蓄存款；受理挂失前该储蓄存款已被他人支取的，储蓄机构不负赔偿责任”的规定，答辩人依法对被答辩人不负赔偿责任。三、本案是因犯罪行为产生的经济纠纷，应当通过刑事诉讼程序查明案件事实后，本案民事争议才能查清事实，作出公正的判决。本案是一起因刑事案件引起的民事纠纷，案件事实是无法通过民法诉讼程序查明的，在案件事实不能查清的情况下对案件作出民事判决，不可避免出现错案。因此，应当根据“先刑后民”的原则，裁定驳回被答辩人的起诉。

综上所述，被答辩人在答辩人处储存的存款被答辩人支取，是被答辩人告知他人储蓄密码并向他人交付银行卡造成的，应当由被答辩人承担全部责任。答辩人对被答辩人的存款被他人取走，没有违法，也没有违约，不承担民事责任，因此，请求人民法院判决驳回被答辩人的起诉。

被告在举证期限内向法院提供了3份证据：

1. ××县公安局立案决定书、协查通报，证明原告并非遭受抢劫，而是犯罪嫌疑人以丢包诈骗的形式骗取原告的存折、银行卡及密码的事实，原告对存折、银行卡及密码的丢失存在过错。

2.《银行卡章程》，证明根据《银行卡章程》第5条，凡使用密码进行的交易，发卡银行均视为持卡人本人所为，银行不应承担责任。根据《银行卡章程》第6条，持卡人办理挂失时需提供牡丹灵通卡卡号、户名、证件号码、余额、住址、开户日期等信息供发卡银行验证，挂失手续办妥，挂失即生效，挂失生效前或挂失失效后持卡人因遗失牡丹灵通卡产生的一切经济损失，银行不承担责任。

3. 个人银行结算账户管理协议、杨××开户凭证，证明被告已在该协议中明示由于密码泄露造成的后果由原告承担的事实。

经庭审质证，原告对证据1的立案决定书的真实性没有异议，证明目的有异议，对证据1的协查通报没有异议；对证据2的真实性没有异议，但这是被告内部的规定，对第三人没有约束力；对证据3的真实性没有异议，但是对里面内容的细则有异议，因为被告排除了自己的责任，这种规定是无效的。

根据原告陈述、被告答辩及双方提交的证据，本院认定如下案件事实：

原告于2015年向被告中国工商银行股份有限公司××支行申办活期存折、银行卡各一张。2015年11月14日上午8时许，原告在××县××处被他人以丢包诈骗的形式，威胁骗取原告的工商银行存折及银行卡密码后，窃取原告的存折、银行卡等物品。窃取原告存折、银行卡的人走后，原告即借他人手机打电话给住县城的女儿吴××，叫其马上到被告处挂失。原告女儿接到电话后于当天8时53分到被告业务大厅，当即对大厅保安及工作人员说要求对原告被抢走的存折、银行卡申请挂失。被告工作人员当时没有采取积极安全措施应对，而是要求原告女儿吴××按程序履行申请挂失手续。8：54—8：59分吴××在被告大厅柜台办理填表手续。在办理手续期间，即8：57分，犯罪嫌疑人进入大厅（同一营业厅）到取款柜台，于8：59分当着银行工作人员及原告女儿的面将原告存折的45 000元钱取走。随后于9：03—9：08分，犯罪嫌疑人又到距工行约200米的××县农村商业银行用原告工行卡在取款机上分三次取走6 000元。待原告女儿吴××按程序办理好挂失手续后，原告存折、银行卡上的钱已共计被取走51 000元，原告随后向公安机关报案。此事发生后，原告曾多次找被告协商赔偿事宜，但均无结果。原告认为所受损失与被告工作人员没有积极采取措施，工作方法机械有直接的因果关系，应当承担赔偿责任，为此提起诉讼。

以上事实，有原、被告当庭陈述、受案回执、协查通报、相关视频资料等证据在卷证实，并经庭审质证，本院予以确认。

本院认为：原告在被告处办理存款、银行卡，原、被告间即依法成立储蓄合同关系，合同依法有效。被告作为经营存、贷款等业务的专业金融机构，负有保障客户存款安全的合同义务。本案中，原告被他人以丢包诈骗的形式，威胁、窃取原告的工商银行存折、银行卡及密码后，原告及时打电话通知其女儿到被告营业厅办理挂失手续，其女儿接到原告电话后及时赶到被告营业厅向银行工作人员说明情况并要求办理挂失手续。被告作为金融机构，其工作人员对储户存折、银行卡、密码被他人窃取，其存款随时有可能被他人取走的后果认知应当高于一般人，也深悉不积极采取措施极可能给储户带来损失，但被告却放任其消极行为，不立即积极采取安全防范措施，如通知取款柜台停止支付等措施，而是仍按照常规程序要求原告女儿提供相关材料办理挂失手续，错失良机，导致在办理手续过程中，存款被他人当面取走。从证据视频资料中可以看出，原告到营业厅办理挂失手续在前，被他人支取存款在后，前后相距有5分钟的时间，银行卡支取达10～15分钟时间，如被告积极采取措施，原告损失是完全可以避免的。被告对原告的损失存在未尽安全保障义务、不积极作为、放任的违约、过错责任，故对原告损失应当承担赔偿责任。对于被告认为本案已经作为刑事案件立案，应当根据“先刑后民”的原则，裁定驳回原告起诉的主张，《最高人民法院关于银行储蓄卡密码被泄露导致存款被他人骗取引起的储蓄存款合同纠纷应否作为民事案件受理问题的批复》（法释［2005］7号）规定：“因银行储蓄卡密码被泄露，他人伪造银行储蓄卡骗取存款人银行存款，存款人依其与银行订立的储蓄合同提起民事诉讼的，人民法院应当受理”。储蓄存款合同是存款人与银行签订的民事合同，并不因为刑事犯罪的存在，而导致储蓄存款合同的消灭。在本案中，原告诉请被告承担责任虽与银行卡犯罪行为有一定牵连性，但与他人骗取银行卡、盗取卡内资金的刑事犯罪行为不属同一法律关系，可以独立于刑事案件受理和审理，不受“先刑后民”原则的限制，故对被告的辩称理由不予采纳。原告有妥善保管存折、银行卡和密码，并防范存折银行卡资金不被他人窃取的责任和义务。在本案中，原告被他人以丢包诈骗的形式窃取了存折、银行卡和密码，从而导致存款被他人取走，因此，对其损失原告负有一定的责任。综合各种因素，考虑原、被告在该案中责任的大小，对原告所造成的损失被告承担90%的赔偿责任，原告自行承担10%的赔偿责任。据此，根据《中华人民共和国商业银行法》第六条，《中华人民共和国合同法》第六十条、第一百零七条、第一百一十二条之规定，判决如下：

一、被告中国工商银行股份有限公司××支行在本判决生效后十日内支付原告杨××存款51 000元的90%，即45 900元及利息（利息按该行活期存款利率计算，从2015年11月14日起至本判决确定的履行期限之日止）；

二、驳回原告的其他诉讼请求。

如果未按本判决指定的期间履行给付金钱的义务，依照《中华人民共和国民事诉讼法》第二百五十三条之规定，应当加倍支付迟延履行期间的债务利息。

案件受理费1 075元，由被告中国工商银行股份有限公司××支行承担898元，原告承担177元。

如不服本判决，可在判决书送达之日起十五日内向本院递交上诉状，并按对方当事人的人数提出副本，上诉于黔东南苗族侗族自治州中级人民法院。

逾期不上诉，则本判决书发生法律效力，权利人应当在履行期限届满后二年内向本院申请执行。

审判长　毛××

审判员　杨　甲

人民陪审员　吴　甲

二〇一七年十二月五日

书记员　石××

【实例6】杨××与××旅游开发有限公司、××旅游开发有限公司××房地产开发分公司商品房预售合同纠纷一审民事判决书

贵州省××县人民法院
民事判决书

（2018）黔民初××号

原告：杨××，男，1985年2月14日出生，汉族，住贵州省××县××乡××村1-3号。现住××县××新区。

委托代理人：杨甲，女，贵州××律师事务所律师。

委托代理人：龙×，男，贵州××律师事务所律师。

被告：××旅游开发有限公司（以下简称××旅开公司）。

统一社会信用代码：××××××××××。

地址：荆门市××县××镇（207国道西侧）。

法定代表人：彭××，男，公司董事长。

被告：××旅游开发有限公司××房地产开发分公司（以下简称××旅游开发公司××房地产开发分公司）。

统一社会信用代码：××××××××××。

地址：贵州省黔东南苗族侗族自治州××县××镇××新区A1号楼。

负责人：彭××，男，该公司总经理。

二被告委托代理人：陈××，男，贵州××律师事务所律师。

原告杨××与被告××旅开公司、××旅游开发公司××房地产开发分公司商品房预售合同纠纷一案，本院于2018年1月15日立案受理后，依法适用简易程序，于2018年3月19日公开开庭进行了审理。原告杨××及委托代理人杨甲、被告××旅游开发公司××房地产开发分公司、××旅开公司的委托代理人陈××到庭参加诉讼。本案现已审理终结。

原告杨××向本院提出诉讼请求：1. 请求依法判决被告继续履行"商品房买卖合同"，将出售给原告的商品房验收合格备案、办理房屋所有权初始登记并协助原告办理不动产权证书；2. 判决被告按中国人民银行规定的金融机构计收逾期贷款利息标准，即年利率6.18%支付原告逾期交付办理商品房转移登记的相关文书违约金33 050.58元（按已交房款287 908元×6.18%/年÷365天×678天=33 050.58元，该违约金暂从2015年12月29日起算至2017年11月6日止合计678天），此后自2017年11月7日起发生的仍按年利率6.18%计算至被告实际交付办理商品房转移登记的有关法律文书之日止；3、判决被告承担本案诉讼费。

事实和理由：2014年8月12日，原告与被告签订"商品房买卖合同"，合同约定原告购买被告开发建造的位于××县××新区商住楼××单元××房1-1-4，该套商品房建筑面积为120.97m^2，房屋总价款为287 908元。该合同第二十条第二项、第三项约定被告负责在商品房交付使用之日起90日内申请该商品房所有权初始登记，被告也承诺于2015年12月28日前取得该商品房的初始登记，并将办理商品房转移登记的有关文书交付给原告，若被告不能在约定期限内交付办理商品房转移登记的有关文书，逾期（超30日）不办理交付的，被告自约定日期起至实际交付办理商品房转移登记的有关文书之日止，按日向买受人支付已交付房价款0.2%的违约金。合同签订后原告即已经付清了全部购房款给被告，被告也已经交付房屋给原告。但交付的房屋没有任何验收合格手续，并没有达到交付条件，也未正式通水电，且至今也未能按合同约定的期限向原告交付办理商品房转移登记的有关材料，造成原告至今未能取得该房屋的不动产权证书，显然被告的行为已经严重违约，应当按合同约定承担违约责任。为维护原告的合法权益，根据《中华人民共和国民事诉讼法》第一百一十九条的规定特提起诉讼，请依法立案审理，并请支持原告的诉讼请求。

被告××旅开公司、××旅游开发公司××房地产开发分公司辩称：1. 因为政府违约拒绝补贴，使被告方因资金不足而不能交付税款，从而导致原、被告之间签订的合同未能履行，故被告方不应当承担责任；2. 因为该案件是批量案件，且当时卖房的时候房价比较低，希望能下调违约金。

原告在举证期限内向本院提交以下 4 份证据：

1. 身份证复印件，证明原告的基本情况；

2. 商品房买卖合同及附件，证明原、被告签订"商品房买卖合同"购买被告开发的××新区商品房，合同约定了双方的权利义务；

3. 个人住房贷款期房产权抵押承诺书、个人住房贷款凭证，证明原告将以被告售卖的××县××新区 C1 幢 1－4－3 商品房作为抵押向银行借款 200 000 元，按月偿还借款；

4. 收据及贷款支付凭证，证明原告已经付清了全部购房款并交付了水电报装费、垃圾处理费以及物业管理费等费用的事实。

被告××旅开公司、××旅游开发公司××房地产开发分公司在举证期限内没有向本院提交证据。

本院经审理认定事实如下：2014 年 8 月 12 日，原告与被告签订"商品房买卖合同"，合同约定原告购买被告开发建造的位于××县××新区商住楼××单元××房 1－1－4，该套商品房建筑面积为 120.97m^2，房屋总价款为 287 908 元。合同第二十条约定被告承诺于 2015 年 12 月 28 日前取得该商品房的初始登记，并将办理商品房转移登记的有关文书交付给原告，超过 30 日不办理交付的，被告自约定日期起至实际交付办理商品房转移登记的有关文书之日止，按日向买受人支付已交房价款 0.2%的违约金。合同签订后原告已按约定交清了全部房款，但至今被告未取得商品房所有权初始登记，未将办理商品房转移登记的有关文书交付给原告。因此，原告认为被告已经违反双方签订合同的约定，要求被告承担违约责任，遂起诉至法院。

上述事实，有原、被告陈述，双方提交的证据证实，本院予以认定。

本院认为：原、被告双方签订的"商品房买卖合同"是双方当事人真实意思表示，没有违反法律和行政法规的强制性规定，属有效合同，合同当事人应当遵照诚实信用原则全面履行义务。合同签订时，原、被告双方就房屋价款、交房时间、办理房屋产权证等事项均作了明确约定。合同签订后，原告按照合同约定已全部支付了房款，但被告却未能在约定的期限将办理房屋转移登记的相关文书交付给原告，导致原告未能按时办理商品房所有权登记证书，显然被告已经违约，理应承担违约责任，故对原告请求继续履行"商品房买卖合同"，被告应将出售给原告的商品房验收合格备案。办理房屋所有权初始登记并协助原告办理不动产权证书的请求，本院予以支持。被告称造成逾期办证是政府不兑现承诺，导致被告的资金不足造成的，出卖人不承担责任的辩解意见，其理由不充分，本院不予采纳。合同约定为被告自约定日期至实际交付办理商品房转移登记的有关文书之日止，按日向买受人支付已交房价款 0.2%的违约金，合同约定明显过高，原告主动要求调整到按中国人民银行规定的金融机构计收逾期贷款利息标准，即年利率 6.18%支付原告逾期办理商品房转移登记的相关文书违约金，本院予以支持。原告请求逾期交付办理商品房转移登记的相关文书违约金以已交房款 287 908 元为基础，按年利率 6.18%计算，自 2015 年 12 月 29 日起算至 2017 年 11 月 6 日止合计 678 天，违约金为：287 908 元×6.18%/年÷365 天×678 天=33 050.58 元，此后发生的违约金自 2017 年 11 月 7 日起按年利率 6.18%计算至实际交付办理商品房转移登记的有关文书之日止，原告请求符合法律规定，理由充分，本院予以支持。为此，依照《中华人民共和国合同法》第四十四条、第六十条、第一百零七条、第一百一十三条、第一百一十四条，《最高人民法院关于审理商品房买卖合同纠纷案件适用法律若干问题的解释》第十八条，《中华人民共和国民事诉讼法》第一百四十四条的规定，判决如下：

一、原告杨××与被告××旅游开发公司××房地产开发分公司签订的“商品房买卖合同”继续履行，被告××旅游开发公司××房地产开发分公司将出售给原告杨××的商品房验收合格备案、办理房屋所有权初始登记并协助原告杨××办理不动产权证书。

二、被告××旅游开发公司××房地产开发分公司、××旅开公司在本判决生效后三十日内支付原告杨××逾期办理商品房转移登记相关文书违约金 33 050.58 元（2017 年 11 月 7 日以后的违约金按已交房款年利率 6.18%计算至实际交付办理商品房转移登记的有关文书之日止）。

如果未按本判决指定的期间履行给付金钱的义务，应当依照《中华人民共和国民事诉讼法》第二百五十三条之规定，加倍支付迟延履行期间的债务利息。

案件受理费 626 元，减半收取 313 元，由被告××旅游开发公司××房地产开发分公司负担。

如不服本判决，可在判决书送达之日起十五日内向本院递交上诉状，并按对方当事人的人数提出副本，上诉于贵州省黔东南苗族侗族自治州中级人民法院。

审判员　杨　甲

二〇一八年四月十二日

书记员　何××

任务 3：法律思维训练

任务要求：

(1) 根据案例提供的材料，小组应当分工查询相关资料作为参考，包括相关法律法规、案例、论文等。

(2) 根据案例提供的材料和问题，在小组内开展讨论，并将讨论过程和结果录制视频。

(3) 每个小组应将讨论情况制作成报告提交。

(4) 小组长要认真组织活动、记录和报告。

【案例 1】

上诉人（原审原告）：巴某。

被上诉人（原审被告）：金某。

2013 年 2 月 17 日金某以购房为由向巴某借款，巴某于同日通过银行汇款方式向金某汇款 100 万元，次日汇款 60 万元；2013 年 8 月 20 日通过银行汇款方式向金某支付借款 10 万元，2013 年 12 月 5 日汇款 50 万元。2014 年 11 月巴某因经营资金周转困难向金某索要借款，金某拒绝偿还，故巴某诉至法院要求金某偿还借款 220 万元，支付利息（第一笔以 100 万元为基数，自 2013 年 2 月 17 日起算；第二笔以 60 万元为基数，自 2013 年 2 月 18 日起算；第三笔以 10 万元为基数，自 2013 年 8 月 20 日起算；第四笔以 50 万元为基数，自 2013 年 12 月 5 日起算，全部计算至实际给付之日止，按照中国人民银行同期贷款利率标准计算），并要求金某承担本案诉讼费用。

金某在诉讼中主张其收到的 220 万元是案外人苏某为了抚养苏某与金某同居期间所生的孩子而委托其表弟巴某向其支付的房租、学费、杂费等费用。

一审法院判决：驳回巴某的诉讼请求。巴某不服一审判决，宣判后提起上诉，二审法院判决：一、撤销北京市××区人民法院〔2015〕朝民（商）初字第 11529 号民事判决；二、金某于本判决生效后七日内偿还巴某借款本金二百二十万元及相应利息（以二百二十万元为基数，自二〇一五年二月六日起至实际给付之日止，按中国人民银行同期贷款基准利率标准或年利率百分之六的标准择其低者计算）；三、驳回巴某其他诉讼请求。

问题：

（1）根据案情讨论：巴某在一审中败诉，可能的情况是什么？在二审中又胜诉，可能的情况是什么？

（2）请大家查阅《最高人民法院关于适用〈中华人民共和国民事诉讼法〉的解释》，根据相关条款进行讨论。

【案例 2】

一个抢劫犯进入一家银行，把枪顶在一位顾客的头上，胁迫银行职员把抽屉里的所有钱交给他，如果不交的话，他就开枪打死这位顾客。银行职员拒绝了他的要求，这个抢劫犯就向这位顾客开了一枪，然后逃之夭夭了，后来其始终也没有被警方捕获归案。这位顾客因遭受枪击身亡，他的遗产继承人遂把这家银行起诉到了法庭上，认为银行职员应当把抽屉里的钱（我们在此假设，只有 50 000 元）交给那个抢劫犯，避免悲剧发生。对此案，法庭应当如何裁决？

问题：

（1）如果你裁定银行败诉，银行应当对顾客的遗产继承人进行赔偿，你是如何分析此案的？判决的理由是什么？

（2）如果你裁定顾客的遗产继承人败诉，银行无须对顾客的遗产继承人进行赔偿，你是如何分析此案的？判决的理由是什么？

任务 4：文体写作训练

任务要求：

（1）请根据下列材料写一份一审民事判决书。

（2）个人完成后，要结“对子”互评，对作品的结构、写作目的是否达成、语言表达等内容进行评价。小组要推荐做得好的同学在课堂上展示，展示的同学可使用 PPT。

（3）在小组讨论中交流自己的写作体会与互评中的感受，分享经验。

（4）每位同学对文书写作训练中存在的问题要进行修改，提交的民事判决书应该是反复定稿、修改后的成果。

实训操作：

第一步，阅读一审民事判决书的相关知识，查找相关法律法规。

第二步，分析一审民事判决书实例的文体意识、行文思维、写作措辞和写作智慧。

第三步，根据素材制作一审民事判决书。（条件不足时，根据案情需要设计）

第四步，撰写制作体会，小组长组织小组交流讨论，并做好记录。

【实训素材】

材料1：民事起诉状

民事起诉状

原告：夏×俐，女，43岁（1961年2月8日出生），汉族，天津市人，本市××服装厂工人，住本市××区黄陵大街18号。

被告：长城保温瓶厂，地址：本市××路266号。

法定代表人：张×力，长城保温瓶厂厂长。

诉讼请求：

1. 判令被告返还购货款68元整。

2. 判令被告赔偿医药费、营养养费、护理费、误工工资等各项损失共计人民币17 748元整。

事实与理由：

2003年4月22日，我在长城保温瓶厂门市部购买了一只该厂生产制造的长城牌Ⅱ型保温桶，该保温桶标有经检验合格的产品合格证，售价为68元。同年11月16日，我用该保温桶盛上馄饨到医院给我丈夫送饭，到医院后，我刚打开保温桶，该桶即在我手上爆炸，滚烫的馄饨和破碎的水银玻璃碎片喷溅在我的脸上、手上和脚上。经医生诊断为Ⅲ度烫伤，烫伤面积左手达80%，右手达30%，脸上达10%，并有多处破口。为治疗烫伤、创伤，花去医疗费、药费9 604元；误工50天，损失工资及奖金4 750元；营养费1 144元；我生活不能自理，也无法照顾住院的丈夫，为此请一保姆，支出费用2 250元；各项损失共计17 748元。事情发生后，我几次持发票找被告要求赔偿，被告承认保温桶是他们生产的产品，但主管部门之间又相互推诿，不愿赔偿，故诉请法院主持公道。

证据和证据来源，证人姓名和住址：

1. 2003年4月22日从长城保温瓶厂门市部购买长城牌保温桶的发货票据一张；

2. 该产品使用说明书一份；

3. 爆炸破碎的长城牌保温桶照片一张；

4. 合理使用保温桶的见证人朱×俊，男，住本市××路210号；

5. ××灼伤医院诊断证明书二份；

6. 药费单据四十七张，车票及各类单据共三十三张。

此致

××市××区人民法院

附：本起诉状副本一份。

起诉人：夏×俐

二〇〇三年五月二十七日

材料2：民事答辩状

民事答辩状

答辩人：长城保温瓶厂。所在地址：本市××路266号。

法定代表人：张×力，厂长。

企业性质：全民所有制，工商登记标准号：×工企业第473862号。

经营范围和方式：生产保温瓶。

开户银行：中国工商银行××分行××分理处，账号：×××××××××。

因夏×俐起诉我厂因产品质量造成其人身损害赔偿一案，现提出答辩如下：

1. 我厂生产经营的长城牌Ⅱ型保温桶是 1988 年试制、检测后大批量生产投放市场的。该产品的工艺可靠、品质优良，数年来从未发生过质量问题，并几次荣获轻工业部颁发的优质产品奖，获得了“信得过产品”称号。保温桶内均附有使用说明，讲明应防止骤冷骤热。夏×俐购买保温桶后，未按使用说明使用产品，11 月 16 日这一天，正值本市天气寒冷，原告从－4℃的室外一下进入 29℃的室内，并着急地打开瓶塞，冷热骤变，致使保温桶爆炸，发生这种事故完全是原告未按使用说明正确操作、自己错误使用造成的，与保温桶质量问题无关。

2. 我厂不同意返还原告购物款，亦不同意赔偿夏×俐的任何损失。

此致

××市××区人民法院

附：本答辩状副本一份。

答辩人：长城保温瓶厂

二〇〇三年六月十三日

项目 13　民事上诉状

一、实训目的

（1）能记忆和讲述民事上诉状的法律依据与适用条件。

（2）能讲述民事上诉状的基本结构、格式和写作要求。

（3）在文书制作过程中，培养文书制作者分析问题、解决问题的能力和语言运用能力；通过对文书制作中法律依据的分析，以及相关法律知识的回顾，加强对法律法规的理解及运用，从而为今后从事相关法律实务工作奠定坚实的基础。

二、实训原理

（一）概念与功能

民事上诉状是指民事诉讼当事人不服人民法院作出的第一审判决或者裁定，在法定上诉期限内，向上一级人民法院提起上诉，请求撤销、变更原审裁判或请求重新审理的诉讼文书。

民事上诉状是当事人运用民事上诉权，维护自身合法权益的有力工具，也是上一级人民法院依法对下一级人民法院第一审判决或裁定进行全面审查，经过审理并依法作出裁判的依据。

现行《民事诉讼法》第 171 条规定："当事人不服地方人民法院第一审判决的，有权在判决书送达之日起十五日内向上一级人民法院提起上诉。当事人不服地方人民法院第一审裁定的，有权在裁定书送达之日起十日内向上一级人民法院提起上诉。"第 172 条规定："上诉应当递交上诉状。上诉状的内容，应当包括当事人的姓名，法人的名称及其法定代表人的姓名或者其他组织的名称及其主要负责人的姓名；原审人民法院名称、案件的编号和案由；上诉的请求和理由。"第 173 条规定："上诉状应当通过原审人民法院提出，并按照对方当事人或者代表人的人数提出副本。当事人直接向第二审人民法院上诉的，第二审人民法院应当在五日内将上诉状移交原审人民法院。"

（二）格式

民事上诉状

上诉人（原审诉讼地位）：×××，男/女，××××年××月××日出生，×族，……（写明工作单位和职务或者职业），住…… 联系方式：……

法定代理人/指定代理人：×××，……

委托诉讼代理人：×××，……

被上诉人（原审诉讼地位）：×××，……

……

（以上写明当事人和其他诉讼参加人的姓名或者名称等基本信息）

上诉人×××因与被上诉人×××……（写明案由）一案，不服××××人民法院××××年××月××日作出的（××××）……民初……号驳回管辖权异议裁定，现提起上诉。

上诉请求：

1. 撤销××××人民法院（××××）……民初……号驳回管辖权异议民事裁定书；

2. 本案移送××××人民法院处理。

上诉理由：

……（写明不服驳回管辖权异议裁定的事实和理由）

此致

××××人民法院

附：本上诉状副本×份。

上诉人（签名或者盖章）

××××年××月××日

【格式说明】

（1）本样式根据《民事诉讼法》制定，供被告对第一审人民法院驳回管辖权异议裁定不服提起上诉用。

（2）当事人是法人或者非法人组织的，写明名称、住所。另起一行写明法定代表人、主要负责人及其姓名、职务、联系方式。

（3）当事人对驳回管辖权异议上诉的，有权在裁定书送达之日起 10 日内向上一级人民法院提起上诉。在中华人民共和国领域内没有住所的当事人不服第一审人民法院裁定的，有权在裁定书送达之日起 30 日内提起上诉。

（4）上诉状应当通过原审人民法院提出，并按照对方当事人或者代表人的人数提出副本。

（三）结构、内容和写作方法。

民事上诉状由首部、正文和尾部组成。

1. 首部

（1）标题；（2）当事人的基本情况；（3）案由部分：包括案由、原审法院名称、判决或裁定的年月日、文书字号等内容。如："上诉人因××（案由）一案，不服×××人民法院××××年××月××日×法民初×号判决（裁定），现提起上诉。"

2. 正文

其核心内容，包括诉讼请求和上诉理由。

上诉请求应当明确、具体、完整。写明上诉人请求二审法院依法撤销或者变更原审裁判，以及如何解决本案民事权益争议的具体要求。

关于上诉理由，上诉理由与起诉理由有明显区别：上诉理由是针对原审裁判进行评述，起诉理由是针对对方当事人的无理之处进行论述。

上诉理由的阐述内容：

(1) 针对原审认定事实的错误进行论证。事实是法院对案件作出裁决的基础，一审法院认定的事实如有错误，作出的裁决就不可能正确。所以律师代书上诉状应首先从事实入手，提出与原审认定的事实相对抗的客观事实真相，并列举确凿充分的证据加以证实。上诉人只要能把原审认定的事实部分或者全部推翻，必然导致原审裁判部分或全部改变。

(2) 针对原审适用法律的错误进行论证。原审法院适用的法律如果与事实不相符合，或者引用的法律条文不全面，或者曲解了法律条款真实意思等，都会导致裁决的错误。律师应当列出适合案件的法律条款，并进行具体论证。

(3) 针对原审违反法定程序进行论证。

理由的阐述方法：先用概括的语言指出一审裁判的错误，然后进行反驳。原审裁判有多项错误的，可以总体指出错误，然后逐项进行反驳；也可以指出一项错误后即进行反驳。

3. 尾部

与起诉状的相同。

(四) 使用要求

(1) 民事上诉状必须在上诉期间提交。

(2) 按相关当事人人数提交上诉状副本。

三、实训任务

任务 1：原理学习

任务要求：认真学习实训原理，思考：怎么在 10～15 分钟内给同伴讲清楚民事上诉状的写作要领？（建议制作 PPT）

任务 2：实例学习

任务要求：

(1) 认真阅读下列实例，分析实例的写作目的、逻辑结构及其表述特点或问题。

(2) 任选一实例，思考：如何把实例分析的成果向小组同伴讲述清楚？

(3) 小组长要认真组织和记录小组的学习活动。

【实例 1】

民事上诉状

上诉人：××市种子公司经营部。住址：××市市中区五一路×号。

法定代表人：罗××，男，52 岁，××市种子公司经营部经理。

委托代理人：王××，女，××市市中区法律顾问处律师。

被上诉人：（原审被告）××县种子公司。

上诉人因不服××县人民法院 19××年 12 月 24 日（1983）法经字第 6 号判决，现依法提起上诉。

上诉理由：

一、原判决认定事实部分失实

原判决称："9 月 10 日被告接到××火车站提货通知单后，即派杨××到××车站提货，因货物未附植物检疫证书和种子合格证而未被允许提货，并电告了原告。"这段话认定了两个事实：第一，被告未提货是因为原告没有提供植物检疫证书和种子合格证；第二，被告当时就把上述未提货的原因告诉了原告。

然而，事实并非如此，为了澄清事实，不得不赘述纠纷过程。

××县种子公司（原审被告）于 1997 年 7 月 7 日电报邀请我方与其签订 500 市斤的大葱种子购销合同，同年 8 月 1 日被告派杨××来与我方正式签订了 10 000 市斤大葱种子购销合同。合同各项规定请见附件。1997 年 8 月 15 日我方如约发运大葱种子 4 055 斤，9 月 5 日到达××车站，次日车站向被告发了领取货物的通知书。9 月 16 日我方通过银行向被告托收货款及包装、运输费 13 258.98 元。时过半月，××县农业银行以被告"要求退货，希望双方协商解决"为由，拒绝托收货款，退回了托收凭证。10 月 17 日，我方再次要求××农行托收。

由于被告依然拒付相关费用，农行又退回了托收凭证。与此同时，杨××于 9 月 3 日、8 日、10 日三次分别来电、来函，要求终止合同、退货。杨称"由于今年我订的承包任务重，购的货太多，领导要求我停止执行合同、停止进货，请贵部谅解为盼"。杨当时所有的函件中从未提到检疫证书和种子合格证问题。由于货物已发出，我方不同意退货，要求继续履行合同。在这种情况下，在我方发出托收凭证后的第 39 天，即 10 月 25 日，××县农行才发出通知，告诉我方，被告拒付的理由是"检疫证明和种子合格证均无"。但令人费解的是，农行发出的拒收理由通知的次日，被告才申报了拒绝付款申请书（××农行寄来的凭证可以证明）。

由此可见，原判认定的第一点事实是错误的。被告并非因为"没有植物检疫证书和种子合格证书"而不提货，而是因为被告的代理人杨××盲目订合同，购货过剩，不得不终止合同，退掉订货。在我方不接受其无理要求的情况下，时过 39 天，杨才找出这样一条逃避法律、推卸责任、转嫁经济损失的脱身之计。原判决认定的第二点也是失实的。9 月 10 日，杨××并未将"没有检疫证明和种子合格证"这一点电告我方，而是来电请求终止合同，并请求我方"谅解"他的过错。

二、双方签订的订购大葱种子合同是合法有效合同

原判决称：根据《中华人民共和国经济合同法》第七条规定，原告与被告所订立的购销合同是无效合同。对照《中华人民共和国经济合同法》第七条，我方认为我们并未违反四项规定中的任何一项。唯一可能涉嫌的大约是"违反国家利益和社会公共利益"一项。因为我方提供的大葱种子没有进行检疫。然而，我方走访了种子检疫部门，查阅了有关文件，根据我国农牧渔业部制定的全国农业植物检疫对象名单，大葱种子并非必须检疫的对象，是可以免检的种子。所以以我方提供的种子没有检疫为由来否定原合同的有效性是不妥当的，原合同是合法有效的，对合同双方均具有法律约束力。也正是因为大葱种子可以免检，铁路方面承运了这批种子。有关这个问题的详细材料请见附件和原审中我方提供的代理词。

三、原判决对双方的判决是不公正的

大葱种子至今在××车站库房存放了三个多月，造成了葱种的变质。由于被上诉人长期不提货，××车站仓库根据有关规定，处以正常罚款的三倍，予以重罚。这两项经济损失，不言自明，是由于被上诉人的违约导致的。但是，原判决称："原告已发到××的 4 050 市斤大葱种由

原告自行处理，并承担××车站库房罚款总额的50%，其他损失各自负担”。上诉人认为，这样的判决是极不公正的。原判没有弄清事实真相，因而不能分清当事人双方的是非和责任，又错误地适用法律，把一个合法有效的合同判为无效合同，从而使被告的违法行为得不到制裁，我方的合法利益得不到保护，反而我方承担因被告违法行为造成的经济损失。这种不公正的判决，我方不能接受。

综上所述，恳请××地区中级人民法院根据《中华人民共和国经济合同法》第六条、第三十二条、第三十五条、第三十三条第二款第二项，《植物检疫条例》第四条、第九条、第十条，农牧渔业部制定的全国农业植物检疫对象名单，及《中国人民银行结算办法》第二章第六条、第七条有关承付和延期付款的规定另行公正判决。

诉讼请求事项：

1. ××县种子公司立即给付我方货款及包装、运输费共13 358.08元。

2. ××县种子公司按每日3%（自1997年8月20日起，至付款之日止）偿付延期付款的赔偿金。

3. ××车站的罚款由××县种子公司承担。

4. 一、二审诉讼费用以及由于诉讼而引起我方支出的费用，由××县种子公司承担。

此致

××地区中级人民法院

上诉人：××市种子公司经营部
法定代表人：×××
委托代理人：×××律师
××××年××月××日

【实例2】

民事上诉状

上诉人（一审被告）：××省海洋锅炉集团公司海洋实业公司，住××市××区××街17号。

法定代表人：陈××，总经理。

被上诉人（一审原告）：×××矿务局，住××县××镇。

法定代表人：刘××，局长。

上诉人××省海洋锅炉集团公司海洋实业公司不服××市中级人民法院（1999）×经初字第35号民事判决，特依法向贵院提起上诉。

上诉请求：

一、确认被上诉人的违约事实；

二、撤销××市中级人民法院（1999）×经初字第35号民事判决第1、2、3、4项，依法予以改判。

事实及理由：

一、被上诉人不按行业规范与合同约定进行锅炉机组启动、调试验收，致使锅炉达不到设计出力的缺陷不能在锅炉启动、调试、试运行阶段及时消除，一审判决认定被上诉人“使锅炉的质量问题不能及时解决”的事实，上诉人没有异议。根据行业技术、工作规范，合同约定、鉴定报告、专家意见的相关规定和内容，一审判决确认“海洋公司对锅炉停炉进行的消缺处理是允许的行为”，上诉人也无异议。

二、一审判决没有认定被上诉人未委托具有调试资质的专业调试单位进行调试、从而引起锅炉工效下降的事实是错误的，应予以纠正。

海洋公司与被上诉人的订货合同约定“产品的出厂检查、验收等均按两部（79）一机电联（1029）号和（79）电火字 12 号文的有关规定执行”，再约定“如甲方未按图纸资料说明书等规定进行安装调试和运行，因此而造成的经济损失及责任由甲方承担”。上诉人随机附送的“产品安装使用说明书”前言明确指出被上诉人安装使用锅炉应遵守《×××》的规定。但是，被上诉人没有按照上述规定委托具有调试资质的专业调试单位进行调试，从而引起锅炉工效下降。被上诉人在一审庭审中举出的、所谓的调试单位的调试业务范围中，没有有关火力锅炉机组调试资质和业务的内容，即可证实该调试单位不符合要求。

三、一审判决认定“海洋公司因锅炉产品内在质量问题达不到设计出力，经维修消缺处理后仍然达不到合同的约定要求，该违约行为是酿成本案纠纷的主要原因，应承担……主要责任”，是事实认识错误。本案事实是被上诉人发现缺陷后不履行自己承诺的配合消缺的义务，无理拒绝和阻碍上诉人的正确消缺方案和措施的实施，致使锅炉出力达不到设计出力的缺陷延续至今不能消除。

既然合同双方有约定，行业规范有规定，交易习惯有如是解释，消缺是合同正常履行的最后环节，有关各方都对此负有义务和责任，那么被上诉人应当在锅炉启动、试运行和试生产时按照合同约定和行业规范执行。然而被上诉人应当作为而不作为，不按照合同约定及行业规范进行启动、调试验收，致使锅炉长期在非正常状态下运行，在试运行期间不按规范要求，未请专业调试单位进行调试，未能及时查明锅炉出力不足的原因，而是迟至 1998 年 4 月即锅炉非正常运行七个月后，才告知海洋公司锅炉出力不足的问题。海洋公司得知后，多次派员到现场查找分析原因，在请被上诉人解决其风道风室严重漏风、引风机不能正常工作、给水温度达不到设计值等问题的同时，尽量往自己方面找原因。1998 年 4 月 9 日海洋公司向被上诉人提出解决锅炉出力不足的两个正确措施：其一，增加两排埋管；其二，增大布风板开孔率。被上诉人与海洋公司于 1998 年 8 月商定：对锅炉受热面进行局部调整变更，适当增加埋管受热面，由海洋公司方负责出方案图纸、制造埋管，被上诉人负责调整安装。1998 年 10 月上旬，被上诉人从海洋公司运回埋管之后，海洋公司多次函电督促被上诉人安装埋管，并表示安装时海洋公司将派员到现场。但是，被上诉人一直搁置埋管，以工人不能维修操作、增加埋管不能增加锅炉出力等借口拒不采纳海洋公司的正确建议，对海洋公司采取的正确消缺措施拒不配合，使之至今不能到位。现在“鉴定报告”已经查明：“锅炉埋管受热面布置不足是锅炉不能达到设计出力的主要原因”，被上诉人的辅助系统是锅炉出力不足的次要原因。为消除缺陷，“鉴定报告”建议采取“增加埋管受热面”的措施，这足以证实海洋公司当初对原因的分析、判断以及提出的建议和应采取的措施是完全正确的。如果被上诉人履行配合消缺的合同义务和责任，及时按约定安装增加的埋管，锅炉出力不足的主要原因和问题即可在发现的当时及时得到解决，而不会产生后来的损失和消缺不能的后果。

鉴定结论指出，“埋管受热面布置不足是锅炉蒸发量不能达到设计出力的主要原因，供货方有为业主方消除设计缺陷的责任”，“出风系统阻力过大、烟风系统泄漏、播煤风不能达到设计值是锅炉蒸发量不能达到设计出力的次要原因”。当时，上诉人分析、判断影响设计出力的也不外前述两方面的原因，并提出了消除这两个方面原因的方案和意见。正如被上诉人所说，上诉人进行了扩大风帽的出风孔径，更换了风机等本属被上诉人消缺责任范围内的措施。但这些措施统统是消除影响设计出力的次要原因方面的缺陷，即使被上诉人乐意为之而得以进行，风烟系统的缺陷毕竟只是影响设计出力的次要原因，无论怎样搞，或是搞多久，始终对提高出力以达到合同约定的要求无多大帮助。增加埋管才是消除不能达到设计出力的主要原因的方案和措施，专家也认为其“最为经济、最为可靠”。但这一方案因为被上诉人不乐意、不配合而不得施行，故而至今消缺不能完成。一审判决认定“经维修消缺处理后仍然达不到合同的约定要求”，责任在于对方，被上诉人不履行配合消缺义务是造成消缺无休止无结果的真正原因，其责任只能，也必然应当由上诉人承担。依法、依双方合同的约定，是被上诉人单方违约而非上诉人违约。

主要原因和次要原因这两个方面的缺陷同时全部消除才能达到设计出力值，即使主要原因方面的缺陷得以消除，也只能提高部分出力，而不可能完全达到设计出力值。被上诉人先是以增加埋管“改变了原设计，违背合同”“工人无法进行维修和清理打焦工作”等不成理由的理由拒绝，后来在上诉人的一再强烈要求下，在一审庭审中又谈到可以增加埋管，但附加上诉人必须作出增加埋管后达到全部设计出力的承诺，并提供担保人等条件。其实各方都知道，单纯增加埋管根本不可能消除影响设计出力的全部缺陷，因而不可能达到全部设计出力值。被上诉人要求上诉人作出上述承诺，无异于把自己应消缺的范围和责任强加于上诉人，并且要求上诉人承担这方面的全部责任。至于硬要求上诉人为此提供担保人则更是不能成就的附加条件。由此可见，被上诉人是故意制造障碍，导致消缺不能的结果，然后又以这一结果作为巨额索赔的理由，其用心昭然若揭。

综上所述，一审判决认定本案事实错误，特请求法院根据事实和法律予以改判。

此致

××省高级人民法院

上诉人：海洋锅炉实业公司
1999年××月××日

【实例3】

民事上诉状

上诉人（原审被告）：某某，男，汉族，1970年1月17日生，户籍地：浙江省××县。

身份证号：×××××××××。

被上诉人（原审原告）：福建省某某鞋服有限公司。

法定代表人：×××。

地址：福建省××市。

上诉人因不服福建省泉州市中级人民法院（2011）泉民初字第535号民事判决，认为原审认定事实不清、适用法律错误，特提出上诉。

上诉请求：

1. 撤销泉州市中级人民法院所作（2011）泉民初字第535号民事判决中第一、第二项判决，发回重审或依法改判。

2. 本案一审、二审诉讼费用由被上诉人承担。

上诉理由如下：

一、根据双方于2010年10月15日签订的“年度经销合同”（以下简称合同）的约定，被上诉人诉请解除合同，这不符合合同约定解除的条件，其无权解除合同。

理由如下：该合同第 7 条之违约及终止条款中第 1 款规定“乙方违约，经劝阻无效，甲方将视情况，随时可以采取停止供货、终止经销合约、取消经销资格等措施”，第 3 款规定“双方中任一方终止本合同，需提前一个月通知对方……”，第 6 款规定“合同解除后，乙方应在三个月之内付清所欠甲方货款”。

按照合同法相关规定，合同解除只有约定解除和法定解除两种，上述条款就是双方在合同中明确约定的协议解除合同的条件。

按照约定，即使如被上诉人所言我方屡次拖欠货款存在违约行为，被上诉人也应当按照该合同第 7 条第 1 款的约定首先必须“经劝阻”，如果无效的，甲方可视情况采取包括解除合同在内的相应措施。

按照合同双方约定，解除合同存在前置条件：第一，首先必须经过劝阻，劝阻无效的，才可以采取其他措施。

被上诉人一审诉讼诉状中、举证证据中并未有任何因拖欠货款违约后向我方主张或劝阻的书面凭证，庭审中被上诉人也未有补充证据举证。

第二，此外，按照该合同第 7 条第 3 款约定，任一方终止合同，需提前一个月通知对方。

结合《合同法》第九十三、九十六条规定，即使被上诉人一审诉请能获得支持，其前提也必须是按照双方合同约定提前一个月通知我方，而目前证据中并无任何书面、口头通知证据，事实上，被上诉人从来就未劝阻、通知过。

第三，退一步讲，即使合同约定解除条件成就的，按照该合同第 7 条第 6 款，我方也只需在解除后三个月内付清所欠货款，一审判决完全违背双方合同约定的付款期限。

一审既然按照《合同法》第九十三条规定判决，就必须尊重合同双方当事人的意思自治，严格按照合同约定审理。

令人遗憾的是，一审庭审中既没有审查查明与此有关的事实，判决中也未对此进行任何说理。

完全无视当事人双方合同中的上述约定，导致一审判决认定事实不清、适用法律错误。

二、被上诉人要求我方偿还所谓欠款，至起诉时，绝大部分尚未到履行期限，故无权要求我方偿还。

第一，根据我方举证的 2010 年全年发货明细、2011 年 1—6 月份发货明细及 2011 年上半年付款明细，结合被上诉人举证的对账单及对账回执（详见一审反诉证据清单证据 4、5、6，注：该组证据虽然系打印件、传真件，但每月结欠数额、本月发生额及累计结欠额等与某某公司举证的对账单回执及明细高度一致，能够作为证据采信），2010 年年底结欠额为 8 326 771.57 元（详见 2011 年 1 月对账明细），但 2011 年 1 月至 7 月我方付款合计 7 323 441.02 元。

由于双方未明确付款是支付哪一期、哪一项下的欠款，以结欠先后顺序可认为是偿还上年度结欠款，那么只余剩 100 多万元未归还。

我方即使拖欠货款，根据合同约定，被上诉人必须先劝阻，要解除合同也必须提前一个月通知我方，这是前置条件。

在其未履行上述义务的情况下，无权要求解除合同，偿还欠款。

第二，2011 年 1—6 月份的经销额相加的数额为 5 242 106.05 元。

加上 7 月份的经销额（具体金额见对方举证的 2011 年 8 月 4 日对账单显示是 764 345.5 元），那么 1—7 月份的经销额为 6 006 451.55 元，基本和对方起诉数额相等。

也即今年仅半年时间经营额就为 600 多万元，按照合同约定，该笔欠款必须在 2011 年 12 月

31日前付清，而被上诉人起诉时根本未到合同约定的履行期限。

第三，2010年版合同第6条第4、6点明确规定，如“乙方不配合对账，不及时回传对账单或寄送对账单原件给甲方，视为乙方信用缺失……”，也即我方按约对账、回传或寄送对账单的，每月、每年的结欠数额即为被上诉人给予我方的信用额度。

事实上，我方多年来均按此约定履行对账、回传或寄送义务，从没有违反此约定，这点能够与被上诉人多年来从未要求我方偿还欠款的事实相互予以印证。

故被上诉人认为我方长期拖欠货款的理由不能成立，希望二审在认定本案货款偿还期限时，能够结合信用额度，从合同整体的角度考虑。

三、一审认定我方在合同履行期间，未经被上诉人同意擅自转让经销权给案外人，故判定依约解除合同系认定事实错误。

理由如下：第一，2011年8月10日该份未生效协议内容中载明，该协议中丙方陈××是公司法定代表人陈甲的侄子（是亲叔侄），事实上是被上诉人授意陈××与我方磋商交接事宜，其对此是明知的（理由：在该协议中第3条第3款中提及的详见附件二“对外债权统计表”，即被上诉人在向江苏盐城起诉我方中举证的证据，该份证据中被上诉人代表签字人为陈乙，结合我方一审反诉中举证的证据8，其中代表被上诉人签字的也是此人）。

一审认定完全无视上述证据，直接认定导致事实判断错误。

第二，事实上，该份协议是被上诉人以断货行为逼迫我方转让经营权，并授意案外人陈××接手江苏地区经销权，但是由于该协议中主要的条款未能达成一致（处于空白状态），更为重要的是，被上诉人未予盖章确认，根据该协议最后一条——本协议经甲乙丙三方签订之日起生效，故该份协议根本未产生法律上的效力。

一审以此未生效协议判定我方擅自转让经销权，无法律依据。

第三，相反：2011年8月15日，被上诉人公司与案外人也即江苏南京地区经销商王××签订了取代我方地位的年度经销合同（合同期限为2011年8月15日至2012年9月30日，经销区域完全与我方的相同，且合同期也覆盖我方原来的合同期，一审庭审中，被上诉人已认可该协议的真实性）。

被上诉人在上述行为未经我方同意，未协商解除双方经销合同的情况下，擅自将江苏省总代理权另授权给案外人，这才是严重的违约行为。

第四，最后，退一步讲，即使认定我方擅自转让经营权，请问合同中有哪条规定了转让经营权的，被上诉人可以立即解除合同？一审在没有合同明确约定的情况下径行判决的法律依据在哪里?!

四、一审严重违反法定程序，不尊重上诉人合法诉讼权利，请求法院二审查明：第一，一审开庭时双方明确在庭审笔录中载明“庭后将邮寄书面代理意见至法庭，并以书面代理意见为准”（详见一审庭审记录），我方在庭后于2011年12月26日发出书面代理意见，可笑的是，一审法院于2011年12月23日就直接予以判决，一审有没有尊重上诉人的诉讼权利显而易见！

第二，一审中上诉人提起反诉，按照《国务院诉讼费用交纳办法》第十八条：被告提起反诉、有独立请求权的第三人提出与本案有关的诉讼请求，人民法院决定合并审理的，分别减半交纳案件受理费。

一审时，上诉人明确指出我方提出反诉的按规定需减半收取案件受理费，但一审法院可置国务院规定于不顾，仍全额收取上诉人的反诉费用，真不知其用意何在?!综上，上诉人强烈要求二审能够履行监督下级法院的职能，纠正一审法院上述错误做法！

据此，请求二审法院撤销原判，发回重审或对一审判决直接予以改判，支持上诉人的上诉请求。

此致

××省高级人民法院

上诉人：×××

××××年××月××日

【实例 4】

民事上诉状

上诉人：赵××，男，19××年 8 月 2 日生，汉族，居民，住安丘市兴安街道××村××号。

被上诉人：杨××，男，19××年 8 月 28 日生，汉族，安丘市兴安街道××居民委员会居民，住该村。

原审被告：刘××，男，19××年 1 月 15 日生，汉族，个体工商户，住安丘市健康路××号。

上诉人因不服山东省安丘市人民法院（2011）安民初字第 996 号民事判决，现提出上诉。

上诉请求：

1. 依法撤销安丘市人民法院（2011）安民初字第 996 号民事判决书，驳回被上诉人对上诉人的诉讼请求。

2. 一、二审诉讼费用由被上诉人承担。

事实与理由：

一、原审判决认定事实错误。

原审判决认定：刘××将涉案房屋退还给杨××，杨××作为××居委会的成员即取得了该房屋的所有权，这是真正的颠倒黑白，是明显大错特错的。

首先，刘××与杨××的转让协议是一份无效协议！（2008）安民一初字第 315 号民事判决书认定（第 4 页倒数第 1～2 行）明确记载：原告（刘××）对该房屋无所有权，其向被告（赵××）主张腾房无事实和法律依据。

既然刘××无房屋所有权，那么他所签订的房屋转让协议是否合法？他有没有权利来签订该房屋的所有权转让协议呢？有点法律常识的百姓都会作出正确的判断，他显然无权签订该房屋转让协议。

另外，被上诉人杨××在（2008）安民一初字第 315 号案件中，是作为刘××的证人参加诉讼的，是刘××一家人为了在购房时省点钱的顶名者。他既不是买卖关系的当事人，也不是房屋建造人，与涉案房屋没有任何关系，该房原始购买者名义上是刘××。

2010 年 1 月 16 日，杨××与刘××签订协议，约定涉案房屋的所有权自始至终属于杨××所有，与事实完全不符，该约定没有效力。

但原审法院却置生效判决这样的法定证据于不顾，错误地认定该协议有效，并认为退还给杨××是有效的。

显然是大错特错。

杨××自始对该房就没有任何权利，怎么会出现一个退回房屋给杨××的结论呢？

其次，原审法院没有查明被上诉人是基于何种法律关系要求上诉人腾房。

上诉人自2006年11月将此房屋装修后，入住该房至今已近6年，在庭审中，原审法院没有查明上诉人是如何实际占有该房屋的。是基于购买还是租赁还是强占，是用合法的手段还是非法的手段？

如果上诉人是购得此房，被上诉人的诉讼请求自然应予驳回。

如果是租赁，那么是在租赁期限以内，还是已过租赁期限？

如此重要的、基本的基础法律关系，原审法院却不予审查，径直作出判决，显然是不考虑客观事实。

二、原审判决适用法律错误。

房屋所有权的取得主要有两种方式：一是原始取得，此时房屋所有权的取得无须登记。

二是继受取得，主要是通过房屋交易等法律行为取得房屋所有权，此时房屋所有权的取得必须经过登记，否则，即使房屋实际交付占有，房屋所有权也不发生转移。

（2008）安民一初字第315号民事判决书认定（第4页第22～23行）：争议房产系××居委会开发的小产权商品房。

也就是说，该房屋没有进行产权登记，还没有确权。

转让房屋之人没有所有权，受让人却取得了该房屋的所有权！原审法院如此确认，显然适用法律错误。

三、原审法院审判程序违法。

1. 原审判决虽然名义上采用普通程序审理，但事实上，在审理过程中自始至终只有一名审判员审理。

2. 判决送达时间严重超过法定期限，判决书虽然载明判决时间为2011年4月20日，但送达给上诉人的时间为2012年5月16日，这距离判决作出之日已经过去了一年之久，不知原审法院是出于什么原因导致判决书延迟送达。

四、本案显然为刘××与杨××恶意串通，为了非法利益采用的所谓合法手段制造的蹩脚的伎俩。

上诉人于2006年自刘××之母张××手中以16万元的价格购得此房，装修后居住至今。

当时刘××年仅16岁，为在校学生，还不具备完全民事行为能力，售房者是其母亲，这是不言而喻的事实。

此致

××省高级人民法院

上诉人：×××
××××年××月××日

任务3：法律思维训练

任务要求：

（1）根据【案例1】提供的材料，在小组内开展讨论"一审判决：驳回原告刘××的诉讼请求"的理由是什么，并制作报告。

（2）请根据【案例2】提供的材料，以代言人陈鲁豫是否构成"虚假广告"欺诈为题，在小组内展开二对二的辩论，并把辩论过程录制成视频。

(3) 小组长要认真组织活动、记录和报告。

【案例 1】

上诉人（原告）：刘××。

被上诉人（被告）：卢××。

2004 年上半年，原告刘××通过绍兴二手车交易市场以 33 000 元的价格购得牌照为浙 DH39××的金杯面包车一辆。从 2005 年 8 月 31 日开始，原告以月租金 3 000 元的价格将该车出租给案外人樊×波使用。樊×波没有向原告交付押金，且付过两个月租金后，只是偶尔发短信称一定会交付租金，没有再向原告实际交付租金。2006 年 9 月份后，原告无法再与樊×波本人取得联系。2005 年 10 月 18 日，被告卢××从案外人陈××处以 28 000 元的价格购得车牌号为浙 DH39××的金杯面包车一辆，陈××承诺办好车辆过户手续。后被告对该车辆进行投保，并交纳了保险费。2007 年，被告在陈××的陪同下对该车进行了车辆年检，但始终没有办理车辆过户手续。2006 年 11 月 23 日，原告发现该车辆已由被告占有、使用，于是向长乐派出所报案，长乐派出所依法扣押了涉案车辆。经长乐派出所干警核查，认为不属于盗、抢机动车辆案件，故未予受理。涉案车辆于 2006 年 11 月 28 日由被告之子卢甲领走。刘××诉至法院请求判令被告返还原告所有的车牌号为浙 DH39××号的金杯面包车一辆，并赔偿原告从 2006 年 10 月份起因不能使用该车而遭受的损失。

诉讼中，卢××以基于善意取得涉案浙 DH39××号金杯面包车进行抗辩。

一审判决：驳回原告刘××的诉讼请求，宣判后，刘××不服，提出上诉，浙江省绍兴市中级人民法院审理后，判决：一、撤销浙江省嵊州市人民法院（××××）嵊民一初字第 53 号民事判决；二、被上诉人卢××应于本判决生效之日起十日内返还给上诉人刘××牌照号为浙 DH39××号的金杯面包车辆。

问题：

(1) 根据案情讨论：原告刘××在一审中败诉，可能的情况是什么？在二审中又胜诉，可能的情况是什么？

(2) 请大家查询相关资料，说明什么是“善意取得”？“善意取得”应当符合什么条件？

【案例 2】

著名打假人王海买了“六个核桃”，喝了以后认为它对自己的大脑没帮助，并非“聪明的选择”，且称发现核桃仁没有保健治疗作用。于是，他起诉了河北养元智汇饮品股份有限公司及“六个核桃”代言人陈鲁豫，要求法院确认“六个核桃”的外包装、电视广告、网站内容均虚假，陈鲁豫利用自身影响代言虚假广告，构成欺诈，要求其退货并赔偿 500 元。

一审法院审理后认为：“六个核桃”牌植物蛋白核桃乳饮料经过国家质检部门鉴定，系合格产品，相应广告语“经常用脑多喝六个核桃”经工商行政管理机关的确认，也不构成违反法律规定的情形。王海仅查阅中华药典，以其中记载的核桃仁药材的药性和功能，就断定“六个核桃”饮料不具备补脑、健脑的功效，进而认为该产品广告宣传虚假，无论是科学依据还是法律依据均明显不足，故一审法院判决驳回了王海的全部诉讼请求。王海表示不服，上诉到北京市第三中级人民法院。

问题：

(1) 王海这类知假买假的人，究竟算不算“消费者”？请说明理由。

(2) 请查询相关资料，分析代言人陈鲁豫是否构成“虚假广告”欺诈行为。

任务4：文体写作训练

任务要求：

(1) 请根据下列材料写一份一审民事上诉状。

(2) 个人完成后，要结"对子"互评，对作品的结构、写作目的是否达成、语言表达等内容进行评价。小组要推荐做得好的同学在课堂上展示，展示的同学可使用PPT。

(3) 在小组讨论中交流自己的写作体会与互评中的感受，分享经验。

(4) 每位同学对文书写作训练中存在的问题要进行修改，提交的民事上诉状应该是反复定稿、修改后的成果。

实训操作：

第一步，阅读上诉状的相关知识，查找相关法律法规。

第二步，分析上诉状实例的文体意识、行文思维、写作措辞和写作智慧。

第三步，根据素材制作上诉状。(条件不足时，根据案情需要设计)

第四步，撰写制作体会，小组组长组织小组交流讨论并做好记录。

【实训素材】王甲诉王乙遗嘱继承纠纷案

【基本案情】

王甲、王乙系同胞兄弟，其父王丙为某干休所离休干部，1994年8月房改时，王丙购买了自己居住的5间军产房。该房位于本市××区××里二号。1999年10月，王丙去世。王甲、王乙二人因继承该5间房产而发生纠纷。王乙抢先占据了房屋，并持公证遗嘱到房产登记部门办理了过户登记。王甲则一纸诉状将王乙告上法庭。一审时，原告王甲主张该5间房屋其中两间应由自己继承，并就此提供了一份律师见证遗嘱，内容如下：

××律师事务所见证书

兹对下列事实的真实性进行法律见证：

1997年2月1日王丙在其住所××区××里二号立下本遗嘱。该遗嘱由××律师事务所律师李××、肖×作见证律师，由王丁、梁丁作在场见证人。遗嘱由王丁书写，并由李××律师向王丙宣读，经王丙确认无误后签字。

特此见证。

××市××律师事务所
一九九七年二月一日

附：遗嘱原件

见证书所附遗嘱原件如下：

遗　嘱

本人王丙，特立遗嘱如下：

一、本人共有两个儿子和一个女儿，大儿子王甲，老二王乙，女儿王戊，老伴儿早在1976年去世。

二、我在××区××里二号老干部宿舍有五间房子，由于当时购买房子的时候，老二王乙替我交了一部分购房款，所以，将来我去世后由老二王乙继承三间，另外两间房由老大王甲继承。

三、我将来去世后，部队所给的丧葬费和抚恤金等全部归我女儿王戊所有，女儿王戊负责把我的骨灰和我老伴儿合葬。

(向立遗嘱人宣读遗嘱内容)

问：以上遗嘱内容是你的真实意思吗？

答：是的。

问：你对这份遗嘱的内容还有要修改或补充的吗？

答：没有了。

遗嘱人签字：王丙

见证律师签字：李×× 肖×

在场见证人签字：王丁 梁丁

一九九七年二月一日

被告王乙辩称：该5间房屋应全部由他自己继承，原告无权继承，并向法院提供了一份公证书和一份代书遗嘱作为证据。

公证书内容如下：

公证书

(95)×证民字第84号

兹证明王丙(男，一九二四年六月初七日出生，现住××市××区××里二号老干部宿舍)于一九九五年二月二十一日在其住所，在我面前，在其所立的遗嘱上的签名属实。

××省××市公证处

公证员：白××

一九九五年二月二十一日

(钢印)

被告王乙称：由于办理房屋过户登记的需要，已将遗嘱交至房屋登记机关，因此向法院提交的是经房屋登记机关盖章确认的复印件。该遗嘱复印件如下：

遗 嘱

立遗嘱人：王丙，男，一九二四年六月初七日出生，现住××市××区××里二号老干部宿舍。

我共有三个子女，长子王甲，次子王乙，女儿王戊。我现在居住房屋5间，坐落于××区××里二号老干部宿舍，使用面积128平方米。因国家进行房改，该房产由我二儿子王乙出钱购买。在我有生之年，该房屋由我居住，我百年之后，该房屋由我二儿子王乙继承，其他任何人不得干涉。

为防止发生纠纷，特立此遗嘱，望儿女们全面执行。

立遗嘱人签字：王丙

1995年2月20日

本案经××区人民法院一审终结，判决书摘要如下：

××省××市××区人民法院

民事判决书

(2000)大民初字第493号

…………

原告诉称：原、被告系同胞兄弟，1997年2月1日原、被告的父亲王丙立下遗嘱，将现有的5间房屋在兄弟二人之间进行了分配，被告继承3间，原告继承2间。该遗嘱经过了××市××律师事务所的见证。1999年10月，王丙去世后，被告却强行占据了全部5间房屋，并将该5间房屋全部过户到被告名下。原告找被告协商无果，诉至法院，请求法院依法裁判。

被告辩称：王丙所有的××区××里二号老干部宿舍5间房屋，在1994年8月房改时全部由被告出资购买。王丙在1995年2月20日立下遗嘱，表明在其去世后，这5间房屋全部由被告继承，并对此遗嘱办理了公证，因此请求法院驳回原告的诉讼请求。

经审理查明，原、被告系同胞兄弟，其父王丙在本市××区××里二号老干部宿舍有5间房屋，该房产是在1994年8月房改时由被告出资购买的。王丙在1995年2月20日和1997年2月1日分别立下两份内容不同的遗嘱，其中1995年2月20日所立的遗嘱经过了市公证处的公证，1997年2月1日所立的遗嘱经过××律师事务所的见证。另查明，1999年10月14日，王丙去世。

以上事实有市公证处（95）×证民字第84号公证书、××律师事务所见证书予以证实。

本院认为，本案争议的焦点是王丙老人所立两份遗嘱的效力问题。根据有关法律规定，遗嘱人可以撤销、变更自己所立的遗嘱。但是，自书、代书、录音、口头遗嘱不得撤销、变更公证遗嘱。王丙于1995年2月20日所立的遗嘱经过了市公证处的公证，此后，市公证处并未撤销该公证遗嘱。王丙于1997年2月1日所立的遗嘱不得对抗公证遗嘱。故根据《中华人民共和国继承法》第二十条、《最高人民法院关于贯彻执行〈中华人民共和国继承法〉若干问题的意见》第四十二条的规定，判决如下：

驳回原告的诉讼请求。

案件受理费300元由原告王甲承担。

如不服本判决，可在判决书送达之日起十五日内，向本院递交上诉状，并按照对方当事人的人数提供副本，上诉于××市中级人民法院。

审判长　王×

审判员　李×

陪审员　贾×

二〇〇〇年十一月十二日

书记员　宋××

此外，王丙的女儿王戊证明，在她负责照顾王丙期间（自1995年1月1日至1995年4月30日），公证处根本没有人去过王丙的住处，更没有办理过什么遗嘱公证。

原告王甲不服一审判决，要提起上诉。请为他制作上诉状。

项目 14　民事申请执行书

一、实训目的

（1）能记忆和讲述申请强制执行的法律依据与适用条件。

（2）能理解和讲述申请执行书的基本结构、格式和写作要求。

（3）在文书制作过程中，培养文书制作人分析问题、解决问题的能力和语言运用能力；通过对文书制作中法律依据的分析，以及相关法律知识的回顾，加强对法律法规的理解及运用，从而为今后从事相关法律实务工作奠定坚实的基础。

二、实训原理

（一）概述

执行又称强制执行，是指法定的执行机关依照法定程序，采取法定措施，迫使义务人履行法律文书确定的义务的行为。根据我国《民事诉讼法》第 243 条的规定，当事人不主动履行发生法律效力的民事判决、裁定、调解书和其他应当由人民法院执行的法律文书确定的义务，另一方当事人可以向人民法院申请执行。当事人有权委托律师代理申请执行。

申请执行的依据主要包括：发生法律效力的民事判决、裁定，以及刑事判决、裁定中的财产部分。执行由第一审人民法院或者与第一审人民法院同级的被执行的财产所在地人民法院执行。法律规定由人民法院执行的其他生效法律文书，包括调解书、仲裁裁决、具有强制执行效力的公证债权文书等，由被执行人住所地或者被执行的财产所在地人民法院执行。

根据《民事诉讼法》规定，申请执行的期间为 2 年，从法律文书规定履行期间的最后一日起计算；法律文书规定分期履行的，从最后一期履行期限届满之日起计算；法律文书未规定履行期间的，从法律文书生效之日起计算。

（二）申请执行的办理

根据《最高人民法院关于人民法院执行工作若干问题的规定（试行）》第 17 条的规定，发生法律效力的具有给付赡养费、扶养费、抚育费内容的法律文书、民事制裁决定书，以及刑事附带民事判决、裁定、调解书，由审判庭移送执行机构执行。其他生效法律文书的执行，应当由当事人依法提出申请。当事人申请执行，提交的主要材料包括：

（1）申请执行书。申请执行书应当写明申请执行的理由、事项、执行标的，以及申请执行人所了解的被执行人的财产状况。

（2）生效法律文书的副本。若申请执行的法律文书是一审裁判文书，申请强制执行时还需要提供生效证明，申请人可以向该案的审判法官要求出具该证明。

（3）申请人的主体资格证明。公民个人申请的，应当提供居民身份证复印件，同时出示原件供核查；法人申请的，应提交法人营业执照副本复印件和法定代表人身份证明；其他组织申请的，应当提交营业执照副本复印件和主要负责人身份证复印件。

（4）律师代理申请执行的，还应当提交授权委托书、所函。

（三）申请执行书的撰写

申请执行书的内容包括首部、正文、尾部和附项四部分。

（1）首部主要包括：文书名称（标题）、当事人（申请人及被申请人）基本情况、案由。

（2）正文主要包括：申请事项（列明请求法院执行的具体内容）、事实、理由。

（3）尾部主要包括：致送人民法院名称、申请人签名（盖章）、申请日期。

（4）附项主要包括：被执行人财产线索等相关材料。

三、实训任务

任务1：原理学习

任务要求：认真学习实训原理，思考：怎么在10～15分钟内给同伴讲清楚申请执行书的写作要领？（建议制作PPT）

任务2：实例学习

任务要求：

（1）认真阅读下列实例，分析实例的写作目的、逻辑结构及其表述特点或问题。

（2）任选一实例，思考：如何把实例分析的成果向小组同伴讲述清楚？

（3）小组长要认真组织和记录小组的学习活动。

【实例1】

申请执行书

申请人：×××。

被申请人：××。

法定代表人：××××。

申请人与被申请人劳务雇佣合同纠纷一案，经辽宁省沈阳市中级人民法院作出（20××）沈民终××号民事判决书，现被申请人拒不遵照生效判决履行。为此，特申请贵院给予强制执行。

执行请求

1. 请求法院执行被申请人应支付申请人的劳务费50 000元；

2. 请求法院执行被申请人应支付申请人的劳务费50 000元的银行同类同期贷款利率计付的银行利息（自20××年6月15日至20××年8月26日的）；

3. 请求法院执行被申请人应支付申请人的劳务费50 000元的延期履行期间的债务利息，即按照银行同期贷款利率计付的银行利息的双倍（自 20××年 9 月 6 日至执行完毕当日）；

4. 请求法院执行被申请人应支付申请人的诉讼费 988 元；

5. 被申请人支付本案执行费。

事实与理由

2008 年被申请人承建上海某工程，为了能按期完工，被申请人雇佣申请人带领的安装队帮助安装，20××年 6 月 15 日经结算被申请人应付申请人的劳务费为 50 000 元，由于被申请人一直未支付，故申请人向沈阳皇姑区人民法院提起民事诉讼，该院作（20××）皇民初××号民事判决书，判决内容为：

1. 被告沈阳某工程有限公司于本判决发生法律效力之日起十日内给付原告张某劳务费 50 000 元；

2. 被告沈阳某工程有限公司于本判决发生法律效力之日起十日内给付原告张某劳务费 50 000 元的利息（利息自 20××年 6 月 15 日至本判决生效之日止，利率按照中国人民银行同类同期贷款利率计付）；如果未按照本判决指定的期间履行给付义务，依照《中华人民共和国民事诉讼法》第二百五十三条之规定，加倍支付延期履行期间的债务利息。

3. 驳回原、被告的其他诉讼请求。案件受理费 988 元，由被告沈阳某工程有限公司负担。

判决后被申请人提起上诉，20××年 8 月 26 日辽宁省沈阳市中级人民法院送达（20××）沈民终××号民事判决书，判决驳回上诉，维持原判，二审诉讼费由上诉人负担。

至此被申请人于终审判决生效后 10 日内未按照判决履行，特申请贵院执行，以维护申请人的合法权益。

此致

×××人民法院

申请人：×××

××××年××月××日

【实例 2】

申请执行书

申请人：广州市××区××贸易有限责任公司。

住所地：广州市××区××镇××路自编×号。

负责人：李×武。

被申请人：广州市××管桩材料制品有限公司。

住所地：广州市××区××镇××大道 28 号×房。

法定代表人：全某慧。

申请事项：

1. 请求法院执行被申请人应支付申请人的货款 759 940 元；

2. 请求法院执行被申请人应支付申请人的货款利息（以 759 940 元为本金，从 2014 年 12 月 30 日起按中国人民银行同期同类贷款利率计算至被申请人付清货款日止）；

3. 请求法院执行被申请人加倍支付申请人上述款项迟延履行期间的债务利息；

4. 请求法院执行被申请人应支付申请人的诉讼费 5 874 元；

5. 被申请人支付本案执行费。

事实和理由：

申请人从2013年4月14日起向被申请人供应废铁。从2014年12月4日至29日，被申请人拖欠申请人货款共计759 940元。申请人诉至贵院，贵院作出（2015）穗花法山民初字第630号民事判决。判决内容为：一、被告广州市××管桩材料制品有限公司于本判决书发生法律效力之日起十日内支付货款759 940元给原告广州市××区××贸易有限责任公司；二、被告广州市××管桩材料制品有限公司于本判决发生法律效力之日起十日内支付货款利息（以759 940元为本金，从2014年12月30日起按中国人民银行同期同类贷款利率计算至被申请人付清货款日止）给原告。如果未按本判决指定的期间履行给付金钱义务，应当依照《中华人民共和国民事诉讼法》第二百五十三条之规定，加倍支付迟延履行期间的债务利息。案件受理费5 874元，由被告广州市××管桩材料制品有限公司负担。

现该民事判决已生效，但被申请人未按判决指定的期间履行其金钱给付义务，特申请贵院执行，以维护申请人的合法权益。

申请人（盖章）：广州市××区××贸易有限责任公司

2016年3月18日

【实例3】

申请执行书

申请人：×××，男，汉族，××××年××月××日出生，中专，个体经营户，住×××××××××××××××××号。

身份证号码：××××××××××××××××××

被申请人：×××，男，汉族，××岁，本科，××中学教师，住××××××××××××××××××××××××××××××××。

身份证号码：××××××××××××××××××

申请请求

1. 依法强制被申请人归还申请人本金×××××元；

2. 依法强制执行被申请人的逾期付款利息×××××元（自××××年××月××日至判决生效之日，按银行同期贷款利息计算）；

3. 依法强制被申请人加倍支付迟延履行期间的债务利息直至债务清偿完毕；

4. 依法强制被申请人支付本案的执行费用。

此致

×××人民法院

申请人：×××

××××年××月××日

任务3：法律思维训练

任务要求：

（1）根据案例提供的材料，小组应当分工查询相关资料作为参考，包括相关法律法规、案例、论文等。

（2）根据案例提供的材料和问题，在小组内开展讨论，并将讨论过程和结果录制视频。

（3）每个小组应将讨论情况制作成报告提交。

（4）小组长要认真组织活动、记录和报告。

【案例 1】

原告：刘甲、刘乙。

被告：刘丙、刘丁。

原告刘甲与二被告之子刘××于××××年××月××日登记结婚，××××年××月××日生育一子刘乙。刘××生前曾起诉离婚，自 2012 年 3 月份双方便开始分居，但其在 2013 年 10 月 13 日，刘××发生交通事故，并在事故中死亡。刘××死亡后的埋葬事宜由二被告具体操办。2014 年 1 月 26 日经临城县法院调解，交通肇事的被告人应给付各种赔偿款共计 300 000 元，刘丁已从临城县交警大队支取 20 000 元，剩余的 280 000 元交临城县人民法院暂时保管。

为此款的分割，原告诉至法院，请求分得 200 000 元。另查明，2013 年 11 月 22 日，刘甲向法院提起诉讼，要求依法保护自己对儿子刘乙的监护权，刘丁（刘乙奶奶）及刘丙（刘乙的爷爷）不得阻止自己履行监护刘乙的职责和义务。2014 年 3 月 18 日，刘丁、刘丙以曾抚养原告之子刘乙二年为由，请求判令刘甲给付二被告刘乙的医药费、生活费、抚养费、交通费等。

法院判决：原告刘甲分得人民币 51 500.2 元、原告刘乙分得人民币 109 205.8 元、被告刘丙分得人民币 58 897 元、被告刘丁分得人民币 58 897 元，案件受理费 1 500 元。判令刘丙、刘丁将刘乙交由刘甲监护，因此，对刘乙所分得的赔偿款，应由刘甲进行管理和保护。

问题：

（1）根据案情讨论：法院判决结果的分割比例是多少？这样分割的理由是什么？

（2）原告刘甲作为刘××的妻子，为什么比其父母所得还少？如何说理才能令其信服？

【案例 2】

2013 年 11 月，赵辉（化名）与张澜澜（化名）经人介绍相识，并于 2014 年 5 月订下婚约。在女方父母的索要下，赵辉给付张澜澜彩礼现金 14 880 元、价值 7 100 元的“三金”、手机及照相机各一部。2014 年 9 月，赵辉再次向张澜澜给付彩礼 10 000 元。经过一段时间交往，当赵辉向张澜澜提出结婚时，张澜澜开始以各种借口推脱，最后明确表示双方性格不合，不适合结婚。事后，赵辉一家托人打听得知，张澜澜父亲已将其女说给了另一户人家，赵辉遂托媒人向张澜澜父亲索要自己给出的彩礼和财物，却遭张父拒绝。赵辉无奈向耀州区人民法院提起诉讼，请求判令被告返还彩礼及财物。

问题：

（1）最高人民法院司法解释把彩礼算成赠与，你怎么看？

（2）请查询相关材料，分析法律上的彩礼到底包括哪些具体内容？关于彩礼案件的案由应当如何定？

（3）按民间通常的做法，如果是因为男方的过错导致婚约解除，或由男方主动提出解除婚约，女方一般不返还或者部分返还彩礼，如果是女方的原因提出解约，则女方应全额返还彩礼。如果在彩礼返还案件中，女方并无过错该怎么处理？如果因为此案，出现女方名誉受损的情况，该怎么处理？

任务 4：文体写作训练

任务要求：

（1）请根据材料，以杨××代理律师的身份撰写一份执行申请书。

（2）个人完成后，要结“对子”互评，对作品的结构、写作目的是否达成、语言表达等内容进行评价。小组要推荐做得好的同学在课堂上展示，展示的同学可使用PPT。

（3）在小组讨论中交流自己的写作体会与互评中的感受，分享经验。

（4）每位同学对文书写作训练中存在的问题要进行修改，提交的执行申请书应该是反复定稿、修改后的成果。

【实训素材】

贵州省三穗县人民法院
民事判决书

（2019）××民初××号

原告：杨××，男，土家族，住贵州省××县。

被告：谌××，男，侗族，住贵州省××县。

原告杨××与被告谌××民间借贷纠纷一案，本院受理后，依法适用普通程序，公开开庭进行了审理。原告杨××到庭参加诉讼，被告谌××外出，地址不详，本院依法向其公告送达起诉状副本、应诉通知书、举证通知书、开庭传票等，限其自公告之日起60日内应诉，提出答辩和举证期限分别为公告期届满后15日、30日，上述期限届满后，被告谌××未到庭参加诉讼。本案现已审理终结。

原告杨××向本院提出诉讼请求：1. 请求判决被告立即偿还原告借款200 000元及逾期付款利息（按同期银行贷款利率计算自起诉之日起至还款之日止）；2. 本案诉讼费由被告承担。

事实与理由：被告因黎平水泥硬化道路施工所需，于2018年6月1日向原告借款人民币200 000元整，被告并出具一张借条交由原告收执为据，并约定借用时限三个月整。可被告却不按约定偿还，经原告多次催讨，被告在偿还66 000元后均以种种借口推诿不予偿还剩余款项，现已无法联系被告。为此，特向贵院起诉，望依法判如所请。被告谌××未出庭参加诉讼，亦未提出答辩。

本院经审理认定事实如下：2018年6月1日，被告谌××因承建水泥路面硬化工程需要，向原告杨××借款200 000元，并向原告出具借条一张，借条载明："今借到杨××人民币贰拾万元整用于黎平水泥硬化道路施工，借用时限三个月整。"借款后，被告谌××已陆续归还了66 000元，余款经原告杨××多次催收未果。2019年5月15日，原告以其诉称事由及请求向本院提起诉讼。庭审过程中，原告杨××将诉讼请求变更为：要求被告谌××偿还尚欠的借款134 000元并按中国人民银行同期贷款利率承担相应的借款逾期利息。

上述事实，有原、被告的身份证复印件，借条、银行账户明细、微信转账详情等证据，本院依法对证据进行了审查、核证并在卷佐证。

本院认为，原、被告之间的民间借贷关系成立。原告向被告提供了借款，被告向原告出具了借条，借条具有民事合同性质，原、被告之间借款合同成立后，双方有按合同约定全面履行合同约定的义务。被告在承诺的还款期限逾期至今仅还款66 000元，已构成违约，故原告请求判令被告偿还借款134 000元的诉讼请求，事实清楚，证据充分，理由成立，本院予以支持。因原、被告双方未约定借期内的利率，也未约定逾期利率，根据《最高人民法院关于审理民间借贷案件适用法律若干问题的规定》第二十九条第二款第（一）项的规定，既未约定借期内的利率，也未约定逾期利率，出借人主张借款人自逾期还款之日起按照年利率6%支付资金占用期间利息的，人民法院应予支持。本案中原告杨××请求被告谌××按照中国人民银行同期贷款利率承担自起诉之日起至还款之日止的逾期利息，并未违反法律规定，本院予以支持。因被告谌××未到庭参加诉讼，应视为其对抗辩权利的放弃，但若其有偿还借款在本案中尚未抵扣的，可另行另案主张解决。

综上所述，依照《中华人民共和国合同法》第六条、第八条、第六十条、第一百零七条、第二百零六条、《最高人民法院关于审理民间借贷案件适用法律若干问题的规定》第二十九条及《中华人民共和国民事诉讼法》第六十四条、第一百四十四条之规定，判决如下：

一、被告谌××应在本判决生效之日起 30 日内偿还原告杨××借款 134 000 元及逾期利息（逾期利息按照中国人民银行同期贷款利率从 2019 年 5 月 15 日起计算至实际偿清之日止）。

二、驳回原告杨××的其余诉讼请求。被告未按本判决指定的期间履行给付金钱义务的，应当依照《中华人民共和国民事诉讼法》第二百五十三条之规定，加倍支付迟延履行期间的债务利息。

案件受理费 4 300 元，公告费 400 元，共计 4 700 元，由原告杨××负担 1 300 元，被告谌××负担 3 400 元。如不服本判决，可在判决书送达之日起十五日内向本院递交上诉状，并按对方当事人的人数提出副本，上诉于贵州省黔东南苗族侗族自治州中级人民法院。

逾期不提出上诉，则本判决发生法律效力。原告可在判决书确定的被告履行期限届满后二年内向本院申请强制执行。

审判长　潘××

审判员　潘××

人民陪审员　杨××

二〇一九年十一月四日

法官助理　龙××

书记员　王××

模块三

行政法律文书

项目 15　行政起诉状

一、实训目的

（1）通过实训，能理解和讲述行政诉讼的特点和行政案件原告诉讼权利的特点。

（2）能理解和讲述行政起诉状的基本结构、格式和写作要求。

（3）在文书制作过程中培养分析问题、解决问题的能力和语言运用能力；通过对文书制作中法律依据的分析，以及相关法律知识的回顾，加强对法律法规的理解及运用，从而为今后从事相关法律实务工作奠定坚实的基础。

二、实训原理

行政诉讼俗称“民告官”。行政机关及其授权的组织行使行政权时，被管理的公民、法人和非法人组织被称为“管理相对人”。“管理相对人”认为行政机关和行政机关工作人员的具体行政行为侵犯其合法权益的，有权向人民法院提起诉讼。

（一）提起行政诉讼应当符合的条件

提起行政诉讼应当符合下列条件：

（1）原告是认为具体行政行为侵犯其合法权益的公民、法人或者非法人组织。

（2）有明确的被告。

（3）有具体的诉讼请求和事实根据。

（4）属于人民法院受案范围和受诉人民法院管辖。

提示：

第一，只要原告“认为”行政机关侵犯其合法权益，即可提起行政诉讼，可诉的范围极为广泛。第二，诉讼原因是对“具体行政行为”不服，如对治安处罚或对行政强制措施不服的，可提起行政诉讼；对“抽象行政行为”（指国家行政机关制定法规、规章和有普遍约束力的决定、命令等行政规则的行为）不服的，不可提起行政诉讼，如对国务院的立法行为不服的，不可以提起行政诉讼。第三，行政诉讼的被告，一般是具有独立行政权的“行政机关或其授权的组织”，行政机关的“工作人员”及被“委托的组织”不能成为行政诉讼的被告。如派出所不能成为行政诉讼的被告。

（二）可以提起行政诉讼的案件

公民、法人或非法人组织对下列具体行政行为不服的，可以提起行政诉讼：

(1) 对拘留、罚款、吊销许可证和执照、责令停产停业、没收财物等行政处罚不服的；

(2) 对限制人身自由或者对财产的查封、扣押、冻结等行政强制措施不服的；

(3) 认为行政机关侵犯法律规定的经营自主权的；

(4) 认为符合法定条件申请行政机关颁发许可证和执照，行政机关拒绝颁发或者不予答复的；

(5) 申请行政机关履行保护人身权、财产权的法定职责，行政机关拒绝履行或者不予答复的；

(6) 认为行政机关没有依法发给抚恤金的；

(7) 认为行政机关违法要求履行义务的；

(8) 认为行政机关侵犯其他人身权、财产权的。

(三) 法院不受理的行政诉讼

法院不受理因下列事项而提起的行政诉讼：

(1) 国防、外交等国家行为；

(2) 行政法规、规章或者行政机关制定、发布的具有普遍约束力的决定、命令；

(3) 行政机关对行政机关工作人员的奖惩、任免等决定；

(4) 法律规定由行政机关最终裁决的具体行政行为；

(5) 公安、国家安全等机关依照刑事诉讼法的明确授权实施的行为；

(6) 调解行为以及法律规定的仲裁行为；

(7) 不具有强制力的行政指导行为；

(8) 驳回当事人对行政行为提起申诉的重复处理行为；

(9) 对公民、法人或者非法人组织权利义务不产生实际影响的行为。

(四) 行政案件的管辖

1. 地域管辖

行政案件由最初作出具体行政行为的行政机关所在地人民法院管辖。经复议的案件，复议机关改变原具体行政行为的，也可以由复议机关所在地人民法院管辖。

对限制人身自由的行政强制措施不服提起的诉讼，由被告所在地或者原告所在地人民法院管辖。

因不动产提起的行政诉讼，由不动产所在地人民法院管辖。

两个以上人民法院都有管辖权的案件，原告可以选择其中一个人民法院提起诉讼。原告向两个以上有管辖权的人民法院提起诉讼的，由最先收到起诉状的人民法院管辖。

2. 级别管辖

基层人民法院管辖第一审行政案件。

中级人民法院管辖下列第一审行政案件：(1) 确认发明专利权的案件、海关处理的案件；(2) 对国务院各部门或者省、自治区、直辖市人民政府所作的具体行政行为提起诉讼的案件；(3) 本辖区内重大、复杂的案件。

高级人民法院管辖本辖区内重大、复杂的第一审行政案件。

最高人民法院管辖全国范围内重大、复杂的第一审行政案件。

(五) 格式

行政起诉状

原告：×××，……（自然人写明姓名、性别、年龄、民族、职业、工作单位、住址、有效身份证件号码、联系方式等基本信息；法人或非法人组织写明名称、地址、联系电话、法定代表人或负责人等基本信息）

委托代理人：×××，……（写明姓名、工作单位等基本信息）

被告：×××，……（写明名称、地址、法定代表人等基本信息）

其他当事人：×××，……（参照原告的身份写法，若没有其他当事人，此项可不写）

诉讼请求：……（应写明具体、明确的诉讼请求）

事实和理由：……（写明起诉的理由及相关事实依据，尽量逐条列明）

此致

××××人民法院

原告：×××（签字盖章）

［法人：×××（盖章）］

××××年××月××日

（写明递交起诉之日）

附：

1. 起诉状副本××份。

2. 被诉行政行为××份。

3. 其他材料××份。

【说明】

第一，根据立案登记制，行政起诉采取书面主义，即起诉人除确实存在困难外，必须递交行政起诉状，且起诉状必须具备法定的基本要素和要求，能初步证明符合《行政诉讼法》第 49 条等规定的起诉条件。

第二，公民、法人或者非法人组织提起行政诉讼，可以根据《行政诉讼法》第 49 条第（三）项的规定提出下列具体的诉讼请求：

(1) 请求判决撤销、变更行政行为；

(2) 请求判决行政机关履行法定职责或者给付义务；

(3) 请求判决确认行政行为违法；

(4) 请求判决行政机关予以赔偿或者补偿；

(5) 请求解决行政协议争议；

(6) 请求一并审查规章以下规范性文件；

(7) 请求一并解决相关民事争议；

(8) 其他诉讼请求。

诉讼请求不明确的，人民法院应当予以释明。

(六) 行政起诉状的写作

公民、法人或者非法人组织，认为自己的合法权益受到行政机关或行政机关工作人员具体行政行为的侵犯时，依据法律和事实向法院提起行政诉讼，要求人民法院依法处理的书状，叫作行政起诉状。

行政起诉状的结构分为首部、正文、尾部三部分。

1. 首部

行政起诉状的首部包括标题、当事人和案由。

先写标题，即文书的名称，写明“行政起诉状”或者“行政诉状”。

当事人（原告、被告）的基本情况。先写原告，后写被告，如果有第三人的，在被告后写第三人。原告、第三人是自然人的，应当写明姓名、性别、年龄、民族、职业、工作单位、住址。原告、第三人是法人或非法人组织的，应写明单位全称、住所，在名称、住所之后另起一行列明法定代表人或者主要负责人的姓名、职务、电话及企业性质、工商登记核准号、经营范围和方式、开户银行和账号。被告应写明行政机关的全称、地址、法定代表人的姓名、职务、电话。诉讼参与人有代理人的，要紧接在被代理人的后面，另起一行，列明代理人的姓名、基本情况，还要标明代理的类型。

要标明代理的类型。有法定代理人或指定代理人的，应列项写明其姓名、性别、职业或工作单位和职务、住所，并在姓名后注明其与当事人的关系。有委托代理人的，应列项写明姓名、性别、职业或工作单位和职务、住所。代理人是律师或本单位业务工作人员的，只写姓名和职务。原告、被告、第三人及其代理人不止一人的，按类依次写明。

在实践中，案由有两种写法。一种是写明行政诉讼纠纷的性质，如“非法限制人身自由”；另一种是写明提起诉讼的原因，如“不服海口市国税××号处罚决定”。

2. 正文

（1）诉讼请求。必须写清具体的诉讼请求，诉讼请求是原告请求人民法院经过行政审判所要解决的事项，也是原告提起行政诉讼要达到的目的和要求。诉讼请求要写得明确、具体、合法，在起诉时对于诉讼要求要慎重考虑，力求周密、全面。另外，诉讼请求的内容应作高度概括性的表述，使阅读起诉状的人能够一目了然。

（2）事实和理由。“事实和理由”是起诉状的主体部分，案件事实是人民法院审理行政案件的根据，起诉理由是原告根据事实、法律、法规，论证提起行政诉讼的合理性、合法性，这一部分必须认真写好。事实部分是双方争议的事实或被告侵权的事实，要全面简要地反映出案件的客观事实情况，着重写明案情事实的要素，即引起具体行政行为的案件发生的时间、地点、原因、过程、导致的结果。具体说来，案件事实部分应写明三方面的内容：第一方面说明原告一方引起行政机关作出的具体行政行为的事项；第二方面说明哪一个行政机关作出的具体行政行为以及具体行政行为的依据和详细内容；第三方面说明原告是否对具体行政行为申请复议，复议机关是否改变了原具体行政行为以及复议机关改变的具体内容。理由部分应写明原告对具体行政行为的不服之点，然后就不服之点进行论述。论述的内容包括列举证据、论证理由、引用法律法规和参照规章的有关条款，理由部分必须做到有据可凭，有法可依。原告在起诉状中还应写明事实根据及证据来源，证据可以单列，也可以随着叙写事实，在主要事实后边列举有关证据。

写明原告不服被告于××××年××月××日作出的某个行政行为的决定，现提起行政诉讼。

事实与理由是行政起诉书的核心部分，这部分应写明三方面的内容：

（1）事实。应客观地陈述引起具体行政行为的全部案件事实，指出被告作出具体行政行为时所认定的事实与客观情况不符。

（2）证据。为证明所陈述的事实，应列举出有关的书证、物证、证人证言以及其他证据材料，有证人的应写明证人的姓名及联系方式。

（3）理由。应在概括事实的基础上，援引有关法律、法规、规章，经过推理，论证诉讼请求的合法性。

3. 尾部

（1）写明致送机关名称，即分两行写："此致""××人民法院"。

（2）右下方写明：起诉人（签名或盖章），同时写明制作本文书的时间（年、月、日）。

（3）附项写明下列事项：1）本行政诉讼起诉状副本份数；2）物证的名称及件数；3）书证的名称及件数；4）证人的姓名及联系方式。

行政诉讼当事人提起上诉需要制作行政诉讼状，当事人对生效判决、裁定不服，还需要制作行政申诉状。行政上诉状、行政申诉状的格式与行政诉讼状的格式基本相同，都是由首部、正文、尾部组成，只不过行政上诉状、行政申诉当事人的称谓、案由、事实与理由的具体写法与行政诉讼状的不同。

行政上诉状中的上诉各方均为"上诉人"，对方为"被上诉人"，列明当事人在原审中的地位。行政申诉状直接写明申诉人的情况。行政上诉状的案由是对一审法院的判决或裁定不服。行政申诉状的案由是对生效的判决或裁定不服。

三、实训任务

任务 1：原理学习

任务要求：认真学习实训原理，思考：怎么在 10～15 分钟内给同伴讲清楚行政起诉状的写作要领？（建议制作 PPT）

任务 2：实例学习

任务要求：

（1）认真阅读下列实例，分析实例的写作目的、逻辑结构及其表述特点或问题。

（2）任选一实例，思考：如何把实例分析的成果向小组同伴讲述清楚？

（3）小组长要认真组织和记录小组的学习活动。

【实例 1】

行政起诉状

原告：马×，男，44 岁，汉族，河北省石家庄市人，××教育学院职工，住××院××号××室。

被告：××市公安局××区分局。地址：××区舟山路 56 号。

法定代表人：林×融，职务：局长。

诉讼请求：

1. 撤销被告所作出的第 18 号治安管理处罚裁决书；

2. 责令被告履行保护人身权、财产权的法定职责。

事实与理由：

我的妻子许×茵于2001年5月20日在××区工商行政管理局领取了个体工商营业执照，在××教育学院内经营汽水、冰棍，执照有效期至2002年5月20日，××教育学院护校队自2001年11月16日起先后四次对我妻子出售的商品及我家财物实施“打、砸、抢”，每次事后，我都及时向被告和×××派出所报案，但都未得到处理。同年12月13日中午，我妻子在学院9号楼东北角正常营业，我在旁边帮忙。护校队来了十多人要扣缴摊点，我们不让。他们便把我们包围起来，推搡我们，其中一人用哑铃砸我手推车上的锁，我急了，就用汽水瓶打了那人的头，接着我身上也被打伤多处，当我见一伙人将我妻子揪着往院保卫处去时，我用汽水瓶照着其中一个人甩去，打到了哪，我不知道。最后，我们的商品、手推车被抢走。但被告却以我殴打他人为由于2001年12月14日对我处予行政拘留12天的治安管理处罚裁决书。我不服，申请复议，××市公安局维持了该裁决。我认为，被告对我的处罚是在没有全部掌握案件事实的情况下作出的，没有全面运用法律，而且显失公正。我家庭财产四次被抢，损失达四千余元，但每次报案都无人处理。此次，我的行为完全是为防止人身、财产不受侵害而采取的，是正当防卫，但被告却对我予以处罚。显然，被告的处罚决定是不合理的，也是不合法的，且对我的报案拒不理睬的行为是不履行其保护人身权、财产权的职责，故请求人民法院根据我国《行政诉讼法》第五十四条的规定判决撤销被告对我的处罚决定，并责令被告履行保护我人身权、财产权的法定职责。

证据和证据材料：

1.××市个体工商户营业执照（复印件）；

2. 医院诊断证明书二份；

3.××教育学院〔1999〕12号文件；

4. 照片五张。

此致

××区人民法院

附：本起诉状副本一份。

起诉人：马×
二〇〇一年十二月二十八日

【实例2】

行政起诉状

原告：×××，男，汉族，生于1967年7月13日，广东省韶关市人。户籍所在地：广东省韶关市武江区重阳镇×××村委会前村一队1号，身份证号码：××××××××××××××××××。住址：广东省韶关市浈江区××街6号。

被告：韶关市××区人民政府，地址：韶关市××区××路7号。

法定代表人：×××，韶关市×××区人民政府区长。

诉讼请求：

请求依法判决撤销被告韶关市××区人民政府于2014年3月13日作出的韶×府征补字(2014)第3号韶关市××区人民政府房屋征收补偿决定书。

事实与理由：

原告×××是位于韶关市××区爱国街6号房屋的合法产权人（房地产权证号：粤房地证字第××××号）。该房屋为原告全家六口老小唯一住宅所在地。2014年9月24日，原告在韶关市××区人民政府获知自己的上述房屋已被被告征收并准备强制拆除，并从法院获得韶×府征补字（2014）第 3 号韶关市××区人民政府房屋征收补偿决定书（下称房屋征收补偿决定书）的复印件。原告不同意被告的上述房屋征收补偿决定书。此后便数次口头向被告提出异议和抗议。被告通过相关部门与原告多次协调，均未达成一致意见。

原告认为，原告的房产属于私有合法财产，其物权受到国家宪法和法律的保护。被告以商业开发为目的，在未与原告协商并达成协议的情况下，擅自决定征收原告的房屋，违反了国家的相关法律和政策，侵犯了原告的合法权利。如果被告将上述房屋征收补偿决定书付诸实施，则将导致原告全家老小流离失所的严重后果。原告为保护神圣的住宅的合法权益不受侵犯，特向人民法院提起上述诉讼，请求人民法院为民做主，依法公正判决，原告全家老小将为人民法院的公正判决感激涕零，并世代不忘。

此致

××市中级人民法院

具状人：×××

2016 年×月 18 日

【实例 3】

行政起诉状

原告：胡××，男，××岁，汉族，×××市××厂退休工，住本市××区××村××街××号。

被告：×××市××区城市建设环境保护局。

法定代表人：李××，局长。

诉请事项：

1. 要求撤销被告××××年×月×日对原告所作的处罚决定书；

2. 要求确认原告在××村×街×号所建二层楼为合法建筑；

3. 请求法院依法责令被告立即给原告兑换房产证。

事实和理由：

原告为了解决家庭人多、住房紧张的困难，经过向被告申请，按照被告批准的（××）×建字第×号私房建筑许可证及建楼图纸和其他要求，于××××年×月×日在×号自家院内建成一座二层东楼。在施工前，被告曾派人到现场查看，在施工中和竣工时也都有被告所批准的建楼的要求。但是，被告却趁原告兑换房产证之机，擅自扣押私房建筑许可证，不给兑换房产证，并依仗职权，于××××年×月×错误地作出处罚决定。原告在接到处罚决定书后，不服处罚，依照法律规定，向××区人民法院提起诉讼。法院收到诉状后，责成被告给予解决问题、纠正错误。然而，被告不但不给解决问题，不纠正错误，反而又照抄了××××年×月×日处罚决定书的内容，下达了所谓××××年×月×日处罚决定书。

处罚决定书上说原告建房“违反了（××）国函字××号文和冀政（××）××号文及《×××市城市建设规划管理办法（试行）》有关条款”。到底是哪一条、哪一款？被告含糊其词，没有说明。因此，被告的提法是没有准确的法律依据而认定的，是错误的。处罚决定书中还说：“查你在××区××村×街×号所建东楼有五处违章……”此说法是不能成立的。第一，原告是按照私房建筑许可证和审批图纸建筑施工的，怎么说“所建东楼有五处违章”呢？第二，从施工开始到施工结束，被告曾派王×代表被告经常隔三天两日到施工现场查看，直到竣工验收时，一直没有提出异议，即应视为建筑全部合格，符合要求。假如说建筑有五处违章，为什么不当场提出，而在事隔很长时间，扣押私房建筑许可证后才作出处理决定呢？可见，被告这一说法是不正确的。

综上所述，被告××××年×月×日所作的处罚决定书不仅没有准确的法律依据，而且还违背了被告所审批的图纸和私房建筑许可证上技术规定，是完全错误的。原告所建的二层东楼，完全是合法建筑。被告扣押私房建筑许可证，不给兑换房产证更是错误的。被告错误的行政行为直接侵犯了原告的合法权益，给原告造成了不应有的损害。《中华人民共和国行政诉讼法》第二条规定："公民、法人或者非法人组织认为行政机关和行政机关工作人员的具体行政行为侵犯其合法权益，有权依照本法向人民法院提出诉讼。"为此，特依法向贵院提起诉讼，请依法裁判。

此致

×××区人民法院

具状人：胡××

××××年××月××日

附：

一、诉状副本1份；

二、证据5件。

【实例4】

行政起诉状

原告：周×，个人信息（略）。

代理人：富××，上海××律师事务所律师。

原告：张×，个人信息（略）。

代理人：浦××，北京市××律师事务所律师。

代理人：周××，北京市××律师事务所律师。

被告：××市公安局，地址××市××区××大道北段7号。

法定代表人：闵×，职务局长。

案由：不服集会、游行、示威行政许可。

诉讼请求：确认被告筑（公）不予许可字［××××］第××号集会游行示威不予许可决定违法。

事实与理由：

原告于2012年9月5日依法向被告提出集会、游行、示威申请，申请主要内容为为抗议贵阳市中级人民法院决定不开庭审理黎××等人被指控组织、领导、参加黑社会性质组织等罪案（下称黎××案），要求和促进依法公开开庭审理黎××案，故申请组织30名居住地非贵阳的中国公民在贵阳市××区和南明区参加集会、游行、示威。被告于2012年9月6日书面通知原告于2012年9月7日17时前补正相关材料，原告如期提交了补正材料，2012年9月8日，被告作出了不予许可的决定并向原告送达。

被告作出不予许可决定的理由为"该项申请将严重破坏社会秩序"。

原告认为，被告作出此决定的程序违法、适用法律错误、所述理由不能成立，是一个违法决定。

一、不予许可决定程序违法

《中华人民共和国集会游行示威法》第十条规定："申请举行集会、游行、示威要求解决具体问题的，主管机关接到申请书后，可以通知有关机关或者单位同集会、游行、示威的负责人协商解决问题，并可以将申请举行的时间推迟五日。"《中华人民共和国集会游行示威法实施条例》第十一条规定："申请举行集会、游行、示威要求解决具体问题的，主管公安机关应当接到申请书之日起 2 日内将《协商解决具体问题通知书》分别送交集会、游行、示威的负责人和有关机关或者单位，必要时可以同时送交有关机关或者单位的上级主管部门。有关机关或者单位和申请集会、游行、示威的负责人，应当自接到公安机关的《协商解决具体问题通知书》的次日起 2 日内进行协商。达成协议的，协议书经双方负责人签字后，由有关机关或者单位及时送交公安机关；未达成协议或者自接到《协商解决具体问题通知书》的次日起 2 日内未进行协商，申请人坚持举行集会、游行、示威的，有关机关或者单位应当及时通知主管公安机关，主管公安机关应当依照本条例第十条规定的程序及时作出许可或者不许可的决定。"

被告在作出不予许可决定之前，并未按照上述规定通知贵阳市中级人民法院与原告（申请人）协商解决问题。所以，被告的不予许可决定程序严重违法，应当撤销。

被告在行政复议程序中答辩称，《中华人民共和国集会游行示威法》的制定机关是全国人大常委会，是《中华人民共和国集会游行示威法实施条例》的上位法，当二者规定不一致时，应当适用《中华人民共和国集会游行示威法》的规定，故其没有组织贵阳市中级人民法院与原告协商解决问题，程序并不违法。被告此点答辩理由不能成立，且有违背宪法、僭越行政机关职责之嫌。国务院是中国最高行政机关，中国所有的下级行政机关均受其规制，国务院制定的行政法规，所有的行政机关均应当严格执行。《中华人民共和国集会游行示威法》第十条规定的用词"可以"，是将该项事务的决定权授予行政机关。而最高行政机关国务院针对此项法律的授权，在制定的《中华人民共和国集会游行示威法实施条例》中对同一事项规定"应当"，这就是最高行政机关在法律的授权范围内，对行政机关自身责任的一种加强，而不是"规定不一致"，作为下级行政机关，必须服从国务院的这一规定。而被告径直以下位法效力不及上位法效力就免除行政机关自身的这一"应当"的责任，是对法律适用的严重曲解，是对国务院权威的践踏。

二、不予许可决定适用法律错误

被告作出不予许可的决定，所依据的法律是《中华人民共和国集会游行示威法》第十二条第（四）项的规定，该项规定的完整条文是"有充分根据认定申请举行的集会、游行、示威将直接危害公共安全或者严重破坏社会秩序的"。从被告在行政复议程序中提供的证据来看，其所谓"有充分根据"为三个社区、六个派出所、一个交管局出具的对于集会、游行、示威活动将破坏社会秩序的推测，除此之外，再无其他根据。

被告仅依据这些机构的推测，就断定原告拟组织的集会、游行、示威"将严重破坏社会秩序"，违反了其所依据的前述法律规定。法律之所以规定集会、游行、示威需要向公安机关申请，经过许可才能进行，原告之所以向被告提出申请，有一个重要的共同的原因，就是集会、游行、示威活动需要公安机关参与维持秩序，对集会、游行、示威活动秩序的维持，本身就是公安机关的职责所在，被告怎能以自身的不履行职责来断定原告的申请将"严重破坏社会秩序"呢？如果原告申请的集会、游行、示威"将严重破坏社会秩序"，那么也不是因为原告申请活动本身，而是因为被告没有履行维持秩序的职责才导致"严重破坏社会秩序"。所以，"将严重破坏社会秩序"的根本原因在于被告，而非原告。只要被告依法履行了维持秩序的职责，原告申请的活动，就不会破坏任何社会秩序。

三、不予许可决定所据理由不能成立

不予许可决定书认为仅30个人参加的集会、游行、示威就“将严重破坏社会秩序”，那么，被告的该决定，实际上是要废除《中华人民共和国集会游行示威法》，因为任何一个集会、游行、示威活动的参加人数，都会远远超出此人数。

原告在递交申请书的同时，向被告陈述了原告组织的30人大都是学者、作家、编剧、律师、关注时事的普通公民，都是有一定素养的公民，原告按照被告的补正材料通知要求提供的参加者身份证明、居住地证明和个人声明，也能够证实这一点。而且，原告已经向被告保证会严格依法、理性、有序地集会、游行、示威，同时也请公安机关派警员参与维持秩序。

在被告作出不许可决定的第八天，在中国贵阳，就是贵阳市市区，有上万人上街游行。

认为30人集会游行示威就“将严重破坏社会秩序”，是不相信中国公民对秩序的遵守，还是不相信自己有能力维持30人的集会游行示威秩序？不管是何原因，不予许可的决定的理由，都是不能成立的。

综上，不许可决定程序违法、适用法律错误、理由不能成立，而原告的申请，于法有据，于理相符，于国有益，于民有利，应当许可。

而且，集会、游行、示威是中国公民自然享有和法定享有的政治权利，我国宪法和法律对此亦有明确规定，任何非法限制、变相限制，剥夺、变相剥夺中国公民集会、游行、示威权利的行为，都是违反宪法和法律的。

请法院依法确认被告的不许可决定违法。

此致

贵州省贵阳市××区人民法院

起诉人：×××

××××年××月××日

【实例5】

行政起诉状

原告：蒋某萍，女，汉族，1975年×月×日出生，系死者唐某华妻子，现住在湖南省东安县某某乡某某村4组。身份证号码（略）。

被告一：永州市人力资源与社会保障局。

负责人：文××（局长）

地址：永州市××区××路289号。

被告二：永州市人民政府

负责人：××（市长）

地址：永州市××区××路1号。

第三人：东安县某某乡某某中学。

负责人：周某（校长）。

地址：东安县某某乡某某村。

诉讼请求：

一、依法撤销被告一作出的永人社工伤认字（2017）第×××××号“不予认定工伤决定书”与被告二作出的永政复决字（2017）××号“行政复议决定书”，并责令被告一依法重新认定；

二、依法判令两被告承担本案诉讼费。

事实与理由：

原告与两被告因工伤认定纠纷事宜，不服被告一作出的永人社工伤认字（2017）第××××××号“不予认定工伤决定书”与被告二作出的永政复决字（2017）××号“行政复议决定书”。原告认为被告作出“唐某华不在工作时间和工作岗位上突发疾病死亡的情形不符合视同工伤的决定条件，不予认定是视同工伤”有误。原告的丈夫唐某华在提前上班期间突发疾病经抢救无效死亡，应当认定为工伤。

一、唐某华是提前上班期间突发疾病死亡

根据“不予认定工伤决定书”与“行政复议决定书”查明的事实，2014 年 10 月 27 日凌晨 5：20 左右，唐某华老师起床着好训练服、备好训练材料后准备为去县里参加运动会的学生进行集训以及管理学生早操。在上厕所的过程中突发疾病摔倒在厕所蹲位。6：25 左右，急诊“120”赶到学校对其进行诊断，抢救无效后宣告其死亡。根据被告一的调查，原告的丈夫唐某华系第三人东安县某某乡某某中学体育老师，唐某华老师每天早上 6：00 负责吹哨子叫学生起床。2016 年 10 月 27 日凌晨 5：41 分，唐某华被同事发现晕倒在第三人学校厕所，6：25 分左右“120”救护人员赶到现场诊断唐某华老师当场死亡。该校早操时间为 6：00，“某某中学校运动会运动员训练方案”规定的上午训练时间是 5：40 到 7：20，下午训练时间是 4：35 到 5：15。

《工伤保险条例》第十五条规定：“职工有下列情形之一的，视同工伤：（一）在工作时间和工作岗位，突发疾病死亡或者在 48 小时之内经抢救无效死亡的”。唐某华工作日每天 6：00 需要吹哨子叫学生起床。唐某华老师 5：20 左右起床穿好训练服、备好训练材料。无论唐某华老师是给准备去县里参加运动会的学生进行集训，还是管理学生早操，都属于提前上班行为。作为体育老师，唐某华的上班时间并非吹哨子叫学生起床的 6：00，而是唐某华穿好训练服开始从事与学生集训、学生早操相关的工作的 5：20 左右。

二、唐某华穿好训练服走出家门，已经处于工作状态

对于《工伤保险条例》规定的“工作时间、工作场所、工作原因”三要素应做全面、整体的理解，不能割裂三者之间的内在联系。三要素中，工作原因是工伤认定的核心，工作时间、工作场所不是固定不变的，只要是因工作原因受到事故伤害的，即使不在正常的工作时间和工作场所内，也应认定为工伤。

唐某华老师不是穿着睡衣上厕所，也不是在家上厕所，而是穿着训练服在学校厕所上厕所。只要唐某华老师穿着工作服（训练服）走出家门，已经处于工作状态。法律并不禁止劳动者提前上班，甚至鼓励劳动者提前上班。唐某华提前上班，应该被鼓励。唐某华提前上班突发疾病死亡，也不属于《工伤保险条例》第十六条所否定构成工伤的情形。

此外，“某某中学校运动会运动员训练方案”明确早晨 5：40 开始校运动会运动员训练。唐某华老师提前 20 分钟穿好训练服走出家门、上厕所，已经是在为 5：40 的学校运动会运动员训练提供准备。至于两被告认为准备“某某中学校运动会运动员训练方案”系唐某华老师去世当天上午制作，但两被告却没有证据表明该学校参加学校运动会的运动员没有按照往年惯例提前 20 分钟开始训练，不能否定该“某某中学校运动会运动员训练方案”的证据效力。“某某中学校运动会运动员训练方案”明确从 10 月 26 日训练到 11 月 26 日，这也说明 10 月 27 日唐某华老师提前 20 分钟走出家门具有合理性。

三、唐某华属于工作时间、工作地点突发疾病死亡，应当视为工伤

《工伤保险条例》第十五条规定："职工有下列情形之一的，视同工伤：（一）在工作时间和工作岗位，突发疾病死亡或者在48小时之内经抢救无效死亡的"。唐某华既然是在提前上班期间突发疾病死亡，理应认定为工伤，这才是对本条款的准确理解。

无论是唐某华老师提前20分钟走出家门准备带参加学校运动会的运动员训练，还是提前40分钟走出家门准备喊学生参加早操，都属于法律不禁止而且用人单位鼓励的"提前上班"行为。唐某华老师在提前上班期间不幸身亡，应当属于工伤。

综上所述，被告一明知唐某华老师是在提前上班期间突发疾病死亡，却作出不予认定工伤的决定；被告二明知被告一作出的"不予认定工伤"明显证据不足却予以维持，显然属于适用法律错误。

为维护当事人合法权益，特诉至贵院，望判如所请，充分保障一名提前上班的人民教师合法利益。

此致

永州市中级人民法院

具状人：×××

二〇一七年×月××日

证据清单

编号	证据名称	证明对象	备注
1	原告身份证、结婚证复印件	证明原告主体资格，并证明原告系唐某华妻子	
2	"不予认定工伤认定决定书"与"行政复议决定书"	证明原告亲属唐某华是在提前上班的工作时间、工作岗位上突发疾病死亡	5页
3	"死亡证明书"	证明原告亲属唐某华抢救无效死亡	1页

任务3：语言表达与修辞训练（语感提升）

任务要求：

（1）请认真阅读下列材料，分析材料的特点与问题。

（2）请根据要求修改或整理材料。

【材料】

法律讲求严谨和周密，所以法律文书写作的第一要领，就是必须"六个同一"：定义同一、词句同一、表述方式同一、结构同一、方法同一、角度同一。

例如，在一份租赁合同当中，初稿当中对于租赁物的描述，分别出现在如下的三个条款当中：

前言：就本协议所称××市××广场一间店铺转让事宜……

标的条款：甲方同意将××广场出租商铺转让给乙方。

承诺和保证条款：甲方保证本合同项下的××广场商铺一间属于甲方所有，没有任何法律或事实上的争议。

很明显，几个条款对于同一个租赁物，分别有三种不同的描述方法，容易造成误读。如果文

书篇幅较长，错漏或前后矛盾就在所难免了。改进的方法很简单，就是严格地执行“六个同一”法则，对于同一事物，在文书开头就明确下一定义。

问题：请你按要求对租赁合同中的“租赁物”下一明确定义。

任务 4：法律思维训练

任务要求：

（1）根据提供的材料，在小组内开展讨论或一对一的辩论。

（2）小组应当查询相关资料作为参考，包括相关法律法规、案例、论文等。

（3）小组长要认真组织活动、记录和报告。

【案情】

某市C县公民金甲自2000年以来在A县沿河道农贸市场个体摊主金乙（金甲伯父）处帮工，从事个体水果经营。2002年2月，金乙派金甲到B县长城水果供销公司进五车皮苹果。金乙在A县收到长城公司发来的苹果后，发现烂苹果达30%，马上电话通知在B县的金甲找长城公司交涉，金甲到长城公司后未见到公司负责人，遂与公司职员李某发生争吵，进而将李某打伤。B县公安局对金甲处以行政拘留15天的处罚，金甲不服，向市公安局（位于D区）申请复议，市公安局将行政处罚改为行政拘留10天，并处罚款200元。金甲仍不服，欲提起行政诉讼。

问题：

（1）请查询法律法规相关条款，讨论：金甲应以谁为被告提起行政诉讼？为什么？

（2）讨论：哪几个法院对本案有管辖权？为什么？

任务 5：文体写作训练

任务要求：

（1）根据下列材料，每人写作一份行政起诉状。

（2）个人完成后，要结“对子”互评，对作品的结构、写作目的是否达成、语言表达等内容进行评价。小组要推荐做得好的同学在课堂上展示，展示的同学可使用PPT。

（3）在小组讨论中交流自己的写作体会与互评中的感受，分享经验。

（4）每位同学对文体写作训练中存在的问题要进行修改，提交的行政起诉状应该是反复定稿、修改后的成果。

实训操作：

（1）了解案情，收集分析证据，明确当事人，查找相应法律法规。

（2）分析案件事实和纠纷性质、责任和责任的大小、范围。

（3）确定案由，确定诉讼请求，确定管辖法院。

（4）撰写行政诉状。

【实训素材】

根据以下材料，为李××写一份行政起诉状。

材料：某律师事务所接待笔录

问：你叫什么名字？

答：李××，女，汉族，生于××××年××月××日，××省××县人，现住××省××

×××××，身份证号：××××××××××××××××××。

问：你有什么事?

答：我想要回我母亲的房子。

问：你说说是怎么一回事?

答：我母亲刘××原系××县沿口镇人，因为我在广西壮族自治区大厂，她在2012年搬迁至广西大厂与我一起居住生活。在迁至广西大厂之前，刘××将位于××县沿口镇建设巷××号的房屋交由王×居住使用。

问：等一下，你母亲把房子交给王某有什么证据没有?

答：有。王×于2012年3月×日向我母亲刘××出具了书面材料。

问：你带来了吗? 我看看?

答：好。给。

问：该书面材料中明确了由于王×无居住地方，刘××将其所有的位于××县沿口镇建设巷××号的房屋借给王×居住使用。这个材料还加盖了居委会的印章和郑×的签章。这是合法有效的呀。

答：是啊！但是，我母亲于2018年10月×日在广西大厂病逝。我在2018年10月14日向被告××县房管所提交资料，要求按照继承确权办理房产登记。但王×跟我说她没有房子住，怎么怎么地。我当时考虑王×的家庭经济状况就未要求王×交付该房屋，也未进行继承登记。2020年×月22日，我因处理父亲李×的坟墓被毁一事回××县沿口镇，后发现王×已去世好久，位于××县沿口镇建设巷××号的房屋已经登记在王×的名下。

问：××县房管所的代表人是谁? 地址清楚吗?

答：法定代表人：×××，系该所所长。住址：××县沿口镇小河街。

答：我母亲这房子还要得回来吗?

问：这个……，我们要查询相关规定后答复你。

项目 16　行政答辩状

一、实训目的

（1）能理解和讲述行政答辩状的基本结构、格式和写作要求。

（2）能根据案情，运用法律法规知识制作一份合格的行政答辩状，在实训中培养分析问题的能力、语言运用能力，为今后从事相关法律实务工作奠定坚实的基础。

二、实训原理

（一）概念

根据我国《行政诉讼法》第 67 条的规定，人民法院受理行政诉讼案件后，应当在立案之日起 5 日内，将起诉状副本发送给被告。被告应当在收到起诉状副本之日起 15 日内向人民法院提交作出具体行政行为的有关材料，并提出答辩状。人民法院应当在收到答辩状之日起 5 日内，将答辩状副本发送给原告。

需要进行答辩的，可能是作为第一审被告或第二审被上诉人的行政机关，也可能是作为第二审被上诉人，不服行政机关作出的具体行政行为的行政管理相对人。

《行政诉讼法》第 34 条规定："被告对作出的行政行为负有举证责任，应当提供作出该行政行为的证据和所依据的规范性文件。"因而，当被诉行政机关进行答辩时，不仅要对原告的诉讼请求以及提出的事实和理由进行反驳，还必须提供自己作出该具体行政行为的证据和所依据的规范性文件，否则就会导致败诉的后果。当作为第二审被上诉人的公民、法人或非法人组织进行答辩时，应当对上诉人上诉的请求和事实与理由进行答复、辩解和反驳。

提出答辩状是诉讼当事人的一项诉讼权利，而不是诉讼义务。根据我国《行政诉讼法》第 67 条第 2 款的规定，在答辩期限内不提出答辩状的，不影响人民法院审理。

（二）制作依据

行政答辩状样式供在行政诉讼活动中，被告或被上诉人针对原告或上诉人的起诉状或上诉状的内容，进行回答和辩解时使用。

《行政诉讼法》第 67 条第 1 款规定："人民法院应当在立案之日起五日内，将起诉状副本发送被告。被告应当在收到起诉状副本之日起十五日内向人民法院提交作出行政行为的证据和所依据的规范性文件，并提出答辩状。人民法院应当在收到答辩状之日起五日内，将答辩状副本发送原告。"《行政诉讼法》第 10 条规定："当事人在行政诉讼中有权进行辩论。"

(三) 答辩要求

第一审行政答辩状，是行政诉讼中的被告在收到原告的起诉状副本后，在法定的期限内，针对原告在起诉状中提出的诉讼请求和事实根据，举出证据，对作出具体行政行为的依据，进行回答和辩解的书状。

第一审行政答辩状是行政案件被告提出的。被告只能是作出具体行政行为的行政机关或由法律、法规授权的组织，以及改变具体行政行为的复议机关。

在行政案件中被告负有举证责任，必须以作出该具体行政行为的证据和所依据的规范性文件作为答辩的论据。

行政答辩状必须在法定期限内提出。被告应当在收到起诉状副本之日起 15 日内向人民法院提交作出具体行政行为的有关材料，并提出答辩状。《行政诉讼法》第 67 条第 2 款规定："被告不提出答辩状的，不影响人民法院审理。"可见，提出答辩状对于行政案件被告人来说，既是义务，又是权利。

(四) 文书样式

行政答辩状

答辩人：×××，……（写明名称、地址、法定代表人等基本信息）

法定代表人：×××，……（写明姓名、职务等基本信息）

委托代理人：×××，……（写明姓名、工作单位等基本信息）

因×××诉我单位……（写明案由或起因）一案，现答辩如下：

答辩请求：……

事实和理由：……（写明答辩的观点、事实与理由）

此致

××××人民法院

答辩人：×××（盖章）

××××年××月××日

（写明递交答辩状之日）

附：

1. 答辩状副本×份。
2. 其他文件×份。
3. 证物或书证×件。

(五) 填写说明

1. 首部

首部即标题，写文书名称"行政答辩状"。

2. 正文

(1) 当事人栏在标题之下，直接列写答辩人的单位全称和住所。接下去另起一行列写该单位的法定代表人或主要负责人的姓名、职务、电话。然后，再另起一行逐一列出委托代理人及其姓名、职务。

（2）案由部分。主要写明对原告某某因何项具体行政行为起诉进行答辩，关于何时收到起诉状副本可写可不写。具体写法如："答辩人对原告（公民的姓名，或者法人、其他组织名称）提起（案由，即具体行政行为名称）诉讼一案，答辩如下：……××之诉"或者："答辩人于××××年××月××日收到你院转来原告提起之诉一案的起诉状副本，现提出如下答辩：……"

（3）答辩部分。答辩的论点和论据是答辩状的主体部分，大体包括以下一些内容。

1）就案情事实部分进行答辩。

对原告在起诉状中所叙述的案件事实经过与实际情况不符的地方，首先必须明确提出，予以纠正，以正视听。如果起诉状中所说的事实存在，也应当明确表示，说明事实没有出入。

2）就具体行政行为的正确性进行答辩。

《行政诉讼法》第 34 条第 1 款规定："被告对作出的行政行为负有举证责任，应当提供作出该行政行为的证据和所依据的规范性文件。"根据这条规定，可以按照案情的不同情况，分别采取以下几种答辩方法。

第一，认为自己作出的具体行政行为完全正确的，则明确指出原告起诉无理。必须针对原告起诉的论点，提出确实充分的证据证明案情事实，列举有关的法律、法规，并适当摘引其相应的条款，进行辩驳，说明自己作出的具体行政行为所适用的实体法和程序法都是正确的。

如果被告是复议机关，还须阐明改变原具体行政行为的理由、根据及其对原告是否有利。

第二，认为自己作出具体行政行为有欠缺的，先就具体行政行为的正确部分，根据事实、证据以及法律和法规进行答辩，然后再实事求是地说明具体行政行为也存在某些不妥之处，并提出改正意见。

第三，已经发现或者认识到自己作出的具体行政行为确属不当的，在答辩状中不再进行答辩，可以直接承认原告起诉的理由和请求正确，表示愿意重新作出具体行政行为。这样，受诉人民法院将对该项行政诉讼暂停进行，等待原告在被告重新作出具体行政行为后提出撤诉。届时，原告即使不提出撤诉，受诉人民法院也将根据被告重新作出的具体行政行为变更诉讼请求。

3）就法定程序方面进行答辩。

第一，如果起诉状指责被告作出具体行政行为不符合法定程序，而且这种指责是没有根据的，应当依法据理予以驳斥。

第二，如果原告起诉违背法定程序，而人民法院又未发觉时，应当明确提出。根据法律、法规规定，某些行政案件在起诉前有其特定的必经程序。对于法定的在起诉前必须经过一次或者两次复议的具体行政行为，如果没有经过必要的申请复议程序，或者是虽经申请复议，但复议机关在法定期限内尚未作出复议决定，原告就直接提起诉讼的，被告在答辩状中应当摘引有关法律、法规的相应条款，指出原告起诉违背法定程序。

4）提出答辩主张。

在提出事实和法律方面的答辩之后，引出自己的答辩主张，即是要求对具体行政行为判决维持、部分撤销，还是表示愿意重新作出具体行政行为。

被告在答辩状中所提供的作出具体行政行为所依据的规范性文件，可以在答辩状中举出有关法律、法规的名称，并摘引其相应的条款，以供受诉人民法院参考；根据情况需要，也可以将有关的法律、法规或其相应的条款加以复印，连同答辩状附送受诉人民法院。

3. 尾部及附项

(1) 致送机关，分两行写："此致""××人民法院"。

(2) 右下方写：答辩人单位全称；另起一行，写法定代表人或主要负责人（签名或盖章）；再另起一行依次列写委托代理人（签名或盖章）。然后注明年、月、日，加盖单位公章。

(3) 附项写明：

1) 本答辩状副本×份；

2) 证物或书证（名称）×件；

3)（法律和法规名称）复印件×份。

三、实训任务

任务 1：原理学习

任务要求：认真学习实训原理，思考：怎么在 10～15 分钟内给同伴讲清楚行政答辩状的写作要领？

任务 2：实例学习

任务要求：

(1) 认真阅读下列实例，分析实例的写作目的、逻辑结构及其表述特点或问题。

(2) 任选一实例，思考：如何把实例分析的成果向小组同伴讲述清楚？

(3) 小组长要认真组织和记录小组的学习活动。

【实例 1】

行政答辩状

答辩人：××市公安局××区分局。地址：××区舟山路 56 号。

法定代表人：林×融，职务：局长。

委托代理人：林×，市公安局区分局干部，住××区舟山路××号。

因马×不服××市公安局××区分局所作出的×治罚字第×号治安管理处罚裁决书、要求该区公安分局履行法定职责一案，现提出答辩如下：

马×的行为已违反了治安管理处罚条例，我局对其作出治安拘留 12 天的处罚合法适当。2001 年 12 月 13 日 12：00 许，马×与其妻违反××区工商局行政管理局江宁市场管理所和××教育学院联合公布的《关于撤销校园内一切个体摊点的通知》，擅自在该学院 9 号楼东北角卖汽水。教育学院护校队前去劝阻时，马×拒不服从，并用汽水瓶先后猛击护校队成员董×富、冯×春的头部，造成董×富头皮裂伤，伤口长五厘米，深达帽状腱膜；冯×春的头皮擦伤，伤口长一厘米。马×无视通知，擅自摆摊售货，不听劝告，并使用凶器殴打护校队队员，造成二人轻微伤害，后果较严重，已触犯了《治安管理处罚条例》。为维护公民的人身权利和高等院校的校园秩序，我局依据《治安管理处罚条例》第二十二条第（一）项、第十七条第（一）项的规定，对马×作出了治安拘留 12 天的处罚，××市公安局经复议后也维持了我局的决定。我局认为，该裁决事实清楚，证据确实充分，适用法律正确，处罚适当，恳请人民法院能予以维持。

马×与××教育学院发生的争执不属于公安机关的处理范围，巧×冈在学院内经营汽水、冰棍，与学院发生争执，曾先后四次到我局及派出所报案。我们接报后，进行了调查，认为这是学院依照法律、法规规定整顿校园秩序的内部行政管理行为，对有关经营场所的管理是工商行政管理机关的职责。两者均非公安机关的法定职责，且马×已撤回了举报材料，故马×现要求我局履行保护其人身权、财产权的法定职责的请求不能成立，也恳请人民法院能依法驳回马×的此项诉讼请求。

证据和证据材料，证人姓名和住址：

1. 治安管理处罚审批表；
2. ××区公安分局的处罚裁决书，执行拘留通知书；
3. 市公安分局的申诉裁决书；
4. 对马×的讯问笔录；
5. 被害人冯×春、董×富的询问笔录和诊断证明书；
6. 证人包×、柔×达、张×、夏×娜的证言；
7. 江宁工商所的证明材料；
8. 教育学院的文件及联合通知。

此致

××区人民法院

答辩人：××市公安局××区分局

××××年××月××日

（公章）

【实例 2】

行政答辩状

答辩人：××××。

被答辩人：××××。

答辩人与被答辩人行政纠纷一案（案号：×××××），答辩人答辩如下：

一、答辩人已就被答辩人的投诉内容进行回复，不存在被答辩人所诉称没有给出处理结果，被答辩人关于确认答辩人行为违法的诉求没有任何事实及法律的依据。

被答辩人于 2017 年 8 月 3 日向答辩人递交关于投诉××涉嫌伪造住院病历资料的申诉书。答辩人在收到被答辩人的上述信访申诉书后随即展开调查，答辩人通过采取对涉事医院进行现场检查、询问涉事医生以及调取病历的调查方式对被答辩人的投诉内容展开调查，在此期间，因该案复杂，答辩人决定延期，并于××日向被答辩人送达延期告知书，随后答辩人于××日将调查结果告知被答辩人，并同时告知被答辩人至答辩人处获取调查处理回复。至此，答辩人已对被答辩人的投诉内容展开调查，并已将调查处理结果告知被答辩人，故被答辩人关于确认答辩人未就其投诉事项给出回复，该违法的主张没有任何事实及法律的依据，依法不应得到支持。

二、答辩人在处理被答辩人的投诉过程中，并未实施侵犯被答辩人合法权利或给被答辩人带来侵害的任何行为，被答辩人关于要求答辩人赔偿其鉴定费的主张没有事实依据，依法不应得到支持。

首先，被答辩人关于要求答辩人赔偿其损失的主张没有事实基础。根据《国家赔偿法》第二条的规定，提起行政赔偿的基础是行政机关存在侵犯公民合法权益的行为，而答辩人在对投诉人的投诉内容的调查过程中，并未实施任何侵犯被答辩人合法权益的行为。

其次，被答辩人的此项主张，不符合法律规定的程序。根据《国家赔偿法》第九条第二款、第二十二条第二款的规定，赔偿请求人在向法院提出国家赔偿前，应当先向赔偿义务机关提出申请，赔偿义务机关在法定期限内不作决定或赔偿请求人对作出赔偿决定的方式、项目、数额有异议的，赔偿请求人可在法定期限内向人民法院提起诉讼。具体到本案中，目前，答辩人并未收到过任何被答辩人的赔偿申请，故其该项主张的提出不符合法律规定。

最后，被答辩人所提出的鉴定费用，既非答辩人所收取，也非因答辩人所实施的行为而产生，被答辩人要求答辩人给予赔偿没有任何依据。本案被答辩人所主张的鉴定费，是其向深圳市医学会申请医疗事故鉴定所产生的，根据深圳市医学会所出具的收据显示，出具的时间是××××，而本案被答辩人向答辩人提出投诉的时间是××××，即该项费用发生的时间早于其向答辩人提出投诉的时间，更早于答辩人作出调查回复的时间，该项费用的发生与答辩人针对被答辩人所作出的调查回复行为无关，不属于《国家赔偿法》第三条、第四条所规定的赔偿范围内的损失，依法不应得到支持。

三、被答辩人的起诉已经超过诉讼时效，依法应当驳回其起诉。

答辩人已于××××将调查结果告知答辩人，而被答辩人在没有任何正当理由的情况下，迟至××××才向法院提起诉讼，根据《行政诉讼法》第四十六条、《最高人民法院关于适用〈中华人民共和国行政诉讼法〉的解释》第六十九条第（二）项的规定，依法应当予以驳回起诉。

综上所述，答辩人已对被答辩人的投诉内容履行了充分调查的法定职责，并在法定期限内向被答辩人作出回复，在调查过程中以及给出的处理回复过程中，并未造成被答辩人的任何权利义务负担以及损失，被答辩人关于确认答辩人未向其给出回复以及给予赔偿的诉讼请求没有任何事实及法律的依据，且被答辩人的起诉已经超过诉讼时效，恳请贵院依法驳回被答辩人的全部诉讼请求。

此致

深圳市××××人民法院

答辩人：××××
代理人：××律师
××××年××月××日

【实例 3】

行政答辩状

答辩人：×××市××区城市建设环境保护局。

住址：××区×街×号。

法定代表人：赖××，局长。

委托代理人：王××，副局长。

因李××不服本局行政处罚向贵法院起诉一案，提出答辩意见如下：

一、关于李××在私房建筑中的五处违章事实和对其处罚的法律依据。

1. 李××违法增建地下室。李××于××××年×月×日写了一份申请，请求建南楼二层六间，还未获批准，就于××××年×月初动工挖了地下室，深约一米，西端紧靠邻居吴××家的门洞。××××年×月×日，李××的邻居吴××来我局向建管科原科长袁××反映李××挖地下室，影响他家门洞，请城建局解决。而后，其爱人孙××又来反映此事，并说明影响他家门洞，请求尽快解决。当时建管科科长袁××和史××等人到李××家查验了现场，指出李挖地下室是违章施工。史××说："挖地下室的工作必须停止，立即采取防护措施，否则后果自负。"××××年×月，李××曾两次找主持建管工作的副局长鲁××，请他帮助把南楼批了。鲁××批评他与邻居关系搞得不好，并告诉他要把邻里关系搞好，办证手续章盖全后，才能批准。此后，此事无进展，也就一直未批准他盖南楼的申请。后李于××××年×月又提出盖东楼的申请。在××××年×月×日我局以（××）×建字×号"私房建筑许可证"批准其建东楼时，史××、袁××对其明确提出："把地下室填上，按许可证批准的事项和有关规定施工。"事实证明，李××建地下室是先斩后奏，没有经过任何人的同意，更没有任何批准手续，纯属违章建筑。其行为违反了《××市私房建筑管理实施细则》第十一条"在距邻居地界一米内，不准挖坑、挖沟或形成积水"的规定。直到××××年×月×日我局刘××、周××、吴××等四位同志到李××家，再次丈量所建房屋尺寸，该地下室依然存在。

2. 李××的"私房建筑许可证"上批准的建筑面积为 $44.64m^2×2$，但其实际建筑面积是 $45.99m^2$，共超出 $2.7m^2$，这是由于加宽、加长了各 0.10 米而造成的，是违章行为。

3. 李××的"私房建筑许可证"上批准楼房高度为 6 米。李××和其子在××××年×月×日办理许可证时，我局经办人员史××、校××等人向他明确交代了房高 6m 的起标点是以×村中心点加 20cm 起标。随后，我局鲁局长又向他强调了这一点。建房户李××是清楚的。这一点，李××在诉状中也承认了。原告自称：是"按照被告批准的（××）×建字第×号'私房建筑许可证'及建楼图纸和其他要求，于××××年×月 10 日在×村×号自家院落内建成一座二层东楼"。但事实上，李××又擅自提高房屋的高度，其所建的楼房高度是 7.02m，超出批准的高度 1.02m。所以认定其违反了《××市私房建筑管理实施细则》第三章第五条"房屋的层高一般应控制在 3～3.2 米……临街房屋标高，高出道中心 15～20 厘米为宜，不允许任意提高房屋标高，影响四邻"的规定。

4. 擅自改变建筑立面。李××的申请图纸为东楼，正立面为西立面，主要的门窗向西开。按图，有两个向西开的门，并无申请向南开门。因其南临××村×街，东邻胡同、北邻自己的北房，故同意他在三面各开一个小侧窗。但李在施工中，擅自将建筑正立面改成南立面，改变批准的建筑立面，将东楼变成了北楼，因而造成了西侧二层出现了侧窗；同时，由于其将东楼改变成北楼，违背了我局的批示，所以在实际上就等于我局所批的（××）×建字第×号"私房建筑许可证"由于李××的原因而作废。这是明显的违章行为。

5. 违章建挑檐。按照建筑管理的常规，一切建筑物应限定在平面位置图，即坐落图范围内施工。李××所建房屋应在本局批准的 7.02 米×6.20 米内进行，超出此范围就是违章。为了防止李××建房时违章，当时主管建筑的鲁局长在审批的李××的图纸上明确限定西侧在 1.15 米距离内不能有任何建筑，李××对此表示同意，并由李××的儿子李甲盖了章（见图纸）。但原告无视这一批示，擅自建西侧挑檐 1.1 米多。在李××建挑檐过程中，我局工作人员史××听到反映后，找李××指出其建筑是错误的，要其打掉。××××年×月 6 日，史××把李××叫到城建局建管科明确告诉李××："批准你建房宽 6.20 米，你违背批示应改过来。超出 20～30 厘米，我们不能说你出了格，可是你出得太多。"后于×月×日，鲁局长和史××同去现场，当着李××和其子的面，明确指出挑檐要全部拆掉。李××不接受。后来鲁××决定去掉一半，最多留 60 厘米。但李××对这一点仍置之不理，至今还保留 1.1 米的大檐。

从以上可以看出，李××对私房建筑中的错误事实是清楚的。对于李××的违法违章行为，我们进行多次批评教育，要求其改正违章行为。李非但不听，反而四处活动，托人讲情。根据

《××市城市建设规划管理办法》第二十三条之规定，李××在建房中违反了“未领取建筑执照擅自兴建地下室”的规定。

6. 未按批准图纸施工，擅自变更设计，增加建筑面积。根据市建（1983）7号文，即《××市私房建筑管理实施细则》第十五条第一款“无营业执照施工或未按执照批准事项施工，擅自改变位置、层数、面积、立面、结构者”视为违法行为之规定，确认李××的私房建筑有五处违章。我局根据《××市私房建筑管理实施细则》第十七条第一款“责令停工、纠正、限期拆除”；第二款“处罚房主工程造价的10%以下罚款”；第三款“强行拆除”的规定，于××××年×月×日对李××下达了处罚决定书，要求其：第一，去掉西侧挑檐1.1米；第二，去掉二层侧窗；第三，对擅自建地下室、改变方位、房高、面积的行为，罚款1 000元。这是有理有据的，是完全合法的。以上是李××私房建筑的违章事实和对其处理的过程。

二、起诉状中说：“法院看到××××年×月×日诉状后，责成被告解决问题，纠正其错误”，这是李××的谎言。我们之所以撤回这个决定，并不是因为我们对李××处罚的错误，而是因为处罚决定书中有两处不当：一是引用文不能只引用市建委规定；二是“限期三天”，法律文件上没有这个规定。撤回只是要重新修正罚款条文，而不是要撤销该处罚决定。

三、起诉状中说：“史××经常隔三天两日至施工现场查看，并在竣工验收时也没有提出异议。”李××的这种言论纯系捏造。我们城建局每次找建房户是按照程序规定，即报图纸证件、现场查、验灰线、发建筑许可证、竣工验收这五步进行。哪有那么多时间看着他这一家施工？我们发现李××在施工中擅自挖地下室，当场就予以纠正，并责令其停工，让其填上。在李××的楼房即将竣工时，我们才知道其违章造挑檐一事，又多次对其进行批评，责令其全部打掉，怎么能说没有提出过异议呢？事实上是李××企图把自己违反建筑规定的责任推给我们城建局罢了！

四、起诉状中原告说他没有违反规定。在我们处理李××违章的过程中，李××曾四处活动，托人说情，已多次表示自己违章，要求象征性地罚点款。请看省政府办公厅××给×××区长的信，其中写道：“我的一个老战友李××同志退休后在原来的地基上盖了几间房，房檐突出了不到一米，按设计图纸不应突出那么多……本人也承认突出的地方是错误的，请你和有关部门说一下，一是叫本人做个检查或是酌情罚点款……”从这封信中看，第一，李××承认自己盖房檐是违章的；第二，要求罚款，不要打掉房檐。可为什么在起诉状中，李××又说自己根本没有违章呢？这只能说明李××出尔反尔，搬起石头砸自己的脚。

综上所述，我局对李××所作的处罚决定是完全正确的，是合乎法律规定的。请求法院依法驳回起诉。

此致

××市××区人民法院

答辩人：××区城建局（公章）
××××年×月×日

附：

一、答辩状副本1份；

二、书证2份；

三、证人证言3份；

四、现场笔录1份。

【实例 4】

行政答辩状（二审）

答辩人：宁波市××区市场监督管理局，住所地：宁波市××区××街道××路××号。

法定代表人：胡××，局长。

答辩人因上诉人（原审原告）不服宁波市江北区人民法院（××××）甬北行初字第 102 号判决提起上诉。现根据其行政上诉状，答辩如下：

第一，原审判决认定事实正确。

1. 上诉人在上诉状中称原审法院未对第三人无法提供流水号清单证据作说明，实际上原审法院已经在判决书中作了详尽的解释，即“本院认为，涉案两次刷卡的电子交易流水号确实存在跳号现象，但目前并无证据显示该跳号现象与购物卡被调换之间存在必然的因果关系，结合××有限公司对跳号原因所作说明，不能排除存在消费交易之外的操作，导致流水跳号的可能性，原告（上诉人）以此主张第三人‘洗钱’并无事实依据。”

2. 上诉人在上诉状中称第三人不提供服务流水号，2 个断号的真实信息确系侵犯上诉人消费者知情权的欺诈行为，原审法院未作认定。同样，原审法院已在判决书中作了详尽的说明和认定，即“原告（上诉人）主张第三人不提供消费电子商务流水号信息清单，侵犯消费者的财产知情权，本院认为，上诉人主张的信息并非法定必须由经营者向消费者披露的信息，其主张第三人侵犯其知情权，于法无据。”

3. 上诉人认为涉案购物卡是否为其持有的证据应适用举证责任倒置，即应有答辩人及第三人举证是明显错误的。在我国，有关举证责任倒置的情形是由法律明文规定的，上诉人的该情形明显不属于法律规定的举证责任倒置的情形。上诉人首先应证明其持有第三人 1 000 元购物卡的事实，即应适用“谁主张、谁举证”的证据规则，也即原审法院所阐述的，“本院认为，原告（上诉人）诉称第三人家乐福北仓店的收银员在收银时调换了其购物卡，但原告（上诉人）并未提供能够证明其持有 1 000 元面值购物卡的相关证据，原告（上诉人）称 1 000 元面值购物卡系朋友赠送，但其无法提供赠与者的身份信息及相关原始购物凭证，不能证明其主张的 1 000 元面值购物卡的存在”。

综上，上诉人上诉理由原审法院已经结合所有的证据详尽作出认定，符合事实，认定正确。上诉人应着眼整个案件的客观综合评价事实，不能无视答辩人和第三人提交的证据，断章取义，凭主观臆断认为自己权利受到侵害。

第二，原审法院判决合法有据。

原审法院认定，根据《工商行政管理机关行政处罚程序规定》第十七条的规定，工商行政管理机关应当自收到投诉、申诉、举报、其他机关移送、上级机关交办的材料之日起七个工作日内予以核查，并决定是否立案。2015 年 6 月 9 日答辩人接到上诉人举报，通过现场演示、询问相关人员等予以核查，认为原告举报的违法行为不存在，并于 2015 年 6 月 12 日作出甬仓市监不立告〔2015〕1 号“不予立案告知书”，且已于当天向上诉人送达，答辩人已完全依照该程序规定履行法定职责，认定事实清楚、处理程序并无不当。由此，原审法院在查明事实及答辩人所有的程序的基础上，依照行政诉讼法的相关规定作出的判决，完全符合法律规定，有理有据。

综上所述，原审人民法院判决认定事实清楚，判决公正，程序合法，请求上诉审人民法院依法维持原审判决。

此致

宁波市中级人民法院

答辩人：宁波市××区市场监督管理局
张××律师
2016 年 6 月 5 日

任务 3：语言表达与修辞训练（语感提升）

任务要求：

（1）请认真阅读下列材料，分析材料的特点与问题。

（2）请根据要求修改或整理材料。

【案例】

法律文书不刻意追求语言表达形式的精美结构，在语义精准与阅读美感两者之间，法律文书倾情于前者。所以，有时候为了突出文章内容的层次感和顺序感，会有意使用相同的句式，来依次表达内容，这就是句式同一。这样做的好处在于，可以使读者排除表达形式的干扰，将全部注意力聚焦到内容上。

例如，在一份软件开发合同初稿当中，关于“开发方保证”条款有如下描述：

开发方保证：

1. 保证运行数据正确、稳定；

2. 保证软件系统能以设定的公式反映单笔、多笔及全部贷款本息合计结果；

3. 开发的软件接口能符合日后升级要求；

4. 保证该软件根据甲方的指示停止任何一笔贷款的利息计算。

初稿最明显的问题，就是句式不统一，四个条款有四种不同的表达方式，句子元素和句式也不同一，读者的思路和角度被迫不停地转换，不利于快速理解。修改的方法就是根据强调重点，统一句式。

问题：请按上述分析意见修改以上条款。

任务 4：法律思维训练

任务要求：

（1）根据提供的材料，在小组内开展讨论或一对一的辩论。

（2）小组应当查询相关资料作为参考，包括相关法律法规、案例、论文等。

（3）小组长要认真组织活动、记录和报告。

【案情简介】

原告：北京××××家具有限公司（以下简称××××公司）。

被告：北京市××区劳动和社会保障局（以下简称××区劳动保障局）。

第三人：柳×。

柳×在××××公司工作期间，公司未给其缴纳工伤保险。2005 年 1 月 26 日，柳×在××××公司车间上夜班时因接料，右手被机器挤压伤，经医院诊断为：右中指挤压伤致右中指末节骨折伴皮肤组织缺损。2006 年 11 月 24 日，柳×向××区劳动保障局提出工伤认定申请。2007

年 1 月 5 日，××区劳动保障局作出“工伤认定结论通知书”，认定柳×受伤属工伤。××××公司不服，提出“柳×是擅自离岗，并且不具有正当性，为非工作原因受伤”的主张，向北京市劳动和社会保障局申请行政复议，该局作出了维持的复议决定。××××公司仍不服，向法院提起诉讼，请求撤销上述“工伤认定结论通知书”，并判令××区劳动保障局重新作出认定柳×不构成工伤的结论。

2007 年 6 月 15 日，北京市××区人民法院判决：维持“工伤认定结论通知书”，并驳回××××公司的其他诉讼请求。××××公司上诉后，北京市第二中级人民法院判决驳回上诉，维持原判。

问题：

（1）请查询《工伤保险条例》和《社会保险法》的相关条款，讨论工伤认定的条件。

（2）请讨论行政答辩状与民事答辩状在写作上有什么区别？

任务 5：文体写作训练

任务要求：

（1）实训作业：请根据下列材料，拟定一份行政答辩状。

（2）个人完成后，要结“对子”互评，对作品的结构、写作目的是否达成、语言表达等内容进行评价。小组要推荐做得好的同学在课堂上展示，展示的同学可使用 PPT。

（3）在小组讨论中交流自己的写作体会与互评中的感受，分享经验。

（4）每位同学对文体写作训练中存在的问题要进行修改，提交的行政答辩状应该是反复定稿、修改后的成果。

实训操作：

（1）了解案情，收集分析证据，明确相关要点；

（2）分析案件事实和纠纷性质；

（3）确定答辩理由及相应根据；

（4）撰写行政答辩状。

【实训素材】

行政起诉状

原告：×××，男，汉族，××××年×月××日生，住×县××镇××路××号，电话××××××。

被告：×县国土资源局，住所地：×县××镇××路××号，电话×××××××。

法定代表人：××。

诉讼请求：

1. 请求依法撤销×县国土资源局×政土字（××××）××号《×县国土资源局关于限期搬迁的通知》；

2. 本案诉讼费由被告承担。

事实与理由：

原告与被告为口头土地租赁合同关系，口头约定原告租赁被告位于×县××镇××线以北的土地××亩，租赁期限为不定期，原告也向被告交付了至××××年度的相应租金。原告租赁该土地后，平整土地、购买设备、修建厂房、架设高低压线路等投资几百万元，进行生产经营。

20××年×月，原告向被告提出继续使用和同等条件下优先出让该土地使用权的请求。20××年×月×日，被告发×政土字（××××）××号《×县国土资源局关于限期搬迁的通知》，要求原告在×月×日前全部搬迁，逾期不搬，将申请法院强制执行。后到×县政府查询得知被告已经将该宗租赁土地以挂牌形式出让给了他人。

原告认为，被告将该宗租赁土地未经公开程序出让给他人的行为违反了国家法律规定，侵害了原告权利。被告的行政处罚程序违法，处罚前并未告知原告处罚决定的事实、理由及依据，未给原告进行陈述和申辩的机会，未告知依法有要求举行听证的权利。被告错误的行政处罚决定，将导致原告停产停业等重大经济损失。特提出行政诉讼，请求法院依法裁判，以维护原告的合法权益。

此致

×县人民法院

原告：×××

××××年××月××日

附：本诉状副本____份

项目 17　行政代理词

一、实训目的

（1）能理解和讲述代理律师在行政案件中的职责。

（2）能讲述行政代理词的基本结构、格式和写作要求。

（3）在制作行政代理词过程中，培养学生分析问题的能力、语言运用能力，通过对文书制作的法律依据的分析，以及相关法律知识的回顾，加强对法律法规的理解及运用，从而为今后从事相关法律实务工作奠定坚实的基础。

二、实训原理

行政诉讼代理词是行政诉讼当事人的诉讼代理人根据当事人的委托依法参加诉讼活动，行使法律规定的诉讼权利，在法庭审理阶段所作的系统发言。

其作用是系统地阐明诉讼代理人对本案的看法和意见，也可以就本案如何处理，向法庭提出要求和建议；通过对案情进行分析，有助于人民法院全面了解情况，对案件作出客观公正的处理；观点正确、说理充分、要求合理合法的代理词，对于当事人和旁听群众都有教育作用。

行政诉讼代理词的结构如下。

（1）标题。写明“行政代理词”。

（2）序言。要写明以下几点：首先说明出庭的合法性；其次说明接受代理后进行工作的情况；最后要表明代理人对本案的基本看法。

（3）正文。应根据具体案件、被代理人所处的诉讼地位、诉讼目的和要求以及被代理人与对方当事人的关系等因素来确定其内容。一定要从具体案情出发，抓住本案的特点，有针对性地阐明几个问题，为解决纠纷提出切实可行的主张、办法和要求，使案件得到正确、合法、及时的处理。

（4）结语。主要包括两个内容：一是对发言做小结，明确代理意见的中心思想。二是对本案如何处理，向法庭提出意见、要求和建议。在此之后，由代理人签名盖章，注明年月日。

三、实训任务

任务 1：原理学习

任务要求：认真学习实训原理，思考：怎么在 10～15 分钟内给同伴讲清楚行政代理词的写

作要领?(建议制作 PPT)

任务 2：实例学习

任务要求：

(1) 认真阅读下列实例，分析实例的写作目的、逻辑结构及其表述特点或问题。

(2) 任选一实例，思考：如何把实例分析的成果向小组同伴讲述清楚?

(3) 小组长要认真组织和记录小组的学习活动。

【实例 1】

行政代理词

尊敬的审判长、审判员：

我受律师事务所的指派和当事人的委托，出庭参加今天的法庭审理活动，通过举证质证，对本案有了进一步的了解和认识，现发表如下代理意见，供合议庭参考。

一、认定事实证据不足

2016091 号规划核实认定结果决定书没有调查售房人的笔录或者证据，对房屋的建设年代以及建筑面积没有进行详细考证、是否后期获取相关权利或者补办手续没有进行调查询问，是否取得新疆生产建设兵团农七师或者农七师 131 团有关土地移交给奎屯市人民政府的正规文件没有作出解释说明，没有写明所依据的是哪一年作出的城乡规划，该规划是否公布或者原告应当知情，认定书中所谓的新建扩建到底是售房人还是买房人叙述不详，上述证据都是认定本案事实的重要部分，缺少上述资料，认定的事实就不全面、有瑕疵，综上，被告作出的该决定书主要证据不足。

二、适用法律法规错误

根据《城乡规划法》第六十八条：“城乡规划主管部门作出责令停止建设或者限期拆除的决定后，当事人不停止建设或者逾期不拆除的，建设工程所在地县级以上地方人民政府可以责成有关部门采取查封施工现场、强制拆除等措施”。

根据上述法律规定，在奎屯市政府责成奎屯规划局认定该建筑为违法建筑前，市规划局就应当作出限期拆除的决定书，告知行政相对人获取权利救济的途径以及保障当事人陈述申辩的权利，在本案中，规划部门并没有在折迁公告行为开始之前完成上述行政程序，却在折迁行为实施中以及实施后下达违法建筑认定结果决定书。非常明显，折迁工作应当严格按照国务院制定的关于折迁时适用的法律法规。该认定应当按照《新疆维吾尔自治区实施〈国有土地上房屋征收与补偿条例〉办法》来进行，即《新疆维吾尔自治区实施〈国有土地上房屋征收与补偿条例〉办法》第十一条规定：“房屋征收部门在调查登记时，发现征收范围内的房屋未办理房屋所有权登记或者与登记不符的，应当报请负责房屋征收工作的政府组织城乡规划、国土资源、建设、房产、工商、税务等部门，按照下列规定对房屋及被征收人进行核实认定：（一）市、镇规划批准公布前建造的，认定为合法建筑……”在本案中，奎屯市第一次市镇规划批准公布是在 2011 年 5 月 25 日以后，由新疆维吾尔自治区人民政府同意并公布，该规划是 2006 年—2025 年城市总体规划。原告的房屋虽然没有明确的建房日期，但是奎屯市人民政府的行政复议决定书认定了是在 1995 年，也就是早于 2006 年建设，综上，按照《新疆维吾尔自治区实施〈国有土地上房屋征收与补偿条例〉办法》第十一条：“房屋征收部门在调查登记时，发现征收范围内的房屋未办理房屋所有权登记或者与登记不符的，应当报请负责房屋征收工作的政府组织城乡规划、国土资源、建设、房产、工商、税务等部门，按照下列规定对房屋及被征收人进行核实认定：（一）市、镇规划批准公布前建造的，认定为合法建筑……”的规定，原告现居住房屋应当是合法建筑。

三、被告对原告所作的规划核实认定结果决定书违反法律法规和地方性法规，程序不合法

(1) 被告未告知原告享有的陈述权、申辩权，以签字就给予赔偿为由误导原告签字。上述行为违反了《中华人民共和国行政处罚法》第六条“公民、法人或者其他组织对行政机关所给予的行政处罚，享有陈述权、申辩权；对行政处罚不服的，有权依法申请行政复议或者提起行政诉讼”、第三十一条“行政机关在作出行政处罚决定之前，应当告知当事人作出行政处罚决定的事实、理由及依据，并告知当事人依法享有的权利”、第三十二条“当事人有权进行陈述和申辩。行政机关必须充分听取当事人的意见，对当事人提出的事实、理由和证据，应当进行复核；当事人提出的事实、理由或者证据成立的，行政机关应当采纳。行政机关不得因当事人申辩而加重处罚。”以及《新疆维吾尔自治区实施城乡规划行政处罚和行政强制规定》第二十条“城乡规划主管部门作出责令停止建设或者限期拆除决定后，应当告知当事人有陈述、申辩和申请行政复议、提起行政诉讼的权利”的规定。

(2) 被告对原告作出行政处罚，不享有行政处罚权。原告临时用地证发放机关为新疆生产建设兵团农七师国土资源局 131 团分局，属于跨区域管辖，应当上报共同上级行政机关指定管辖，在处罚决定中没有任何关于请示上报指定管辖的情况下作出的决定，违反了《中华人民共和国行政处罚法》第二十条“行政处罚由违法行为发生地的县级以上地方人民政府具有行政处罚权的行政机关管辖。法律、行政法规另有规定的除外。”、第二十一条“对管辖发生争议的，报请共同的上一级行政机关指定管辖”的规定。

(3) 被告处罚主体错误，处罚对象不适格。原告房屋是从案外人手中支付合理对价获得，其没有进行扩建、改建，虽然没有取得相关手续，但是年年缴纳土地使用费。原告不是建设者，是基于信赖利益的善意第三人，处罚对象应当是售房者，将原告作为被处罚者属于主体错误。

(4) 被告对原告作出的行政处罚未作调查和询问笔录、调查时未出示证件、执法人员身份不明。被告根据奎屯市房屋征收管理办公室提供的资料进行调查，没有制作调查或者询问笔录，没有获取案外人即售房人笔录以及农七师土地管理局 131 团分局有关问题的意见。这违反了《中华人民共和国行政处罚法》第三十七条“行政机关在调查或者进行检查时，执法人员不得少于两人，并应当向当事人或者有关人员出示证件。当事人或者有关人员应当如实回答询问，并协助调查或者检查，不得阻挠。询问或者检查应当制作笔录”的规定。

(5) 行政复议及行政诉讼时间不明确。本案中，被告作出的该决定书对权利义务作如下告知：“如对此认定结果有异议，可以在收到本认定结果 5 日内向奎屯市城乡规划管理局申请复核，也可以依法向奎屯市人民政府或伊犁州城乡建设局申请行政复议，或者向奎屯市人民法院提起行政诉讼。”

原告认为被告的模糊表述容易引起原告的误解，具体的日期没有按照法律规定的时限进行告知，违反了《新疆维吾尔自治区实施城乡规划行政处罚和行政强制规定》第二十条“城乡规划主管部门作出责令停止建设或者限期拆除决定后，应当告知当事人有陈述、申辩和申请行政复议、提起行政诉讼的权利”的规定。

(6)《城乡规划法》《城市规划法》未依法依规公布。《城市规划法》第二十八条规定：“城市规划经批准后，城市人民政府应当公布。”《城乡规划法》第八条规定：“城乡规划组织编制机关应当及时公布经依法批准的城乡规划。但是，法律、行政法规规定不得公开的内容除外。”但到目前为止，原告从未见过城市规划或者城乡规划，对规划里面的内容不知情。

(7) 文书内容、形式不合法，不具有可诉性，剥夺原告正常诉讼的权利。

本案中，被告虽然名义上出具的是决定书，但实质上是一种行政处罚行为，即按照法律法规的要求限期拆除，被告用认定结果决定书作为文件的开头，而不用行政处罚决定书作为抬头，目的只有一个，就是决定书不属于行政诉讼的受案范围，人民法院可以因此而驳回原告的起诉，造成既定事实，状告无门。虽然本案被告冠之于认定结果决定书，但是文书的内容、惩罚措施显然是一种行政处罚行为，仍然符合《行政诉讼法》当中规定的法院受案范围，仍然无法剥夺原告作为行政诉讼主体所拥有的诉讼权利，无法影响公正、睿智的审判庭作出公正的判决。

四、超越职权

根据《国有土地上房屋征收与补偿条例》第二十四条第二款规定："市、县级人民政府作出房屋征收决定前，应当组织有关部门依法对征收范围内未经登记的建筑进行调查、认定和处理。"《新疆维吾尔自治区实施〈国有土地上房屋征收与补偿条例〉办法》第十一条："房屋征收部门在调查登记时，发现征收范围内的房屋未办理房屋所有权登记或者与登记不符的，应当报请负责房屋征收工作的政府组织城乡规划、国土资源、建设、房产、工商、税务等部门，按照下列规定对房屋及被征收人进行核实认定……"根据上述法律法规，合法建筑和违法建筑的认定应当由多部门联合认定，其中涉及城乡建设规划，也涉及土地管理部门。奎屯市住房和城乡规划建设局一个部门作出决定书，超越职权。

五、行为不当

原告房屋建于1995年前后，其土地隶属于新疆生产建设兵团农七师131团。在长期的生活经营过程中，奎屯市政府从未给原告享受过奎屯市百姓所享受到的社会福利以及社会发展红利，在征用土地时，突然想起原告，提出该土地属于奎屯市，如果认定为违法建筑，其行为很不合适。再者，原告所居住的房屋，是其赖以生存的唯一住房和经济来源，如果在适用法律过程中选择性适用对原告不利的法律，将其定性为违法建筑，将彻底斩断其生存之根本，对社会的稳定构成潜在威胁。

综上所述，二被告所作的行政决定认定事实不足、适用法律错误、程序严重不合法、超越职权、行为不当，按照法律规定，应当予以撤销。

此致

奎屯市人民法院

代理人：魏××
××××年××月××日

【实例2】

代行政理词

尊敬的审判长、审判员：

山东××律师事务所依法接受某某公司的委托，并指派我们担任其诉讼代理人，现根据刚才的法庭调查，发表代理意见如下：

一、本案不属于行政复议前置的情形，原告可以直接提起行政诉讼。

本案起诉的是被告颁发国有土地使用权证书的行为违法，请求撤销颁发的国有土地使用权证书。根据《最高人民法院行政审判庭关于行政机关颁发自然资源所有权或者使用权证的行为是否属于确认行政行为的答复》规定，行政机关颁发自然资源所有权或者使用权证书的行为不属于复议前置的情形。

二、关于诉讼时效的问题。

原告是在 2011 年 7 月 25 日才知道被告某某区人民政府违法给第三人某某区某某厂颁发济某国用（1999）字第××××××××号国有土地使用证。在此之前，原告并不知道自己的权益被侵犯。根据《行政诉讼法》第三十九条，公民、法人或者其他组织直接向人民法院提起诉讼的，应当在知道作出具体行政行为之日起三个月内提出。所以原告起诉并没有超过诉讼时效。

三、被告某某区人民政府颁发济某国用（1999）字第××××××××号国有土地使用证行为违法，应当撤销该证。被告某某区人民政府具有以下几项违法行为。

1. 在土地登记申请人，即第三人某某区某某厂提交的文件资料不全的情况下，违法颁证。

第一，缺少原告某某公司的营业执照、组织机构代码证、法定代表人证明；第三人某某厂的营业执照、组织机构代码证、法定代表人证明。

第二，缺少地上附着物的权属证明。

根据国家土地管理局 1995 年 12 月 28 日颁布的国土［法］字第 184 号《土地登记规则》第十条规定，土地登记申请者申请土地使用权、所有权和土地他项权利登记，必须向土地登记管理部门提交下列文件资料：（1）土地登记申请书；（2）单位、法定代表人证明，个人身份证明或者户籍证明；（3）土地权属来源证明；（4）地上附着物权属证明。

委托代理人申请土地登记的，还应当提交授权委托书和代理人资格身份证明。

《山东省土地登记条例》第九条规定，土地登记申请人申请土地登记，应当提交下列文件资料：（1）土地登记申请书；（2）申请人的身份证明；（3）土地权属来源证明；（4）地上建筑物及附着物的合法产权证明；（5）需要提交的其他文件资料。

第三，缺少完税或者减免税的凭证。

根据《中华人民共和国土地增值税暂行条例》第十二条的规定，纳税人未按照本条例规定缴纳增值税的，土地管理部门、房产部门不得办理有关的权属变更手续。《土地登记规则》第三十七条规定，应当提交土地税费缴纳证明。

第四，第三人某某区某某厂提交的土地转让协议是伪造的，该协议上原告的法定代表人签名，不是田××本人的签名，原告与第三人某某区某某厂根本不存在转让协议。

第五，缺少原土地使用证。原告的济某国用（1995）字第××××××××号土地使用证并没有丢失，而是存放在了中国农业银行。

《土地登记规则》第三十七条规定，有下列情形之一的，土地使用权转让双方当事人应当在转让合同或者协议书签订后三十日内，涉及房产变更的，在房产变更登记后十五日内，持转让合同或者协议、土地税费缴纳证明文件和原土地登记证书等申请变更登记：（1）依法转让土地使用权的；（2）因买卖、转让地上建筑物、附着物等一并转移土地使用权的。

2. 行政机关在缺少一方当事人的情况下，颁证行为违法。原告的法定代表人并没有申请土地变更登记，也没有委托任何人，在原告没有到场的情况下，某某区人民政府颁证行为违法。其违反了《土地登记规则》第三十七条规定的土地使用权转让双方当事人应当持合同或转让协议等申请变更登记的规定。

3. 土地转让协议是伪造的，并且没有到公证机关进行公证。根据《山东省城镇国有土地使用权出让和转让办法》第二十四条的规定，土地使用权转让合同在中国签订的，应当经公证机关公证；在中国境外签订的，应当经签约地公证机关公证，并须经所在国（或地区）的中国使领馆或有认证权的外事机构认证。

4. 某某区人民政府无权颁发济某国用（1999）字第××××××××号国有土地使用证。

因为原告原来的济某国用（1995）字第××××××××号土地使用证是由某某市人民政府颁发的，如果办理变更登记也应当由某某市人民政府换发土地使用证。根据《中华人民共和国土地管理法实施条例》第六条的规定，依法改变土地所有权、使用权的，因依法转让地上建筑物、构筑物等附着物导致土地使用权转移的，必须向土地所在地的县级以上人民政府的土地行政主管部门提出土地变更登记申请，由原土地登记机关依法进行土地所有权、使用权变更登记。

5. 没有严格按照《地籍调查规程》的规定进行地籍调查。

《地籍调查规程》中规定：界址的认定必须由本宗地及相邻宗地使用者亲自到现场共同指界。单位使用的土地，须由法人代表出席指界，并出具身份证明和法人代表身份证明书；个人使用的土地，须由户主出席指界，并出具身份证明和户籍簿。法人代表或户主不能出席指界的，由委托代理人指界，并出具身份证明及委托书。

根据刚才的法庭调查及被告的举证可知，被告某某区人民政府并没有在第三人某某区某某厂进行土地变更登记申请后，严格按照《地籍调查规程》进行地籍调查，而是依据在申请之前十年（1989年）的界址调查表颁发的土地使用证，违反了《土地登记规则》第六条的规定，所以其颁证程序违法，并且侵犯了原告的合法权益。

6. 第三人某某区某某厂提交的伪造的转让协议，该协议中约定的转让费仅20万元，其转让价格低于原告当时的购买价格27万元，也远远低于市场价格，但是被告某某区人民政府并没有委托评估机构对该宗地进行价格评估。其行为违反了《中华人民共和国城镇国有土地使用权出让和转让暂行条例》第二十六条规定，即土地使用权转让的价格明显低于市场价格的，市、县人民政府有优先购买权。

四、关于被告某某区人民政府提出济某国用（1999）字第××××××××号国有土地使用证已经不存在，不具有可撤销的内容。根据《最高人民法院关于执行〈中华人民共和国行政诉讼法〉若干问题的解释》第五十七条规定，被诉具体行政行为违法，但不具有可撤销内容的，人民法院应当作出确认被诉具体行政行为违法的判决。

综上所述，被告某某区人民政府无权换发由某某市人民政府颁发的国有土地使用证，因此其颁证行为违法。

代理人：苏××
山东××律师事务所律师
2011年9月21日

注：最终，法院判决被告某某区政府颁证行为违法，被告也没有上诉。

【实例3】

行政代理词

尊敬的审判长、审判员：

你们好。依据我国《行政诉讼法》第三十一条规定，本人接受了本案原告李某的委托，参与了今天的庭审。现结合2017年3月20日原告收到的、贵院采用邮寄方式送达的、本案被告回复的行政答辩状和今天的庭审情况，本代理人发表以下书面代理意见，望贵院合议庭能够采纳。

一、本案的争议焦点应为：(1) 被告北京市规划和国土资源管理委员会给案外人刘某颁发的“房屋所有权证”是否符合相关法律规定和是否遵循了客观事实；(2) 案外人北京市某物业管理有限责任公司有没有对诉争房屋的处分权。

二、对于第一条第一项，本代理人不敢妄论。那么关于第一条第二项北京市某物业管理有限责任公司（下称物业公司）有没有对案外人李某和刘某诉争房屋的处分权问题，下面提出全面的意见和建议。

第一、结合原告提供的一系列证据，完全可以证明以下事实。在 1998 年以前，原告李某作为北京知青返城子女入户在其舅爷刘某某的名下，共同居住在北京市××区××路××胡同××号院。1998 年因北京市公安局××分局扩建，原住址被迫拆迁，根据《北京市城市住宅房拆迁安置补助协议》（证据一）显示，当时刘某某名下被安置的一共 4 人，分别是刘某某本人、儿子刘某（时年 32 岁）、孙女（时年 5 岁）、外甥孙李某（时年 14 岁）。根据在 2016 年 10 月 27 日北京市公安局××分局出具的证据显示，当时 5 岁以下不给单独分房安置。那么实际被拆迁安置的只有刘某某本人、刘某和李某三个人。该原始拆迁安置协议还显示了，当时一共分得两套房屋，一套在××小区，另一套正是本案的争议房屋。另外该协议还显示了该拆迁安置协议的甲方正是××区公安分局，因此这份证据的证明力度不言而喻。

第二，因为被安置时，本案原告李某只有 14 周岁，不具备单独立户的先决条件，所以，分给李某的安置房屋必须写在监护人刘某某的名下。而实际分得的房屋自 1998 年至今也一直由李某和其父母居住使用。

第三，公租房诉争房屋的租赁费自 2003 年到 2013 年一直由原告在实际缴纳，该房屋一直由原告实际使用。这期间也正好包括了被告在 2005 年给案外人西马物业公司颁发了“房屋所有权证书”的时间，这不是自相矛盾吗？物业公司收着原告的租赁费，而又把房屋转卖给了其他人？另经我方多方查实，刘某某于 2005 年辞世。

第四，按照被告向法庭提交的答辩状所称，案外人物业公司 2005 年就已经取得了争议房屋的所有权，物业公司应该完全知道该房屋实际还由原告在居住、使用，那么对于物业公司把实际使用人为李某的房屋出卖给其他案外人这一事实，作为被告的房屋登记机关有没有告知义务，其有没有审查的义务，能不能在未履行相关义务前，就为案外人刘某办理产权证呢？

第五，证据三是一份个人购买公有住房申请表，该申请表显示，该争议房屋的购买申请人比××分局当时的拆迁安置协议多出来两个人，其中一个是刘某的女儿刘某某，而刘某某时年只有 5 岁，不具备分房的先决条件（根据××分局证据显示）；还有一位苗某某是谁，为什么在拆迁安置协议上没有显示此人？在此次的申请表上却多出来这么两个人。这一系列问题，被告知道吗？在为第三人刘某办理产权证时到现场审查落实了吗？

第六，一份西马物业公司出具的房屋准住证，可以说更为不妥，该居住证明显示，自 1998 年 7 月 12 日至现在，被告为案外人办理的产权证所指房屋，一直还由本案的原告李某在居住、使用。

第七，举荐函一份，欲证明截至 2017 年 2 月 20 日，被告为案外人刘某办理产权证的房屋还实际由本案的原告居住。

综上所述，被告所实施的行政行为是在事实严重不清、主要依据相当模糊，法律、事实依据几乎没有的情况下作出的，属于滥用职权、审查程序严重违法。故此，请求人民法院在尊重历史、尊重事实的基础上依法支持原告诉求，依法对本案作出公正的裁决。

此致

北京市××区人民法院

代理人：×××

二〇一七年五月五日

任务3：语言表达与修辞训练（语感提升）

任务要求：

(1) 请认真阅读下列材料，分析材料的特点与问题。

(2) 请根据要求修改或整理材料。

【材料】

一家公司对××酒店同时拥有债权和股权，其既是债权人，又是债务人的股东。该酒店由于经营不善，濒临倒闭，其他债权人见势不妙，纷纷起诉，查封和执行债务人的各种财产。该公司看在眼里，急在心上，由于自己还有另外一重债权人身份，因而担心如果自己像其他债权人一般参与“抢货”，会被其他债权人追究法律责任。于是，该公司向律所咨询，像其这种双重身份，申请参与分配债务人财产是否存在法律障碍？

分析报告草稿的结论部分如下。

(1) 根据《最高人民法院关于人民法院执行工作若干问题的规定（试行）》第三十一条的规定：人民法院对被执行人所有的其他人享有抵押权、质押权或留置权的财产，可以采取查封、扣押措施。财产拍卖、变卖后所得价款，应当在抵押权人、质押权人或留置权人优先受偿后，其余额部分用于清偿申请执行人的债权。

(2) 综合本案情况，贵公司对××酒店拥有债权，可以××酒店的债权人身份，申请参与××酒店的资产分配。另外，贵公司已经自××公司处取得××酒店的股权性权益，可凭××酒店的股东身份，获得××酒店资产对外分配完毕后所剩余的资产。

该草稿最突出的问题就是结构松散、层次混乱，尤其是不注意将两个论证对象——债权和股权区分开来，显得针对性不强。

问题：请针对上述问题，修改草稿。

任务4：法律思维训练

任务要求：

(1) 根据提供的材料，在小组内开展讨论或一对一的辩论。

(2) 小组应当查询相关资料作为参考，包括相关法律法规、案例、论文等。

(3) 小组长要认真组织活动、记录和报告。

【案情简介】

原告：王××。

被告：××县交通局（以下简称县交通局）。

王××是××市金属回收公司下岗工人，在××县××乡××村开办一个养猪场。2001年9月27日上午，王××借用××村村民张××、王甲、王乙的小四轮拖拉机，装载31头生猪，准备到开封贸易实业公司所设的收猪点销售，路上遇县交通局的工作人员查车。经检查，县交通局的工作人员以没有交纳养路费为由，向张××、王甲、王乙3人送达了暂扣车辆凭证，然后将装生猪的3辆两轮拖斗摘下放在××乡××村村南，驾驶3台小四轮主车离去。卸下的两轮拖斗失去车头支撑后，呈45度角倾斜。拖斗内的生猪站立不住，往一侧挤压，当场因挤压受热死亡两头。王××通过××乡××村马××的帮助，才将剩下的29头生猪转移到收猪车上。29头生猪运抵开封时，又死亡13头。王××将13头死猪以每头30元的价格，卖给了××市个体工商户刘×。同年 11 月 22 日，王××向县交通局申请赔偿，遭县交通局拒绝，遂提起诉讼，请求判令县交通局赔偿生猪死亡损失 10 500 元、交通费损失 1 700 元。另查，王××此次销售的生猪，平均每头重 110 公斤，每公斤价值 6.6 元。

2002 年 3 月 19 日，××县人民法院判决：县交通局于 2001 年 9 月 27 日上午扣押王××借用的 3 台小四轮拖拉机车头造成王××的生猪死亡的行为违法；县交通局于判决生效之日起 3 日内赔偿王××经济损失 10 500 元。

问题：

（1）请查询《国家赔偿法》有关条款，讨论国家赔偿责任的必要前提。

（2）请查询《行政诉讼法》和《最高人民法院关于执行〈中华人民共和国行政诉讼法〉若干问题的解释》（现已失效，失效依据为《最高人民法院关于适用〈中华人民共和国行政诉讼法〉的解释》），讨论滥用职权的含义与表现。

任务 5：文体写作训练

任务要求：

（1）实训作业：请根据案情，代表原告（或被告）拟写一份行政代理词。

（2）个人完成后，要结“对子”互评，对作品的结构、写作目的是否达成、语言表达等内容进行评价。小组要推荐做得好的同学在课堂上展示，展示的同学可使用 PPT。

（3）在小组讨论中交流自己的写作体会与互评中的感受，分享经验。

（4）每位同学对文体写作训练中存在的问题要进行修改，提交的行政代理词应该是反复定稿、修改后的成果。

实训操作：

（1）分析案情，分析证据，明确当事人，查找相应法律法规。

（2）分析案件事实和纠纷性质。

（3）确定代理意见及相应理据。

（4）撰写代理词。

【实训素材】

原告：周口市××商贸有限公司（以下简称××商贸公司）。

被告：周口市人民政府。

2000 年 12 月 28 日，周口市川汇区人民政府作出川政土（××××）18 号批复，同意将本案涉案宗地出让给××商贸公司使用，该宗土地位于周口市川汇区周项路南侧，面积 6 666.7 平方米，使用年限 10 年，用途为仓库用地。同日，周口市川汇区土地管理局同××商贸公司签订了国有土地使用权出让合同。合同约定：该宗土地使用权出让年限为 10 年，合同规定的出让年限届满，甲方有权无偿收回出让地块的使用权，地上建筑物及其他附属物所有权由出让方无偿取得，土地使用者应当交还土地使用证，并按照规定办理土地使用权注销登记手续。受让方如需继续使用该地块，须在期满前 60 天内向出让方提交续期申请书，并重新办理土地使用权登记手续。12 月 30 日，周口市川汇区人民政府为××商贸公司颁发了涉案宗地的国有土地使用权证。2011 年 10 月，××商贸公司未经批准，擅自在涉案土地上建设职工宿舍楼，周口市国土资源局经调查，于 2011 年 11 月 8 日对××商贸公司作出周土罚（2011）24 号土地违法案件行政处罚决定书，责令××商贸公司交还不按批准用途使用的 2 029.7 平方米土地，并处罚款 20 297 元。处罚决定生效后，××商贸公司履行了交付罚款的义务，但对擅自改变土地用途的土地未予交回。2012年8月3日，周口市监察局对周口市国土资源局作出（2012）周监建字第6号监察建议书，建议周口市国土资源局依据相关法律法规，对涉案国有土地使用权及地上建筑物依法限期处置。2014年8月21日，周口市政府在周口市国土资源局报批的基础上，作出周政土（2014）177号“关于收回周口市××商贸有限公司国有建设用地使用权的决定”，决定依法无偿收回××商贸公司该宗土地国有使用权，并告知××商贸公司于决定送达之日起15日内，到市级国土资源管理部门办理国有建设用地使用权注销登记，交回原土地权利证书。逾期不履行相关义务的，由市国土资源局依法公告注销国有建设用地使用权登记和土地权利证书。××商贸公司不服，诉至法院，请求撤销周口市政府作出的“关于收回周口市××商贸有限公司国有建设用地使用权的决定”。

项目 18　一审行政判决书

一、实训目的

（1）能记忆和讲述一审行政判决书的法律依据与适用条件。

（2）能理解公诉的诉讼理念，讲述一审行政判决书的基本结构、格式和写作要求。

（3）能根据案情，运用法律法规知识制作一份合格的一审行政判决书，在实训中培养分析问题的能力、语言运用能力，为今后从事相关法律实务工作奠定坚实的基础。

二、实训原理

（一）行政判决书概念

第一审行政判决书，指各级人民法院在受理行政诉讼案件后，按照行政诉讼法的第一审程序审理终结，依照法律和行政法规、地方性法规的规定，参照有关行政规章，就案件的实体问题作出的书面处理决定。

（二）内容和制作方法

行政判决书分为首部、正文和尾部等三部分。

1. 首部

首部应依次写明标题、案号、当事人及其诉讼代理人的基本情况以及案件由来、审判组织和开庭审理过程等。

（1）标题。标题由制作机关、案件性质、文书种类等三大要素组成。其中对县、县级市的人民法院要冠以省、自治区名；对市辖区的基层人民法院，可按照最高人民法院制发的印章冠名；地区、地级市中级人民法院一般不冠以省、自治区名。各级人民法院在判处涉外案件时都必须冠以“中华人民共和国”的国名。标题分两行书写，如“中华人民共和国××高级人民法院”“行政判决书”。

（2）案号。根据最高人民法院 2015 年发布、2018 年修改的《关于人民法院案件案号的若干规定》第 2 条、第 3 条、第 5 条的规定：

其一，案号的基本要素为收案年度、法院代字、类型代字、案件编号。

其二，收案年度是收案的公历自然年，用阿拉伯数字表示。

其三，法院代字是案件承办法院的简化标识，用中文汉字、阿拉伯数字表示。

其四，类型代字是案件类型的简称，用中文汉字表示。

其五，案件编号是收案的次序号，用阿拉伯数字表示。

其六，案号各基本要素的编排规格为：（“＋”收案年度“＋”）＋法院代字＋专门审判代字＋类型代字＋案件编号＋“号”。

其七，中级、基层法院的法院代字，分别由所属高院的法院代字与其数字代码组合而成。中级、基层法院的数字代码，分别由两位、四位阿拉伯数字表示。

例如，贵州省贵阳市南明区人民法院 2021 年第 17 号一审行政案件，表述为：（2021）黔 0102 行初 17 号。

（3）诉讼参加人的基本情况。提起行政诉讼的原告包括公民、法人或者非法人组织。原告是公民的，写明姓名、性别、出生年月日、民族、职业或工作单位和职务、住址。原告是法人或非法人组织的，写明法人或非法人组织的名称和所在地址；另起一行列项写明法定代表人或代表人及其姓名或职务等。

如果原告是没有诉讼行为能力的公民，除写明原告本人的基本情况外，还应另起一行列项写明其法定代理人或指定代理人的姓名、性别、职业或工作单位和职务、住址，及其与被代理人的关系。

被告要写明被诉的行政机关名称、所在地址；另起一行写明该机关的法定代表人及其姓名和职务；再另起一行写明委托代理人的姓名、性别、职业或工作单位和职务、住址等，如委托代理人是律师，只写其姓名和××××律师事务所律师。

第三人的写法与原告的相同。

2. 正文

（1）案件由来、审判组织和开庭审理过程。这项内容主要书写本案经过的审判程序，以体现审判程序的合法性。如有的原告或者被告经两次合法传唤未到庭的，还应当写明“×告×××经本院两次合法传唤，无正当理由拒不到庭。”

（2）事实。在这部分应当写明当事人行政讼争的内容，以及经法院审理确认的事实和证据。

行政诉讼是以原告不服行政机关的具体行政行为为前提的。关于当事人行政讼争的事实，一般应先写被告所作的具体行政行为的内容，举出的证据和所依据的法律、法规及规章；然后简述原告不服的主要意见、理由和诉讼请求，以及被告的答辩；如有第三人参加诉讼的，再简述第三人的意见。行文上要力求语言简明扼要，如实反映当事人之间发生行政讼争的实质问题，力避不必要的前后重复以及照抄起诉状和答辩状。

此外，写明法院认定的事实和根据。这段文字是判决书的关键部分。事实要客观、真实，表达应准确、具体。要把有关的时间、地点、内容、情节和因果关系等交代清楚。另外，判决认定的事实要注重证据。行政诉讼的被告负有举证责任，这一点应予强调。证据要经法庭查对属实，叙事与举证紧密结合。

（3）理由。在这部分应写明判决所根据的事理、法理和所依据的法律、法规条文。

1）判决的理由。这一层次主要根据查明的事实和有关法律、法规和法学理论，就行政机关所作的具体行政行为是否合法、原告的诉讼请求是否有理进行分析论证，以阐明法院的观点。采用议论的表达方式，论事说理要深刻、透彻，具有针对性，让人心服口服。

2）判决所依法律条文。根据行政诉讼法的规定，审理行政案件应以法律和法规、地方性法规为依据，参照国务院各部委以及省、自治区、直辖市人民政府和设区的市人民政府制定、发布的行政规章。如果被诉行政机关与受诉人民法院不在同一地区，应当以作出具体行政行为的行政机关依法所适用的地方性法规为依据。引用法律、法规要写到最具体的条、款、项、目。既要重视实体法，又要重视程序法。

(4) 判决结果。判决结果又称判决主文，是人民法院对被诉的具体行政行为是否合法进行审查后，依据查明的事实、证据和单行法律、法规或参照规章，对当事人之间的行政诉讼争议作出的实体结论。根据《行政诉讼法》的规定，一审行政判决分为维持的判决，撤销或者部分撤销的判决，强制履行的判决和变更的判决四种。具体表述有以下六种情况：

第一，维持行政机关具体行政行为的，写：

维持××××（行政机关名称）××××年××月××日（××××）×××××号处罚决定（或复议决定、其他具体行政行为）。

第二，撤销行政机关具体行政行为的，写：

一、撤销××××（行政机关名称）××××年××月××日（××××）×××××号处罚决定（或复议决定、其他具体行政行为）；

二、……（如果判决被告重新作出具体行政行为的，写明判决被告重新作出具体行政行为的内容。没有此项内容则略而不写）

三、……（如果同时判决被告承担行政赔偿责任的，应写明赔偿数额、交付时间）

第三，部分撤销行政机关具体行政行为的，写：

一、维持××××（行政机关名称）××××年×月×日（××××）××××号××××处罚决定（或复议决定、其他具体行政行为）的第×项，即……（写明维持的具体行政行为内容）

二、撤销××××（行政机关名称）××××年×月×日（××××）××××号××××处罚决定（或复议决定、其他具体行政行为）的第×项，即……（写明撤销的具体行政行为内容）

三、……（如果同时判决被告重新作出具体行政行为的，应写此项，否则略）

四、……（如果同时判决被告承担行政侵权赔偿责任，应写此项）

第四，判决行政机关变更行政处罚的，写：

变更被告××××（行政主体名称）××××年×月×日（××××）××××号××××行政处罚决定（或复议决定），改为……（写明变更后的行政处罚内容）。

第五，判决行政机关在一定期限内履行法定职责的，写为：

责成被告××××……（写明被告应当履行的法定职责内容和期限）。

例如：责成被告××××在×天内颁发给原告×××证。

第六，单独判决行政赔偿的，写：

被告××××赔偿原告×××……（写明赔偿的金额、交付时间，或者返还原物、恢复原状等）

上述六种判决结果中，第二种情况的第二项内容比较容易出现表述上的错误。它要求必须写清判决被告重新作出（具体）行政行为的（内容），如果只简单写“被告××××重新作出具体行政行为”是不合要求的。必须写出具体行政行为所针对的特定相对人和行政行为的具体内容，例如“被告××市城市房屋拆迁管理处应在本判决生效后××日内，依法对原告××粮油食品厂与西市房地所有关××路8号原告使用的13间房屋拆迁争议重新作出行政裁决”。由此具体说明判决被告重新作出行政行为的内容。

3. 尾部

根据《行政诉讼法》第68条的规定，法院审理行政案件，一律实行合议制，不存在独任审判的问题。因此，行政判决书尾部应依次写明：诉讼费用的负担，交代上诉的权利、方法、期限和上诉审法院，合议庭成员署名，判决日期，书记员署名等。

判决书的正本，应由书记员在判决日期的左下方，书记员署名的左上方，加盖“本件与原本核对无异”字样的印戳。

(三) 一审行政判决书样式

一审行政判决书样式之一

____________人民法院

行政判决书

(一审作为类行政案件用)

(________) ________行初________号

原告：……(写明姓名或名称等基本情况)

法定代表人：……(写明姓名、性别和职务)

委托代理人(或指定代理人、法定代理人)：……(写明姓名等基本情况)

被告：……(写明行政主体名称和所在地址)

法定代表人：……(写明姓名、性别和职务)

委托代理人：……(写明姓名等基本情况)

第三人：……(写明姓名或名称等基本情况)

法定代表人：……(写明姓名、性别和职务)

委托代理人(或指定代理人、法定代理人)：……(写明姓名等基本情况)

原告________不服(行政主体名称)(具体行政行为)，于________年____月____日向本院提起行政诉讼。本院于________年____月____日受理后，于________年____月____日向被告送达了起诉状副本及应诉通知书。本院依法组成合议庭，于________年____月____日公开(或不公开)开庭审理了本案。……(写明到庭参加庭审活动的当事人、诉讼代理人、证人、鉴定人、勘验人和翻译人员等)到庭参加诉讼。……(写明发生的其他重要程序活动，如被批准延长本案审理期限等情况)。本案现已审理终结。

被告(行政主体名称)(写明作出具体行政行为的行政程序)于________年____月____日对原告作出________号________决定(或其他名称)，……(详细写明被诉具体行政行为认定的事实、适用的法律规范和处理的内容)。被告于________年____月____日向本院提供了作出被诉具体行政行为的证据、依据(若有经法院批准延期提供证据的情况，应当予以说明)：1.……(证据的名称及内容等)，证明……(写明证据的证明目的。可以按被告举证顺序，归类概括证明目的)；2.……(可以根据案情，从法定职权、执法程序、认定事实、适用法律等方面，分类列举有关证据和依据；或者综合列举证据，略写无争议部分)

原告________诉称：……(概括写明原告的诉讼请求及理由、原告提供的证据)

被告________辩称：……(概括写明被告答辩的主要理由和要求)

第三人________述称：……(概括写明第三人的主要意见、第三人提供的证据)

本院依法（或依原告、第三人的申请）调取了以下证据：……

经庭审质证（或交换证据），本院对以下证据作如下确认：……

经审理查明，……（经审理查明的案件事实内容）

本院认为，……（运用行政实体及程序法律规范，对具体行政行为合法性进行分析论证，对各方当事人的诉讼理由逐一分析，论证是否成立，表明是否予以支持或采纳，并说明理由）依照……（写明判决依据的行政诉讼法以及相关司法解释的条、款、项、目）之规定，判决如下：

……（写明判决结果），分以下九种情况：

第一，维持被诉具体行政行为的，写：维持（行政主体名称）________年____月____日作出的（________）________________号……（具体行政行为名称）

第二，撤销被诉具体行政行为的，写：

一、撤销（行政主体名称）________年____月____日作出的（________）________________号……（具体行政行为名称）

二、责令（行政主体名称）在________日内重新作出具体行政行为（不需要重作的，此项不写；不宜限定期限的，期限不写）。

第三，部分撤销被诉具体行政行为的，写：

一、维持（行政主体名称）________年____月____日作出的（________）________________号……（具体行政行为名称）的第________项，即……（写明维持的具体内容）

二、撤销（行政主体名称）________年____月____日（________）________________号……（具体行政行为名称）的第________项，即……（写明撤销的具体内容）

三、责令（行政主体名称）在________日内重新作出具体行政行为（不需要重作的，此项不写；不宜限定期限的，期限不写）。

第四，判决变更行政处罚的，写：

变更（行政主体名称）________年____月____日作出的（________）________________号行政处罚决定（或行政复议决定，或属行政处罚等性质的其他具体行政行为），改为……（写明变更内容）

第五，驳回原告诉讼请求的，写：

驳回原告要求撤销（或变更、确认违法等）（行政主体名称）________年____月____日作出的（________）________________号……（具体行政行为名称）的诉讼请求。

第六，确认被诉具体行政行为合法或有效的，写：

确认（行政主体名称）________年____月____日作出的（________）________________号……（具体行政行为名称）合法（或有效）。

第七，确认被诉具体行政行为违法（或无效）的，写：

一、确认（行政主体名称）________年____月____日作出的（________）________________号……（具体行政行为名称）违法（或无效）。

二、责令________在……（限定的期限）内，……（写明采取的补救措施，不需要采取补救措施的，此项不写）

第八，驳回原告赔偿请求的，写：

驳回原告________关于……（赔偿请求事项）的赔偿请求。

第九，判决被告予以赔偿的，写：

（行政主体名称）于本判决生效之日起________日内赔偿原告________……（写明赔偿的金额）

……（写明诉讼费用的负担）

如不服本判决，可在判决书送达之日起十五日内提起上诉，向本院递交上诉状，并按对方当事人的人数递交上诉状副本，上诉于________人民法院。

审判长________

审判员________

审判员________

________年____月____日

（院印）

本件与原本核对无异

书记员________

附录：（根据案件需要，可以通过附录形式载明判决书中的有关内容）

［样式之一说明］

（1）首部。

首部应依次写明标题、案号、当事人及其诉讼代理人的基本情况，以及案件由来、审判组织和开庭审理过程等。

1）标题中的法院名称，一般应与院印的文字一致，但基层法院应冠以省、市、自治区的名称。

2）案号是不同案件的序列编号，应贯彻一案一号的原则。案号由立案年度、制作法院、案件性质、审判程序的代字和案件顺序号组成。

3）提起行政诉讼的原告包括公民、法人或者非法人组织。

原告是公民的，写明姓名、性别、出生年月日、民族、籍贯和住址，公民的住址应写住所地，住所地和经常居住地不一致的，写经常居住地。原告是法人的，写明法人的名称和所在地址，并另起一行列项写明法定代表人及其姓名、性别和职务等。原告是不具备法人资格的其他组织的，写明其名称或字号和所在地址，并另起一行写明诉讼代表人及其姓名、性别和职务。原告是个体工商户的，写明业主的姓名、性别、出生年月日、民族、籍贯、住址；有字号的，在其姓名之后用括号注明“系……（字号）业主”。原告是无诉讼行为能力公民的，除写明原告本人的基本情况外，还应列项写明其法定代理人或指定代理人的姓名、性别、住址，及其与被代理人的关系。

群体诉讼案件，推选或指定诉讼代表人的，在原告身份事项之后写明“原告暨诉讼代表人……”，并写明诉讼代表人的基本情况，格式与原告基本情况的相同。如涉及原告人数众多的，可在首部仅列明诉讼代表人基本情况。原告名单及其基本身份情况可列入判决书附录部分。

4）行政判决书中的被告，应写明被诉的行政主体名称、所在地址；另起一行列项写明法定代表人或诉讼代表人姓名、性别和职务；再起一行列写委托代理人的基本事项。

5）有第三人参加诉讼的，第三人列在被告之后，第三人基本情况的写法同上。

6）书写案件由来、审判组织、被告与第三人的应诉、当事人进行证据交换情况以及开庭审理过程，是为了表明法院的审判活动公开和透明。如有第三人参加诉讼，可选择使用“因×××与本案被诉具体行政行为有法律上的利害关系，本院依法通知其为第三人参加诉讼（公民、法人或者非法人组织申请作为第三人参加诉讼的写：因×××与本案被诉具体行政行为有法律上的利害关系，经×××申请，本院依法准许其为第三人参加诉讼）”的格式。如当事人经两次合法传唤无正当理由未到庭的，应当写明：“×告×××经本院两次合法传唤，无正当理由拒不到庭”。进行证据交换的应写明：“本院于××××年××月××日组织原、被告及第三人进行了证据交换，并送达了证据清单副本”。如有被批准延长审理期限情况，应写明批准延长审理期限批复的文号。不公开开庭审理的，应写明不予公开的理由。有关程序活动可根据时间节点的先后顺序表明。

（2）事实。

事实部分应写明当事人行政争议的内容，以及经法院审理确认的事实和证据。这一部分的写作方法如下。

1）详细叙述被告实施具体行政行为的行政程序和具体行政行为的主要内容（包括认定的事实、适用的法律规范和处理结果），使需要进行合法性审查的“事实”得到充分展示。如被诉行政行为系非要式行为，可结合被告作出行政行为时的内部报告或庭审中双方认可的结论确定具体行政行为的内容。

2）根据《行政诉讼法》及《最高人民法院关于行政诉讼证据若干问题的规定》的规定，被告对作出的具体行政行为负有举证责任。为了突出体现这一原则，在被诉具体行政行为得到展示之后，需将被告主张被诉具体行政行为合法性的证据一一列举。列举的证据应写明证据的名称及内容，写明证据的证明目的（可以按被告举证顺序，归类概括证明目的；也可以根据案情，从法定职权、执法程序、认定事实、适用法律等方面，分类列举有关证据和依据；还可以综合列举证据，略写无争议部分）。为体现被告必须在法定期限内向法院提供证据的要求，应当写明被告提供证据的时间。对于经法院批准延期提供证据的，应当予以说明。

3）简明扼要地写明原告的诉讼请求及理由，避免照抄起诉状或者详细叙述诉讼请求中的具体理由。在原告诉讼请求之后，写明原告提供的证据。如有第三人参加诉讼，概括写明第三人的意见和其提供的证据。

4）概述被告的答辩理由和要求，注意避免与已有内容的重复。

5）对法院依职权或者原告、第三人的申请而调取证据的，应当予以说明。

6）在事实部分需要注意的是：a. 判决书应反映出当事人的法庭质辩意见和法院认证的动态过程。b. 制作判决书时，案件在实体上已经审理终结，法官应做到心中有数，合理确定写作章法，对庭审过程的表述切忌事无巨细，要做到有所侧重。拟判决撤销的案件，可在事实及理由中重点表述违法部分，其余部分可简略或省略。如审查的结果是被告缺乏职权依据的情况，可考虑只写明对法定职权的审查，并辅以相关的法理论证，而对被诉行政行为的执法程序、认定事实、适用法律等方面的问题不必再赘述。c. 根据《最高人民法院关于行政诉讼证据若干问题的规定》第 54 条的规定，法院的认证应从证据的关联性、合法性、真实性来阐述说明。对争议的问题，应当遵循法官职业道德，根据法律规定，运用逻辑推理和生活经验进行全面、客观、公正地分析判断，确定证据材料与案件事实之间的证明关系，排除不具有关联性的证据材料，准确认定案件事实。d. 通过庭审质证或交换证据，如果被告对原告诉讼理由中予以认可的部分与法院审查的事实相一致，则只需说明即可；如果不一致，且影响被诉具体行政行为合法性成立的，应当在质证后，再对这一部分事实的合法性进行认证。e. 根据《行政诉讼法》和《最高人民法院关于行政诉讼证据若干问题的规定》第 4 条的规定，公民、法人或者非法人组织向人民法院起诉时，应当提供其符合起诉条件的相应的证据材料。对原告是否符合起诉条件进行开庭审理的，应在判决书中写明审理、质证的情况。如需要时，可以在判决书中对此予以交代："原告起诉时，提供了……证据材料，以证明……（主要写明原告证明被诉具体行政行为客观存在，其起诉符合起诉条件的内容）"。f. 对于被告未提供证据的，应使用"被告××××在法定期限内未向本院提交作出具体行政行为时的证据、依据"的格式；被告逾期提交的，需说明法院收受或不收受证据的依据和理由；被告申请延期提供证据的，则写"被告以×××为由，于××××年××月××日向本院提出延期提供证据的书面申请，经本院准许，被告于××××年××月××日提供了证据"。g. 如有法院依职权（或者依原告、第三人申请）调取证据的情况，则需写明被调取证据的名称、证明目的和双方当事人（或者第三人）的观点；如果法院不准许调取或者经调取未能取得相应证据，亦应予说明。法院根据原告或第三人的申请而调取的证据，应作为原告或第三人方的证据，在庭审质证表述中，可分别归于原告或第三人提供的证据作为质证内容。h. 对于根据原告（或者第三人、被告）的申请，委托鉴定部门进行鉴定的，需写明鉴定部门、鉴定事项和鉴定意见以及双方当事人（或者第三人）的意见。i. 事实表述时，应注意保守国家机密，保护当事人的声誉。

（3）理由。

针对行政诉讼的特点，理由部分要根据查明的事实和有关法律、法规和法学理论，就行政主体所作的具体行政行为是否合法、原告的诉讼请求是否有理进行分析论证，阐明判决的理由。

论述被诉具体行政行为的合法性，包括：1）被告是否具有法定职权；2）被诉具体行政行为是否符合法定程序；3）被诉具体行政行为认定事实是否清楚，主要证据是否充分；4）适用法律、法规、司法解释、规章以及其他规范性文件是否正确；5）被告是否超越职权、滥用职权，行政处罚是否显失公正。

围绕法律规范展开法律分析，对法律条文的援引要做到准确。根据行政诉讼法的规定，审理行政案件应以法律、行政法规、地方性法规、自治条例和单行条例为依据，参照国务院各部委以及省、自治区、直辖市人民政府和设区的市人民政府制定、发布的行政规章。

在最终判决依据的适用上，应分别适用行政诉讼法以及相关司法解释的规定，在引用时要写明最具体规定的条、款、项、目。

（4）判决结果。

判决结果是人民法院对当事人之间的行政诉讼争议作出的实体处理结论。根据行政诉讼法的规定，一审作为类行政判决可分为维持判决、撤销或者部分撤销判决、变更判决、确认判决及驳回诉讼请求判决等情形。对原告一并提出行政赔偿诉讼、经法院审查认为可以合并审理的案件，可以在判决书中将行政赔偿作为原告的一个诉讼请求来处理，在判决结果上分为"驳回原告赔偿请求"和"判决被告予以赔偿"两种情况。

（5）尾部。

尾部应依次写明诉讼费用的负担，交代上诉的权利、方法、期限和上诉审法院，合议庭成员署名，判决日期、书记员署名等内容。涉外案件的上诉期限参照民事诉讼法的规定。

判决书的正本，应由书记员在判决日期的左下方、书记员署名的左上方加盖"本件与原本核对无异"字样的印戳。

（6）附录。

根据案件的不同需要，可将判决书中的有关内容载入附录部分，如将判决书中所提到的法律规范条文附上，以供当事人全面了解有关法律规定的内容，又如群体诉讼案件中原告名单及其身份情况也可以列入此部分。

一审行政判决书样式之二

__________人民法院

行政判决书

（一审不作为类行政案件用）

（××××）×行初××号

原告：……（写明姓名或名称等基本情况）

法定代表人：……（写明姓名、性别和职务）

委托代理人（或指定代理人、法定代理人）：……（写明姓名等基本情况）

被告：……（写明行政主体名称和所在地址）

法定代表人：……（写明姓名、性别和职务）

委托代理人：……（写明姓名等基本情况）

第三人：……（写明姓名或名称等基本情况）

法定代表人：……（写明姓名、性别和职务）

委托代理人（或指定代理人、法定代理人）：……（写明姓名等基本情况）

原告________因要求被告（行政主体名称）________履行法定职责（或者其他行政义务），于________年____月____日向本院提起行政诉讼。本院于________年____月____日受理后，于________年____月____日向被告送达了起诉状副本及应诉通知书。本院依法组成合议庭，于________年____月____日公开（或不公开）开庭审理了本案。……（写明到庭的当事人、诉讼代理人、证人、鉴定人、勘验人和翻译人员等）到庭参加诉讼。……（写明发生的其他重要程序活动，如被批准延长本案审理期限等情况）本案现已审理终结。

原告________于________年____月____日向被告________提出……申请。被告在原告起诉之前未作出处理决定。

原告________诉称：……（概括原告提出的事实、理由及诉讼请求）

被告________辩称：……（概括被告答辩的主要理由，被告未提交答辩状的，写明："被告未提交答辩状，但在庭审中辩称……"）

第三人________述称：……（概括写明第三人的主要意见，第三人提供的证据）

原告在起诉时提供了以下证据证明其曾于________年____月____日向被告提出……申请事项：……（概括写明证据的名称、时间、内容）经质证，被告认为……（写明被告提出异议的理由，如无异议，应予说明。有《最高人民法院关于行政诉讼证据若干问题的规定》第 4 条第 2 款中所列情形的，则此项不写）

被告于________年____月____日向本院提供了以下证据及依据（若被告申请延期提供证据的，写明："被告以……为由，于________年____月____日向本院提出延期提供证据的书面申请，经本院准许，被告于________年____月____日提供了证据"）：1. ……；2. ……经质证，原告认为，……（写明对证据提出异议的理由，如无异议，应予说明），并提供了以下证据：……经质证，被告认为，……

本院依法（或依原告、第三人的申请）调取了以下证据：……

经庭审质证（或交换证据），本院对证据作如下确认：……

本院根据以上有效证据及当事人质证意见认定以下事实：……（认定有效证据所证明的事实，详细分析当事人各自所举证据能否支持其主张）

本院认为：……（1. 写明应当适用的法律规范，并根据案情对法律、司法解释、行政法规、地方性法规及合法有效的规章等作必要诠释。2. 可根据案情分析被告是否具有法定职权，是否存在拖延履行、不予答复等情况。3. 分析原告申请的理由是否成立，确认原告的诉讼请求是否符合法定条件，阐明是否予以支持的理由。4. 分析确认原告合法权益是否受到侵害，与行政机关不作为有无因果关系。）依照……（写明判决依据的行政诉讼法以及相关司法解释的条、款、项、目）之规定，判决如下：

……（写明判决结果），分五种情况：

第一，判决驳回原告诉讼请求的，写：

驳回原告________要求被告（行政主体名称）……（申请事项）的诉讼请求。

第二，判决被告履行法定职责的，写：

责令被告________（行政主体名称）……（写明被告应当在一定期限内履行法定职责，因特殊情况难于确定期限的，可不写履行期限）

第三，判决确认被告不履行法定职责行为违法的，写：

确认被告（行政主体名称）……（不履行法定职责的行为）违法。

第四，驳回原告赔偿请求的，写：

驳回原告________关于……（赔偿请求事项）的赔偿请求。

第五，判决被告予以赔偿的，写：

被告（行政机关名称）于本判决生效之日起________日内赔偿原告________……（写明赔偿的金额）。

……（写明诉讼费用的负担）。

如不服本判决，可在判决书送达之日起十五日内，向本院递交上诉状，并按对方当事人的人数递交上诉状副本，上诉于________人民法院。

审判长________

审判员________

审判员________

________年____月____日

（院印）

本件与原本核对无异

书记员________

附录：（根据案件需要，可以通过附录形式载明判决书中的有关内容）

［样式之二说明］

第一，本判决书样式供各级人民法院在受理不作为（仅指拖延履行和不予答复）类行政案件后，按照行政诉讼法规定的第一审程序审理终结，并就案件的实体问题作出处理时使用。

第二，判决书的首部、尾部（包括附录部分）和正文中有关证据的列举、认证、说理方式以及相关的写作要求等，可参考一审作为类行政案件判决书样式及其说明。

第三，行政不作为类案件的审理对当事人双方的举证要求与行政作为案件有所区别，应在判决书中有所体现。原告应提供其已经向被诉行政机关提出申请的事实以及被诉行政机关不作为的证据和依据。被告应提供证据证明原审原告的申请事项是否属于其法定职责或者法定义务，其是否在法定期限内已经履行法定职责或者义务以及其不作为是否符合法律规定等。判决书要围绕行政实体法预先设定的有关条件一一列举有关证据，分别对双方当事人所举证据予以认证，在认证的基础上进行充分说理、论证，最后明确被告不作为是否合法，原告申请是否成立。

第四，对于案情较复杂，证据较多的案件，可分类、分层表述举证、质证的过程。对于案情较简单，证据较少的案件，可待被告列举全部证据后一并质证。

第五，按照《最高人民法院关于行政诉讼证据若干问题的规定》的规定，一方当事人提供的证据，对方当事人明确表示认可的，可以认定该证据的证明效力。对于这类证据的认证，可简略表述为："×告对×告提供的××证据表示认可，本院予以确认"。

第六，认定事实时，可根据案情需要，先将双方当事人没有争议的事实直接予以认定，如"原告对××事实无异议，被告对××事实无异议。上列事实，本院予以认定。"然后再根据有效证据对双方争议的事实进行分析认定。

对于案情简单、证据较少以及双方当事人对事实和证据的争议较小的案件，宜将认证和认定事实结合在一起进行综合表述，以避免出现不必要的重复。

第七，对原告一并提出行政赔偿诉讼，经法院审查认为可以合并审理的案件，可以在判决书中将行政赔偿请求作为原告的一个诉讼请求来处理，在判决结果上选用"驳回原告赔偿请求"或"判决被告予以赔偿"。

一审行政判决书样式之三

________人民法院

行政赔偿判决书

（一审行政赔偿案件用）

（______）______行初______号

原告：……（写明姓名或名称等基本情况）

法定代表人：……（写明姓名、性别和职务）

委托代理人（或指定代理人、法定代理人）：……（写明姓名等基本情况）

被告：……（写明行政主体名称和所在地址）

法定代表人：……（写明姓名、性别和职务）

委托代理人：……（写明姓名等基本情况）

第三人：……（写明姓名或名称等基本情况）

法定代表人：……（写明姓名、性别和职务）

委托代理人（或指定代理人、法定代理人）：……（写明姓名等基本情况）

原告______不服（行政主体名称）作出的行政赔偿处理决定，于______年____月____日向本院提起行政赔偿诉讼［被告不作行政赔偿裁决的写："原告于______年____月____日向（行政主体名称）提出行政赔偿申请，被告未给予答复（含未给予实质性答复），原告于______年____月____日向本院提起行政赔偿诉讼"］。本院于______年____月____日受理后，于______年____月____日向被告送达了起诉状副本及应诉通知书。因______与本案被诉具体行政行为有法律上的利害关系，本院依法通知其为第三人参加诉讼（公民、法人或者非法人组织申请作为第三人参加诉讼的写："因________与本案被诉行政行为或者事实行政行为有法律上的利害关系，经________申请，本院依法准许其为第三人参加诉讼"）。本院依法组成合议庭，于________年____月____日公开（或不公开）开庭审理了本案（不公开开庭的，写明原因）。……（写明到庭参加庭审活动的当事人、诉讼代理人、证人、鉴定人、勘验人和翻译人员等）到庭参加诉讼。……（写明发生的其他重要程序活动，如被批准延长审理期限等）本案现已审理终结。

原告________诉称：……（概括写明原告提出的主要事实、理由及赔偿诉讼请求）

被告________辩称：……（概括写明被告答辩的主要理由和要求，如被告未提交答辩状的，写明："被告未提交答辩状，但在庭审中辩称……"）

第三人________述称：……（概括写明第三人的主要意见，第三人提供的证据）

原告就赔偿请求提供了以下证据：……（概括证据名称、内容及证明目的）经质证，被告认为，……（写明被告异议的理由，如无异议，应予说明）原告则认为，……（辩驳理由）

被告就答辩内容提供了以下证据：……（证据的名称、内容及证明目的）经质证，原告认为……被告则认为，……（辩驳理由）

本院依法（或依原告、第三人的申请）调取了以下证据：……

经庭审质证，本院对证据作如下确认：……

本院根据以上有效证据及当事人的质证意见认定以下事实：……（写明有效证据所证明的事实）

本院认为，……（1. 对未经确定的事实行政行为，应根据被告的举证确定该行为是否存在；对已经确认违法的具体行政行为和事实行政行为，无须分析论证。2. 论证原告的合法权益是否被侵害、被侵害的程度和后果及其与被诉行政行为的因果关系，是否应予赔偿。3. 论证各方当事人的诉讼理由是否成立，表明是否予以支持或采纳，并说明理由）依照……（写明判决依据的行政诉讼法、国家赔偿法以及相关司法解释的条、款、项、目）之规定，判决如下：

……（写明判决结果），分两种情况：

第一，驳回原告赔偿请求的，写：

驳回原告________关于……（赔偿请求事项）的赔偿请求。

第二，判决被告予以赔偿的，写：

被告（行政主体名称）于本判决生效之日起________日内赔偿原告________……（写明赔偿的金额）

如不服本判决，可在判决书送达之日起十五日内提起上诉，向本院递交上诉状，并按对方当事人的人数递交上诉状副本，上诉于________人民法院。

审判长________
审判员________
审判员________
________年____月____日
（院印）

本件与原本核对无异

书记员________

附录：（根据案件需要，可以通过附录形式载明判决书中的有关内容）

[样式之三说明]

第一，本判决书样式供各级人民法院在受理当事人单独提起行政赔偿案件后，按照行政诉讼法规定的第一审程序审理终结，并就案件的赔偿问题作出处理时使用。

当事人对行政机关作出的具体行政行为和事实行政行为都可以依法提起行政赔偿诉讼。“事实行政行为”是指行政机关非职务行为但与职务行为有关的违法行为。

第二，本判决书的首部、尾部（附录部分），正文中有关证据的列举、认证、说理方式以及相关的写作要求等，可参考一审作为类行政案件判决书样式及其说明。

第三，原告对具体行政行为提起行政诉讼时一并提起行政赔偿诉讼的，可以分别制作判决书，也可以只制作一份判决书。制作一份判决书时，可将行政赔偿作为原告的一个诉讼请求来处理。

第四，审理行政赔偿案件，应当以被诉行政行为违法为前提。原告因事实行政行为提起赔偿诉讼的，判决书应当以被告的举证确定被诉事实行政行为是否存在为判决依据；原告对具体行政行为提起行政诉讼时一并提起行政赔偿诉讼的，判决书应当以行政判决书确认的被诉具体行政行为是否合法为判决依据。

在赔偿诉讼中，证明因受被诉行政行为侵害而遭受损失的事实，适用“谁主张，谁举证”的举证规则。

行政赔偿判决书论证的重点是被诉事实行政行为是否存在，被诉具体行政行为是否合法；原告是否存在合法权益，原告的合法权益是否被侵害，被侵害的程度和后果及其与被诉具体行政行为、事实行政行为的因果关系，原告是否应得到赔偿。对未经确定的事实行政行为，应当根据被告的举证确定该行为是否存在；对经确认违法的具体行政行为，只需写明“经××机关已经确认该行为违法”，无须进行分析论证。

第五，行政赔偿判决书在适用法律时，不仅要适用《行政诉讼法》，还应适用《国家赔偿法》及《最高人民法院关于审理行政赔偿案件若干问题的规定》等行政赔偿司法解释。

第六，行政赔偿诉讼不收取诉讼费。

三、实训任务

任务 1：原理学习

任务要求：认真学习实训原理，思考：怎么在 10～15 分钟内给同伴讲清楚一审行政判决书的写作要领？（建议制作 PPT）

任务 2：实例学习

任务要求：

（1）认真阅读下列实例，分析实例的写作目的、逻辑结构及其表述特点或问题。

（2）任选一实例，思考：如何把实例分析的成果向小组同伴讲述清楚？

（3）小组长要认真组织和记录小组的学习活动。

【实例1】武×与沈阳市沈北新区兴隆台街道办事处城乡建设行政管理：房屋拆迁管理（拆迁）一审行政判决书

沈阳高新技术产业开发区人民法院
行政判决书

（2020）辽0192行初××号

原告：武×，男，1970年1月13日出生，满族，住沈阳市××区。

被告：沈阳市沈北新区兴隆台街道办事处，住所地为沈阳市沈北新区兴隆台街道兴隆台村。

出庭负责人：李××，系该单位主任。

委托代理人：陈××，系该单位工作人员。

委托代理人：蔡×，系辽宁××律师事务所律师。

原告武×要求确认被告沈阳市沈北新区兴隆台街道办事处（以下简称“兴隆台街道办”）行政强制拆除行为违法一案，向本院提起行政诉讼。本院在法定期限内向被告送达了起诉状副本及应诉通知书，并依法组成合议庭，于2020年8月19日公开开庭审理了本案。原告武×，被告兴隆台街道办委托代理人陈××、蔡×到庭参加诉讼。本案经合议庭评议，现已审理终结。

原告诉称：原告从案外人处合法转承包案涉土地，根据需要修建了大棚、看护房等地上附着物，生产农作物。2019年2月，被告将原告大棚、作业房、院墙等一次性拆除，极大地侵害了原告的合法权益，故原告请求法院依法确认被告强制拆除行为违法，并由被告承担本案诉讼费用。

原告向法庭提交的证据有：租赁协议、收款收据，证明原告于2012年3月24日从案外人处承租案涉土地并支付了相应的租金。

被告辩称：第一，被告未实施强制拆除行为。涉案建筑物是原告自行拆除，原告转租涉案土地后未建设看护房，只建了大棚架子，租用土地也一直未种植，长期闲置。根据辽宁省关于“大棚房”清理整治工作部署及整改意见。被告认定原告涉案建筑属于应拆除的“大棚房”违法建筑。被告根据相关文件要求，对原告下发了整改通知，并要求原告于2019年3月15日前自行整改拆除涉案建筑。第二，被告根据上级政府文件下发了整改通知，履行了通知义务。被告根据辽宁省关于大棚房认定标准和整改拆除时限于2019年2月22日、3月15日下发了认定原告“大棚房”为违法建筑，并限期整改或拆除的通告。原告根据通告要求在整改期限内自行拆除了涉案建筑。综上，被告未实施强制拆除行为，原告诉讼请求没有事实依据，请求法院依法驳回原告起诉。

被告向本院提交的证据为：1. 沈北新区××街道温室大棚最新排查台账表、照片，证明拆除之前案涉土地地上物的基本情况。2. 兴隆台街道“大棚房”清理整治公告，证明被告在2019年2月22日在案涉土地建设的大棚墙和门上张贴过公告进行通知。

经庭审质证，对于原、被告所提供证据的真实性，本院予以确认。

经审理查明，2012年3月24日，原告与案外人沈阳德润食用菌农民专用合作社签订了租赁协议，租用位于沈北新区××街道兴隆台社区德润食用菌社区土地，合同载明：“甲方：沈阳德润食用菌农民专用合作社。流转用途：食用菌生产。流转方式：租用。流转期限：从2011年1月1日起至2027年12月31日止，共17年。”该合同中有“武德润”印章、沈阳德润食用菌农民专用合作社合同专用章。2019年3月，原告得知大棚房整改通知，并在规定的期间内将案涉土地上大棚棚架自行拆除。2019年3月下旬，被告拆除了原告案涉土地上大棚墙基。现原告以被告强制拆除行为违法为由诉至本院。

本院认为，本案争议焦点为被告的行政强制行为是否合法，本院认为实施行政强制行为应当依照《中华人民共和国行政强制法》的规定，按照法定的程序、条件、范围实施。依据《中华人民共和国行政强制法》第三十四条、第三十五条、第三十七条、第四十四条规定，行政机关依法作出行政决定，经书面催告当事人履行义务，告知当事人陈述、申辩权利，当事人逾期仍不履行行政决定，且无正当理由的，行政机关有权依法作出强制执行决定。对违法的建筑物、构筑物、设施需要强制拆除的，应当由行政机关予以公告，限期当事人自行拆除。当事人在法定期限内不申请行政复议或者提起行政诉讼，又不拆除的，具有强制执行权的行政机关可以依法强制拆除。根据以上规定，行政机关实施行政强制行为，应当依照法定程序。本案中，被告未经法定程序，强制拆除原告地上附着物的行为程序违法，属于违法行政强制行为。现因地上附着物已被实际拆除，其拆除行为不具备可撤销的内容，故本院确认被告实施的强制拆除行为违法。对于被告辩称原告无诉讼主体资格的观点，本院认为因本案案涉地上附着物系原告建造或所有，原告与本案被诉拆除行为具有法律上利害关系，故武×具有本案原告诉讼主体资格。综上，依照《中华人民共和国行政诉讼法》第七十四条第二款第一项之规定，判决如下：

确认被告沈阳市沈北新区兴隆台街道办事处于 2019 年 3 月下旬强制拆除原告武×位于沈北新区兴隆台街道兴隆台社区德润食用菌社区土地地上附着物行为违法。

案件受理费 50 元，由被告负担。

如不服本判决，可在判决书送达之日起十五日内提起上诉，向本院递交上诉状，并按对方当事人的人数提交副本，上诉至沈阳市中级人民法院。

审判长　赵××

人民陪审员　张××

人民陪审员　王××

二〇二〇年八月二十八日

法官助理　那××

书记员　姚××

【实例 2】常州市××机械设备有限公司与常州国家高新技术产业开发区（××区）人力资源和社会保障局一审行政判决书

江苏省常州市××区人民法院

行政判决书

（2020）苏 0411 行初××号

原告：常州市××机械设备有限公司，住所地为常州市××区××镇××村。

法定代表人：张××，该公司董事长。

委托代理人：戴×，江苏××律师事务所律师。

被告：常州国家高新技术产业开发区（××区）人力资源和社会保障局，住所地为常州市××区衡山路 8 号。

法定代表人：潘××，该局局长。

出庭行政负责人：尤××，该局副局长。

委托代理人：李×，该局干部。

第三人：滕××，男，1970 年 5 月 14 日生，汉族，户籍地为江苏省××县，现住常州市。

委托代理人：孙××，江苏××律师事务所律师。

原告常州市××机械设备有限公司（以下简称××机械）不服被告常州国家高新技术产业开发区（××区）人力资源和社会保障局（以下简称新北人社局）劳动保障行政确认，于2020年6月15日向本院提起行政诉讼。本院同月18日予以立案，同日向被告送达了起诉状副本及应诉通知书。因滕××与本案被诉行政行为有利害关系，本院依法通知其为第三人参加诉讼。本院依法组成合议庭，于2020年8月6日公开开庭审理了本案，原告的委托代理人戴×，被告新北人社局的副职负责人尤××及委托代理人李×，第三人滕××的委托代理人孙××到庭参加诉讼。本案现已审理终结。

被告新北人社局于2019年12月25日作出常新人社工认字［2019］第××××号认定工伤决定书，认定第三人滕××所受到的事故伤害，符合《工伤保险条例》第十四条第（一）项之规定，属于工伤认定范围，予以认定工伤。

原告××机械称：原告的业务是由常州市道龙机械有限公司承揽，凌××系常州市道龙机械有限公司法定代表人和唯一自然人股东，第三人滕××亦系常州市道龙机械有限公司招录的人员，故本案不适用《江苏省实施〈工伤保险条例〉办法》（以下简称《省实施办法》）第三十六条的有关工程发包责任承担的规定。此外，根据就诊情况，第三人在事故后还连续上班，按照常理，右足踇趾趾骨骨折连走路都受影响，更何况继续从事机械加工工作。为此，请求法院判决撤销该工伤认定决定。

原告提供的证据：1. 认定工伤决定书。2. 营业执照。证据1、2证明原告具有起诉资格。3. 企业信用信息公示报告、企业登记资料查询、公司准予变更登记通知书、法定代表人信息。证明凌××系常州市道龙机械有限公司（以下简称道龙公司）法定代表人。

被告新北人社局辩称：劳动监察执法中，原告提交了“外包内作队加工安全协议”，协议由自然人凌××签订，且根据诉讼中原告补充调查的证据，被告方再次查询了道龙公司的社保费缴纳情况，该公司截至2016年12月的即为最后缴费记录，也就能说明道龙公司自2017年起已处于“僵尸”状态。根据相关规定，发包人将工程发包给不具有用工主体资格的组织或者自然人，由具备用工主体资格的发包方承担用人单位依法应当承担的工伤保险责任。据此，第三人所受伤害符合“三工”条件，原告应承担第三人的工伤保险责任。故请求法院驳回原告的诉讼请求。

被告新北人社局向本院提交的证据：1. 原告的工商登记资料、第三人的身份信息。证明被告具有工伤认定的法定职权和管辖权。2. 工伤认定申请表、补正通知书、受理决定书、举证通知书、认定工伤决定书及送达回执。证明工伤认定程序合法。3. 原告方提供的外包内作加工安全协议及员工花名册、工资、考勤表。4. 凌××提供的考勤表。证据3、4证明第三人是原告招用的。证明原告公司发包给凌××，第三人是凌××的员工。5. 张××、凌××、滕××的调查及笔录。证明第三人因工受伤的事实。6. 病例资料。证明伤情。7. 道龙公司的社保费缴纳记录。证明道龙公司2017年1月起未有缴费记录。

第三人滕××未提交书面陈述意见和相关证据。庭审中除了认可被告的意见，认为第三人病例记载及出院记录中有不一致的情况，第三人已经表明病例记载存在笔误，原告不能就两处不一致的情况简单判定病例记载是正确的，出院记录是错误的。凌××在对外活动中，有权选择是以个人名义或者以公司名义实施活动。其以个人名义与原告公司承包工作不违反法律规定。因凌××不具备用工主体资格，故被告认定由原告承担工伤赔偿责任是正确的。

经庭审质证，各方当事人对原、被告所举证据均无异议，且与本案具有关联性，具有真实性、合法性，本院予以确认。

经审理查明，2019 年 8 月 12 日，原告将不锈钢平台业务分包给自然人凌××，双方签订了“外包内做队加工安全协议”，约定在原告单位的钣金车间于 2019 年 8 月 30 日前完成工作任务。滕××是凌××为完成该工作招用的员工。2019 年 8 月 12 日晚 8 时许，滕××在工作过程中，右脚不慎被掉下的角钢砸伤，当时原告法定代表人的弟弟及凌××均在现场，滕××未及时就医，继续工作。后滕××发现自己吃消炎药并无效果，脚越来越肿，遂于 2019 年 8 月 21 日，赴常州市××区薛家人民医院诊治，经诊断为右足踇趾近节趾骨前端骨折，并住院治疗。2019 年 9 月 20 日，第三人向被告提出工伤认定申请，经补正，2019 年 10 月 28 日，被告予以受理；2019 年 11 月 4 日，向原告发送了举证通知书，原告提供了“外包内做队加工安全协议”、员工花名册、工资、考勤表等证据材料以证实第三人并非自己的员工。2019 年 12 月 3 日、4 日，被告分别对原告的法定代表人张××、凌××及滕××进行了调查并制作笔录。2019 年 12 月 25 日，作出涉案工伤认定决定，并邮寄送达双方。原告不服，诉至本院。庭审中，各方当事人围绕被告的工伤认定决定书是否送达到原告、原告是否应当承担工伤保险责任以及第三人的伤情是否因工所致等争议焦点各执诉辩意见。

本院认为，根据《工伤保险条例》第五条第二款、第十七条第二款和本院另案随卷证据常人社规〔2018〕1 号《关于印发〈常州市市本级统筹区工伤认定管辖规定〉的通知》规定，被告新北人社局是本区社会保险行政主管机关，依法具有对辖区内工伤认定的法定职责。

首先，关于工伤认定决定书是否送达的问题。被告以 EMS 邮寄送达系第三方送达，送达对象系原告确定的会计蒋先生，该邮件由蒋先生签收，且并未有退件，故被告的送达合法。被告新北人社局在收到第三人的工伤申请后，依职权制作调查笔录、发送举证通知书、作出工伤认定、依法送达，上述程序符合法律规定。

其次，关于原告是否应当承担工伤保险责任问题。本案中，凌××虽然有自己注册经营的企业，但在与原告签订合同时，系以自然人名义签订了“外包内做队加工安全协议”。由此，原告将自己经营范围内的“钢结构安装”业务通过合同转让给第三方自然人去完成，实质属于经营权外包。由于涉案用工链清晰，第三人由凌××招用在原告单位从事不锈钢平台业务工作的事实并无争议，原告分包的相关经营业务原告亦予认可；依据这一用工链条事实，对照适用《江苏省实施〈工伤保险条例〉办法》（江苏省人民政府第 103 号令）第三十六条规定：“具备用工主体资格的用人单位将工程或者经营权发包给不具备用工主体资格的组织或者自然人，该组织或者自然人招用的劳动者发生事故伤害，劳动者提出工伤认定申请的，由具备用工主体资格的发包方承担用人单位依法应当承担的工伤保险责任，社会保险行政部门可以将具备用工主体资格的发包方作为用人单位按照规定作出工伤认定决定”。据此，被告新北人社局认定由原告作为具有用工主体资格的承包单位承担第三人的工伤保险责任于法有据，本院予以支持。故原告的诉辩意见，本院不予采纳。被告和第三人的意见，本院予以采纳。

最后，关于伤情问题。根据《工伤保险条例》第十九条的规定，原告就伤情的主张未提交任何证据，故应当承担举证不能的法律后果。虽然医院的初诊病历和出院记录在记载受伤时间上有出入，但是原告因工受伤的事实有调查笔录等证据佐证，形成证据链，本院依法采纳被告和第三人的质辩意见，对原告的意见不予采纳。第三人所受伤害符合《工伤保险条例》第十四条第（一）项规定的工伤情形。

综上，被告新北人社局所作认定工伤决定程序合法，事实清楚，适用法律准确。依照《工伤保险条例》第十四条第（一）项，《中华人民共和国行政诉讼法》第六十九条的规定，判决如下：

驳回原告常州市××机械设备有限公司的诉讼请求。

案件受理费50元，由原告常州市××机械设备有限公司负担。

如不服本判决，可在判决书送达之日起十五日内提起上诉，向本院递交上诉状，并按对方当事人的人数递交上诉状副本，上诉于江苏省常州市中级人民法院。

审判长　高××

人民陪审员　王××

人民陪审员　程××

二〇二〇年八月二十七日

书记员　宁××

【实例3】王××与沈阳市××区南阳湖街道办事处一审行政判决书

沈阳高新技术产业开发区人民法院

行政判决书

（××××）辽0192行初936号

原告：王××，女，1956年7月5日出生，汉族，住沈阳市××区。

被告：沈阳市××区南阳湖街道办事处，住所沈阳××区××路206号。

法定代表人：金××，该单位主任。

委托代理人：王甲，该单位工作人员。

委托代理人：闫××，北京市××（沈阳）律师事务所律师。

原告王××诉被告沈阳市××区南阳湖街道办事处不履行行政协议一案，于2019年9月5日向本院提起行政诉讼。本院于当日受理后，在法定期限内向被告送达了起诉状副本及应诉通知书。本院依法组成合议庭，于2020年7月20日公开开庭审理了本案。原告王××，被告沈阳市××区南阳湖街道办事处的委托代理人王甲、闫××到庭参加了诉讼，本案现已审理终结。

原告诉称：原告2015年9月23日与沈阳市××区于洪新城经济开发区管委会南阳湖土地征收局签订“集体土地上房屋征收补偿安置协议（货币补偿）”一份，编号：YH××-NYH-YT-54-××，协议约定：沈阳市××区于洪新城经济区管委会南阳湖土地征收局补偿给原告其他地上物补偿款530 890元，原告保证在2015年9月30日前腾空被征收房屋，不得拆除、损坏被征收房屋及其公共设备。原告腾空房屋土地后，沈阳市××区于洪新城经济区管委会南阳湖土地征收局未按合同约定支付原告补偿款530 890元。原告经多次与被告协商，要求其支付拆迁补偿款，遭到被告无理拒绝，原告为维护自身合法权益，诉至法院，请求判令被告给付原告地上物补偿款530 890元（从2015年9月23日起按照银行贷款利率支付利息至实际给付之日止），暂定10万元利息，合计630 890元。

原告未向法庭提交证据。

被告辩称：第一，原告起诉已经超过诉讼时效，请法院依法驳回原告的诉讼请求。协议签订时间是2015年9月23日，协议第四条约定乙方保证在2015年9月30日前搬迁腾空被征收房屋。协议第五条对甲方给付补偿款的时间没有进行约定，根据合同法规定，对于履行时间约定不明的视为同时履行，即甲方给付原告补偿款的时间应为2015年9月30日。本案起诉期限应当从

2015 年 9 月 30 日起计算，原告虽然于 2019 年提起过民事诉讼，但是原告提起民事诉讼时就已经超过了诉讼时效，原告提起民事诉讼的行为不导致本案诉讼时效中断，现原告于 2019 年 9 月 5 日提起行政诉讼已超过诉讼时效。第二，原告不是本案适格的主体，请法院依法驳回原告的起诉。涉案地块“集体土地建设用地使用证”记载，案涉土地的土地使用者为：沈阳市××除尘设备厂，经工商登记查询，该企业的企业类型为：集体所有制，该企业目前状态为吊销，未注销。上述证据能够证明，案涉土地的被征收人应为沈阳市××除尘设备厂，并且企业仅为吊销状态，依据法律规定该企业仍然具有主体资格。王××不是适格的原告。第三，原告要求支付其他地上物（回填土）补偿款 530 890 元的请求无法律和政策依据，请法院依法驳回其诉讼请求。虽然沈阳市××区于洪新城经济区管委会南阳湖土地征收局与原告签订了“集体土地上房屋征收补偿安置协议（货币补偿）”，但现行土地征收补偿制度采取的是对被征收标的物的价值进行总体评估、补偿事项依法设定的征收补偿原则，尚未将土地修造事项列入法定征收补偿范围，对于原告回填是为了利用回填土方建筑房屋及附属物的价值，不存在单独对此予以补偿的问题，因此，王××主张对案涉土地上回填土地的经济费用进行补偿没有法律和政策依据，请求法院驳回原告的起诉和诉讼请求。

被告在法定期限内向法庭提交的证据有：1. 辽政地〔2015〕1622 号辽宁省人民政府关于沈阳市 2015 年度第 81 批次实施方案用地的批复、征收通告、征（拨、占）用土地协议书、关于××区南阳湖街道于台村村民代表会议表决记录，证明被告是本案补偿主体，签订了补偿协议；2. 集体土地建设用地使用证，证明案涉地块是属于沈阳市××除尘设备厂的，不应该与个人签订；3. 沈阳市××除尘设备厂的网上工商档案，证明该厂仍然有主体资格，目前处于吊销状态，不是注销；4.（2015）大东行初字第 262 号行政判决书、（2016）辽 01 行终 1040 号行政判决书，证明类似的案件法院没有支持回填土的补偿。

经庭审质证，本院对被告提交证据的真实性予以确认。

经审理查明，2012 年 2 月 1 日，沈阳市××区于洪新城管委会发布《征收通告》，决定对 54 号地项目建设所涉及的房屋、用地进行征收，2015 年××月××日，辽宁省人民政府对沈阳市人民政府作出《辽宁省人民政府关于沈阳市 2015 年度第 81 批次实施方案用地的批复》，同意沈阳市依据国务院批准的农用地转用和土地征收方案制定的实施方案，批准用地 0.941 3 公顷（××区南阳湖街道科研村宅基地 0.359 3 公顷、工业用地 0.105 7 公顷、于台村未利用地 0.476 3 公顷）。2015 年 9 月 23 日，沈阳市××区于洪新城经济区管委会与王××签订“集体土地上房屋征收补偿安置协议（货币补偿）”（编号：YH××-NYH-YT-54-××），协议“非住宅房屋”项下“其他地上附属物补偿：530 890 元”，协议第四条约定乙方保证在 2015 年 9 月 30 日搬迁腾空被征收房屋，乙方不得拆除、损坏被征收房屋及其公共设施，协议对甲方支付补偿款的时间未予约定。协议尾页下方有审核人签字，并加盖“根据于洪新城经济区党工委 2015 年 7 月 21 日第 6 号会议纪要关于沈阳市××除尘设备厂王××的会议纪要决定通过”。协议签订后，因沈阳市××区于洪新城经济区管委会未履行协议约定的义务，王××以沈阳市××区南阳湖街道办事处为被告，于 2018 年向沈阳市××区人民法院提起民事诉讼，2018 年 10 月 15 日，沈阳市××区人民法院作出（2018）辽 0114 民初 5841 号民事判决，判决沈阳市××区南阳湖街道办事处自本判决发生法律效力之日起十五日内向王××支付补偿款 530 890 元。该案经沈阳市中级人民法院二审。2019 年 3 月 19 日，沈阳市中级人民法院作出（2018）辽 01 民终 13778 号民事裁定，裁定以“重审时，应查清本案是否属于民事诉讼的受案范围”为由，撤销（2018）辽 0114

民初5841号民事判决，发回沈阳市××区人民法院重审。2019年9月5日，王××向本院提起行政诉讼，请求被告支付协议约定的补偿款及相应利息。

另查明，1992年3月12日，沈阳市××除尘设备厂依法成立，法定代表人为吴××，1997年，该厂转制，债权债务归吴××个人所有，王××与吴××系夫妻关系，2007年3月24日，吴××死亡。

再查明，2020年4月10日，沈阳市××区人民政府印发《关于解决经济区取消征收职能涉及有关问题的业务会议纪要》，经会议研究，确定如下事项："三、鉴于经济区已无征收职能，针对已启动实施的征收项目，其前期要件中涉及征收部门为经济区管委会征收办的，前期要件不再改动，仅将《征收补偿协议》中的甲方调整为相关街道办事处"。

本院认为，被诉行政协议补偿项目系回填土，该回填土系吴××个人所为，现因吴××去世，原告王××作为吴××的妻子，案涉协议签订的主体即为王××，在协议尾页处亦有审核人签字，并加盖"根据于洪新城经济区党工委2015年7月21日第6号会议纪要关于沈阳市××除尘设备厂王××的会议纪要决定通过"的印章，故王××有权提起本案诉讼，其原告主体适格，被告辩称王××不是本案适格原告的抗辩观点本院不予采纳。根据××区人民政府的《关于解决经济区取消征收职能涉及有关问题的业务会议纪要》，沈阳市××区南阳湖街道办事处为本案适格被告。

《中华人民共和国行政诉讼法》第一百零一条规定，人民法院审理行政案件，关于期间、送达、财产保全、开庭审理、调解、中止诉讼、终结诉讼、简易程序、执行等，以及人民检察院对行政案件受理、审理、裁判、执行的监督，本法没有规定的，适用《中华人民共和国民事诉讼法》的相关规定。《中华人民共和国合同法》第二百零六条规定，借款人应当按照约定的期限返还借款。对借款期限没有约定或者约定不明确，依照本法第六十一条的规定仍不能确定的，借款人可以随时返还；贷款人可以催告借款人在合理期限内返还。第六十一条规定，合同生效后，当事人就质量、价款或者报酬、履行地点等内容没有约定或者约定不明确的，可以协议补充；不能达成补充协议的，按照合同有关条款或者交易习惯确定。因协议并未对甲方支付补偿款的时间进行约定，参照上述相关法律规定，原告可以催告被告在合理期限内支付补偿款。被告辩称原告起诉超过诉讼时效的抗辩观点，本院不予采纳。

本案中，因协议明确约定了"其他地上附属物补偿：530 890元"，协议后所附补偿明细表中亦明确记载回填土530 890元，补偿明细表分别有征收人员和被征收人员的签字，且补偿方案中明确回填土属于补偿范围，故被告应当按照协议约定向原告支付上述补偿款，被告辩称回填土补偿款没有法律和政策依据的抗辩观点本院不予采纳。关于原告请求判令被告支付利息的诉求，因协议中未对违约责任及利息进行明确约定，按照行政机关履行法定职责的一般期限计算，被告应于签订协议后两个月内向原告全额支付补偿款。案涉协议签订日期为2015年9月23日，因被告未在两个月内全额向原告支付补偿款，故应当自协议签订之日起两个月后的第一日起计算利息，即从2015年11月23日起计算。综上，依据《中华人民共和国行政诉讼法》第七十八条、第六十九条之规定，判决如下：

一、责令被告沈阳市××区南阳湖街道办事处于本判决发生法律效力之日起60日内向原告王××支付补偿款人民币530 890元；

二、责令被告沈阳市××区南阳湖街道办事处于本判决发生法律效力之日起60日内向原告王××支付利息损失（以530 890元为本金，自2015年12月23日起至本判决实际给付之日按照中国人民银行同期同类存款利率计算)。

三、驳回原告的其他诉讼请求。

案件受理费 10 108.90 元，由被告沈阳市××区南阳湖街道办事处负担。

如不服本判决，可在判决书送达之日起十五日内，向本院递交上诉状，并按对方当事人的人数提出副本，上诉于沈阳市中级人民法院。

审判长　刘××

人民陪审员　戴××

人民陪审员　张××

××××年八月二十六日

法官助理　张××

书记员　肖××

【实例 4】杨××与北镇市公安局公安行政管理其他（公安）一审行政判决书

辽宁省北镇市人民法院
行政判决书

（2020）辽××行初××号

原告：杨××，女，1959 年 2 月 1 日出生，满族，农民，住辽宁省。

委托代理人：刘××，北镇市法律援助中心律师。

被告：北镇市公安局，住所地北镇新区。

负责人：胡×，该局局长。

委托代理人：兰××，该局法制大队副大队长。

委托代理人：吴×，该局广宁乡派出所民警。

第三人：杨乙，女，1960 年 3 月 23 日出生，满族，农民，住辽宁省。

委托代理人：张×（与第三人系母女），女，1990 年 10 月 26 日出生，满族，职员，住辽宁省。

原告杨××不服被告北镇市公安局作出的锦公北（治）行罚决字〔2020〕××号行政处罚决定书，于 2020 年 7 月 29 日向本院提起行政诉讼。本院于立案后次日向被告及第三人送达了起诉状副本及应诉通知书。本院依法组成合议庭，于 2020 年 8 月 17 日公开开庭审理了本案。原告杨××委托代理人刘××、被告北镇市公安局委托代理人兰××、吴×，第三人杨乙及其委托代理人张×到庭参加诉讼。本案现已审理终结。

被告北镇市公安局于 2020 年 7 月 23 日对原告杨××作出锦公北（治）行罚决字〔2020〕××号行政处罚决定书，认定：2020 年 7 月 18 日 5 时 30 分，杨××在辽宁省北镇市××号门前，与杨乙因“说闲话”一事发生口角，后双方相互厮打，致使杨乙右侧嘴角处受伤。以上事实有证人证言、对杨××的询问笔录、伤情照片、病情介绍等证据证实。根据《中华人民共和国治安管理处罚法》第四十三条第二款第（二）项之规定，现决定给予杨××拘留十日并罚款五百元的行政处罚。

原告杨××称：原告没有与第三人发生厮打，更没有导致第三人右侧嘴角受伤，被告也没有有效证据证明原告实施行政处罚决定书认定的厮打行为。原告认为被告北镇市公安局作出锦公北（治）行罚决字〔2020〕××号行政处罚决定书行为，在程序和实体上存在严重违法行为，原告为维护自身的合法权益诉至法院。诉讼请求：撤销北镇市公安局于2020年7月23日作出的锦公北（治）行罚决字〔2020〕××号行政处罚决定，诉讼费由被告负担。

被告北镇市公安局辩称：原告杨××对本机关于2020年7月23日作出的锦公北（治）行罚决字〔2020〕××号行政处罚决定书不服无事实及法律依据。理由如下：2020年7月18日5时30分，杨××在辽宁省北镇市××号门前，与杨乙因"说闲话"一事发生口角，后双方相互厮打，致使杨乙右侧嘴角处受伤。以上事实有证人证言、对杨××的询问笔录、伤情照片、病情介绍等证据证实。根据《中华人民共和国治安管理处罚法》第四十三条第二款第（二）项之规定，给予杨××行政拘留十日，罚款五百元的行政处罚。被告北镇市公安局作出处罚证据确实充分，适用法律正确，裁量适当，程序合法，请求法院驳回原告诉讼请求。

被告北镇市公安局在法定期限内向本院提交了以下证据：

证据1. 受案登记，证明依法受案。

证据2. 受案回执，证明依法受案。

证据3. 案件主办人协办人信息卡，证明两名办案人有合法的资格。

证据4. 行政处罚告知笔录，证明已告知当事人处罚情况。

证据5. 通知告知记录，证明告知当事人家属。

证据6. 传唤证，证明依法传唤。

证据7. 公安行政案件审批表，证明依法审批。

证据8. 暂缓执行行政拘留决定书，证明疫情延缓拘留。

证据9. 询问笔录，证明案件事实情况。

证据10. 现场检测报告，证明嫌疑人没有吸毒。

证据11. 违法犯罪人员身份登记表，证明当事人住址及违法犯罪相关情况。

证据12. 担保人证书，证明担保人身份及保证履行担保人职责。

证据13. 病情介绍，证明杨××伤情。

证据14. 伤情照片，证明杨乙伤情。

证据15. 身份证明，证明当事人身份。

原告质证称：对证据9询问笔录和证据14第三人伤情照片有异议。原告认为询问笔录中证人均与第三人有法律上的利害关系，对于不存在利害关系的证人没有询问，且没有证人证实第三人在现场有受伤事实；认为照片来源不明，无法确定由谁提供，伤是谁形成的不确定，无法证明受伤，且没有医院病志等相关材料佐证；对证据7真实性没有异议，但认为缺少公安机关集体讨论程序，认为实体上没有有效证据证明原告杨××对第三人实施了殴打行为，也无证据证明第三人受伤住院事实，故对被告作出的涉案处罚决定应当撤销；对被告提交的其他证据，原告没有异议。

原告杨××向本院提交了以下证据：

证据1. 锦公北（治）行罚决字〔2020〕439号行政处罚决定书，证明锦公北（治）行罚决字〔2020〕××号行政处罚决定书所作出的处罚不当，没有体现出原告与第三人在过错程度上的差别。

证据2. 北镇市中医院住院病案，证明原告受伤的事实。

被告质证称：原告与第三人一个住院，一个没有住院，而锦公北（治）行罚决字〔2020〕439号处罚决定书与锦公北（治）行罚决字〔2020〕××号处罚决定书所作出的处罚基本相同，原因是公安机关对违法嫌疑人进行处罚时，要综合考量当事人在此次违法过程中所起到的作用，依照法律决定，殴打他人类案件属行为违法案件，被告处罚的是行为，后果只是作为处罚依据的参考，双方当事人是否住院不是进行处罚的主要依据。

第三人质证称：原告并非在第一案发现场被救护车拉走，监控显示原告打架后是一边骂一边走回家的。原告的伤无法确认是在案发现场造成的，对处罚决定没有意见。

第三人杨乙向本院提交了以下证据：视频监控，证明原告自己躺在地上，原告被救护车拉走地点并非第一案发现场。

本院通过对上述证据进行审查分析认为：第一，根据被告提供的询问笔录反映，原告杨××在第二次询问时自认其在撕扯中用手抓第三人杨乙的嘴，第三人杨乙在询问笔录中陈述双方相互撕扯对方衣服并相互撕打，证人张某 1、张某 2、赵某在询问笔录中均证实双方相互撕扯在一起，相互撕扯对方脖领子。依据当事人、证人在被告提交的对其询问笔录中所作出的上述陈述和证言，可以认定原告与第三人均实施了殴打对方的行为。第二，原告的住院病历及第三人的伤情照片，能够证明原告与第三人存在受伤的事实。

本院依据审查确认的证据及当事人陈述，对本案事实认定如下：2020 年 7 月 18 日 5 时 30 分左右，在辽宁省北镇市××号门前，第三人杨乙因为听到有人说原告杨××说她闲话一事，引起第三人对原告不满，与原告发生口角，进而双方相互撕扯在一起，在撕扯程中，第三人用手打原告嘴巴子，抓原告嘴，原告也用手抓第三人嘴，致使双方身体受伤。2020 年 7 月 23 日，被告北镇市公安局根据《中华人民共和国治安管理处罚法》第四十三条第二款第（二）项的规定，对原告和第三人分别作出给予拘留十日并罚款五百元的行政处罚。现原告不服被告对其作出的行政处罚决定，向本院提起行政诉讼。

本院认为，《中华人民共和国治安管理处罚法》第七条规定，县级以上各级人民政府公安机关负责本行政区域内的治安管理工作，故被告作为县级以上人民政府的公安机关具有对辖区内的治安案件给予行政处罚的职权。

本案争议焦点为被告对原告作出的行政处罚是否合法，是否应予撤销。《中华人民共和国治安管理处罚法》第五条第一款规定，治安管理处罚必须以事实为依据，与违反治安管理行为的性质、情节以及社会危害程度相当。《中华人民共和国治安管理处罚法》第四十三条第二款规定，有下列情形之一的，处十日以上十五日以下拘留，并处五百元以上一千元以下罚款：……（二）殴打伤害残疾人、孕妇、不满十四周岁的人或者六十周岁以上的人的。本案原告与第三人均存在相互撕打对方的行为，即存在相互撕扯对方衣服，相互攻击对方脸部的行为，应当认定原告实施了法律规定的殴打第三人的违法行为，且第三人的实际年龄已超过六十周岁，故被告依照《中华人民共和国治安管理处罚法》第四十三条第二款第（二）项的规定，对原告作出拘留十日并罚款五百元的行政处罚，并无不当。关于原告提出的被告在作出涉案行政处罚决定前缺少集体讨论程序的主张，因该主张无法律依据，本院不予确认。

综上所述，北镇市公安局所作涉案行政处罚认定事实清楚，证据充分，适用法律正确，符合法定程序。原告的诉讼请求无事实和法律依据，本院不予支持。依照《中华人民共和国行政诉讼法》第六十九条之规定，判决如下：

驳回原告杨××的诉讼请求。

案件受理费 50 元，由原告杨××负担。

如不服本判决，可在判决书送达之日起十五日内提起上诉，向本院递交上诉状，并按对方当事人的人数递交上诉状副本，上诉于辽宁省锦州市中级人民法院。

审判长　李××

人民陪审员　石××

人民陪审员　李××

二〇二〇年八月二十五日

书记员　王××

【实例5】张甲与北京市规划和自然资源委员会其他一审行政判决书

北京市××区人民法院

行政判决书

（2020）京××××行初××号

原告：张甲，男，1982年8月5日出生，汉族，住北京市××区。

委托代理人：杨××，北京市××律师事务所律师。

委托代理人：王×，北京市××律师事务所律师。

被告：北京市规划和自然资源委员会，住所地为北京市通州区承安路1号。

法定代表人：张乙，主任。

委托代理人：周×，北京市规划和自然资源委员会干部。

委托代理人：于××，北京市康达律师事务所律师。

原告张甲认为被告北京市规划和自然资源委员会（以下简称市规自委）未履行法定职责，向本院提起行政诉讼。本院立案后，于法定期限内向被告市规自委送达了起诉状副本及应诉通知书。本院依法组成合议庭，公开开庭审理了本案。原告张甲之委托代理人杨××、王×，被告市规自委的委托代理人周×、于××到庭参加了诉讼。本案现已审理终结。

原告张甲诉称：其于2005年10月31日与北京华安房地产开发有限公司（以下简称华安公司）签订“商品房买卖合同”（以下简称涉案合同），购得位于北京市××区×××号商品房（以下简称涉案房屋），涉案合同中载明涉案房屋的用途为住宅。合同签订后，华安公司将涉案合同进行了备案登记，张甲按照住宅用途缴纳了房屋契税。涉案房屋交付使用后，于2014年12月4日取得房屋所有权证，但房屋用途却错误登记为“办公”。北京市住房和城乡建设委员会等部门联合作出的《关于进一步加强商业、办公类项目管理的公告》（京建发［2017］第112号）对商业、办公用房的使用等作出了诸多限制，导致涉案房屋的出售、转让、落户、子女入学等受到严重影响，违背了张甲购房时的初衷，张甲权益受损。为明确房屋用途，维护自身权益，张甲遂向市规自委提出房屋用途更正登记申请，但市规自委拒绝受理，导致涉案房屋登记错误状态持续。故诉请法院：1. 判令市规自委履行职责，将涉案房屋用途更正为住宅；2. 诉讼费用由市规自委承担。

开庭前，张甲向本院提交并当庭出示了以下证据材料：

1. 房屋所有权证复印件；2. 不动产权利及其他事项登记信息；3. 北京市国有土地房屋所有权转移登记申请书；4. 房屋登记表、房地平面图；5. 北京市国有土地房屋登记受理通知书；6. 北京市国有土地房屋登记审核表。

证据材料1—6证明涉案房屋为其所有，该房屋不动产登记簿中，规划用途被登记为办公。

7. 涉案合同；8. 商品房预售合同签约证明和预售登记申请书及税收缴款书。

证据材料 7、8 证明其向华安公司购得涉案房屋，房屋用途为住宅；涉案合同经当时房产管理部门和土地管理部门登记备案，并未对房屋用途提出异议；张甲基于对主管部门的信赖最终购得涉案房屋。证明房屋契税按照民用住宅税率进行了缴纳，间接证明房屋用途为住宅。

9. 更正登记申请书；10. 邮件交寄单。

证据材料 9、10 证明其于 2019 年 11 月 21 日以邮寄方式向市规自委提出房屋用途更正登记申请。

11. 不予受理告知书，证明市规自委以信访答复方式对张甲的请求不予受理，实质上拒绝了张甲要求其履行法定职责的合理诉求，构成不作为。

庭审中，张甲向本院提交并当庭出示了以下证据材料：

12. 北京市商品房预售许可证，证明该许可证载明涉案房屋用途为住宅；

13. ×京房权证西股字第××××号房屋所有权证，证明华安公司持有的涉案房屋所在楼房的大产权证中从未办过办公用房；

14. 房屋土地测绘技术报告书（编号：×××××××××），证明该报告书载明涉案房屋用途为住宅。

被告市规自委辩称：一、其具有进行不动产登记的法定职责。二、张甲的起诉已经超过法定起诉期限，对其起诉应予驳回。张甲于 2014 年 12 月 2 日向当时的房屋登记部门申请办理涉案房屋的所有权转移登记，并于 2014 年 12 月 4 日领取了涉案房屋的房屋所有权证。张甲应当在此时即已知道房产证登记用途与合同记载用途不一致的情况，张甲于 2019 年 10 月 9 日才提起诉讼，已经明显超过了法定起诉期限。三、登记部门就涉案房屋办理转移登记的行为依据充分，适用法律、法规正确，程序合法，已尽到合理审慎的审查职责。根据张甲在申请材料中提交的征求意见函可以看出，张甲早在申请登记前，即已实际知道涉案房屋将登记的用途与其合同记载用途不一致的情况，并且同意按办公用途办理登记。四、张甲所提更正登记申请没有事实和法律依据。房屋登记规划用途应当以规划许可为准，而非以合同约定为准。五、市规自委对张甲作出的信访答复均合法合规，并无不当。张甲于 2018 年 12 月 4 日信访来信向市规自委提出关于变更房屋用途的申请书，经延期，登记部门于 2019 年 3 月 1 日向张甲作出来访答复意见，已明确表示涉案房屋的不动产登记无不当之处。2019 年 11 月 18 日张甲再次以同样的事由提出信访申请，登记部门于 2019 年 12 月 9 日依据信访相关规定作出不予受理的答复。六、张甲的起诉属于重复起诉，应当依法予以驳回。张甲于 2019 年 10 月已就相同的事实和理由提起行政诉讼，并且撤诉。本次诉讼请求所使用的措辞虽与上次不同，但其实质内容是一致的。综上，张甲的诉讼请求缺乏事实和法律依据，故请求法院在查明事实的基础上，依法裁判。

在法定举证期限内，市规自委向本院提交并当庭出示了如下证据材料：

1. 北京市国有土地房屋所有权转移登记申请书；2. 房屋登记表；3. 房地平面图；4. 张甲身份证复印件、授权委托手续；5. 涉案合同及其附件；6. 北京市住宅专项维修资金专用收据；7. 中华人民共和国税收缴款书（银行经收专用）；8. 征求意见函。

证据材料 1—8 证明 2014 年 12 月 2 日，张甲和华安公司共同向房屋登记部门申请办理涉案房屋所有权转移登记并提交相关材料，其中证据材料 8 征求意见函证明其在申请登记前，已实际知晓涉案房屋将登记的用途与其合同记载用途不一致，且同意按办公用途办理登记。登记部门依法就有关事项对申请人进行了询问。

9. 北京市国有土地房屋登记受理通知书；10. 北京市国有土地房屋登记审核表。

证据材料9、10证明2014年12月2日，登记部门依法受理申请，经审核，于2014年12月4日同意记载于登记簿，并向张甲颁发了房屋所有权证。

11. 关于变更房屋性质的申请书；12. 受理告知单；13. 延期办理告知书；14. 规土（西）2018（网）××号《关于张甲等五位同志来访答复意见》。

证据材料11—14证明张甲于2018年12月4日信访来信向市规自委提出变更房屋用途的申请，登记部门已对其作出答复。

15. 更正登记申请书；16. 不再受理告知书及邮寄凭证。

证据材料15、16证明2019年11月18日张甲再次提出变更房屋用途的信访申请，登记部门分别依据信访相关规定作出不予受理的答复，登记部门的行为均依法依规，并无不当。

庭审中，市规自委向本院提交并当庭出示了如下证据材料：

17. 房屋土地测绘技术报告书（编号：×××××××××），证明该报告书载明涉案房屋为物业管理用房；

18. ×京房权证西股字第××××号房屋所有权证及房号清单，证明该房产证载明的设计用途为车库，儿童活动室、咖啡厅、阅览室、台球室、健身房及游泳池等，商业用房，物业管理用房，住宅。房号清单载明涉案房屋规划用途为物业管理用房。

经庭审质证，对张甲出示的证据材料，市规自委发表如下质证意见：对证据材料1—6的真实性无异议，对于涉案房屋归张甲所有也无异议，但是认为其提交的证据不全面，应当以提交登记时证据为准，征求意见函能说明在房屋登记之前张甲已经跟开发商确认，将房屋用途变更成了办公。对证据材料7—11的证明目的不认可。对证据材料12的真实性无法确认，对其证明目的不认可，该证载明用途为住宅和配套公建，不能确认涉案房屋用途属于住宅。对证据材料13的证明目的不认可，市规自委的证据材料18能证明涉案房屋设计用途为物业管理用房。对证据材料14的真实性、合法性和关联性均不认可，即使是测绘公司出具，也是出具在市规自委证据材料17之前，应当以时间靠后的测绘报告为准。

对市规自委出示的证据材料，张甲发表如下质证意见：对证据材料1—8的真实性、合法性无异议，对证明目的不认可。张甲主张，在购买涉案房屋后10年之久房本迟迟没有办下来，其会同其他业主曾多次找到开发商及有关主管部门要求解决房本问题，协调结果为办理房本就必须由张甲出具同意变更房屋用途的书面文书，而且当时北京市也没有出台关于限制商住楼买卖等政策性要求，张甲才在征求意见函上表示签字同意，但是该函在当时的情形下，只限于完善房本的办理手续，不代表张甲对房屋用途为办公的认可，且房屋规划用途并不由协商确定。张甲是按照住宅缴纳的大修基金缴纳的契税。对证据材料9、10的真实性、合法性无异议，对证明目的不认可。对证据材料11—16的真实性无异议，对证明目的不认可，张甲依据《中华人民共和国物权法》第19条之规定向市规自委提出更正登记申请，更正登记是其职责，而并非再次信访，但市规自委却以重复信访进行处理，张甲以市规自委的不履行职责向法院提出诉讼，符合法律规定，也没有超过法定期限。对证据材料17、18真实性认可，但是之前没有见过。

本院对上述证据认证如下：为查明案件事实，本院准许张甲在庭审中提供其证据材料12—14。鉴于张甲在庭审中才提交证据材料12—14，且市规自委的证据材料17、18为市规自委在作出行政行为时既已收集的证据，故本院准许市规自委补充提交其证据材料17、18。市规自委的证据材料17系华安公司向原房产管理部门申请初始登记时，向原房产管理部门提交的材料，是原房产管理部门办理×京房权证西股字第××××号房屋所有权证的依据之一，与本案具有关联性本院予以采纳。张甲提交的证据材料 14 与本案不具有关联性，本院不予采纳。张甲和市规自委提交的其他证据材料均符合《最高人民法院关于行政诉讼证据若干问题的规定》中对证据形式的要求，且真实、合法，能证明案件相关事实，故本院对上述证据材料予以确认。

根据上述有效证据和当事人的一致陈述，本院认定以下事实：

2008 年 6 月 2 日，原北京市建设委员会向华安公司核发×京房权证西股字第××××号房屋所有权证，该房产证载明设计用途为车库，儿童活动室、咖啡厅、阅览室、台球室、健身房及游泳池等，商业用房，物业管理用房，住宅；房号清单载明涉案房屋规划用途为物业管理用房，使用用途为商住。

2014 年 12 月，张甲、华安公司向原不动产登记机构申请将涉案房屋转移登记至张甲名下，提交的材料有北京市国有土地房屋所有权转移登记申请书、房屋登记表、房地平面图、张甲身份证复印件、授权委托手续、涉案合同、北京市住宅专项维修资金专用收据、中华人民共和国税收缴款书（银行经收专用）、征求意见函等材料。原不动产登记机构受理后，经审核，于同月向张甲核发了房屋所有权证。该产权证载明涉案房屋性质为商品房，规划用途为办公。

2018 年，张甲向北京市原规划和国土资源管理委员会信访部门提交关于变更房屋用途的申请书。2019 年 3 月 1 日，北京市原规划和国土资源管理委员会××分局作出规土（西）2018（网）××号《关于王××等五位同志来访答复意见》，“经查阅档案，关于××区莲花池东路 5 号院的《北京市规划委员会建设工程规划许可证附件建设工程》（2001 规建字 1898 号）中补充注意事项：‘1. 本工程包括 A 栋、B 栋及裙房，东侧 B 栋地上 5 层以下为非居住部分（不包括设备层）’。2014 年 7 月 22 日，您们在北京华安发出的征求意见函上进行书面签字确认，表示已同意将所涉房屋‘房产证载房屋用途为物业管理用房现变更为办公用途，并申请办理更正登记’。我局按照相关程序依法对××区莲花池东路 5 号院进行不动产登记，无不当之处，不存在您们所要求的将房屋性质变更恢复为住宅的情况。另，关于您们所购房屋约定用途与规划用途不符的问题，应通过民事诉讼途径解决。根据《信访条例》规定，请您们向人民法院提出。”2019 年 9 月 27 日，王××代为签收上述答复意见。

2019 年 11 月 18 日，张甲向市规自委提出申请，申请将涉案房屋用途更正为住宅。2019 年 12 月 9 日，北京市规划和自然资源委员会××分局作出不再受理告知书，告知张甲对其申请的信访事项不再受理。张甲不服，于 2020 年 1 月 15 日向本院提起行政诉讼。

另查，2019 年 10 月，张甲向本院提起履责之诉，但未提交已依法向市规自委提出履行法定职责申请的证据。经本院释明，张甲申请撤回起诉。

本院认为，根据《不动产登记暂行条例》第七条第一款的规定，市规自委作为北京市负责不动产登记工作的行政机关，具有对张甲的更正登记申请作出处理的法定职责。

本案争议的焦点有以下两点：

一、张甲的本次起诉是否超过法定起诉期限、是否属于重复起诉。

《不动产登记暂行条例实施细则》第七十九条第一款规定，权利人、利害关系人认为不动产登记簿记载的事项有错误，可以申请更正登记。张甲的本次行政诉讼针对的并非 2014 年 12 月原不动产登记机构核发涉案房屋房屋所有权证的行为，而是市规自委对其依据上述规定提出的更正登记申请的处理。从 2019 年 3 月 1 日的规土（西）2018（网）××号《关于王××等五位同志来访答复意见》到 2019 年 12 月 9 日的不再受理告知书，市规自委均未告知张甲起诉期限，根据《最高人民法院关于适用〈中华人民共和国行政诉讼法〉的解释》第六十四条第一款的规定，张甲于 2020 年 1 月提起本次诉讼未超过法定起诉期限。张甲在本次诉讼中，向本院提交了其向市规自委提出履行法定职责申请的证据，并非基于同一事实和理由而提起的诉讼，故张甲的本次起诉不属于重复起诉。因市规自委对张甲更正登记申请的几次信访处理实质意见均是不予更正，为降低双方当事人的诉讼成本，减少诉累，本院在本案中对市规自委是否履行法定职责进行审理。

二、市规自委对张甲的更正涉案房屋用途登记申请是否履行了法定职责。

《不动产登记暂行条例实施细则》第七十九条第一款、第二款规定，权利人、利害关系人认为不动产登记簿记载的事项有错误，可以申请更正登记。权利人申请更正登记的，应当提交下列材料：（一）不动产权属证书；（二）证实登记确有错误的材料；（三）其他必要材料。第八十条第三款规定，不动产登记簿记载无误的，不动产登记机构不予更正，并书面通知申请人。本案中，张甲提交的现有材料不足以证明涉案房屋的登记用途确有错误，市规自委经过调查，对张甲的几次更正登记申请作出的书面信访答复，实质上处理意见均是不予更正，市规自委已经履行了法定职责。

综上所述，张甲的诉讼请求缺乏事实和法律依据，本院不予支持。依照《中华人民共和国行政诉讼法》第六十九条的规定，判决如下：

驳回原告张甲的诉讼请求。

案件受理费 50 元，由原告张甲负担（已交纳）。

如不服本判决，可在判决书送达之日起十五日内，向本院递交上诉状，并按对方当事人的人数或代表人的人数提出副本，上诉于北京市第二中级人民法院。

审判长　盛××
审判员　万××
审判员　孙××
二〇二〇年八月十二日
法官助理　颜××
法官助理　曹××
法官助理　王××
书记员　温××

【实例 6】沙××与上海市公安局杨浦分局交通警察支队交通一审行政判决书

上海市静安区人民法院

行政判决书

（2020）沪××××行初××号

原告：沙××，男，1967 年 9 月 17 日出生，汉族，户籍所在地江苏省××市。

被告：上海市公安局杨浦分局交通警察支队，住所地上海市杨浦区。

法定代表人：倪×。

出庭负责人：荆×，上海市公安局杨浦分局交通警察支队副支队长。

委托代理人：宋×。

原告沙××不服被告上海市公安局杨浦分局交通警察支队（以下简称“杨浦交警支队”）作出的交通处罚决定，向本院提起行政诉讼。本院于 2020 年 4 月 2 日受理后，依法向被告送达了起诉状副本及应诉通知书，被告在法定期限内向本院提交了作出被诉行政行为的证据和依据。本院依法适用简易程序，于 2020 年 4 月 29 日公开开庭审理了本案。原告沙××，被告杨浦交警支队出庭负责人荆×及委托代理人宋×到庭参加诉讼。本案现已审理终结。

被告杨浦交警支队于 2019 年 11 月 10 日作出编号为××××××××××××××××××的"公安交通管理简易程序处罚决定书"（以下简称被诉处罚决定），认定原告于 2019 年 11 月 10 日 15 时 43 分，在周家嘴路黄兴路西南约 5 米实施通过路口遇停止信号时，停在停止线以内或路口内的违法行为，违反了《中华人民共和国道路交通安全法实施条例》（以下简称《道路交通安全法实施条例》）第五十一条第（五）项的规定，根据《中华人民共和国道路交通安全法》（以下简称《道路交通安全法》）第九十条，决定处以一百元的罚款。

原告沙××诉称：2019 年 11 月 10 日 15 时 43 分许，其驾驶车牌号为沪 HV××××的车辆由周家嘴路黄兴路口右转上杨浦大桥方向时被辅警拦下，示意其闯红灯，随后交警以代码 12110 对其作出处罚。原告认为该处信号灯不亮，其没有违法行为，处罚认定事实不清，依法应予撤销，故诉至法院要求撤销被诉处罚决定，赔偿人民币一元并向原告赔礼道歉。

被告杨浦交警支队辩称：2019 年 11 月 10 日 15 时 43 分许，其下属控江路派出所民警在周家嘴路、黄兴路附近执勤，发现一辆车牌号为沪 HV××××的小型客车在周家嘴路黄兴路西南约 5 米处实施了通过路口遇停止信号时，停在停车线以内或路口内的违法行为。民警将其拦下后，按照法律程序检查，并告知原告的违法行为，听取其陈述和辩解后作出被诉处罚决定送达原告。被告认为被诉处罚决定认定事实清楚、证据确实充分、适用法律正确、符合法定程序，请求法院驳回原告的诉讼请求。

经审理查明，2019 年 11 月 10 日 15 时 43 分许，原告驾驶车牌号为沪 HV××××的小型客车由周家嘴路行驶至黄兴路口时，实施了通过路口遇停止信号时，停在停车线以内或路口内的违法行为。被告杨浦交警支队发现原告的违法行为之后，适用简易程序对其作出被诉处罚决定。原告当场签收了该处罚决定书。

庭审中，当庭播放了当日执法视频，视频反映：周家嘴路黄兴路右转车辆通行中，当右转车流停顿后，黄兴路直行机动车和非机动车开始通行，后原告驾驶车辆出现在视频中，执法民警示意"超停车线了"。

上述事实，有民警工作情况、民警执法视频、被诉处罚决定以及当事人庭审陈述等证据证明。

本院认为，根据《道路交通安全法》第五条的规定，被告杨浦交警支队具有作出被诉处罚决定的法定职权。本案争议的焦点是原告是否实施了通过路口遇停止信号时，停在停车线以内或路口内的违法行为。根据被告杨浦交警支队提供的执法视频显示，周家嘴路黄兴路右转车辆（杨浦大桥方向），有车流行驶和短时暂停的状态，故被告关于事发当时该路口右转信号灯系正常工作的观点可以采信。根据《道路交通安全法实施条例》第五十一条第（五）项的规定，机动车通过有交通信号灯控制的交叉路口，遇停止信号时，依次停在停车线以外。没有停止线的，停在路口以外。根据民警工作情况记录，原告于 2019 年 11 月 10 日 15 时 43 分许在周家嘴路进黄兴路西约 5 米处实施了机动车通过路口遇停止信号时，停在停车线以内或路口内的违法行为。原告虽对此予以否认，但没有相应证据证明，原告于事发次日采集的视频录音等资料不能证明原告之主张。对于执勤民警的陈述，本院认为，警察为维护道路交通秩序，保障道路交通安全畅通施行道路执勤执法行为，现无证据证明执勤民警与原告之间存在利害关系，也无证据证明执勤民警有滥用职权的情形，民警的陈述与执法视频之间也没有明显不合理和矛盾之处，故对民警工作情况的记录，本院可予采信。本案中，被告依照《道路交通安全违法行为处理程序规定》的有关规定，适用简易程序作出的被诉处罚决定，程序合法。《道路交通安全法》第九十条规定，机动车驾驶人违反道路交通安全法律、法规关于道路通行规定，处警告或者二十元以上二百元以下罚款。被告杨浦交警支队据此对原告处以一百元的罚款，适用法律正确。因被诉行政行为不存在违法或侵犯相对人合法权益的情形，故对原告提出的行政赔偿请求，本院不予支持。

综上，原告要求撤销被诉处罚决定的诉讼请求，缺乏相应的事实证据和法律依据。据此，依照《中华人民共和国行政诉讼法》第六十九条之规定，判决如下：

驳回原告沙××的诉讼请求。

案件受理费50元，因本案适用简易程序，减半收取计25元，由原告沙××负担。

如不服本判决，可在本判决书送达之日起十五日内，向本院递交上诉状，并按对方当事人的人数提出副本，上诉于上海市第二中级人民法院。

审判员　沈××

二〇二〇年五月十三日

法官助理　王××

书记员　金××

任务3：语言表达与修辞训练（语感提升）

任务要求：

（1）请认真阅读分析案例材料，根据要求，改写法律意见书中关于事实陈述部分的内容。

（2）请根据要求修改或整理材料。

【材料】

在张×与蔡×欠款纠纷的法律意见书中，关于事实陈述部分内容如下：

2001年7月至10月，张×与蔡×在超×公司从事礼品销售工作，当时蔡×为超×公司的项目经理，张×为蔡×手下的职员。

2001年10月，张×离开超×公司。据张×说，蔡×可能是2002年5月离开超×公司的。

2002年5月8日，受蔡×之约，张×到×宾馆写字楼604室上班。（注：该地点为2002年6月下旬成立的翰×公司的地址，蔡×为翰×公司的老板，该公司也从事礼品销售工作）蔡×与张×口头约定，对于张×的销售利润，张×与蔡×按7：3比例分成。当时蔡×给张×的发票是超×公司的。

6月初，张×销售七个名为“镇宅之宝”的礼品，销售收入为现金，全部交给蔡×个人。按约定，张×应提成10 472.00元，有蔡×于6月18日所立欠条为证。后因双方发生口角纠纷，张×让蔡×返还欠款。而蔡×则要求张×在翰×公司干到年底，到年底才支付该欠款，否则不予支付。同时还表明该欠条未经公证，没有法律效力。

2002年8月，张×又到超×公司上班。

上述内容错误很多，主要表现在：

一是叙述顺序非常混乱。文中提及的相关事实，例如张×与蔡×在同一公司工作、张×和蔡×的离职时间等，均没有列出明确的时间，也没有列明相应的书面证据。

二是叙事内容枝节繁多而忽略了核心问题。这段内容的核心是双方就销售利润如何分配发生争议。销售利润=销售收入-销售成本。因此，销售收入、销售成本及销售利润应该是这段内容的核心，其他事实和证据都是围绕前述核心问题展开的。但是，文中却夹杂了张×先后到超×公司、翰×公司工作等其他无关内容，还另加注释，枝节过多，不仅没有把核心问题讲清楚，还遗漏了最重要的问题——没有讲述销售成本，导致全文论述彻底崩溃。

问题：请针对上述问题，围绕双方利润分配，以时间顺序为线索，进行改写。

任务 4：法律思维训练

任务要求：

（1）认真阅读【案例】提供的材料，请分析本案判决说理部分的逻辑关系。（提示：画图表示，配上文字说明）

（2）小组内容要进行交流，推荐做得好的同学上台讲述。

（3）小组长要认真组织活动、记录和报告。

【案例】

原告：郭××。

被告：河南省××县市公安局。

2008 年 9 月 1 日下午，河南省××县市高庄村刘某骑电动车送其岳母李××（郭××之妻）回家，在通往白道村的道路上和王某骑的摩托车相撞，双方不同程度受伤，但均未向交警部门报案。事发后李××领王某到高庄乡卫生院治疗（刘某之父刘××支付了医疗费用）。后因王某与刘家父子就赔偿问题协商未果，王某便找郭××索要，遭郭××拒绝。2008 年 9 月 7 日上午，王某带领一伙人闯入郭××家中（王某之子自带拖拉机摇把），强行将郭××家停放的拖拉机开走。郭××随即拨打 110 报警，高庄派出所干警赶到现场时，随王某同去的人尚未走完，但××县市公安局直到 2008 年 10 月 26 日才正式组织调查，并向所有接受调查的人员发放了公安行政案件权利义务告知书，同时做了一定的调解工作，但迟迟没有对此事作出进一步的处理。几个月后，××县市公安局口头告知郭××，车辆被抢走是因王某与郭××之间存在民事纠纷，郭××应该直接提起民事诉讼，抢车之事不属公安机关管辖。郭××不服，于 2009 年 6 月 24 日向××县市人民法院提起诉讼，要求××县市公安局履行法定职责，对王某等人的行为进行处罚，追回自己的车辆。

河南省××县市人民法院判决：责令××县市公安局在判决生效后 10 日内对原告郭××投诉车辆被抢一事作出处理。××县市公安局提出上诉后，新乡市中级人民法院判决：驳回上诉，维持原判。

【文书摘要】

法院生效裁判认为：根据《治安管理处罚法》的规定，××县市公安局负有维护社会治安秩序，保障公共安全，保护公民、法人和其他组织的合法权益的法定职责。本案中，王某带人闯入郭××家中强行将车辆开走的行为，既侵犯了郭××的住宅安宁权，也侵犯了郭××的财产权。郭××年迈体弱，无力制止不法行为的侵害，只有拨打 110 报警求助。王某等人的行为扰乱了郭××正常的生产、生活秩序，具有明显的社会危害性，违反了《治安管理处罚法》的规定，经郭××教育后拒不纠正其不法行为，有关人员应当受到治安处罚。××县市公安局提供的证据不能证实郭××曾经承诺或应该对王某与刘某之间发生的交通事故负责。事实上王某和刘某在交通事故中互有损伤，双方之间存在一个不确定的损害赔偿关系（有待相关机构作出确认）。郭××夫妇既不是交通事故的当事人，也不是负有连带责任的担保人，××县市公安局借口郭××与王某之间存在民事纠纷而对抢车行为不作处理，实际上等于强加给郭××一种不该承担的责任，违反了公安机关应当履行的法定职责。现代法律以禁止私力救济为原则。通过法律来化解矛盾、解决纠纷是一个健康有序的社会解决问题的基本手段。如果王某认为交通事故的损失没有得到足够的补偿，可对刘某提起民事诉讼，即寻求公力救济，而不应该违法强抢郭××的车辆。王某等人对抢车行为应当承担行政法律责任，也可能承担民事法律责任。民事责任和治安行政法律责任是不同性质的法律责任，两种责任不能相互代替。××县市公安局借口王某等人应当承担民事责任而拒绝让有关人员承担治安行政责任是错误的。应当指出，本案王某等人从郭××家中强抢车辆的行为不同于一般的扣车纠纷，具有更大的社会危害性。如果对上述行为不予处罚，不足以彰显法律的惩戒和教育作用，无疑会引起并鼓励他人效仿，无形中助长了此类强抢行为蔓延，从而在更大程度上危害社会长治久安，违背了建设安定有序和谐社会的时代要求。此外，××县市公安局在出警后近50天时间内，没有采取任何有效措施，违背了高效便民的行政效率原则，况且在庭审中拒绝就职权问题向法庭举证，有规避司法监督嫌疑。××县市公安局在调查期间向涉案人员发放了多份公安行政案件权利义务告知书，故其辩解本案不属于治安案件的理由，显然不能成立。根据《治安管理处罚法》的规定，公安机关办理治安案件的期限，自受理之日起不得超过30日。案情重大、复杂的，经上一级公安机关批准，可以延长30日。郭××车辆被抢至今，××县市公安局没有作出处理，违背了《治安管理处罚法》的规定。

问题：本案判决的说理，情法结合，融为一体，故呈现出说服力较强的特色。请分析本案判决说理部分的逻辑关系。（提示：画图表示）

任务5：文体写作训练

任务要求：

（1）请根据下列材料写一份一审行政判决书。

（2）个人完成后，要结“对子”互评，对作品的结构、写作目的是否达成、语言表达等内容进行评价。小组要推荐做得好的同学在课堂上展示，展示的同学可使用PPT。

（3）在小组讨论中交流自己的写作体会与互评中的感受，分享经验。

（4）每位同学对文体写作训练中存在的问题要进行修改，提交的一审行政判决书应该是反复定稿、修改后的成果。

实训操作：

第一步，阅读一审行政判决书的相关知识，查找相关法律法规。

第二步，分析一审行政判决书实例的文体意识、行文思维、写作措辞和写作智慧。

第三步，根据素材制作一审行政判决书。（条件不足时，根据案情需要设计）

第四步，撰写制作体会，小组组长组织小组交流讨论并做好记录。

【实训素材】

材料1：案情简介

为建设贵阳市轨道交通一号线（南明段）项目，2013年12月10日，南明区政府作出南府发（2013）64号《南明区人民政府关于贵阳市轨道交通1号线（南明段）建设项目房屋征收的决定》，并发布65号征收公告，决定对贵阳市轨道交通一号线（南明段）建设项目用地红线范围内国有土地上房屋进行征收。

原告曹×鸣的私有房屋位于贵阳市南明区法院街××号 2 单元 1 楼 6 号，建筑面积为 49.69 平方米，房屋用途为商业，在征收的红线范围内。

征收决定及公告中明确：征收签约期限为 2013 年 12 月 13 日至 2014 年 1 月 27 日，征收部门为贵阳市南明区住房和城乡建设局，征收实施单位为南明区房屋征收管理局。征收决定附《贵阳市轨道交通一号线（南明 A 段标）建设项目房屋征收补偿方案》及相关补助、奖励方案等。该补偿方案明确，凡属该项目南明 A 段标规划红线范围内非住宅房屋采取货币补偿，补偿价格按被征收原房合法建筑面积乘以评估价计算。同时，对搬迁费、临时安置费标准予以明确。对超过征收公告规定签约期限未签约的，一律不给予任何奖励和补助。

2013 年 9 月 24 日，征收实施单位发布《贵阳市轨道交通一号线（南明段）工程项目选择评估机构公告》，并采取张贴公告和选择评估机构民意调查表的形式推荐四家评估机构供被征收人进行选择；2013 年 9 月 30 日征收实施单位对选择结果进行公示，采用发放民意调查表的形式选定由贵州瑞普房地产资产评估事务所作为评估机构。2013 年 12 月 10 日，贵州瑞普房地产资产评估事务所就被征收人房屋作出编号为瑞普-中山 193 号房屋征收估价分户报告。经评估，被征收人房屋估价单价为 98 428 元/平方米，评估总价为 4 890 887 元。被告未将该评估报告有效送达原告。

房屋征收部门与被征收人未能在签约期限内协商达成一致意见。

2014 年 3 月 14 日，经房屋征收部门的申请，南明区政府根据《补偿方案》向被征收人下达南府发（2014）21 号补偿决定：

一、货币补偿：（一）房屋货币补偿款：4 890 887.32 元。（二）搬迁费：993.80 元。（三）临时安置费：2 981.40 元。（四）征收部分应以货币形式补偿被征收入，金额共计：人民币 4 894 862.52 元。

二、根据《贵阳市轨道交通一号线（南明 A 段标）建设项目房屋征收补偿方案》的规定，被征收人在征收签约期限（2013 年 12 月 13 日至 2014 年 1 月 27 日）内未签约，所以被征收人不能获得《贵阳市轨道交通一号线（南明 A 段标）建设项目房屋征收补偿方案》规定的各项奖励和补助费用。

三、被征收人应在本决定书送达之日起 15 日内搬迁完毕，腾空房屋交给房屋征收部门。

南府发（2014）21 号征收补偿决定于 2014 年 3 月 14 日在《贵阳晚报》上刊登。2014 年 4 月 9 日南明区政府将补偿款拨付至贵州银行原告账户。

2014 年 3 月 15 日征收实施单位向原告送达南府发（2014）21 号“房屋征收补偿决定”，原告对该决定不服，于 2014 年 5 月 12 日向贵阳市人民政府申请行政复议，2014 年 7 月 7 日贵阳市人民政府作出筑府行复决字（2014）16 号行政复议决定书：维持南府发（2014）21 号征收补偿决定。

原告对复议决定不服，于 2014 年 7 月 28 日向贵阳市中级人民法院提出诉讼，诉请如前。贵阳市中级人民法院于 2014 年 8 月 4 日作出（2014）筑行初字第 44 号行政裁定书，将本案移交南明区法院审理。

材料 2：

原告：曹×鸣，女，汉族，1965 年 3 月 5 日生。

（未委托代理人）

被告：贵阳市南明区人民政府，地址在本市箭道街。

法定代表人：朱×霞，该区区长。

委托代理人：章×香，贵州××律师事务所律师。

委托代理人：张×，房屋征收部门工作人员。

原告曹×鸣对被告贵阳市南明区人民政府（以下简称南明区政府）房屋征收补偿决定不服，于2014年7月29日向南明区人民法院提起行政诉讼，本案于2014年8月28日公开开庭审理，现已审理终结。

材料3：

原告曹×鸣诉状内容摘要：

一、征收补偿决定违反法律法规规定。《国有土地上房屋征收与补偿条例》第二十一条明确规定，被征收人可以选择货币补偿，也可以选择范围产权调换。被告作出的征收补偿决定却只提供货币补偿一种方式，剥夺了被征收人依法选择范围产权调换的权利。

二、征收部门的具体行政行为违法。南府发（2014）21号房屋征收补偿决定中载明了补偿金额，以及载明了征收签约期限是2013年12月13日至2014年1月27日，该金额和签约期限的确定，程序违法。时至今日，被告始终没有向原告送达房屋价值评估报告，仅仅提供给原告一张没有加盖征收单位公章的“商业用房货币计算清单”，就要求原告签约，显然不符合程序。在不能提供正式评估报告并未作任何解释的情况下，下发该补偿决定，将未经质证的评估报告作为补偿依据，认为2014年1月27日是最后签约期限，程序违法。

三、南府发（2014）21号房屋征收补偿决定违反程序、违反公平原则。南府发（2014）21号房屋征收补偿决定，是依据评估报告对原告作出的补偿标准。该评估报告是“贵州瑞普房地产价格评估事务所”作出的，该评估事务所对同属一类地段的“合群路”和“法院街”两个地段门面和住房，评估价格存在较大差异，有违公平原则。而且由于被告拒绝出示正式评估报告，原告在不能依法申请复核和依法向评估专家委员会申请鉴定的情况下，只能被迫接受该评估价格，这极大地损害了原告的利益。

四、被告采取的征收措施违法。2014年1月26日，被告借助警力，对被征收房屋地段进行封路，使该栋楼房数十名被征收人慑于警力的威力，于当天签约。

五、被告许可施工单位“围挡”的具体行政行为违法。2014年5月12日，原告向贵阳市人民政府提起行政复议，并于2014年7月14日收到贵阳市人民政府于2014年7月7日作出的行政复议决定，维持了被告作出的补偿决定，同时复议决定认定“围挡”是施工方的施工行为，系原告与施工方的民事法律关系。因此，在致函施工方要求拆除“围挡”未果的情况下，原告自己雇工人对“围挡”进行拆除。在拆除过程中，市府路派出所办案民警才告知，贵阳市城市轨道交通有限公司是依据贵阳市南明区市政工程管理所发放的“占（掘）道路排污接管执照”进行施工。这种形式上似乎合法的“围挡”，实质上却是变相进行封路的行为，对被征收人的生活和经营造成严重损害。

原告的诉讼请求：

(1) 撤销南府发（2014）21号房屋征收补偿决定；

(2) 停止实施封路、堆放垃圾等违法征收具体行政行为。

材料4：

原告曹×鸣提交了如下证据：

(1) 身份证、征收补偿决定书、行政复议决定书各一份，证明主体身份，提起诉讼的原因以及诉讼时效均符合法律的规定；

(2) 选择评估机构公告、征收决定、征收公告各一份，证明具体行政行为违法；

(3) 商业用房货币计算单，价格分户报告各一份，证明仅提供一份货币计算单就要求原告签约，具体行政行为不符合法律规定；

(4) 照片三张、预售商品房分户平面图一份，证明给原告补偿价格与同类地段相比较，明显不公平，且市场价格不符；

(5) 照片五张、会议纪要复印件一份、排污执照一份，证明征收措施违法、违法设置“围挡”，已给原告造成损失。

材料 5：

被告南明区政府答辩内容摘要：

(一) 提交作出被诉具体行政行为的依据：

1. 南明区政府关于贵阳市轨道交通一号线（南明段）建设项目房屋征收的决定（南府发［2013］64 号）；

2. 南明区政府关于贵阳市轨道交通一号线（南明段）建设项目房屋征收公告（南府发［2013］65 号），证据 1—2 证明被告征收程序合法，符合相关法律规定。

(二) 被告南明区政府答辩提交的证据：

1. 与被征收人的协商记录三份，证明征收部门与被征收人进行协商，双方未达成协议；2. 房屋征收估价分户报告及送达回证，证明征收部门已对被征收房屋进行评估并将评估报告送达给被征收人；

3. 房屋征收补偿方案；

4. 房屋征收补助方案，证据 3—4 证明搬迁费、临时安置费用数额及计算依据；

5. 补偿决定专户，证明被征收部门已将货币补偿款项准备完毕，被征收人只要选择货币补偿就可以领取货币补偿款；

6. 征收补偿决定（南府发［2014］21 号）及送达公证书，证明南明区政府依法对被征收人作出房屋征收补偿决定并依法进行送达；

7. 房屋权属证明材料，证明被征收房屋坐落、性质、面积；

8. 户籍证明，证明被征收人的自然情况。

材料 6：

在庭审中，原告曹×鸣提出的辩论理由：

一、征收补偿决定违反法律法规规定。《国有土地上房屋征收与补偿条例》第二十一条明确规定，被征收人可以选择货币补偿，也可以选择范围产权调换。被告作出的征收补偿决定却只提供货币补偿一种方式，剥夺被征收人依法选择范围产权调换的权利。

二、征收部门的具体行政行为违法。南府发（2014）21 号房屋征收补偿决定中载明了补偿金额，以及载明了征收签约期限是 2013 年 12 月 13 日至 2014 年 1 月 27 日，该金额和签约期限的确定，程序违法。时至今日，被告始终没有向原告送达房屋价值评估报告，仅仅提供给原告一张没有加盖征收单位公章的“商业用房货币计算清单”，就要求原告签约，显然不符合程序。在不能提供正式评估报告并未作任何解释的情况下，下发该补偿决定，将未经质证的评估报告作为补偿依据，认为 2014 年 1 月 27 日是最后签约期限，程序违法。

三、南府发（2014）21 号房屋征收补偿决定违反程序、违反公平原则。南府发（2014）21

号房屋征收补偿决定，是依据评估报告对原告作出的补偿标准。该评估报告是“贵州瑞普房地产价格评估事务所”作出的，该评估事务所对同属一类地段的“合群路”和“法院街”两个地段门面和住房，评估价格存在较大差异，有违公平原则。而且由于被告拒绝出示正式评估报告，致使原告在不能依法申请复核和依法向评估专家委员会申请鉴定的情况下，只能被迫接受该评估价格，这极大地损害了原告的利益。

四、被告采取的征收措施违法。2014 年 1 月 26 日，被告借助警力，对被征收房屋地段进行封路，使该栋楼房数十名被征收人慑于警力的威力，于当天签约。

五、被告许可施工单位“围挡”的具体行政行为违法。2014 年 5 月 12 日，原告向贵阳市人民政府提起行政复议，并于 2014 年 7 月 14 日收到贵阳市人民政府于 2014 年 7 月 7 日作出的行政复议决定，维持了被告作出的补偿决定，同时复议决定认定“围挡”是施工方的施工行为，系原告与施工方的民事法律关系。因此，在致函施工方要求拆除“围挡”未果的情况下，原告自己雇工人对“围挡”进行拆除。在拆除过程中，市府路派出所办案民警才告知，贵阳市城市轨道交通有限公司是依据贵阳市南明区市政工程管理所发放的“占（掘）道路排污接管执照”进行施工。这种形式上似乎合法的“围挡”实质上却是变相进行封路的行为，对被征收人的生活和经营造成严重损害。综上所述，被告具体行政行为违法，严重损害原告的合法利益。

材料7：

在庭审中，被告南明区政府提出的抗辩理由如下：

1. 原告的两个诉讼请求，只有第一个诉讼请求和今天的诉讼有关，第二个诉讼请求是施工行为，和今天的诉讼无关。

2. 我们的具体行政行为就是作出征收补偿决定。按照《征收条例》的相关规定，征收签约期限届满，没有达成协议，征收实施单位提出申请后，县、市级人民政府依据征收决定作出征收补偿决定。在整个征收的过程中，有两个具体行政行为：一是颁发征收决定，二是作出征收补偿决定。原告所诉的是撤销征收补偿决定，征收决定和征收补偿决定是两个独立的行政行为，应分别起诉。

3. 征收措施是施工单位的事情，实际上这个路段至今没有封路。南明区政府与施工行为无关，原告诉状中诉称的事实及理由第二点以及第四点和本案无关。

4. 评估报告我们已经送达了，程序是合法的。在评估报告下达之后可以申请专家委员会进行复核，是原告自己没有行使自己的权利。房屋评估有一定的规则，不是和其他地段的房屋进行简单比对，因此不存在原告诉称不公平的问题。被告对原告作出的征收补偿决定事实清楚、证据确凿、适用法律法规正确、程序合法，请求法院依法予以维持。

材料8：

经庭审质证，法院认证情况：

1. 被告提交的 1—3、5—10 号证据符合证据的真实性、合法性、关联性，本院予以确认。

2. 被告提交的 4 号证据不符合证据的真实性，本院不予采信。

3. 原告提交的 1、2、3 号证据符合证据的真实性、合法性、关联性，本院予以确认。

4. 原告提交的 4、5 号证据与本案审理的征收补偿决定行为无关联性，本院不予认定。

项目 19　行政裁定书

一、实训目的

（1）能记忆和讲述行政裁定书的法律依据与适用条件。

（2）能理解和讲述行政裁定书的基本结构、格式和写作要求。

（3）能根据案情，运用法律法规知识制作一份合格的行政裁定书，在实训中培养学生分析问题的能力、语言运用能力，为今后从事相关法律实务工作奠定坚实的基础。

二、实训原理

（一）行政裁定书的概念和法律依据

行政裁定书，是指人民法院在审理行政诉讼案件以及执行过程中，为保证诉讼或执行程序的顺利进行，就需要解决的有关程序事项作出的书面处理决定。

行政裁定书解决的是程序问题，对整个行政诉讼的顺利进行具有重要意义。在不同的诉讼阶段，为解决各种程序问题，审判人员必须依法作出不同的裁定。需要制作行政裁定书的，由审判人员、书记员署名，并加盖人民法院印章。当事人不服地方人民法院作出的第一审不予受理、驳回起诉、对管辖权异议的裁定，有权在裁定书送达之日起 10 日内提起上诉。相对于行政判决书而言，行政裁定书内容单一、简明，制作难度不大。

裁定适用于下列范围：（1）不予受理；（2）驳回起诉；（3）管辖异议；（4）终结诉讼；（5）中止诉讼；（6）移送或者指定管辖；（7）诉讼期间停止具体行政行为的执行或者驳回停止执行的申请；（8）财产保全；（9）先予执行；（10）准许或者不准许撤诉；（11）补正裁判文书中的笔误；（12）中止或者终结执行；（13）提审、指令再审或者发回重审；（14）准许或者不准许执行行政机关的具体行政行为；（15）其他需要裁定的事项。

行政裁定书可分为第一审用的行政裁定书、第二审用的行政裁定书、再审用的行政裁定书和执行用的行政裁定书。

（二）行政裁定书的制作

1. 首部

（1）标题。

行政裁定书的标题同样由制作机关名称和文书种类名称两项组成。制作机关名称的写作要求与行政判决书的相同。文书种类名称为“行政裁定书”。

（2）文书编号。

由立案年度、制作法院简称、案件性质、审判程序代字以及案件的顺序号组成。审判程序代字与同级行政判决书的相同。但要注意一些特殊的程序代字，如：诉前财产保全，程序代字为“保”；提起再审，程序代字为“监”；执行程序，程序代字为“执”等。

（3）诉讼参加人的基本情况。

在多数情况下，诉讼参加人的基本情况与同级行政判决书的表述内容和要求相同。但是行政裁定书因涉及的程序事项不同，故当事人或利害关系人的称谓也各不相同，如：在不予受理起诉用的行政裁定书中，应称起诉人；在驳回起诉、停止执行具体行政行为的行政裁定书中，称原告、被告和第三人；在诉前财产保全的行政裁定书中，利害关系人称为申请人和被申请人；在执行程序的行政裁定中，当事人称为申请执行人和被执行人；而在提起再审的行政裁定书中，无此项内容。

2. 正文

行政裁定书的制作重点在于正文部分，主要表明裁定所针对的程序事项及裁定结果。一般先写明所要解决的程序事项，包括案件由来和基本事实，然后再另起一段说明作出裁定的理由和法律依据，最后单独列出裁定结果。其制作的具体方法与相应的民事裁定书的较为接近。下面介绍几种常用的行政裁判文书正文的制作方法。

（1）一审程序行政裁定书的正文。

1）不予受理。

根据《行政诉讼法》第 51 条规定，人民法院接到起诉状后，经审查，认为起诉不符合法定条件的，应当在 7 日内裁定不予受理。具体可表述为：

××××年××月××日，本院收到×××的起诉状，……（概括写明起诉的事由）

经审查，本院认为：……（写明不予受理的理由）。……（写明引用的法律条款）的规定，裁定如下：

对×××的起诉，本院不予受理。

2）驳回起诉。

驳回起诉，是指第一审人民法院对已经受理的行政诉讼案件，在审理过程中发现受理的决定存在错误，裁定驳回当事人的起诉。

裁定事实、理由部分仅需围绕本案是否符合起诉条件予以写明。注意运用法律规范，对案件是否符合起诉条件进行分析论证，对各方当事人提出的与起诉条件相关的诉讼理由逐一分析，论证是否成立，表明是否予以支持或采纳，并说明理由。

具体可表述为：

原告×××不服××××（复议机关名称）××××年××月××日××××号处罚决定（复议决定或者其他具体行政行为），向本院提起诉讼。本院受理后，依法组成合议庭，公开（或者不公开）开庭审理了本案。

……（简述原告起诉的事由）

本院认为：……（写明驳回起诉的理由）。依……（写明引用法律的条款项）的规定，裁定如下：

驳回原告×××的起诉。

3）准许或者不准许撤诉。

准许或者不准许撤诉，是人民法院在收到原告要求撤回起诉的申请后，经审查，裁定准许或者不准许撤回诉讼。具体可表述为：

原告×××不服××××（行政机关名称）××××年××月××日××××号处罚决定（复议决定或者其他具体行政行为），向本院提起诉讼，本院已依法受理。在审理过程中，原告××……（简要写明原告提出的撤诉请求和理由）

经审查，本院认为：……（写明准许撤诉或者不准许撤诉的理由）依照《中华人民共和国行政诉讼法》第 51 条的规定，裁定如下：

……（写明裁定结果）

裁定结果分两种情况：

第一，准许撤诉的，写为：准许原告×××撤回起诉。

第二，不准许撤诉的，写为：不准许原告×××撤诉，本案继续审理。

（2）二审程序行政裁定书的正文。

1）驳回上诉或者撤销一审裁定。

驳回上诉或者撤销一审裁定，是人民法院对上诉人不服一审裁定作出的不予受理起诉或者驳回起诉的案件，经审理后，决定维持或者撤销原裁定。具体可表述为：

上诉人×××不服×××人民法院（××××）×行初××号行政裁定，向本院提起上诉。本院依法组成合议庭，审理了本案。

本院认为：……（写明二审裁定的理由）依照……（写明引用的法律条款项）的规定，裁定如下：

……（写明裁定结果）

裁定结果分两种情况：

第一，驳回上诉，维持原裁定的，写为：驳回上诉，维持原裁定。

第二，撤销原裁定，应予立案受理的，写为：一、撤销×××人民法院（××××）×行初××号行政裁定；二、本案由×××人民法院立案受理。

2）发回重审。

发回重审裁定，是第二审人民法院受理的当事人不服第一审判决而提起上诉的行政案件，按照第二审程序审理后，认为原判决事实不清，证据不足，或者违反法定程序，决定撤销原判，发回重审。具体可表述为：

上诉×××（写明案由）一案，不服×××人民法院（××××）×行初××号行政判决，向本院提起上诉。本院依法组成合议庭，公开（或者不公开）开庭审理了本案（未开庭的，写：本院依法组成合议庭，审理了本案）。

本院认为：……（写明发回重审的理由）依照《中华人民共和国行政诉讼法》第八十九条第（三）项的规定，裁定如下：

一、撤销×××人民法院（××××）×行初××号行政判决书；二、发回×××人民法院重审。

3. 尾部

驳回起诉、准许撤诉和终结诉讼的裁定需写明诉讼费用的负担；不予受理、驳回起诉和管辖权异议的裁定必须交代上诉权利和期限；能够提出复议的裁定需告知复议事项。其他事项及要求与行政判决书的相同。

（三）注意事项

司法实践中，对行政诉讼的裁定应当注意以下问题。

（1）裁定是人民法院对案件涉及的程序问题所作的处理决定，一般不涉及实体问题。判决是人民法院对实体问题所作的判定，具体来说，是对被诉具体行政行为是否合法所作的判定，涉及当事人的权利和义务。

（2）裁定在诉讼的任何阶段都可以作出，而判决只有在审判程序终结时才能作出。

（3）由于裁定可以发生在诉讼的任何阶段，且只涉及程序问题，而判决只能在诉讼的终结阶段作出，所以在一个案件中裁定可以有若干个，而判决只能有一个。

（4）当事人只能对法律规定的几个一审裁定有上诉权，而除了最高人民法院作出的一审判决，当事人对所有一审判决都有上诉权。

除裁定书之外，还有在行政诉讼中常用的法律文书，例如决定和判决。行政诉讼决定，是指人民法院为了保证行政诉讼的顺利进行，对诉讼活动中遇到的特殊事项所作的处理判定。根据行政诉讼法的相关规定，决定主要有以下几种：1）有关回避事项的决定；2）对妨害行政诉讼的行为采取强制决定；3）有关诉讼期限事项的决定；4）审判委员会对已生效的行政案件的裁判认为应当再审的决定。此外，如诉讼费用的减免、强制执行措施的采取等事项，都可适用决定。

在行政诉讼中，无论何种性质的决定，一经宣布或送达，即发生法律效力。决定生效后必须立即执行，而不论当事人是否可以依法申请复议。法律为周密保护当事人的权益，规定了对于有关回避事项和采取拘留、罚款强制措施等决定，当事人可以申请复议一次，但为防止申请人利用复议制度规避法律，法律还作出了复议期间不停止原决定的执行的规定。

（四）行政裁定书样式（驳回起诉用）

××××人民法院

行政裁定书（驳回起诉用）

（××××）××××号

原告：×××，……（写明姓名或名称等基本情况）

被告：×××，……（写明姓名或名称等基本情况）

第三人：×××，……（写明姓名或名称等基本情况）

（当事人及其他诉讼参加人的列项和基本情况的写法，除当事人的称谓外，与一审行政判决书样式相同）

原告×××诉被告×××……（写明案由）一案，本院受理后，依法组成合议庭（或依法由审判员×××独任审判），公开（或不公开）开庭审理了本案，现已审理终结（未开庭的，写“本院依法进行了审理，现已审理终结”）。

……（概括写明原告起诉的事由）

……（各方当事人对案件是否符合起诉条件有争议的，围绕争议内容分别概括写明原告、被告、第三人的意见及所依据的事实和理由；如果没有，此项不写）

经审理查明，……（各方当事人对案件是否符合起诉条件的相关事实有争议的，写明法院对该事实认定情况；如果没有，此项不写）

本院认为，……（写明驳回起诉的理由）依照……（写明裁定依据的行政诉讼法以及相关司法解释的条、款、项、目的规定），裁定如下：

驳回原告×××的起诉。

……（写明诉讼费用的负担）

如不服本裁定，可在裁定书送达之日起十日内，向本院递交上诉状，并按对方当事人的人数提出副本，上诉于××××人民法院。

审判长 ×××
审判员 ×××
审判员 ×××
××××年××月××日
（院印）

本件与原本核对无异

书记员 ×××

三、实训任务

任务 1：原理学习

任务要求：认真学习实训原理，思考：怎么在 10～15 分钟内给同伴讲清楚行政裁定书的写作要领？（建议制作 PPT）

任务 2：实例学习

任务要求：

(1) 认真阅读下列实例，分析实例的写作目的、逻辑结构及其表述特点或问题。

(2) 任选一实例，思考：如何把实例分析的成果向小组同伴讲述清楚？

(3) 小组长要认真组织和记录小组的学习活动。

【实例 1】魏甲、魏乙等与贵阳市××区××镇人民政府等资源行政管理土地行政管理（土地）一审行政裁定书

贵州省贵阳市南明区人民法院

行政裁定书

（2020）黔××行初×号

原告：魏甲，男，汉族，1946 年 8 月 22 日生，住本市××区。

原告：魏乙，男，汉族，1935 年 2 月 1 日生，住本市××区。

委托代理人：魏甲，系亲属关系。

被告：贵阳市××区××镇人民政府。

住所地址：本市××区××镇××村。

法定代表人：杨×，镇长。

负责人：吕×，副镇长。

委托代理人：刘×，贵州××律师事务所律师，执业证号：×××××××××。

被告：贵阳市××区××镇燕楼村村民委员会。

住所地址：本市××区××镇燕楼村。

负责人：郑××，党支部书记及主任

第三人：邵××，男，汉族，1969年2月2日生，住本市××区。

委托代理人：熊××，贵州××律师事务所律师，执业证号：×××××××××。

原告魏甲、魏乙诉被告贵阳市××区××镇人民政府、贵阳市××区××镇燕楼村村民委员会及第三人邵××土地行政决定一案，本院受理后，依法组成合议庭，公开开庭审理了本案。被告贵阳市××区××镇燕楼村村民委员会经本院依法传唤，无正当理由未到庭参加诉讼，本院依法缺席审理。现已审理终结。

原告魏甲、魏乙诉称：原告在燕楼村坝里山有一块地，包括能耕种的地及不能耕种的山坡地、坟地。1940年，民国时期广顺县政府依法颁发给原告祖父魏丙土地营业执照。1950年，原告家划为中农成分，根据1950年《中华人民共和国土地改革法》“中农土地不进不出”的规定，原告家的坝里山土地及其管辖范围内的山坡地、坟地均得到保留。1958年，个人土地全部归入集体。1961年，根据“农业六十条”规定，涉案土地又重新划给原告作自留地。1978年到2010年，原告继续对涉案土地进行耕种、管理和使用。2010年，第三人邵××利用职权强行承包原告坝里山自留地及其管辖范围内的山坡地、坟地。2014年3月26日，国家修花安高速，需征用坝里山的部分自留地及9.21亩山坡地与坟地。征地当天，原告大喊之后没有与土地有争议的人站出来。土地丈量完后，镇、村两级领导又叫原告人家的代表魏丁举牌照相和在征地表格上正式签字和按手印。至此，原告坝里山9.21亩土地的使用权正式尘埃落定。被告和第三人私自在征地表格上添加“与集体有争议”。2015年12月7日，被告作出处理决定将原告的坝里山土地9.21亩收归燕楼村集体。原告不服，向××区人民政府提出行政复议。2016年9月28日，××区人民政府以“违反程序”为由，撤销上述处理决定。2018年11月18日，被告又作出花燕决[2018] 01号文，再次将上述土地收归燕楼村集体。2019年4月12日，××区政府以“事实不清”为由，作出行政复议决定书，撤销上述文件，并依法责令被申请人××镇人民政府在60日内查明事实以后，依法对申请人的申请作出决定。此后，被告又作出[2019] 01号土地权属争议行政处理决定书，继续将上述土地收归集体。该决定书中适用法律明显错误，应适用1995年3月11日国土资源部（1995）国土（籍）字第26号《确定土地所有权和使用权的若干规定》。现请求：1. 依法撤销被告贵阳市××区××镇人民政府的花燕决（2019）01号《贵阳市××区××镇人民政府土地权属争议行政处理决定书》；2. 依法确认××镇燕楼村坝里山东抵燕楼小学教师郑××坝里山的自留地坡顶上的土坎和燕楼村村民魏戊的责任地土坎，西抵上述原告坝里山自留地的天然岩石，南抵原告进出坝里山自留地的总路口，北抵魏康周家坝里山的自留地和魏乙1964年另补划的一块自留地及其相连的山坡地、坟地9.21亩的合法使用权归原告所有；3. 诉讼费由二被告承担。

被告贵阳市××区××镇人民政府辩称：原告确无充分证据证实争议土地的权属系其户所有，被告据此作出驳回原告请求的处理决定并无错误。原告有关其户在争议地块具有面积9.21亩的自留地的主张，与历史上自留地的作用及常理不符。自留地通常作为房前屋后种菜种树的小面积土地，原告户主张的9.21亩土地为自留地，明显与自留地的作用及划分面积不符。原告户未能提供任何权属证书证实争议土地权属系其所有，同时原告提供的相关证人证言与被告依职权调查所取证人证言之间存在相互矛盾之处，被告无法据此认定争议土地权属系原告所有。

经被告依职权向贵阳市××区人民政府档案馆和农业、林业主管部门询证案涉土地是否颁发有自留山证或登记造册为原告户自留山，上述部门均表示未能查到相应档案。对于争议土地范围内有原告户、房屋、树木、祖坟的表述，原告户提交了土地原貌的照片和坟墓搬迁补偿协议书、坟墓迁移补偿款发放清单等证据予以证明。被告认为坟墓搬迁补偿协议书、坟墓迁移补偿款发放清单仅能证实坝里山有原告户祖坟，并不能证明祖坟埋葬之地为原告户自留地。土地原貌照片仅能显示案涉土地拍摄时的状况，并不能证明案涉土地上树木系原告户种植，同时也未见案涉土地上存在有房屋。同时原告关于1990年燕楼村修建应桐水库时，在案涉土地内开采了岩石，为此还向原告户补偿了人民币贰佰元的表述，仅见于原告提供的证人证言，在未有其他书证、物证予以佐证的情况下，被告亦无法核实其真实性。所以被告无法据此认定案涉土地系原告户自留地。综上，被告作出的处理决定符合案件的基本事实，并无错误，请求人民法院依法予以维持，驳回原告的诉讼请求。

被告贵阳市××区××镇燕楼村村民委员会未提交答辩意见。

第三人邵××述称：原告诉讼请求无事实和法律依据。根据相关法律规定，自留地属于集体所有，原告户籍地位于贵阳市××区，非燕楼乡村民，不属于集体经济组织成员，不是适格原告。原告自述面积9.21亩，根据相关规定每人自留地不能超过当地人均耕地面积的15%，经百度查询燕楼乡人均占地为0.75亩，与常理不符，原告提交的证据不能证明案涉土地系原告自留地。且根据相关规定，自留地只能用于耕种不能用于修建房屋。请求人民法院依法驳回原告诉讼请求。

经审理查明，2011年1月31日，被告贵阳市××区××镇燕楼村村民委员会与第三人邵××签订了“承包协议书”，将该村坝里山、锅底潭土地承包给邵××经营。此后，原告魏甲、魏乙及案外人魏丁与被告贵阳市××区××镇燕楼村村民委员会因坝里山土地使用权发生争议。2015年1月22日，案外人魏丁及原告魏乙、魏甲向被告贵阳市××区××镇人民政府提起确权处理申请。2015年12月7日，被告贵阳市××区××镇人民政府作出土地权属争议行政处理决定：申请人魏乙、魏甲、魏丁等三兄弟反映的应该属于其管理使用的位于贵阳市××区××镇燕楼村坝里山的土地（四至边界据魏乙、魏丁、魏甲等三兄弟所述为：东起坝里山坡顶石墙和自然岩石，西抵魏乙三兄弟自留地土坎，南抵坝里山山头进路口，北抵魏康周家自留地以及魏乙自留地边上的岩石）为农民集体所有土地，应当由贵阳市××区××镇燕楼村村民委员会经营、管理。魏乙等三人不服该决定书，向贵阳市××区人民政府提起行政复议。2016年9月28日，贵阳市××区人民政府作出花府行复决字［2016］××号行政复议决定：依法撤销被申请人贵阳市××区××镇人民政府作出的《贵阳市××区××镇人民政府土地权属争议行政处理决定书》。2018年5月22日，魏乙等三人再次因燕楼村坝里山的9.21亩自留地及其管辖范围内的土地使用权事宜向被告贵阳市××区××镇人民政府提交申请。2018年11月18日，被告贵阳市××区××镇人民政府作出花燕决［2018］××号土地权属争议行政处理决定：驳回申请人关于明确位于燕楼村坝里山的9.21亩自留地及其管辖范围内的土地使用权属于申请人户的申请请求。魏乙等三人又不服该决定，向贵阳市××区人民政府申请行政复议。2019年4月12日，贵阳市××区人民政府作出花府行复决字［2019］××号行政复议决定：撤销被申请人贵阳市××区××镇人民政府于2018年11月18日作出的花燕决［2018］××号《贵阳市××区××镇人民政府土地权属争议行政处理决定书》，并责令被申请人自收到本复议决定书之日起60日内在查明事实的基础上重新作出土地权属争议处理决定书。被告贵阳市××区××镇人民政府经过重新再调查，于 2019 年 6 月 13 日作出花燕决［2019］××号土地权属争议行政处理决定：驳回申请人关于明确位于燕楼村坝里山的 9.21 亩自留地的土地使用权属于申请人户的申请请求，并告知申请行政复议或提起行政诉讼的权利。原告不服，诉至本院，诉请如前。

本院认为，根据《中华人民共和国行政复议法》第三十条第一款“公民、法人或者其他组织认为行政机关的具体行政行为侵犯其已经依法取得的土地、矿藏、水流、森林、山岭、草原、荒地、滩涂、海域等自然资源的所有权或者使用权的，应当先申请行政复议；对行政复议决定不服的，可以依法向人民法院提起行政诉讼”之规定，原告不服被告贵阳市××区××镇人民政府作出的花燕决［2019］××号土地权属争议行政处理决定书应当先申请复议，对复议决定不服才可向人民法院提起行政诉讼。原告魏乙、魏甲收到贵阳市××区××镇人民政府的处理决定后未申请行政复议，直接向人民法院提起行政诉讼，其起诉不符合上述规定，本院依法予以驳回。据此，依照《中华人民共和国行政复议法》第三十条第一款、《最高人民法院关于适用〈中华人民共和国行政诉讼法〉的解释》第六十九条第一款第（五）项、第一百零一条第一款第（二）项，裁定如下：

驳回原告魏甲、魏乙的起诉。

本案不收取案件受理费。

如不服本裁定，可以在裁定书送达之日起十日内向本院递交上诉状，并按对方当事人的人数提出副本，上诉于贵州省贵阳市中级人民法院。

审判长　欧阳×
人民陪审员　李××
人民陪审员　廖××
二〇二〇年六月三十日
法官助理　黄××
书记员　秦××

【实例 2】大方县自然资源局、徐××非诉执行审查行政裁定书（行政非诉审查）

贵州省大方县人民法院
行政裁定书

（2020）黔××行审××号

申请人：大方县自然资源局。住所地：大方县委大院。

法定代表人：黄××，局长。

委托代理人：龙×，大方县自然资源局工作人员。

委托代理人：邱×，大方县自然资源局工作人员。

被申请人：徐××，女，1964 年 4 月 7 日出生，汉族，住贵州省大方县。

申请人大方县自然资源局于 2020 年 6 月 17 日向本院申请强制执行方自然资执罚［2019］××号行政处罚决定书。本院受理后，依法组成合议庭进行审查，审查过程中，向申请人和被申请人依法送达了听证通知，于 2020 年 6 月 30 日举行听证，申请人大方县自然资源局的委托代理人龙×、邱×到庭参加听证，被申请人徐××未到庭参加听证。本案现已审查终结。

申请执行人称：徐××未经批准，于 2017 年 10 月在大方县占用土地修建住房。经实地勘测，占地面积 261.61 平方米。其行为违反了《中华人民共和国土地管理法》第四十三条、第四十四条的规定，构成了非法占地的违法行为。对此，申请人于 2019 年 10 月 14 日依法作出行政处罚决定书（方自然资执罚［2019］××号），并于当日送达被申请人，2020 年 5 月 13 日作出履行行政处罚决定催告书（方自然资执催告［2020］××号），于 2020 年 5 月 19 日送达被申请人。被申请人至今未履行行政处罚决定书（方自然资执罚［2019］××号）责令退还非法占用的土地，限期 15 日内拆除在非法占用土地上修建的房屋的处罚决定。故特申请法院依法强制执行。

申请人提交了如下证据：违法线索登记表，违法线索核查报告，立案呈批表，责令停止违法行为通知书及送达回证，徐××、穆××的询问笔录，现场勘测笔录，勘测定界图，规划图（局部），现状图（局部），徐××身份证复印件，现场照片，调查报告，审理记录，违法案件处理呈批表，行政处罚告知书及送达回证，行政处罚听证告知书及送达回证，方自然资执罚［2019］××号行政处罚决定书及送达回证，方自然资执催告（2020）××号履行行政处罚决定催告书及送达回证、留置送达照片。证明申请人作出的处罚事实清楚，程序合法。

经审查查明，被申请人徐××未办理用地手续，于 2017 年 10 月未经批准在大方县占用土地修建住房，经实地勘测，占地面积 261.61 平方米。其行为违反了《中华人民共和国土地管理法》第四十三条、第四十四条的规定，构成了非法占地的违法行为。对此，申请人于 2019 年 10 月 14 日依法作出方自然资执罚［2019］××号行政处罚决定书，处罚内容为：责令退还非法占用的土地，限期 15 日内拆除在非法占用的土地上修建的房屋。该处罚决定书于 2019 年 10 月 14 日以留置送达方式送达给被申请人。在法定期限内被申请人未申请行政复议，也未提起行政诉讼，亦未在限期内履行处罚决定。2020 年 5 月 13 日，申请人作出方自然资执催告［2019］××号履行行政处罚决定催告书，催告被申请人自觉履行处罚决定，该催告书于 2020 年 5 月 19 日以留置送达方式送达给被申请人。履行期限届满后，被申请人仍未履行处罚决定书的处罚内容。申请人遂于 2020 年 6 月 17 日向本院申请强制执行。

本院认为，被申请人未办理用地手续占用土地修建住房，构成非法占地的违法行为，依法应受到相应的行政处罚。被申请人在法定期限内未申请行政复议，也未提起行政诉讼，亦未在限期内自觉履行处罚决定。申请人应当在法定期限内申请人民法院强制执行。本案申请人于 2019 年 10 月 14 日作出方自然资执罚［2019］××号行政处罚决定书，同日以留置送达方式送达给被申请人。根据《中华人民共和国行政诉讼法》第四十六条第一款“公民、法人或者其他组织直接向人民法院提起诉讼的，应当自知道或者应当知道作出行政行为之日起六个月内提出。法律另有规定的除外。”的规定以及《中华人民共和国土地管理法》第八十三条“依照本法规定，责令限期拆除在非法占用的土地上新建的建筑物和其他设施的，建设单位或者个人必须立即停止施工，自行拆除；对继续施工的，作出处罚决定的机关有权制止。建设单位或者个人对责令限期拆除的行政处罚决定不服的，可以在接到责令限期拆除决定之日起十五日内，向人民法院起诉；期满不起诉又不自行拆除的，由作出处罚决定的机关依法申请人民法院强制执行，费用由违法者承担。”的规定，《中华人民共和国土地管理法》第八十三条规定的 15 日起诉期限符合《中华人民共和国行政诉讼法》第四十六条第一款“法律另有规定的除外”的情形。申请人于 2019 年 10 月 14 日将限期拆除处罚决定送达被申请人徐××，徐××在收到处罚决定之日起 15 日内未向人民法院提起诉讼，起诉期限至 2019 年 10 月 29 日已届满。《中华人民共和国行政复议法》第九条第一款规定：“公民、法人或者其他组织认为具体行政行为侵犯其合法权益的，可以自知道该具体行政行为之日起六十日内提出行政复议申请；但是法律规定的申请期限超过六十日的除外。”被申请人徐××自 2019 年 10 月 29 日起六十日内可提出行政复议申请，提出行政复议申请的期限于

2019年12月28日届满，徐××在提出行政复议申请的期限届满前未提出行政复议申请。根据《中华人民共和国行政强制法》第五十三条“当事人在法定期限内不申请行政复议或者提起行政诉讼，又不履行行政决定的，没有行政强制执行权的行政机关可以自期限届满之日起三个月内，依照本章规定申请人民法院强制执行。”的规定，申请人应于2020年3月28日之前向人民法院申请强制执行，但申请人于2020年6月17日才向本院提起强制执行申请，已超过法定申请执行期限，属逾期申请执行，且未提出正当理由。因此，申请人大方县自然资源局在向本院申请执行时，已经超过了法律规定的行政机关依法向人民法院申请强制执行的期限。《最高人民法院关于适用〈中华人民共和国行政诉讼法〉的解释》第一百五十五条第一款第（六）项规定：“行政机关根据行政诉讼法第九十七条的规定申请执行其行政行为，应当具备以下条件：……（六）申请人在法定期限内提出申请。”第一百五十六条规定：“没有强制执行权的行政机关申请人民法院强制执行其行政行为，应当自被执行人的法定起诉期限届满之日起三个月内提出。逾期申请的，除有正当理由外，人民法院不予受理。”鉴于本案已经立案受理，可参照《最高人民法院关于适用〈中华人民共和国行政诉讼法〉的解释》第六十九条第一款第（一）项、第（二）项的规定，裁定驳回强制执行申请。据此，依照《中华人民共和国行政诉讼法》第四十六条第一款，《中华人民共和国行政强制法》第五十三条，《最高人民法院关于适用〈中华人民共和国行政诉讼法〉的解释》第一百五十五条第一款第（六）项、第一百五十六条，参照《最高人民法院关于适用〈中华人民共和国行政诉讼法〉的解释》第六十九条第一款第（一）项、第（二）项的规定，裁定如下：

驳回申请人大方县自然资源局的强制执行申请。

如不服本裁定，可在裁定书送达之日起十日内向本院递交复议申请书，并按对方当事人的人数提出副本，向贵州省毕节市中级人民法院申请复议。

审判长　彭　×

人民陪审员　文××

人民陪审员　罗××

二〇二〇年六月三十日

法官助理　胡××

书记员　龙××

【实例3】管××与凤冈县公安局公安行政管理治安管理（治安）一审行政裁定书

贵州省正安县人民法院
行政裁定书

（2020）黔××××行初××号

原告：管××，男，1969年5月29日出生，汉族，贵州省凤冈县人，住凤冈县。

被告：凤冈县人民政府。

法定代表人：马×，系该县县长。

委托诉讼代理人：陈×，系该县司法局副局长。

委托诉讼代理人：杨×，系该县司法局工作人员。

被告：凤冈县公安局。

法定代表人：宋××，系该局局长。

行政机关出庭副职负责人：刘×，系该局党委委员。

委托诉讼代理人：杨××，系该局法制大队大队长。

委托诉讼代理人：高×，系该局民警。

第三人：贵州××企业有限责任公司。

法定代表人：陶×，系该公司董事长。

原告管××诉被告凤冈县公安局、凤冈县人民政府及第三人贵州××企业有限责任公司治安管理（治安）纠纷一案，于 2020 年 03 月 05 日向本院提起诉讼，本院于同日受理后，依法组成合议庭。在 2020 年 6 月 4 日开庭审理过程中，被告凤冈县公安局当庭表示自行撤销其于 2019 年 7 月 25 日作出的行政处罚决定书（凤公法行处字〔2019〕××号），原告管××当庭向本院申请自愿撤回起诉，经合议庭当庭合议，同意其撤回起诉。

本院认为，在诉讼过程中，原告管××提出撤回起诉的申请，是其对诉讼权利的自行处分，系其真实意思表示，被告改变被诉具体行政行为，不违反法律、法规的禁止性规定，不超越或者放弃职权，不损害公共利益和他人合法权益。符合法律规定，应当予以准许。依照《中华人民共和国行政诉讼法》第六十二条，《最高人民法院关于行政诉讼撤诉若干问题的规定》第二条的规定，裁定如下：

准许原告管××撤回起诉。

案件受理费五十元，减半收取二十五元，由原告管××承担。

审判长　骆××

人民陪审员　骆××

人民陪审员　周××

二〇二〇年六月四日

法官助理　冯　×

书记员　舒××

【实例 4】遵义市汇川区高桥镇鱼芽社区××村民组与遵义市汇川区人民政府资源行政管理土地行政管理（土地）一审行政裁定书

贵州省遵义市播州区人民法院

行政裁定书

（2017）黔××行初××号

原告：遵义市汇川区高桥镇鱼芽社区××村民组。

负责人：代××，该村民组组长。

被告：遵义市汇川区人民政府。

法定代表人：郭××，该区区长。

第三人：遵义市汇川区高桥镇鱼芽社区居委会。

法定代表人：杨××，该居委会主任。

原告遵义市汇川区高桥镇鱼芽社区××村民组诉被告遵义市汇川区人民政府及第三人遵义市汇川区高桥镇鱼芽社区居委会土地行政裁决纠纷一案，原告于 2017 年 3 月 3 日向遵义市中级人民法院提起行政诉讼，遵义市中级人民法院受理后，于 2017 年 3 月 27 日裁定移交本院审理。本院于 2017 年 4 月 5 日受理后，依法组成合议庭对本案进行了审查。经审查，原告遵义市汇川区高桥镇鱼芽社区××村民组因与第三人遵义市汇川区高桥镇鱼芽社区居委会就原地名为“岩角”的土地所有权发生争议，向被告遵义市汇川区人民政府申请确权。被告遵义市汇川区人民政府于2016年11月15日作出汇府行决字（2016）第×号行政确权决定书，决定：争议的“遵义市联力运通连保养场约2 000余平方米的土地”所有权属归鱼芽社区集体所有，由鱼芽社区经营、管理。原告遵义市汇川区高桥镇鱼芽社区××村民组对该决定不服，向人民法院提起诉讼，请求撤销被告遵义市汇川区人民政府于2016年11月15日作出的汇府行决字（2016）第×号行政确权决定书。

本院认为，本案系土地、森林等自然资源类行政确权案件。根据《中华人民共和国行政复议法》第三十条第一款关于“公民、法人或者其他组织认为行政机关的具体行政行为侵犯其已经依法取得的土地、矿藏、水流、森林、山岭、草原、荒地、滩涂、海域等自然资源的所有权或者使用权的，应当先申请行政复议；对行政复议决定不服的，可以依法向人民法院提起行政诉讼”之规定，原告对被告遵义市汇川区人民政府作出的汇府行决字（2016）第5号行政确权决定书不服，应首先向遵义市人民政府申请行政复议，经遵义市人民政府复议后，才可以向人民法院提起行政诉讼。为此，依照《最高人民法院关于适用〈中华人民共和国行政诉讼法〉若干问题的解释》第三条第（五）项之规定，裁定如下：

驳回原告遵义市汇川区高桥镇鱼芽社区××村民组对遵义市汇川区人民政府及第三人遵义市汇川区高桥镇鱼芽社区居委会的起诉。

案件受理费50.00元，由原告遵义市汇川区高桥镇鱼芽社区××村民组退回。

如不服本裁定，可在裁定书送达之日起十日内，向本院递交上诉状，并按对方当事人的人数提出副本，上诉于贵州省遵义市中级人民法院。

审判长　李　×
审判员　李××
人民陪审员　徐××
二〇一七年四月十七日
书记员　马××

任务3：语言表达与修辞训练（语感提升）

任务要求：

（1）请认真阅读下列材料，分析材料的特点与问题。

（2）请根据要求修改或整理材料。

【材料】

同一个意思可以用不同的字、词表达，同一个句子可以有不同的写法。除了追求句子变化，这样做最主要的目的是突出强调某个要素的重要性。此时，只要将字、词位置稍做调整，就可以突出相应的内容。

例如，客户要求对于合同原文当中“乙方不得向甲方索赔”这一句话进行细化，加强保护。考虑到客户处于绝对优势地位，因此可以采取非常苛刻的写法，具体如下。

正说：明确禁止对方的公司、个人、关联公司、权利义务继承主体，向我方提出索赔；禁止对方通过仲裁、诉讼的方式索赔；禁止索赔的范围包括过去的、现在的、将来的、表面的、潜在的、直接的、间接的所有损失。

反说：告知对方，如果违约提出索赔，对方需要赔偿我方因此受到的一切损失以及因此支付的一切费用，计算范围就是上面的那一大串。即使生效司法文书裁决对方拥有这个权利，对方也无条件声明予以放弃。

侧说：要求对方在多个条款当中作出声明和承诺，保证自己承担上述义务。

反复说：在本案的合同、声明函、备忘录和关联文件当中，要求对方反复作出声明和保证。

一起说：要求与对方、对方的股东、对方的法定代表人、对方的委托代理人以及对方的担保人等相关的法律主体，一起共同陈述并承担连带责任。

下例是描述某份合同签订过程的条款，由于强调的要素不同，描述方法可以有所变化，请按要求进行修改。

正常描述方式：2007 年 1 月 2 日，A 公司与 B 公司于广州签订“××设备购销合同”正式文本。

(1) 请改为强调签订时间的描述方式。

(2) 请改为强调签订主体的描述方式。

(3) 请改为强调签订地点的描述方式。

(4) 请改为以 A 公司为主的描述方式。

任务 4：法律思维训练

任务要求：

(1) 根据提供的材料，在小组内开展讨论或一对一的辩论。

(2) 小组应当查询相关资料作为参考，包括相关法律法规、案例、论文等。

(3) 小组长要认真组织活动，做好记录和报告。

【案情简介】

原告：上海××综合经营部（以下简称××经营部）。

被告：上海市××区环境保护局（以下简称××环保局）。

××经营部系个人独资企业，2002 年 4 月取得营业执照，经营范围为销售食品。××环保局检查发现××经营部有违反《建设项目环境保护管理条例》的行为，于 2002 年 4 月对××经营部作出行政处罚决定，认定××经营部在未报批环境影响评价，需要配套建设的环境保护设施未与主体工程同时设计、同时施工、同时投产使用，需要配套建设的环境保护设施未经验收合格的情况下，擅自于 2002 年 4 月起在医学院路 26 号进行食品经营的行为，违反了《建设项目环境保护管理条例》第 9 条、第 16 条、第 23 条的规定，依据《建设项目环境保护管理条例》第 28 条的规定，决定对××经营部作出责令停止使用，并处罚款人民币 4 000 元的行政处罚。××经营部对××环保局作出的行政处罚不服，在缴纳罚款后，向法院提起行政诉讼，请求法院撤销上述行政处罚决定。

2004 年 7 月 8 日，上海市××区人民法院判决：维持××环保局对××经营部作出的行政处罚决定。××经营部上诉后，上海市第一中级人民法院判决：一、撤销一审行政判决；二、撤销上海市××区环境保护局于 2004 年 4 月 27 日作出的行政处罚决定。

问题：

(1) 请根据案情查询相关法律法规和案例，分析二审法院改判的理由是什么？

(2) 按照法律规定，行政审判是对行政行为的合法性进行审查，而行政行为的合法性和有效性是不能分开的。请结合案例说明行政行为的法律效力学说。

任务5：文体写作训练

任务要求：

（1）请根据下列材料写一份一审行政裁定书。

（2）个人完成后，要结“对子”互评，对作品的结构、写作目的是否达成、语言表达等内容进行评价。小组要推荐做得好的同学在课堂上展示，展示的同学可使用PPT。

（3）在小组讨论中交流自己的写作体会与互评中的感受，分享经验。

（4）每位同学对文体写作训练中存在的问题要进行修改，提交的行政裁定书应该是反复定稿、修改后的成果。

实训操作：

第一步，阅读一审行政裁定书的相关知识，查找相关法律法规。

第二步，分析一审行政裁定书实例的文体意识、行文思维、写作措辞和写作智慧。

第三步，根据素材制作一审行政裁定书。（条件不足时，根据案情需要设计）

第四步，撰写制作体会，小组长组织小组交流讨论并做好记录。

材料1

第三人雅安市××建设工程有限公司以建设单位名义于2019年4月16日向被告雅安市住房和城乡建设局申请雅安市南外环路工程（西段）项目的建筑工程施工许可证，被告审查第三人提交的资料后，通过四川一体化政务服务平台在线审核，于当日向第三人颁发编号为××××××××的建筑工程施工许可证，后该工程交由中国××集团有限公司施工。原告认为中国××集团有限公司施工过程中影响其生产生活，遂以被告颁发的建筑工程施工许可证不符合相关规定，提起诉讼。

材料2：当事人情况

原告：古×刚，男，生于1974年9月19日，汉族，四川省雅安市雨城区人，住四川省雅安市雨城区。

委托代理人：袁×香，女，生于1974年9月12日，汉族，四川省雅安市雨城区人，住四川省雅安市雨城区，系原告古×刚的妻子。

委托代理人：王×，系北京××律师事务所律师。

被告：雅安市住房和城乡建设局，住所地：四川省雅安市雨城区小北街46号。

法定代表人：肖×春，系该局局长。

委托代理人：李×培，系该局工作人员。

委托代理人：刘×，系四川××律师事务所律师。

第三人：雅安市××建设工程有限公司，住所地：四川省雅安市雨城区××路××号。

法定代表人：唐×，系该公司董事长。

委托代理人：袁×彪，系该公司职工。

委托代理人：熊×，系该公司职工。

材料3

原告古×刚起诉状摘要：

原告系四川省雅安市雨城区南郊乡××村四组的村民，在本村拥有合法养殖场，在此经营多年，现该养殖场因“雅安市南外环路工程建设（西段）项目”被征收。至今，原告并未见到任何正式的征收文件，同时，在尚未谈妥并落实安置补偿问题的情况下，施工单位中国××集团有限公司已经开始施工，其施工行为对原告的养殖场造成了巨大的影响。现原告认为，被告颁发涉案建筑工程施工许可证的行为违反了相关法律规定，极大地侵害了原告的合法权益，主要体现在：根据《建筑法》第八条第三项的规定，办理施工许可证应当具备一定的条件，即需要拆迁的，其拆迁进度符合施工要求。根据《建筑工程施工许可管理办法》第四条的相关规定，建设单位领取施工许可证，应当依法已经办理该建筑工程用地批准手续并依法已经取得建设工程规划许可证；需要征收房屋的，应当依法进行征收程序，使之进度符合施工要求。根据《住房和城乡建设部办公厅关于进一步加强建筑工程施工许可管理工作的通知》第二条第一项的规定，施工场地需要征收房屋的，要符合施工现场三通一平的标准。具体到本案，其一，原告从始至终没有见到任何正式的征收文件，其养殖场也没有被拆除完毕，同时在征收范围内仍有较多被征收人居住在此，施工现场并不具备三通一平的施工条件，故施工单位取得的施工许可证不具有合法性；其二，被告作出建筑工程施工许可证未按法律规定尽到全面审查义务，该建筑工程不符合施工条件；其三，从施工建设项目的前置程序上看，此次征收项目征收方案不可行，过多地占用了农用地，政府制定的征地补偿安置方案，被征用土地上的安置人员的安置途径不能落实，严重侵害广大被拆迁人的权益，不应批准征收。综上，为维护自身的合法权益，原告现依据《中华人民共和国行政诉讼法》的相关规定，特向法院提起行政诉讼，请求撤销被告作出的编号为××××××××的建筑工程施工许可证。

材料4

被告雅安市住房和城乡建设局答辩摘要：

一、原告古×刚不具有本案的诉讼主体资格，请求依法裁定驳回原告的起诉。原告诉请撤销的编号为××××××××的建筑工程施工许可证系被告向第三人作出的具体行政行为，就其内容而言，仅涉及对第三人工程的建设地址、名称、规模、合同价格、合同工期等内容审核，并非针对原告作出，被告作出的行为内容本身并不对原告古×刚的权利义务产生实际影响，与原告古×刚无行政法律上的利害关系。原告的主体身份不符合我国《行政诉讼法》第二十五条规定的诉讼参加人身份，不具有诉讼主体资格，依法应予驳回起诉。

二、被告依法向第三人颁发建筑工程施工许可证的行政行为合法。第三人于2019年4月16日申请核发建筑工程施工许可证，被告作为工程所在地的县级以上地方人民政府住房城乡建设主管部门，依法通过四川一体化政务服务平台受理了第三人的该项申请，受理后，被告按规定逐一在线预审和在线审核了第三人需提供的全部材料，认为第三人提供的材料齐备，于当日办结，核发编号为××××××××的建筑工程施工许可证。被告作出的具体行政行为证据充分，适用法律、法规正确，符合法定程序。

材料5

第三人雅安市××建设工程有限公司辩论观点：

一、古×刚不具有原告诉讼主体资格，请求法院依法裁定驳回原告的起诉。原告诉请撤销的编号为××××××××的建筑工程施工许可证系雅安市××建设工程有限公司依法申领的证书，对原告古×刚的权利义务不产生实际影响，无利害关系。原告的主体身份不符合我国《行政诉讼法》第二十五条规定的诉讼参加人身份，不具有诉讼主体资格，依法应予驳回起诉。

二、第三人向雅安市住房和城乡建设局申领建筑工程施工许可证的行为合法合规。第三人作为“雅安市南外环路工程建设（西段）项目”建设单位，依法通过四川一体化政务服务平台向雅安市住房和城乡建设局申领建筑工程施工许可证，提交了办证所需材料进行审核，第三人申领行为依法合规，雅安市住房和城乡建设局颁发此证符合法律规定，请求人民法院依法驳回原告的起诉。

材料6：相关法律条文

《中华人民共和国行政诉讼法》

第四十九条　提起诉讼应当符合下列条件：

（一）原告是符合本法第二十五条规定的公民、法人或者其他组织；

（二）有明确的被告；

（三）有具体的诉讼请求和事实根据；

（四）属于人民法院受案范围和受诉人民法院管辖。

《最高人民法院关于适用〈中华人民共和国行政诉讼法〉的解释》

第六十九条　有下列情形之一，已经立案的，应当裁定驳回起诉：

（一）不符合行政诉讼法第四十九条规定的；

（二）超过法定起诉期限且无行政诉讼法第四十八条规定情形的；

（三）错列被告且拒绝变更的；

（四）未按照法律规定由法定代理人、指定代理人、代表人为诉讼行为的；

（五）未按照法律、法规规定先向行政机关申请复议的；

（六）重复起诉的；

（七）撤回起诉后无正当理由再行起诉的；

（八）行政行为对其合法权益明显不产生实际影响的；

（九）诉讼标的已为生效裁判或者调解书所羁束的；

（十）其他不符合法定起诉条件的情形。

前款所列情形可以补正或者更正的，人民法院应当指定期间责令补正或者更正；在指定期间已经补正或者更正的，应当依法审理。

人民法院经过阅卷、调查或者询问当事人，认为不需要开庭审理的，可以迳行裁定驳回起诉。

项目 20　行政上诉状

一、实训目的

（1）能记忆和讲述行政上诉状的法律依据与适用条件。

（2）能讲述行政上诉状的基本结构、格式和写作要求。

（3）能根据案情，运用法律法规知识制作一份合格的行政上诉状，在实训中培养分析问题的能力、语言运用能力，为今后从事相关法律实务工作奠定坚实的基础。

二、实训原理

（一）行政上诉状的概念

行政上诉状是行政诉讼的当事人不服人民法院作出的未生效的第一审行政判决、裁定，在法定期限内向上一级人民法院提交的请求重新审理并撤销或变更原审裁判的法律文书。行政上诉状既是行政诉讼当事人声明上诉的诉讼文书，也是第二审人民法院适用行政诉讼法中规定的第二审程序对行政案件进行上诉审的依据。

（二）行政上诉状制作注意事项

行政案件的当事人对第一审人民法院作出的判决、裁定不服，因而委托律师担任第二审诉讼代理人的，可以通过其授权行为委托律师代为上诉。律师接受这类当事人的委托后，首先应当对当事人的委托是否符合法律所规定的上诉条件进行审查。根据有关法律的规定，当事人行使上诉权提起上诉，必须具备以下几个条件：

一是上诉人必须符合法律的规定。根据法律的规定，只有享有上诉权的行政案件当事人，包括原告、被告、第三人才能提出上诉。

二是上诉对象必须符合法律的规定。根据法律的规定，只有第一审人民法院作出的尚未发生法律效力的判决、裁定才能成为上诉对象。

三是上诉的时间必须符合法律的规定。根据法律的规定，对判决不服的上诉期限为 15 日，对裁定不服的上诉期限为 10 日，从判决书、裁定书送达当事人之日起计算。超过期限的，上诉无效。

四是上诉原则上采取书面的方式。

代理律师经审查，确认委托人的上诉请求符合法律规定的条件，应当指导、协助委托人制作行政上诉状。

行政上诉状的格式和书写内容、要求与民事上诉状的相同。

（三）行政上诉状格式

行政上诉状

上诉人：×××，……（写明姓名、性别、年龄、民族、籍贯、职业或者工作单位和职务、住址，如果是法人或者非法人组织，应写明名称、法定代表人、住所、联系地址和邮政编码等，如果是行政机关作为被上诉人的，则应写明行政机关的名称、法定代表人和住所）

被上诉人：×××，……（写明姓名、性别、年龄、民族、籍贯、职业或者工作单位和职务、住址，如果是法人或者非法人组织，应写明名称、法定代表人、住所、联系地址和邮政编码等，如果是行政机关提起上诉，则应写明行政机关的名称、法定代表人和住所）

（如果一审原告、被告都不服判决，提起上诉，则都列为上诉人）

上诉人因×××××一案（写明一审判决或者裁定书所列的案由），不服×××人民法院×年×月×日（××××）××××号判决（或者裁定），现提出上诉。

上诉请求：

…………

（写明要求上诉审法院解决的事由，如撤销原判、重新判决等）

上诉理由：

…………

（写明一审判决或者裁定不正确的事实根据和法律依据）

此致

×××人民法院

附：上诉状副本××份。

上诉人：×××（签字或者盖章）

××××年××月××日

三、实训任务

任务 1：原理学习

任务要求：认真学习实训原理，思考：怎么在 10～15 分钟内给同伴讲清楚行政上诉状的写作要领？（建议制作 PPT）

任务 2：实例学习

任务要求：

（1）认真阅读下列实例，分析实例的写作目的、逻辑结构及其表述特点或问题。

（2）任选一实例，思考：如何把实例分析的成果向小组同伴讲述清楚？

（3）小组长要认真组织和记录小组的学习活动。

【实例 1】

行政上诉状

上诉人（一审原告）：×××，性别：男，民族：汉，出生日期：××××年××月××日，住址：××县××镇××村，邮编：××××××，身份证号码：××××××××××××××××××××，电话：×××××××××××。

被上诉人（一审被告）：梁平县石安镇人民政府，地址：梁平县石安镇××××××，法定代表人：董××，职务：镇长。

委托代理人：李××，副镇长。

案由：上诉人因不服梁平县人民法院（2010）梁法行初字第××号行政判决，现提出上诉。上诉的请求和理由如下：

请求：因被上诉人的工作人员失职及在执行职务中给上诉人造成的损失，应由被上诉人承担行政侵权责任，并赔偿一切经济损失。

理由：

上诉人与田××于1995年6月在福建省福州市务工时认识，1995年11月23日在被告处办理结婚登记，婚后双方感情不和。2000年1月6日，双方在石安镇民政办办理离婚手续未果，第二日各自外出务工，后田××便杳无音讯。2010年××月，上诉人向梁平县人民法院福禄法庭起诉，要求与田××离婚。福禄法庭经调查发现，结婚证上田××的身份证号码系无效号码，由此上诉人才知道田××是用虚假身份办理结婚登记。被上诉人在办理结婚登记时，办理结婚登记的工作人员失误，对田××的身份审核不严，导致原告之妻田××身份不明。其行为违反了国务院《婚姻登记管理条例》第九条的规定，即婚姻登记应当由当事人提交户口证明，居民身份证，所在单位、村民委员会或居民委员会出具的婚姻状况证明，给上诉人造成了间接经济损失。

《宪法》第四十一条第三款规定："由于国家机关和国家工作人员侵犯公民权利而受到损失的人，有依照法律规定取得赔偿的权利。"《行政诉讼法》第六十七条第一款规定："公民、法人或者其他组织的合法权益受到行政机关或者行政机关工作人员作出的具体行政行为侵犯造成损害的，有权请求赔偿。"

为了维护上诉人的合法权益，依法追究被上诉人及其工作人员的行政侵权赔偿责任，纠正其错误，特依《行政诉讼法》第五十八条之规定，向你院上诉，请求依法公正地审理此案，责成被上诉人赔偿其所造成的经济损失。

此致

重庆市第二中级人民法院

上诉人：×××

××××年××月××日

附：上诉状副本一份。

【实例2】

行政上诉状

上诉人（一审原告）：×××，男，汉族，生于1967年7月13日，广东省韶关市人，身份证号码：×××××××××××。住址：广东省韶关市×××区爱国街6号。

上诉人（一审原告）：×××，女，汉族，生于1976年7月18日，广东省韶关市人，身份证号码：××××××××××。住址：广东省韶关市×××区爱国街6号。

被上诉人（一审被告）：韶关市×××区人民政府，地址：韶关市×××区大学路7号。

法定代表人：张××，韶关市×××区人民政府区长。

上诉请求：

一、请求依法撤销广东省韶关市中级人民法院作出的（2015）韶中法行初字第×号行政判决书；

二、请求依法改判撤销被上诉人于2014年3月13日作出的韶×××府征字（2014）第3号房屋征收补偿决定书，或依法裁定发回重审。

上诉的事实和理由：

上诉人×××、×××因诉被上诉人韶关市×××区人民政府房屋行政征收及行政补偿纠纷一案，不服韶关市中级人民法院作出的（2015）韶中法行初字第×号行政判决书。上诉人认为，原判决存在认定事实不清，认定事实的主要证据不足，适用法律、法规错误，程序违法等严重问题，请求二审法院依法全面审查并依上诉人的上诉请求依法处理。上诉人的具体上诉理由如下。

一、原判决认定事实不清，认定事实的主要证据不足

1. 原判决认定，被上诉人对上诉人房屋的征收是"因赣韶铁路建设安置工作需要"（判决书第十六页第二行），该认定缺乏事实依据和法律依据，认定该事实的证据严重不足。

根据国务院颁布的《国有土地上房屋征收与补偿条例》第八条之规定："为了保障国家安全、促进国民经济和社会发展等公共利益的需要，有下列情形之一，确需征收房屋的，由市、县级人民政府作出房屋征收决定：……（二）由政府组织实施的能源、交通、水利等基础设施建设的需要。"在本案中，上诉人的房屋远离赣韶铁路，被上诉人对上诉人的房屋征收与赣韶铁路建设毫无关联，被上诉人没有任何规范性文件证明上诉人的房屋被列入了赣韶铁路建设征地拆迁的范围，被上诉人既没有经国务院或省市人民政府批准或备案的针对被上诉人房屋征收项目规划文件，也没有任何审批事项文件，其所举的证据1—3号根本不能证明被上诉人对上诉人的房屋征收与赣韶铁路建设有关，而且其证据形式是"工作会议纪要"记录，不是法律要求的规范性文件，不能作为认定事实的依据。由于被上诉人始终不能举证证明涉案房屋征收是经立项审批的合法行政行为，因此，上诉人质疑，被上诉人是打着赣韶铁路建设需要的旗号，行商业开发征地之实。被上诉人也未举证证实涉案房屋的征收与赣韶铁路安置项目有关。根据我国《行政诉讼法》第三十二条之规定，"被告对作出的具体行政行为负有举证责任，应当提供作出该具体行政行为的证据和所依据的规范性文件"，被上诉人在本案中根本未能举证证明其对上诉人房屋征收所依据的规范性文件，应承担举证不能的法律责任。

2. 原判决认定被上诉人对涉案房屋的价格评估机构的选定、委托及对价格评估机构的评估程序、结果都认定为合法有效，该认定是完全错误的。相反，被上诉人对房屋评估机构的选定、委托以及评估机构对涉案房屋的评估程序、评估方法及评估结果都违反了法律法规、规章的规定，是完全错误的。

（1）根据《国有土地上房屋征收与补偿条例》第二十条之规定与《国有土地上房屋征收评估办法》第四条之规定，本案被上诉人存在严重违反上述规定的如下情节：首先，没有经过任何与被征收人"协商确定"的程序；其次，对于选取确定评估机构，被上诉人先行指定韶关市范围内的三家机构参与评选不合法，被征收人有权在广东省范围就任何一家有资质的评估机构进行选举；最后，被上诉人没有任何明确证据证明包括上诉人在内的任何被征收人参与了选举。

（2）涉案的房屋评估机构在对上诉人的房产进行评估时，没有依法通知上诉人现场勘察、核实、签名，其房地产评估初步结果公示文件及房地产评估报告也没有依法告知和送达上诉人。评

估机构不是政府机构，评估行为不是行政行为，在没有当事人在场和确认的情形下所进行的评估是无效的。

(3) 涉案的评估机构在对上诉人的涉案房屋进行评估时，遗漏了上诉人的相关房产，对应予登记评估的部分而未予登记评估，是不合法的。

(4) 评估机构在房地产评估报告第八页第九条中承认对涉案房屋不是按照市场价格进行评估，而是采用所谓的“成本法”进行评估，其理由是没有发现同类房屋的交易，致使房地产评估报告对上诉人的涉案房屋的价值评估结果显著偏低，大大低于市场价值。评估机构的上述评估程序和结果明显违反了《国有土地上房屋征收与补偿条例》第十九条“对被征收房屋价值的补偿，不得低于房屋征收决定公告之日被征收房屋类似房地产的市场价格”的规定，也违反了《国有土地上房屋征收评估办法》第十一条的以“自愿进行交易”的情形确定房屋价值的规定。该房地产评估报告是违法和无效的，一审判决对该评估报告予以认可和认定是错误的。

3. 原判决对被上诉人作出的房屋征收补偿决定书予以认可是错误的。

鉴于上面陈述的事实和理由，被上诉人作出对上诉人的房屋征收补偿决定的过程中，没有履行告知通知义务，也未依法定程序确定评估机构，评估机构所作出的评估报告显失公平，并且被上诉人确定对上诉人的补偿金额明显偏低，因此，上述房屋征收补偿决定书并不合法，人民法院不应予以认可。

二、原判决适用法律错误

原判决适用《国有土地上房屋征收与补偿条例》第八条的规定，但是并未要求被上诉人举出适用该条规定作出行政行为的具体规范性文件。

三、原判决程序违法。

1. 原判决在第十四页第三段提及对评估公司工作人员“肖××”、居民委员会工作人员“李××”“刘×”等人见证留置送达，并写明“对送达人、见证人均予以调查核实”，但是在本案中，被上诉人方并未向法院提交上述关键证人的任何身份资料和证言，原审法院也未通知证人出庭，更未将“调查核实”笔录开庭质证。而上述证人是否存在及是否见证留置送达关系到房地产评估报告的合法性和有效性，由于原审法院对证据未予质证，该违反法定程序的行为可能影响案件的正确判决，因此，上诉人请求二审法院对一审法院违反程序的行为依法处理。

2. 原判决还在第十四页最后一段，查明评估公司工作人员“周××”送达被上诉人的房屋征收补偿决定书给原告，但是“周××”并非被上诉人工作人员，无权送达政府文书。庭审中，也无“周××”个人身份资料和证言证实其向上诉人送达了被上诉人作出的房屋征收补偿决定书给原告。原审法院也并未对法院的调查核实笔录予以质证。因此，原审法院对此也是违反程序的。

综上所述，原判决对于本案的关键事实的认定缺乏证据支持，对被上诉人依法承担的举证责任未予严格要求，而且违反法定程序对相关证据未予举证质证，导致原判决错误。为此，上诉人作为一介平民，请求二审法院依法审理本案并作出公平判决。

此致

广东省高级人民法院

上诉人：×××、×××
全权代理人：谭××
2016年××月××日

【实例3】

行政上诉状

上诉人：王××，女，汉族，1979年3月25日出生，农民，住辽宁省××市××镇××村八组，电话：137×××××××××。

被上诉人：东港市公安局，住所地：辽宁省东港市东港南路145号。

法定代表人：张××，任该局局长。

上诉人对辽宁省东港市人民法院（下称一审法院）于20××年6月12日作出的（20××）东行初21号行政判决书（下称一审判决）不服，现提起上诉。

上诉请求：

1. 撤销一审判决；

2. 撤销东港市公安局对上诉人作出的行政处罚决定（其文号为东公决字［20××］第028号行政处罚决定书，下称行政处罚决定）。

事实与理由：

一、被上诉人根本没有处罚上诉人的职权依据，但一审法院却纵容其滥用自己职权。涉案行为发生地是北京市，结合《治安管理处罚法》第7条、《公安机关办理行政案件程序规定》第9条的规定，一审法院必须查清楚为什么由被上诉人对上诉人的涉案行为管辖是“更为适宜的”，否则被上诉人便没有管辖职权。再者，北京市公安局既没有立案，也没有根据《公安机关办理行政案件程序规定》第50条的规定移送管辖，所以本案根本不存在所谓的移送，所以被上诉人根本没有处罚职权。

二、一审判决在第10页最后一段认定上诉人构成扰乱公共场所秩序的事实是错误的，所依据的证据显然是不足的。

一审法院认为，“2××3年12月27日以来，原告王××多次采取身穿状衣的非正当方式到国家新闻出版广电总局门前递交申诉材料，其行为构成扰乱公共场所秩序的违法事实”，上诉人认为：

1. 一审法院作为国家审判机关，无权干涉他人穿衣服这样的私人问题。上诉人作为有完全民事行为能力的公民，在穿衣服这个问题上有自主决定权。

2. 上诉人之所以在国家新闻出版广电总局（下称广电总局）门前“身穿状衣”，是因为受到该国家机关的冷漠对待，人民公仆竟然拒绝接待衣食父母。上诉人身穿状衣的目的有二：一是坚持递交材料主张自身合法权利，二是批评国家机关玩忽职守的不良作风。上诉人既没有扰乱公共场所秩序的主观故意，也没有相关的事实。

3. 马路不是公共场所。广电总局的门前是马路。马路的基本功能是交通，而公共场所是供不特定公众从事某种社会活动的场所，比如车站、机场、商场、公园、展览馆等。所以，马路上的交通秩序，不是公共场所秩序。比如在马路上可以随便吸烟，而商场内却禁止吸烟，原因就是两者需要保护的秩序不同。

4. 即便上诉人“身穿状衣”或有不妥，也并不意味着达到了《治安管理处罚法》第23条第1款中“情节较重”的法定要件。一审法院应该查明广电总局的门前在上诉人“身穿状衣”之前是什么情形，之后是什么情形？否则就不应该认定上诉人的行为是“情节严重”的违法行为。

三、一审法院不该丧失中立立场，主动为被上诉人的行政处罚决定寻找法律依据。实际上，被上诉人对上诉人作出的处罚根本就没有法律依据。涉案行政处罚决定书上的处罚依据写得很清楚，即《治安管理处罚法》第23条第1款第二项。如前所述，广电总局门前是马路，马路上需要保护的是交通秩序，其受保护的法律依据是《治安管理处罚法》第23条第1款第四项。令人气愤的是，一审法院竟然罔顾自己居中裁判的立场，主动为被上诉人寻找法律依据。一审判决第10页尾部，这样写道："被告依据……并结合公安部发布的公通字［2××3］25号《关于公安机关处置信访活动中违法犯罪行为适用法律的指导意见》的相关文件内容，对原告作出治安管理行政处罚，并不违法"。实际上，被上诉人在处罚过程中、在一审诉讼过程中均没有提及这个公通字［2××3］25号文，上诉人也从未听说有这么一个文，那么一审法院怎么会知道被上诉人当初"并结合"了这个公通字［2××3］25号文？难道他们参与了对上诉人的处罚程序？由此可见，一审法院已经扮演了被上诉人娘舅的角色，毫无司法伦理底线地为被上诉人的错误处罚背书了。实际上，这个公通字［2××3］25号文并不能成为被上诉人处罚的依据。从法律效力等级来看，它属于公安部规章，不可能超越上位法《治安管理处罚法》。从内容来看，它只是一个适用法律的指导意见，并没有创设性的规定。即便是该文提到了"穿着状衣""非法聚集"等字眼（详见该文第4条2、3部分），也不可能成为被上诉人的救命稻草，因为该文自始至终没有将国家机关的门前归类为公共场所。请二审法院明察。

四、涉案行政处罚决定的程序违法。对此，上诉人不再逐一列举，仅列简表如下，处罚程序违法一目了然。

五、一审判决采信被上诉人4、5号证据的理由，已经错误到荒诞不经的程度。详见一审判决第9页最后一段，原文是"虽原告（即上诉人）对其真实性不予认可，但杜××、许×作为国家新闻出版广播电影电视总局的工作人员，又是原告递交申诉材料经过的知情人，且原告也无证据证明二人作伪证，故予以采信"。上述分析存在的问题有：

1. 被上诉人自称该案件是北京公安移送管辖的，根据《公安机关办理行政案件程序规定》第50条的规定，北京公安应当将有关材料和物品一并移交，所以被上诉人应当向一审法庭提交原件，但却仅提供了复印件。

2. 这两份复印件名为询问笔录，实为证人证言，那么在没有核对原件、没有经过北京公安加盖印章确认、证人没有出庭作证的情况下，一审法院凭什么认可了这两份证人证言的真实性？

3. 在无法确定这两份证人证言真实性的情况下，一审法院如何得知杜××、许×是广电总局的工作人员？如何知道此二人是上诉人递交材料的知情人的？

4. 再者，广电总局的工作人员说的话就不需要审核了吗？

5. 在被上诉人并未尽到举证责任的情况下，一审法院竟然以上诉人未提交反证说理，真是岂有此理?！如此看来，一审判决的裁判者虽然身穿法官袍、端坐审判席，貌似胸怀善良、公正之心，实则早已抛却法律明文规定、罔顾基本常识、做着献媚权贵的勾当、充当欺压良善的打手。综上所述，一审判决是典型的枉法裁判，请你院依法纠正；同时，你院应将一审判决涉嫌枉法裁判罪的犯罪事实移送检察机关，追究其刑事责任。

此致

辽宁省丹东市中级人民法院

具状人：王××
20××年6月24日

任务3：语言表达与修辞训练（语感提升）

任务要求：

（1）请认真阅读下列材料，分析材料的特点与问题。

(2) 请根据要求修改或整理材料。

【材料】

如果存在事实不清、有遗漏的情况，怎么办？我们可以补强。补强，是指针对某些关键事实的缺失或模糊不清，通过寻找和补充证据，予以强化证明效力。还有，对于某些模糊不清的事实，予以及时澄清，自圆其说。某一事实是否需要补强，一般需要首先验证如下几个问题：

- 是否对方有确认过？
- 是否双方有交易惯例可供旁证？
- 是否有法律强制性规定予以明确支持？
- 是否可以挖掘其他事实与之互相印证？
- 是否这一事实属于法定无须举证或者举证倒置的情形？

以蔡某欠款案文书为例，有两个事实很关键：一是双方的事前约定是否清晰无争议？二是双方在事中有无实际交割销售收入？这两个事实将直接影响案件的判决结果。

第一个事实：蔡×与张×口头约定，对于张×的销售利润，张×与蔡×按 7∶3 的比例分成。

第二个事实：6 月初，张×销售七个名为“镇宅之宝”的礼品，销售收入为现金，全部交给蔡×个人。按约定张×应提成 10 472.00 元，有蔡×于 6 月 18 日所立欠条为证。

考虑到上述第一个事实只有口头约定，第二个事实只有欠条证明，事实和证据的证明强度显然不足，因此可以考虑进行如下补强工作：

对于第一个事实，找一找双方有无合同、签收单据等书面证据，如果没有书面证据，有无第三人见证等证人证言？如果没有证人，找一找双方以前有无同样的履行惯例？应找到更多新证据，补强原来的口头约定事实。

对于第二个事实，再找一找有无银行转账证明、第三人证言等，以一堆证据来补强原来的一张薄薄的欠条。

问题：通过补强之后，这两个事实该如何改写？

任务 4：法律思维训练

任务要求：

(1) 根据提供的材料，在小组内开展讨论或一对一的辩论。

(2) 小组应当查询相关资料作为参考，包括相关法律法规、案例、论文等。

(3) 小组长要认真组织活动，做好记录和报告。

【案情简介】

原告：江苏省泗洪县××食品有限责任公司（以下简称××食品公司）。

被告：江苏省泗洪县人民政府（以下简称泗洪县政府）。

第三人：江苏省泗洪县兽医卫生监督检验所（以下简称县兽检所）。

2001 年 4 月，经泗洪县政府批准，××食品公司成为泗洪县的生猪定点屠宰单位之一。在分别领取了相关部门颁发的企业法人营业执照、动物防疫合格证、税务登记证等证件后，××食品公司开始经营生猪养殖、收购、屠宰、销售和深加工等业务。2003 年 5 月 18 日，泗洪县政府下设的临时办事机构县生猪办向本县各宾馆、饭店、学校食堂、集体伙食单位、肉食品经营单位以及个体经营户发出“屠宰管理通知”。该通知第 1 项称：“县城所有经营肉食品的单位及个体户，从 5 月 20 日起到县指定的生猪定点屠宰厂采购生猪产品，个体猪肉经销户一律到定点屠宰厂屠宰生猪（县肉联厂）……” 2003 年 5 月 22 日，泗洪县政府分管兽医卫生监督检验工作的副县长电话指示县兽检所，停止对县肉联厂以外的单位进行生猪检疫。××食品公司报请县兽检所对其生猪进行检疫时，该所即以分管副县长有指示为由拒绝。××食品公司认为，分管副县长的电话指示侵犯其合法权益，遂提起本案行政诉讼，另查明，××食品公司因对县生猪办在“屠宰管理通知”中仅标注县肉联厂为生猪定点屠宰厂不服，曾于 2004 年 8 月 4 日以泗洪县政府为被告，另案提起过行政诉讼。宿迁市中级人民法院的（2004）宿中行初字第 06 号行政判决书确认，泗洪县政府下设的县生猪办在“屠宰管理通知”中仅将县肉联厂标注为生猪定点屠宰厂，侵犯了××食品公司的公平竞争权，这一行政行为违法。

2005 年 6 月 22 日，宿迁市中级人民法院裁定：驳回××食品公司的起诉。××食品公司上诉后，江苏省高级人民法院裁定：一、撤销一审行政裁定；二、本案由一审法院继续审理。

问题：

（1）分析泗洪县政府分管副县长作出的关于“停止……检疫”电话指示，属于什么性质的行政行为？是否属于人民法院行政诉讼受案范围内的可诉行政行为？

（2）××食品公司为什么要两次起诉泗洪县政府？这对其维护自身合法权益有什么策略意义？

任务 5：文体写作训练

任务要求：

（1）请根据下列材料写一份行政上诉状。

（2）个人完成后，要结“对子”互评，对作品的结构、写作目的是否达成、语言表达等内容进行评价。小组要推荐做得好的同学在课堂上展示，展示的同学可使用 PPT。

（3）在小组讨论中交流自己的写作体会与互评中的感受，分享经验。

（4）每位同学对文体写作训练中存在的问题要进行修改，提交的行政上诉状应该是反复定稿、修改后的成果。

实训操作：

第一步，阅读行政上诉状的相关知识，查找相关法律法规。

第二步，分析行政上诉状实例的文体意识、行文思维、写作措辞和写作智慧。

第三步，根据素材制作行政上诉状。（条件不足时，根据案情需要设计）

第四步，撰写制作体会，小组长组织小组交流讨论并做好记录。

【实训素材】

辽宁省北镇市人民法院

行政判决书

（2020）辽××行初××号

原告：杨××，女，1959 年 2 月 1 日出生，满族，农民，住辽宁省。

委托代理人：刘××，北镇市法律援助中心律师。

被告：北镇市公安局，住所地北镇新区。

负责人：胡×，该局局长。

委托代理人：兰××，该局法制大队副大队长。

委托代理人：吴×，该局广宁乡派出所民警。

第三人：杨乙，女，1960年3月23日出生，满族，农民，住辽宁省。

委托代理人：张×（与第三人系母女），女，1990年10月26日出生，满族，职员，住辽宁省。

原告杨××不服被告北镇市公安局作出的锦公北（治）行罚决字〔2020〕××号行政处罚决定书，于2020年7月29日向本院提起行政诉讼。本院于立案后次日向被告及第三人送达了起诉状副本及应诉通知书。本院依法组成合议庭，于2020年8月17日公开开庭审理了本案。原告杨××委托代理人刘××、被告北镇市公安局委托代理人兰××、吴×，第三人杨乙及其委托代理人张×到庭参加诉讼。本案现已审理终结。

被告北镇市公安局于2020年7月23日对原告杨××作出锦公北（治）行罚决字〔2020〕××号行政处罚决定书，认定：2020年7月18日5时30分，杨××在辽宁省北镇市××号门前，与杨乙因"说闲话"一事发生口角，后双方相互厮打，致使杨乙右侧嘴角处受伤。以上事实有证人证言、对杨××的询问笔录、伤情照片、病情介绍等证据证实。根据《中华人民共和国治安管理处罚法》第四十三条第二款第（二）项之规定，现决定给予杨××拘留十日并罚款五百元的行政处罚。

原告杨××称：原告没有与第三人发生厮打，更没有导致第三人右侧嘴角受伤，被告也没有有效证据证明原告实施行政处罚决定书认定的厮打行为。原告认为被告北镇市公安局作出锦公北（治）行罚决字〔2020〕××号行政处罚决定书行为，在程序和实体上存在严重违法行为，原告为维护自身的合法权益诉至法院。诉讼请求：撤销北镇市公安局于2020年7月23日作出的锦公北（治）行罚决字〔2020〕××号行政处罚决定，诉讼费由被告负担。

被告北镇市公安局辩称：原告杨××对本机关于2020年7月23日作出的锦公北（治）行罚决字〔2020〕××号行政处罚决定书不服无事实及法律依据。理由如下：2020年7月18日5时30分，杨××在辽宁省北镇市××号门前，与杨乙因"说闲话"一事发生口角，后双方相互厮打，致使杨乙右侧嘴角处受伤。以上事实有证人证言、对杨××的询问笔录、伤情照片、病情介绍等证据证实。根据《中华人民共和国治安管理处罚法》第四十三条第二款第（二）项之规定，给予杨××行政拘留十日，罚款五百元的行政处罚。被告北镇市公安局作出处罚证据确实充分，适用法律正确，裁量适当，程序合法，请求法院驳回原告诉讼请求。

被告北镇市公安局在法定期限内向本院提交了以下证据：

证据1. 受案登记，证明依法受案。

证据2. 受案回执，证明依法受案。

证据3. 案件主办人协办人信息卡，证明两名办案人有合法的资格。

证据4. 行政处罚告知笔录，证明已告知当事人处罚情况。

证据5. 通知告知记录，证明告知当事人家属。

证据6. 传唤证，证明依法传唤。

证据7. 公安行政案件审批表，证明依法审批。

证据8. 暂缓执行行政拘留决定书，证明疫情延缓拘留。

证据9. 询问笔录，证明案件事实情况。

证据10. 现场检测报告，证明嫌疑人没有吸毒。

证据11. 违法犯罪人员身份登记表，证明当事人住址及违法犯罪相关情况。

证据 12. 担保人证书，证明担保人身份及保证履行担保人职责。

证据 13. 病情介绍，证明杨××伤情。

证据 14. 伤情照片，证明杨乙伤情。

证据 15. 身份证明，证明当事人身份。

原告质证称：对证据 9 询问笔录和证据 14 第三人伤情照片有异议。原告认为询问笔录中证人均与第三人有法律上的利害关系，对于不存在利害关系的证人没有询问，且没有证人证实第三人在现场有受伤事实；认为照片来源不明，无法确定由谁提供，伤是谁形成的不确定，无法证明受伤，且没有医院病志等相关材料佐证；对证据 7 真实性没有异议，但认为缺少公安机关集体讨论程序，认为实体上没有有效证据证明原告杨××对第三人实施了殴打行为，也无证据证明第三人受伤住院事实，故对被告作出的涉案处罚决定应当撤销；对被告提交的其他证据，原告没有异议。

原告杨××向本院提交了以下证据：

证据 1. 锦公北（治）行罚决字〔2020〕439 号行政处罚决定书，证明锦公北（治）行罚决字〔2020〕××号行政处罚决定书所作出的处罚不当，没有体现出原告与第三人在过错程度上的差别。

证据 2. 北镇市中医院住院病案，证明原告受伤的事实。

被告质证称：原告与第三人一个住院，一个没有住院，而锦公北（治）行罚决字〔2020〕439 号处罚决定书与锦公北（治）行罚决字〔2020〕××号处罚决定书所作出的处罚基本相同，原因是公安机关对违法嫌疑人进行处罚时，要综合考量当事人在此次违法过程中所起到的作用，依照法律决定，殴打他人类案件属行为违法案件，被告处罚的是行为，后果只是作为处罚依据的参考，双方当事人是否住院不是进行处罚的主要依据。

第三人质证称：原告并非在第一案发现场被救护车拉走，监控显示原告打架后是一边骂一边走回家的。原告的伤无法确认是在案发现场造成的，对处罚决定没有意见。

第三人杨乙向本院提交了以下证据：视频监控，证明原告自己躺在地上，原告被救护车拉走地点并非第一案发现场。

本院通过对上述证据进行审查分析认为：第一，根据被告提供的询问笔录反映，原告杨××在第二次询问时自认其在撕扯中用手抓第三人杨乙的嘴，第三人杨乙在询问笔录中陈述双方相互撕扯对方衣服并相互撕打，证人张某 1、张某 2、赵某在询问笔录中均证实双方相互撕扯在一起，相互撕扯对方脖领子。依据当事人、证人在被告提交的对其询问笔录中所作出的上述陈述和证言，可以认定原告与第三人均实施了殴打对方的行为。第二，原告的住院病历及第三人的伤情照片，能够证明原告与第三人存在受伤的事实。

本院依据审查确认的证据及当事人陈述，对本案事实认定如下：2020 年 7 月 18 日 5 时 30 分左右，在辽宁省北镇市××号门前，第三人杨乙因为听到有人说原告杨××说她闲话一事，引起第三人对原告不满，与原告发生口角，进而双方相互撕扯在一起，在撕扯程中，第三人用手打原告嘴巴子，抓原告嘴，原告也用手抓第三人嘴，致使双方身体受伤。2020 年 7 月 23 日，被告北镇市公安局根据《中华人民共和国治安管理处罚法》第四十三条第二款第（二）项的规定，对原告和第三人分别作出给予拘留十日并罚款五百元的行政处罚。现原告不服被告对其作出的行政处罚决定，向本院提起行政诉讼。

本院认为，《中华人民共和国治安管理处罚法》第七条规定，县级以上各级人民政府公安机关负责本行政区域内的治安管理工作，故被告作为县级以上人民政府的公安机关具有对辖区内的治安案件给予行政处罚的职权。

本案争议焦点为被告对原告作出的行政处罚是否合法，是否应予撤销。《中华人民共和国治安管理处罚法》第五条第一款规定，治安管理处罚必须以事实为依据，与违反治安管理行为的性质、情节以及社会危害程度相当。《中华人民共和国治安管理处罚法》第四十三条第二款规定，“有下列情形之一的，处十日以上十五日以下拘留，并处五百元以上一千元以下罚款：……（二）殴打伤害残疾人、孕妇、不满十四周岁的人或者六十周岁以上的人的”。本案原告与第三人均存在相互撕打对方的行为，即存在相互撕扯对方衣服，相互攻击对方脸部的行为，应当认定原告实施了法律规定的殴打第三人的违法行为，且第三人的实际年龄已超过60周岁，故被告依照《中华人民共和国治安管理处罚法》第四十三条第二款第（二）项的规定，对原告作出拘留十日并罚款五百元的行政处罚，并无不当。关于原告提出的被告在作出涉案行政处罚决定前缺少集体讨论程序的主张，因该主张无法律依据，本院不予确认。

综上所述，北镇市公安局所作涉案行政处罚认定事实清楚，证据充分，适用法律正确，符合法定程序。原告的诉讼请求无事实和法律依据，本院不予支持。依照《中华人民共和国行政诉讼法》第六十九条之规定，判决如下：

驳回原告杨××的诉讼请求。

案件受理费50元，由原告杨××负担。

如不服本判决，可在判决书送达之日起十五日内提起上诉，向本院递交上诉状，并按对方当事人的人数递交上诉状副本，上诉于辽宁省锦州市中级人民法院。

审判长　李××

人民陪审员　石××

人民陪审员　李　×

二〇二〇年八月二十五日

书记员　王××

模块四

非诉讼法律文书

项目 21　法律意见书

一、实训目的

(1) 能记忆和理解法律意见书的适用范围及相关法律规定。

(2) 能讲述法律意见书的基本内容和写作要求。

(3) 能根据案情，运用法律法规知识制作一份合格的法律意见书，在实训中培养分析问题的能力、语言运用能力，为今后从事相关法律实务工作奠定坚实的基础。

二、实训原理

(一) 法律意见书的概念、种类与适用范围

1. *法律意见书的概念*

法律意见书是法务专业机构（通常是律师事务所）受当事人的委托，对某一法律事实、法律行为或者具有法律意义的文书，依据相关法律规定，运用法学理论和专业技能进行分析、阐述和认定，向司法机关、行政机关或者当事人提出意见和建议的一种专业性的业务文书。

在实践中，法学专家接受委托人委托出具法律意见书也时有出现。但就本教材实训的内容设计而言，应将重点放在律师事务所的律师出具法律意见书这一教学内容上。

法律意见书是律师执业中的重要文书，制作法律意见书是律师执业的主要技能，也是律师办理非诉讼法律事务的常规业务之一。

法律意见书具有较强的针对性，它体现着律师的判断、意见和建议，其意义在于给委托人建立起一种法律判断体系，或改变委托人原来的判断和态度，给获取法律意见书的第三人（如司法机关、行政机关或其他组织）提供一种分析与解决法律问题的全新的观点与建议。

法律意见书有较强的专业性。一份形式严谨、结构缜密、分析准确、论证精当的法律意见书不仅是律师为客户提供专业法律服务的工作指南，而且是律师对纷繁复杂的各种法律关系进行宏观驾驭的能力反映。它既能起到梳理法律关系的作用，又能成为解决纷争的依据。

法律意见书还具有较强的独立性，它反映了律师的独立见解：并不一味迎合委托人的意见，只依据法律和事实去维护委托人的合法权益。

由于律师出具的法律意见书是律师以法律的眼光和观点对某一事件所作的法律评价和风险估计，其所包含的法律尺度和经验判断必然使委托人或者每一个阅读者都会有意识地将所述事实与实际情况从法律规定的方式做一番比较，得出自己的“法律评价”，甚至作出法律风险估计。

可以这样说，法律意见书以其精辟的法理分析，给委托人或每一个阅读者进行快速“洗脑”，迫使他们从一般的思维转向法律思维，或从某种法律思维转向更加准确全面的另一种法律思维，这种作用是一般商业信函所难以企及的。

在非诉讼法律行为实训中，选择法律意见书制作作为实训的一项内容，主要是让法科学生对证据材料所反映的事实（由当事人提供的具有鲜活性的能反映事实经过的事实材料）作出独立的法律分析意见，为委托人提供具有专业水准的法律意见书。

2. 法律意见书的种类

目前律师出具的法律意见书，按其性质，大致可以分为三类。

（1）具有认定性质的法律意见书。这是指律师接受当事人的委托，对某个非诉讼事件或行为，运用法律、政策出具是否具备真实性、合法性、可行性认定的意见书。

（2）具有建议性质的法律意见书。这是指律师建议委托人按照法律规定可为某种行为或不能为某种行为的意见书。常见的有三种：1）律师为法律顾问单位委托办理的法律事务作出的书面答复；2）律师对已经发生或正在发生的案件，向案件受理机关或其上级主管部门提交的书面意见；3）对已经处理或判决的行政案件或民商事诉讼案件，认为处理或判决不当而向有关司法机关、行政机关提出纠正建议的文书。

（3）具有代理性质的法律意见书。此类法律意见书主要出现在诉讼代理和申诉代理过程中。对案件或案件中的某一具体问题不便以代理词或辩护词的形式陈述时，律师便以法律意见书的形式表达律师代理意见。

3. 法律意见书的适用范围

目前，法律意见书的主要适用对象已比较广泛，有以下几类。

（1）为委托人提供项目经营上的法律分析。委托人在开展一些经营项目时，对某些行为的法律界定问题认识不足，如传销与直销在法律上的区别，特许经营与商事代理在法律上区别等。律师法律意见书为委托人开展生产经营活动的合法性提供决策依据。

（2）作为委托人开展项目活动的必备材料。这通常在产权交易活动、项目投资活动、融资活动中较为常见。在委托人开展上述项目活动时，有关部门通常会要求委托人提交书面申请文件，而书面申请文件中就含有法律意见书。

（3）为国外投资者提供法律分析意见。国外投资者来华开展投资业务或经营业务，担心对我国的法律了解不全面而产生法律风险，一般会要求具有独立的法律执业条件机构就有关项目在法律上的可行性问题出具法律分析意见。

（二）法律意见书与相关文书的区别

1. 法律意见书与律师函的异同点

律师函是指律师接受当事人的委托就有关事实或法律问题进行披露、评价，进而提出要求，以达到一定效果而制作、发送的专业法律文书，如律师出具的声明、公告、催款函等。律师函一般具有以下作用：1）有预防和制止某种侵权行为的发生和继续发生的作用，如对侵权行为的制止声明；2）有敦促某项义务履行的作用，如债务催讨函；3）有公示某项事实或权利的作用，如律师对某种行为发表的声明；4）从诉讼与仲裁的角度讲，巧用律师函还可以起到中断诉讼时效的效用。律师函在催讨债务活动中使用较多，往往由债权人委托律师发一份催讨函件，对债务人予以提示和警告，如债务人仍拒绝向债权人履行债务，则债权人通过诉讼或仲裁等方式解决。

法律意见书与律师函所记载和反映的内容不同，所要达到的目的也不同。律师函重在披露事实及法律主张，具有一定的警示性和威慑性，如在催讨函中表示律师的态度，若对方仍未履行付款义务，就意味着将会通过诉讼或仲裁的方式解决。

2. 法律意见书与律师见证文书的异同点

律师见证是指律师根据当事人的委托，以律师事务所的名义，对当事人申请事项的真实性、合法性进行审查并予以证明的活动。它的意义在于，促使当事人认真、严肃地对待其所实施的法律行为，增强其责任感，从而保证双方建立的法律关系的合法性、稳定性，且有利于执行。律师事务所及承办律师对律师见证承担相应法律责任。

律师出具法律意见书或见证书，都要遵守法律、法规，勤勉尽责，遵行真实合法原则、便民及时原则、保密原则、回避原则等，但二者的区别是明显的。律师见证文书重在对当事人的某项行为是否合法、有效、真实作出见证意见，具有一定的证据效力；而法律意见书重在对当事人的某项行为的法律性质与可能产生的后果作出研判，以阐明具有专业水准的法律意见。

（三）法律意见书制作与出具的基本要求

1. 法律意见书制作的基本要求

（1）严格依据有关事实和法律。要以事实为依据，以法律为准绳。要熟练掌握法律基本知识，尤其要掌握所出具法律意见相关的法律、法规，绝不能单靠记忆和感觉而简单、任意为之。这要求律师应具备比较扎实的写作功底和文字运用的基础，做到布局合理、观点明确、论述有据、语言流畅、言简意赅。

（2）内容表达清晰。法律意见书的格式只是其“形”，内在的质量才是其“神”；形神兼备固然最佳，但无论如何，“神”才是关键，“形”只不过是服务于“神”的，有形无神，纵然再规范也吸引不了委托人，再高效也解决不了实际问题，再多的声明也不可能真正地保证自己的安全。

（3）逻辑结构严密。在法律意见书中，应较好地处理事实陈述与法律分析之间的关系，重要的关键性问题与次要问题的关系，总论与分论、论据之间的联系，形成一个环环相扣的链形结构，从而突出所要说明的问题。

2. 法律意见书出具的基本要求

（1）强化工作的责任感。出具的法律意见书有误（如法律定性错误，将违法行为定性为合法有效行为）而致当事人损失的，出具该意见书的律师及律师事务所要承担相应的法律责任。因此，委托人在委托律师时，也应慎重选择信誉度高的律师事务所和长期从事该专业领域的律师，以确保服务的质量和可靠性。

为尽可能地减少出具法律意见书所带来的法律风险，要求执业律师要有工作责任性。对风险比较大的项目可进行律师执业风险投保。

执业律师承办该项业务时应考量一下自己是否在这一方面具有专长，如果自己不具有这一方面专长，应在具有这一方面专长的律师指引下开展这项工作。

（2）应保存法律意见书的工作底稿。工作底稿是律师在为委托人制作法律意见书的过程中形成的工作记录和获取的资料。

工作底稿应包括但不限于以下内容：a. 律师承担项目的基本情况，包括委托人名称、项目名称、制作项目的时间或期间、工作量统计；b. 为制作法律意见书所制订的工作计划及其操作程序的记录；c. 委托人向经办律师所作的相关陈述记录；d. 委托人提供的相关材料；e. 经办律师的调查取证材料；f. 律师事务所对相关问题的讨论纪要；g. 与政府有关部门、司法机关、中介机构、委托人等单位及相关人员相互沟通情况的记录，对委托人提供资料进行调查的访问记录、往来函件、现场查验记录、查阅文件清单等相关的资料及详细说明；h. 法律意见书草稿；i. 内部讨论、复核的记录。上述资料应注明来源。凡涉及律师向有关当事人调查所作的记录，应由当事人和律师本人签名。

工作底稿由承办律师根据《律师业务档案立卷归档办法》的规定立卷归档。

(3) 在法律意见书的适当位置应作出“免责声明”。免责声明是律师自我保护的一种手段，免责声明并非经办律师推卸责任，而是告知委托人或第三人应正确认识法律意见书的有效性。法律意见书是否具有对问题分析的针对性，解决问题方案的合法性，除律师的专业水准外，还会受到法律行为在实施中的不可预见性、委托人提供材料是否具有全面性与真实性等相关因素的影响。“免责声明”在写作时应恰如其分，如“本法律意见书仅根据委托人所披露的相关事实所作出，事实披露的完整状况直接会影响我们的法律分析意见”“本法律意见书仅供委托人决策时参考”“本法律意见书不作为第三人作出某项法律行为时的决策依据使用”等。

(4) 合乎法律意见书的出具程序。法律意见书出具的基本程序有：a. 签订委托合同。法律意见书虽是受当事人的委托出具的，但律师参与律师事务是以独立、公正的身份进行的，且经办律师需以律师事务所的名义对外签订委托合同。b. 律师审查与询问。经办律师制定委托人提供相关材料的清单，要求委托人签字确认；如对相关过程需要进一步了解，经办律师还应询问委托人，作必要的询问笔录。c. 制作并出具法律意见书。在出具法律意见书之前，将有关初稿先送委托人审阅，以便进一步核实相关事实，有的放矢。d. 委托人的反馈意见。法律意见书提交委托人后，经办律师应关注委托人对法律意见书的反馈意见。如提出疑问的，律师认为有必要，可以出具补充法律意见书。

(5) 为委托人保密。在委托专业法务人员提供法律帮助进而出具法律意见书时，委托人往往提供了相关的业务性材料，供专业法务人员做分析之用，这些业务性材料，有可能涉及个人隐私或商业秘密，专业法务人员应为委托人保密，这是专业法务人员应有的职业操守。另外，委托人提供的业务性材料，在法律意见书制作完成后，原件应退还给委托人，工作底稿中保存的业务性材料为复印件即可。为确保复印件与原件的一致性，可制作一份委托人提供的业务材料清单，由委托人签字认可。

(四) 法律意见书制作的具体要求

目前，法律意见书的法律文书格式样本尚未统一，常规如下。

(1) 首部。

首部由标题、致送单位、解答内容的缘起和依据三方面组成。

1) 标题。实践中，标题一般有两种写法，一是直接写“法律意见书”；二是具体写出法律意见书的性质，例如：“关于××银行贷前审查的法律意见书”。另外，还应有法律意见书的编号。

2) 致送单位。在标题的下一行顶格写明接受文书的单位名称或自然人的姓名。如：“呈致××有限责任公司”“尊敬的×××先生（女士）”“××董事长”等。

3) 解答内容的缘起和依据。要求用简明扼要的文字概括交代委托事项，以及需要解答的内容，即就提出问题予以答复，这是法律意见书的开头部分。如“××律师集团（杭州）事务所接受浙江××股份有限公司的委托，担任专项法律顾问，为××股权分置改革出具法律意见”。

（2）正文。

正文为法律意见书的主体部分。正文通过对相关事实的梳理与分析，运用法律、法规来详细解答委托人所提出的问题；或受委托人之提议，解答、分析其中某一事项所产生的法律问题，并作出独立的分析意见或建议。

正文一般包含以下内容：针对委托人咨询的事项，委托人提供了哪些材料；律师已阅读研究哪些相关文件，律师对相关事实的认定意见，律师对委托事项的基本分析，律师对委托事项的处理意见。

一般而言，正文的内容需要进行严密的论证和科学的分析，从而给委托人一个圆满的答案。

在结构安排上，正文的内容既可单列一项，就问作答，也可以分为若干个问题，用分题标号形式一一作答。具体如何安排结构，可根据委托人所提问题的多少作出决定。

法律分析是法律意见书的主体部分，应做到观点明确、论述有据、语言流畅、言简意赅。应对于事实和法律规定作出详细的分析。引用法律法规甚至司法解释应完整具体。如有必要，还应进行法理上的阐述、学理上的解释。

结论部分是实现法律意见书目的的载体，因而对于委托人和其他利害关系人具有重要意义，也是委托人和其他利害关系人作出决策的最为直接的依据，所以在措辞上应该严谨缜密、客观直接。

在正文的最后，一般还应有声明和提示条款。声明条款涉及法律意见书的责任问题，对于任何一方当事人来说都具有重要性，声明条款的内容包括责任限定条款，即出具人对于自己应该承担的责任予以限制和排除的条款。提示条款是出具人提示委托人和其他利害关系人应特别注意的条款，也关系到委托人可能承担的责任。

（3）结尾。

正文写完之后应另起一段，对已展开的法律意见进行总结和概括，起到归纳全文的作用。

最后，在文末右下角写出律师的工作单位、律师姓名，并注明制作日期。

三、实训任务

任务1：原理学习

任务要求：

（1）认真学习实训原理和【材料1】，思考：怎么在10～15分钟内给同伴讲清楚法律意见书的写作要领？（建议制作PPT）

（2）认真学习【材料2】，思考：怎么在10分钟内给同伴讲清楚法律意见书的写作规范？

【材料1】如何写好法律意见书（律师谢长宁）

几年前，当国务院将为国有企业改制项目出具法律意见书列为律师的法定业务时，我欢欣鼓舞，因为总算又有了一个律师的法定非诉讼业务了。在此之前，大型融资项目，比如证券上市、发行债券等均需要合格的律师事务所出具法律意见书。这些业务，我至今都没有缘分接触过，虽然我在以前一段时期反反复复地研习它们的写作方法以及技巧，似乎这将是个屠龙之术。

实际上，法律意见书在被广泛地使用着，我的理解是，就是因为它的广泛使用，它有重要的作用，才会被管理部门端上台面。

在我看来，法律意见书是唯一能最完整显示律师的法律素质的实用法律文件。一位律师，在诉讼上屡屡获胜，不见得理论功底深厚。能够顺利完成一件大型的收购，很可能是因为善于运作经营，但要完成一件无可挑剔的法律意见书，那可能就要求其具备一个专业领域的专家级的理论素养和实践能力了。

同样是律师的执业文件，法律意见书和律师函的区别在于：

1）前者大多发往客户，为客户解决特定问题，后者发往客户的对方，让对方为客户解决问题；

2）前者长于说理，偏于务虚，后者长于实际，着眼务实；

3）前者多有特定格式，后者不拘格式；

4）前者多为一项业务的终结或者段落，后者即将展开一项业务。

法律意见书制作的目的在于为具体的客户解决某一个或者一系列法律问题而量身定做，会花费律师大量的人力成本，并且律师还必定会为亲笔签署的书面文件承担责任。法律意见书不单纯是法律咨询，它比法律咨询更加严谨和高端，它要解决的问题不是法律咨询能够解决的。所以，法律咨询可以免费，法律意见书绝不能免费，大型项目的法律意见书绝对要造价昂贵。请牢记西方的一句法谚："免费的法律意见一钱不值。"

如何写作法律意见书？我曾经见到过一本关于法律意见书的写作方法的律师专著。我有幸拜读过，并用书中的一些原则去对照自己写过的法律意见书，让我学习到了很多方法技巧。

这些不是我今天想说的，我估计还没有哪个老师愿意让助理们独立去完成一件法律意见书并署名交给客户，除非他想丢掉自己的业务或者这个助理的能力已经让他觉得完全胜任了。大多数的情况是，老师会将一叠资料交给助理，然后让助理们整理出一个线索，起草一个初步的轮廓就行。我还没有足够的本钱向你卖弄写作这份至关重要的文件的技巧。我大致向你描述一下这个文件的写作方法，至于更高级的修炼，不是我这个文章能够解决得了的。

第一步：收集整理文件。

我收到的最多的一个出具法律意见书的案卷材料有将近 700 页，时间跨度有 4 年。你要在这样一堆文件中先理清头绪，整理出最初和最末的文件，并将不同类别的文件归类。这个工作的方法，我记得曾经谈到过，那就是运用工作底稿和索引。

你可以向客户提出文件方面的缺陷，比如复印不清、短缺页码、缺少某个类别的文件、缺少某个时间段的文件等。文件的缺陷，将直接导致无法作出正确的法律意见。这需要不断的整理和补充。

同时，你应该将那些与出具法律意见无关的文件暂时放在一边，或者将它作为参考或退回客户。

第二步：罗列并研究文件。

法律意见书中，应该论述并详细罗列你收到的文件，这有点像判决文书中对证据的认证。这个段落可以为你减少风险，因为你仅仅对你掌握的事实进行分析并出具意见，你无法对没有掌握的情况负责任。

每一份文件，你都应该仔细阅读并详尽地研究。标识出该文件要说明的事项以及它的后续文件或者引申文件。

第三步：寻找法律依据并指出法律后果。

在研究事实的基础上，你需要寻找法律依据，并详细阐述该项目的法律后果。这其实就是法律意见书的最后一步，也是逻辑结构中最关键的环节。你收集并固定了事实，围绕这些事实又收集了相关法律规范。你最终的结论也只是一个推导过程的结果。法律意见书结论部分的固定格式，有对项目的合法性发表意见或者是对项目的可操作性作出的规划和分析，还有为了论述一个有争议的法律问题而出具的法律意见。

第四步：提笔写作。

成竹在胸方能笔下滔滔，你最好在弄好前三步后再提笔。

你写好法律意见书后，建议你一定交给同行律师作出评判。你第一份意见书被划成一道一道的可能性非常的大，请你不要有挫折感，慢慢地，这些道道会减少。

在论述问题的时候，请不要简单地引述法律条文，而应该展开来阐述。你给客户的意见书可能决定一个几百上千万元的项目，你可不能就两页纸、千把字打发掉，否则你的稿费可能就是世界上最昂贵的了。

【材料2】律师制作法律意见书和工作报告规范

律师制作法律意见书和工作报告规范

××律师事务所

1　目的和主题内容

1.1　为了指导律师制作法律意见书和工作报告，制定本规范。

1.2　本规范规定了律师出具法律意见书和工作报告的范围和基本要求、基本内容、出具程序、修改程序、反馈意见及工作底稿等。

2　适用范围

2.1　本规范适用于本所全体律师。

2.2　本所律师应通晓本规范。

2.3　本所业务辅助人员应了解本规范。

3　术语

3.1　法律意见书，是指律师对有关的法律问题明确发表的结论性意见。

3.2　律师工作报告，是指律师详尽、完整地阐述所履行尽职调查的情况，在法律意见书中所发表意见或结论的依据、进行有关核查验证的过程、所涉及的必要资料或文件的文本。

3.3　工作底稿：是指律师在制作法律意见书和工作报告过程中形成的工作记录及在工作中获取的文件、会议纪要、谈话记录等资料。

4　职责

本规范的编制和修订由本所标准化委员会提出，经合伙人会议批准后，由主任颁布。

5　引用法律、规章

《中华人民共和国公司法》

《中华人民共和国证券法》

中国证监会《公开发行证券公司信息披露的编报规则（第12号）》

6　出具范围和基本要求

6.1　在下列情况下，律师可以向委托人出具法律意见书或律师工作报告：

(1) 有关法律、法规、规章要求律师制作的法律意见书、律师工作报告为必备文件的;

(2) 委托人要求律师就有关的法律问题明确发表结论性意见的;

(3) 本所作业文件要求的;

(4) 律师在承办案件或法律事务过程中认为有必要出具法律意见书和律师工作报告的。

6.2 有关法律、法规、规章和本所作业文件对法律意见书和律师工作报告的内容有明确规定的,律师在制作法律意见书和律师工作报告时应符合有关规定。某些具体规定确实对委托人不适用的,律师可根据实际情况作适当变更,但应向委托人说明变更的原因。

6.3 律师出具法律意见书和律师工作报告所用的语词应简洁明晰,不得使用“基本符合条件”或“除××以外,基本符合条件”一类的措辞。对不符合有关法律、法规、规章、本所作业文件规定的事项,或已勤勉尽责仍不能对其法律性质或其合法性作出准确判断的事项,律师应发表保留意见,并说明相应的理由。

7 基本内容

7.1 法律意见书的基本内容

7.1.1 法律意见书开头部分

(1) 法律意见书开头部分应载明,律师是否根据有关法律、法规和规章的规定,按照律师行业公认的业务标准、道德规范和勤勉尽责精神,出具法律意见书。

(2) 律师应承诺依据有关法律、法规和规章的规定及本法律意见书出具日以前已发生或存在的事实发表法律意见。

(3) 律师应承诺已严格履行法定职责,遵循了勤勉尽责和诚实信用原则,对委托人委托事项的合法、合规、真实、有效性进行了充分的核查验证,保证法律意见书和律师工作报告不存在虚假记载、误导性陈述及重大遗漏。

(4) 律师应承诺同意对法律意见书和律师工作报告承担相应的法律责任。

(5) 律师应承诺同意委托人部分或全部引用法律意见书或律师工作报告的内容,但委托人作上述引用时,不得因引用而导致法律上的歧义或曲解。

(6) 律师可作出其他适当声明,但不得作出违反律师行业公认的业务标准、道德规范和勤勉尽责精神的免责声明。

7.1.2 法律意见书正文

律师应在进行充分核查验证的基础上,对委托人委托的事项明确发表结论性意见。所发表的结论性意见应包括是否合法合规、是否真实有效、是否存在纠纷或潜在风险。

7.1.3 总体结论性意见

(1) 律师应对委托人委托的事项是否存在违法违规,明确发表总体结论性意见。

(2) 律师已勤勉尽责仍不能发表肯定性意见的,应发表保留意见,并说明相应的理由。

7.2 律师工作报告的基本内容

7.2.1 律师工作报告开头部分

律师工作报告开头部分应载明,律师是否根据有关法律、法规和规章的规定,按照律师行业公认的业务标准、道德规范和勤勉尽责精神出具律师工作报告。

7.2.2 律师工作报告引言

(1) 可以简介律师及律师事务所,包括(但不限于)注册地及时间、业务范围、执业律师人数、本次签名律师的执业记录及其主要经历、联系方式等。

(2) 说明律师制作法律意见书的工作过程，包括（但不限于）与委托人相互沟通的情况，对委托人提供材料的查验、走访、谈话记录、现场勘查记录、查阅文件的情况，以及工作时间等。

7.2.3 律师工作报告正文

(1) 所依据的有关法律、法规、规章以及委托人的章程等是否有效，是否存在法律障碍、可能引致的风险等。

(2) 律师认为需要说明的其他问题。

8 出具程序

8.1 提交委托人的法律意见书和律师工作报告应是经至少一名以上执业律师签名，并经本所加盖公章、签署日期的正式文本。

8.2 法律意见书和律师工作报告在经本所盖章前，应经至少两名以上合伙人审阅并签署“同意”意见。

9 修改和反馈意见

9.1 律师签署的法律意见书和律师工作报告提交委托人后，不得收回进行修改。如律师认为需补充或更正，应另行出具补充法律意见书和律师工作报告。

9.2 法律意见书和律师工作报告提交委托人后，律师应关注委托人的反馈意见。委托人对法律意见书和律师工作报告提出疑问的，律师认为有必要的，可以出具补充法律意见书和补充报告。

10 工作底稿

10.1 律师在制作法律意见书和律师工作报告的同时，应制作工作底稿。

10.2 律师应及时、准确、真实地制作工作底稿，工作底稿的质量是判断律师是否勤勉尽责的重要依据。

10.3 工作底稿应包括（但不限于）以下内容：

(1) 律师承担项目的基本情况，包括委托人名称、项目名称、制作项目的时间或期间、工作量统计；

(2) 为制作法律意见书和律师工作报告制订的工作计划及其操作程序的记录；

(3) 委托人设立及历史沿革有关的资料，如设立批准证书、营业执照、合同、章程等文件或变更文件的复印件；

(4) 重大合同、协议及其他重要文件和会议记录的摘要或副本；

(5) 与委托人及相关人员相互沟通情况的记录，对委托人提供资料的检查、调查访问记录、往来函件、现场勘察记录、查阅文件清单等相关的资料及详细说明；

(6) 委托人及相关人员的书面保证或声明书的复印件；

(7) 对保留意见及疑难问题所作的说明；

(8) 其他与出具法律意见书和律师工作报告相关的重要资料。

10.4 上述资料应注明来源。凡涉及律师向有关当事人调查所作的记录，应由当事人和律师本人签名。

10.5 工作底稿由承办律师根据 TY/GL05.03《律师业务档案立卷归档办法》的规定立卷归档。

11 引用文件

TY/GL02.01《律师执业规范》

TY/GL02.02《律师职业道德和执业纪律规范》

TY/GL05.03《律师业务档案立卷归档办法》

任务2：实例学习

任务要求：

（1）认真阅读下列实例，分析实例的写作目的、逻辑结构及其表述特点或问题。

（2）任选一实例，思考：如何把实例分析的成果向小组同伴讲述清楚？

（3）小组长要认真组织和记录小组的学习活动。

【实例1】

知识产权保护的法律意见书

［××××］×意×××号

致：×××公司

经了解，贵公司员工利用公司便利条件，在其职务范围内创造发明的现象时常发生。但是贵公司缺乏相应的管理制度，对员工创造发明产生的知识产权归属及相关权利的行使没有详细可行的规定，致使公司与员工之间权利界限模糊，不利于公司对员工进行管理，甚至导致公司与员工产生知识产权权利纠纷。

为维护公司利益、规范公司管理、划清权利界限、避免日后法律纠纷，结合贵公司实际情况和相关法律法规及政策，就贵公司内部员工利用公司提供的便利条件进行创造发明产生的专利权及相关权利处理问题作出以下法律意见，供贵公司参考：

一、本意见书要解决的情形。

与贵公司具有劳动关系的员工在劳动关系存续期间，执行工作任务或利用公司提供的物质、经济、人员、设备、技术、场所、信息等条件而完成发明创造，该发明创造属于《中华人民共和国专利法》中专利的范围，依法应受到《中华人民共和国专利法》及其他相关法律法规及政策、国际公约的保护。

二、本意见书主要法律依据。

《中华人民共和国专利法》

《中华人民共和国合同法》

《中华人民共和国民法总则》

《中华人民共和国公司法》等

三、依据以上事实及法律法规，为公司利益考虑，提供如下操作意见供参考：

1. 明确工作任务。

《中华人民共和国专利法》第六条规定，执行本单位的任务或者主要是利用本单位的物质技术条件所完成的发明创造为职务发明创造。职务发明创造申请专利的权利属于该单位，申请被批准后，该单位为专利权人。

在工作安排中，如有工作可能涉及员工创造发明，建议公司以“工作任务下达通知单”等书面形式，将工作任务的安排明确化、具体化、证据化。该书面文件可显示公司下达任务的目标、所提供的工作条件、要求提交的工作成果类型和时间等内容。将员工的创造发明活动纳入公司的工作任务，从而使公司获得专利申请权及申请成功后的专利权，降低日后发生争议的可能性。

2. 与员工签订知识产权归属合同。

《中华人民共和国专利法》第六条第三款规定，利用本单位的物质技术条件所完成的发明创造，单位与发明人或者设计人订有合同，对申请专利的权利和专利权的归属作出约定的，从其约定。公司可与员工签订关于专利权归属的合同。约定公司为知识成果研发提供物质、资金、技术、场所、信息等资源；成果产出后对员工的奖励措施；专利申请权及专利权归公司所有。以详细具体的书面文件确定相关权利归属，从而定分止争。

3. 制定公司商业秘密保护制度。

专利的申请时间长、审批程序复杂、标准严格，往往一项科技成果在经过漫长的申请程序后没有得到专利总局的审批，最终无法得到专利法的保护。而专利审批程序的特性却将核心的技术秘密详细地公之于众，使企业经营的市场竞争力减弱。相对于专利权保护而言，国家法律对于商业秘密的保护范围更广，操作简便，无须复杂的审批手续，对侵犯商业秘密各个环节的侵权人都有制约措施。结合公司知识成果的属性，可采用商业秘密的方式进行阶段性的保护。可通过制定员工保密守则、固定公司对知识成果产出的投入证据、知识成果带动公司效益的市场调研等一系列措施将涉及的重要知识成果纳入商业秘密保护的范围，以期对重要信息进行全方位、广范围的保护。

本法律建议书仅供委托人参考。未经本所允许，不得向第三人出示，亦不得作为任何证据使用。

××律师

××××年××月××日

【实例 2】

离婚法律意见书

××女士：

您好！

××女士与其配偶婚姻纠纷一案，广东××律师事务所听取了当事人的陈述，根据《中华人民共和国婚姻法》作法律分析如下：

一、当事人确认的事实

（一）女方希望维持婚姻关系；

（二）双方有两个小孩，均不满 10 岁，双方都希望获得小孩的抚养权；

（三）双方有自建住房一栋，现用于出租；

（四）双方有小轿车两辆，但登记在男方父母或姐姐名下；

（五）男方有吸毒史。

二、法律分析

（一）法院判决离婚的标准是夫妻感情确已破裂。

1. 根据最高人民法院公布的《关于人民法院审理离婚案件如何认定夫妻感情确已破裂的若干具体意见》规定：判断夫妻感情是否确已破裂，应当从婚姻基础、婚后感情、离婚原因、夫妻关系的现状和有无和好的可能等方面综合分析。根据婚姻法的有关规定和审判实践经验，凡属下列情形之一的，视为夫妻感情确已破裂，一方坚决要求离婚，经调解无效，可依法判决准予离婚。

(1) 一方患有法定禁止结婚疾病的，或一方有生理缺陷，或其他原因不能发生性行为，且难以治愈的。

(2) 婚前缺乏了解，草率结婚，婚后未建立起夫妻感情，难以共同生活的。

(3) 婚前隐瞒了精神病，婚后久治不愈，或者婚前知道对方患有精神病而与其结婚，或一方在夫妻共同生活期间患精神病，久治不愈的。

(4) 一方欺骗对方，或者在结婚登记时弄虚作假，骗取结婚证的。

(5) 双方办理结婚登记后，未同居生活，无和好可能的。

(6) 包办、买卖婚姻，婚后一方随即提出离婚，或者虽共同生活多年，但确未建立起夫妻感情的。

(7) 因感情不和分居已满3年，确无和好可能的，或者经人民法院判决不准离婚后又分居满1年，互不履行夫妻义务的（新婚姻法修正为2年)。

(8) 一方与他人通奸、非法同居，经教育仍无悔改表现，无过错一方起诉离婚，或者过错方起诉离婚，对方不同意离婚，经批评教育、处分，或在人民法院判决不准离婚后，过错方又起诉离婚，确无和好可能的。

(9) 一方重婚，对方提出离婚的。

(10) 一方好逸恶劳、有赌博等恶习，不履行家庭义务，屡教不改，夫妻难以共同生活的。

(11) 一方被依法判处长期徒刑，或其违法、犯罪行为严重伤害夫妻感情的。

(12) 一方下落不明满2年，对方起诉离婚，经公告查找确无下落的。

(13) 受对方的虐待、遗弃，或者受对方亲属虐待，或虐待对方亲属，经教育不改，另一方不谅解的。

(14) 其他原因导致夫妻感情确已破裂的。

2. 根据女方的陈述及以上的规定，男方提出的离婚理由很难成立，法院存在驳回男方请求的可能性，为了增加胜诉的可能性，建议做以下准备：

(1) 证明双方缔结婚姻的感情基础，如在恋爱过程中赠送的礼物、双方的信件等其他的人证、物证、书面录音资料。

(2) 证明夫妻关系存续期间的感情基础，如目前双方婚姻生活状况，是否分居，邻居对女方有利的证言，特别是男方父母要求维系婚姻关系的证言。

(二) 对子女的抚养以对子女的成长有利为原则。

1. 根据《最高人民法院关于人民法院审理离婚案件处理子女抚养问题的若干具体意见》的规定：

(1) 两周岁以下的子女，一般随母方生活。

(2) 父母双方协议两周岁以下子女随父方生活，并对子女健康成长无不利影响的，可予准许。

(3) 对两周岁以上未成年的子女，父方和母方均要求随其生活，一方有下列情形之一的，可予优先考虑：

1) 已做绝育手术或因其他原因丧失生育能力的；

2) 子女随其生活时间较长，改变生活环境对子女健康成长明显不利的；

3) 无其他子女，而另一方有其他子女的；

4) 子女随其生活，对子女成长有利，而另一方患有久治不愈的传染性疾病或其他严重疾病，或者有其他不利于子女身心健康的情形，不宜与子女共同生活的。

(4) 父方与母方抚养子女的条件基本相同，双方均要求子女与其共同生活，但子女单独随祖父母或外祖父母共同生活多年，且祖父母或外祖父母要求并且有能力帮助子女照顾孙子女或外孙子女的，可作为子女随父或母生活的优先条件予以考虑。

(5) 父母双方对十周岁以上的未成年子女随父或随母生活发生争执的，应考虑该子女的意见。

2. 一般情况下，如果有两个小孩的，双方对抚养权发生争议的，法院会判决男女双方各抚养一个小孩，但是，有证据证明一方对小孩的成长不利的除外。所以，建议女方做如下准备：

(1) 准备子女尚在二周岁之内的证据。

(2) 女方已做绝育手术的证据。

(3) 子女一直跟随女方生活的证据。

(4) 女方工资收入相对稳定的证据（有利于抚养子女）。

(5) 女方的学历证明（有利于教育子女）。

(6) 女方的人格、思想素质评价情况（有利于教育子女）。

(7) 男方存在不良嗜好，如赌博、酗酒、吸毒等恶习的证明。

(8) 男方对离婚存在过错的证据。

(9) 其他子女随母对其成长有利的证据（如女方亲属的支持，男方父母不具有照看小孩的证据等）。

(三) 夫妻共同财产一般情况下平分，但会照顾女方和子女的利益。如果一方有转移、隐藏、毁灭夫妻共同财产，或伪造证据侵占夫妻共同财产的情形，可以不分或少分。

需要分割的夫妻共同财产一般由以下构成：

(1) 房产（需明确购房或建房的时间、地点；房产性质；房产购置时的合同价格或造价；购置支付房款的来源；房产证记载的产权人信息；房产有无其他抵押；该房目前实际居住人情况）

(2) 存款。

(3) 公司、企业的股权、股票。

(4) 家具电器。

(5) 贵重金属、物品。

(6) 车辆（汽车款型；牌照号；购买时间、有无贷款以及还贷情况、购买价值；目前车辆车籍所有人及实际使用人；目前车辆市值）

【实例 3】

个人独资企业转让的法律意见书

×××用品有限公司×××董事长阁下：

广东××律师事务所接受贵公司的委托，指派本律师就企业转让事宜出具法律意见书，本律师审阅了企业法人营业执照，参考了《个人独资企业法》《外资企业法》《个人独资企业登记管理办法》等法律法规，现发表法律意见如下：

1. 转让的规定及主体要求。

从营业执照可知，你公司属于独资经营的港资企业，虽有有限公司之名，但出资人仍对企业承担无限责任。出资人对企业的财产依法享有所有权，可以依法进行转让。

受让方应当符合独资企业登记主体的要求，是具有完全民事行为能力的自然人，且不属于法律、行政法规禁止从事营利性活动的人。

2. 转让程序。

(1) 订立企业转让协议。协议书内容由双方约定，格式参考本律师提供的“个人独资企业转让协议”。

(2) 受让方可能要求企业债权债务公告程序。债权债务公告应当由转让双方联合在企业所在地地市级以上报刊上发布，公告的内容应包括企业转让前的债权债务由谁承担，债权人申报债权的方法、期限（可能适用个人独资企业解散、清算时六十日的期限）等内容。转让双方在与债权债务人达成债权债务清偿协议后，方能向登记机关申请投资人变更登记。

(3) 到工商部门进行变更登记。

个人独资企业变更投资人姓名或居所、出资额、出资方式，应当在变更事由发生之日起十五日内，向原登记机关申请变更登记。登记机关必须凭企业转让协议、债权债务通知公告证明及相关身份证明（双方身份证、企业营业执照、企业公章、法人代表证明书）等材料才能进行变更登记。工商登记人员在审查投资人变更登记手续时，要求能见到转让双方当事人，并亲眼看到双方在转让协议上签字或按手印。

3. 常见的风险防范。

(1) 转让后债权债务全部由受让方承担，但这只是转让双方的内部约定，不能对抗拥有债权的善意第三人。有时虽然已转让，因受让方无力承担债务，受让方还负连带责任。

(2) 转让后没到工商部门变更登记，受让方继续用以前的营业执照，致使转让方虽然转让了企业，但仍然承担转让的法律责任。应告知受让方，此种做法对受让方也是不利的，因为个人独资企业涂改、出租、转让营业执照的由登记机关责令改正，没收违法所得，处以 3 000 元以下的罚款，情节严重的，吊销营业执照；承租、受让营业执照从事经营活动的，由登记机关收缴营业执照，责令停止经营活动，处以 5 000 元以下的罚款。

(3) 若受让方要求公告，时间太久，尽量不走该公告程序。

综上，希望贵公司适当地注意上述法律问题，防范法律风险，顺利地完成企业转让事宜。

顺祝

商祺

广东××律师事务所律师　唐××

2008 年 6 月 12 日

【实例 4】

合同审查法律意见书

××××置业有限公司：

××律师事务所根据与贵公司签订的法律顾问合同指派律师对贵公司拟转让通过出让方式获得的 R－06 地块国有土地使用权一事，依据我国有关法律规定进行审查，出具如下法律意见：

1. 贵公司的长沙体育新城 R－06 地块位于长沙市雨花区粟塘村，使用权面积为 52151.9 平方米，通过出让方式获得国有土地使用权，用途为住宅用地且已于 2003 年 5 月获得国有土地使用权证，该土地已于 2003 年为国中（长沙）体育新城投资项目管理有限公司向建设银行贷款作为担保标的物而抵押给建设银行。

2. 在我国，转让国有土地使用权必须符合《中华人民共和国土地管理法》及有关法律、法规的规定，不得违反原出让合同之约定和法律禁止性规定，贵公司拟转让该块土地的国有土地使用权，必须符合下列条件：

(1) 经出让人长沙市国土资源局认定，已按照国有土地使用权出让合同约定进行投资开发，完成开发投资总额的25%以上。

(2) 属于成片开发土地的，形成工业用地或其他建设用地条件。

(3) 抵押期间转让时必须通知抵押权人并告知受让人转让物已经抵押的情况。

由于贵公司拟所转让的土地属于出让地，因此在签订国有土地转让合同前须向长沙市国土资源局申请，并须经其审核同意。

3. 国有土地使用权转让手续（资料）包括：

(1) 用地申请书和申请报告。

(2) 计划部门立项批示。

(3) 国有土地使用证及红线图、出让合同、土地使用条件、出让金收据复印件、规划许可证及其审批单、规划总图、用地批准书、已完成投资情况的认定报告。

(4) 转让双方的工商营业执照、法人身份证明、授权委托书、身份证复印件。

(5) 有关领导批示、会议纪要等其他资料。

(6) 地形图上标准路幅坐标3份，规划定点会签规划批件。

(7) 定点蓝线图2份，规划设计要点。

(8) 双方国有土地使用权转让合同。

(9) 公司董事会决议。

(10) 地籍审查认定地籍调查测绘成果及权属，准备好坐标1∶500至1∶2000现状地形图。

(11) 评估报告及备案书。

转让合同须送长沙市国土资源局办理变更登记。转让国有土地使用权作为转让方须交纳营业税（5%）、契税（4%），如有增值则须交土地增值税；转让过程所支出的费用主要包括转让手续费、评估费、测量费、登记发证费等。

贵公司转让国有土地使用权必须确保转让的合法性和手续资料的真实、合法、有效、完整，以免承担相应的法律责任。

以上意见供贵公司参考。

××律师事务所律师　×××
20××年××月××日

任务3：法律思维训练

任务要求：

(1) 根据提供的材料讨论：商业高度发达的时代，律师要具备哪些能力？

(2) 在信息化时代，作为准律师的你，应如何取得适应社会、服务社会的能力？

(3) 小组应组织讨论，得出一定的结论，派出代表上台分享观点并阐述理由。

(4) 小组长要认真组织活动并做好记录和报告。

【案例】

律所就是“法律工厂”，其已经从松散的个人合伙组织，演变成了高度等级化的公司型组织。其组织模式也完成了从小作坊到大工厂的变革。非诉业务占据了公司型律所业务的主要部分。诉讼业务主要靠少量明星律师去做，非诉业务靠的是团队协作，必须依靠大所的组织模式。

一名好的商业律师与传统律师具有不一样的思维，即除了必须精通法律，还要懂财务、懂商业、懂管理，甚至还要有极强的社交能力。一位互联网巨头的副总裁兼法律负责人经常跟自己手下的法务说："如果你只会办案子，我要你干什么？"

任务4：文体写作训练

任务要求：

（1）请根据下列材料制作一份法律意见书。

（2）个人完成后，要结"对子"互评，对作品的结构、写作目的是否达成、语言表达等内容进行评价。小组要推荐做得好的同学在课堂上展示，展示的同学可使用PPT。

（3）在小组讨论中交流自己的写作体会与互评中的感受，分享经验。

（4）每位同学对文体写作训练中存在的问题要进行修改，提交的法律意见书应该是反复定稿、修改后的成果。

【案情简介】

××大学成教学院有两幢学生宿舍，分别建于1993年（名为3号楼）与1994年（名为4号楼），其中1993年建成的3号楼领取过××市城乡建设规划局建筑许可证，并取得房屋所有权证。1994年建造的4号楼进行过建设工程规划许可证申请，但最终未领取到该许可证。

成教学院南侧地块由××房地产联合开发公司建造20层住宅楼工程，在地下室基坑开挖过程中，造成××大学成教学院3号楼、4号楼墙体产生裂缝、倾斜等危险情况，经有关部门鉴定，4号楼为危房。4号楼鉴定为危房后，××区房地产管理处要求××大学成教学院立即采取措施，让学生外迁。

××大学与××房地产联合开发公司交涉。通过律师函提出：(1) 立即向××大学成教学院提供学生住宿的过渡用房，以确保正常的教学和生活；(2) 立即对3号楼、4号楼进行修缮，并付诸实施；(3) 立即向××大学支付房屋安全鉴定费11 202元。但发函后，××房地产联合开发公司未采取积极的行动，其主要理由是4号楼是违章建筑，本应该拆除，即使系房产公司原因造成外裂和倾斜也无须赔偿。

【练习素材提供（复印件）】

1）建管字第9703号××市城乡规划局建筑许可证1份；

2）3号楼房屋所有权证1份；

3）房鉴字（2007）第9号房屋安全鉴定报告1份；

4）房屋安全鉴定协议和鉴定费发票各1份；

5）律师函1份；

6）××市城市房屋使用安全条例1份。

项目 22　劳动仲裁申请书

一、实训目的

（1）能记忆和讲述劳动仲裁申请书的法律依据与适用条件。

（2）能讲述劳动仲裁申请书的基本结构、格式和写作要求。

（3）能根据案情，运用法律法规知识制作一份合格的劳动仲裁申请书，在实训中培养文书写作者分析问题的能力、语言运用能力，为今后从事相关法律实务工作奠定坚实的基础。

二、实训原理

（一）劳动仲裁申请书概念

劳动仲裁申请书是劳动争议一方或双方当事人向劳动仲裁机关，就劳动争议事项提出仲裁请求的法律文书，也是劳动仲裁机关立案的依据和凭证。

劳动争议当事人认为自己的权利受到侵害，需要向仲裁机关提出申诉，要求劳动仲裁机关予以维护时，就应提供劳动仲裁申请书。在我国，劳动仲裁是劳动争议当事人向人民法院提起诉讼的必经程序。

（二）格式

（1）要写明申请方、被申请方的基本情况，如姓名（企业一方除写企业名称外，还要写法定代表人）、性别、出生年月、民族、身份证号码、工作单位、单位地址、家庭地址、电话等。

（2）写明申请事项，也就是文书写作者想主张的事项，比如，支付拖欠工资、支付经济补偿金、未签订劳动合同的双倍工资等。

（3）写明事实和理由，应叙述双方发生劳动争议的时间、地点、原因、事件、方式、手段和后果等，特别是要把引发双方发生劳动争议的关键性事实客观地交代清楚，还有何时入职、从事什么工作、约定的工资等。叙述应全面而简洁。

（4）写明结束语和呈文对象。“特向贵委提出申请，请求依法裁决”“此致××县（市）劳动争议仲裁委员会”等。

（5）写明落款，即申请人姓名和日期，并且手写签名，按上手印。

（三）注意事项

（1）首先要确定所发生的争议是否属于劳动争议以及可否直接通过民事诉讼的方式得以解决。

并不是每一个在单位工作的人员与单位之间的关系都是劳动关系。所以，一个人在申诉之前一定要认清自己与单位之间关系的性质到底是劳动关系，还是其他的民事关系。

其一，劳动关系应是合法劳动关系，受法律保护。

证明劳动关系存在的责任在于员工。员工要想获得法律的保护，必须先证明此关系的存在。如果员工对此证明不力的话，将可能导致败诉。

员工证明与被申请人之间存在合法的劳动关系的证据有：劳动合同，这是最有效的证据。在没有的情况下，工资条、银行工资卡记录、休假条、交接单、工作证、工作服等都可以作为证据使用。员工在日常工作生活中要养成保存这些东西的习惯。

其二，劳务关系不受保护，应另行提起民事诉讼。

劳动关系与劳务关系之间的区别，对于不具备法律专业知识的人来说是一个难题。争议发生后，当事人向律师咨询，律师要分析事件并予以确定。如果确定双方是劳务关系而不是劳动关系，就要及时向人民法院提起诉讼，以维护自己的合法权益。

如果存在劳务输出或者输入关系的话，一定要先区分哪一种是劳动关系，哪一种是劳务关系。不可把劳务关系误认为劳动关系，否则必将徒劳无功。

其三，如果单位给员工打有工资条，则员工可以直接向人民法院提起诉讼，以节省时间。

如果单位给员工打有工资条，员工可以直接向人民法院起诉，要求单位支付该款项。虽然劳动保障行政部门认为这属于劳动争议，但是根据最高人民法院的司法解释，对此还是可以直接提起诉讼的，不超过诉讼时效的话，胜诉是不成问题的。

可见，如果发生劳动争议，劳动者在申请仲裁时，第一步就是要把握好与单位之间关系的性质，并充分收集和掌握对自己有利的各项证据。只有把握好这一点，才能确定好救济途径，才能在仲裁之初不致犯错，并为下一步打下坚实的基础。

（2）在法律规定的期限之内向有管辖权的劳动争议仲裁委员会申请仲裁。

在劳动争议发生后，劳动者一定要在争议发生之日起60日内向仲裁委提出书面申请。

虽然这一规定不合理，但在劳动法没有修改之前，申请人还是要按照这一规定的要求执行，否则超过60日的话就会丧失实体权利。这样的话，即使进入诉讼程序也得不到法院的支持。

（3）申诉主体的确定。

申请劳动仲裁时，申诉主体的确定包括两个方面的内容：一为申请人主体，二为被诉人主体。

如果申请人主体是员工的话，则一定要注意用自己身份证上的名字。当劳动合同上的名字与身份证上的不一致时，要在申请仲裁前到公安机关开一个证明，证明两个名字是一个人，然后用自己身份证上的名字申请仲裁，否则可能会导致仲裁机关不予受理，或者受理之后即使打赢了官司也无法申请执行的情况。

如果是单位作为申请人的话，一定要注意用自己的全名，名字与公章及工商机关备案的一定要一致。

还要注意的一项是，无论是谁作为申请人，被申请人一定是与自己存在劳动关系的相对方。

（4）正确确定申诉请求。

申请劳动仲裁时如何确定申诉请求大有学问。并不是所有的争议都属于劳动仲裁受理范围，也不是所有的仲裁请求都能得到劳动争议仲裁委员会的支持。比如对于住房公积金纠纷，劳动争议仲裁委员会并不受理；对于社会保险争议，目前的劳动仲裁机构也是不受理的。那么，申请人在确定仲裁请求时，就应当知道这些情况。不过，就社会保险争议纠纷而言，如果申请人在仲裁时没有提出来，直接去法院诉讼，法院也是不受理的。

针对某些仲裁机构不受理，法院也不直接受理（比如档案返还）的事项，如果在申请仲裁时没有请求，即使到了法院，法院也不会对该请求进行审理。在这种情况下，就要在仲裁时坚持申诉，在仲裁完了之后，再去法院诉讼，因为劳动争议仲裁委员会可以不支持申请人的申诉请求，但无权剥夺申请人的请求权。

（5）确定申诉请求的统一性。

在劳动争议案件中，并不是申诉请求提得越多越好。保证申诉请求的充分性只是一个方面，同时对于相互矛盾、不能兼容的请求，还是选择其一为好。当然在选择的时候，要考虑相关请求的风险、成本、收益、相关的证据构成等多方面，然后再进行选择。此选择的过程，也是一个利益权限衡量和风险衡量的过程，可能非专业律师无法完成。

例如在单位单方解除劳动合同时，劳动者可能会提出的常规申诉请求为：要求支付所欠的工资，解除合同的经济补偿金，并支付 50％的额外经济补偿金。

但申请人不妨尝试增加一些申诉请求，譬如要求被申请人支付一倍的赔偿金，如果有拖欠工资的情形存在，可以要求支付所拖欠的工资，并支付 25％的经济补偿金。

（6）向有管辖权的劳动争议仲裁委员会申请仲裁。

目前，外地公司在大城市开设办事处、分公司的较多，而这些总公司在当地往往有较多社会关系和较大的影响，而且公司又考虑在大城市所招聘的员工多为城市当地生活的员工，一旦发生争议，这些员工去总公司所在地申请仲裁毕竟有很多的不便，这样也无形中使很多员工自动放弃劳动仲裁。因此，大多数公司在与员工签订的劳动合同中，都会加上“当劳动争议发生时，由总公司所在地进行管辖”之类的条款或者对此未作约定。

北京市仲裁机构目前的做法是，如果在劳动合同中明确约定了管辖地，则由管辖地的仲裁机构管辖，没有约定的情况则不受理。但北京市各级人民法院对于这种做法并不认同，它们认为，劳动争议的管辖，以方便员工仲裁为第一原则，因此，它们基于这一原则，认定劳动合同中的管辖条款属于一种选择性的条款，没有强制性的约束力，员工可以遵守，也可以完全不遵守。这就在实际上形成一种局面，即这类案件，仲裁机构可能不受理，但是法院一定受理，两者之间出现了矛盾。

而很多员工是不可能知道这些情况的，所以在发生争议时，总是心存疑惑，犹豫不定，很多时候会丧失仲裁的有效时机。因此，当发生类似纠纷时，员工应当大胆地从仲裁机构领取不予受理通知书，然后到合同履行地的法院进行诉讼即可。不用担心公司的管辖权异议，也不必在意劳动合同中的类似条款。

在这一点上，南方的一些地方做得比较好，如有些省份明确规定员工可以向劳动合同履行地的劳动争议仲裁委员会申请仲裁。

（7）劳动争议仲裁委员会的受案范围。

以北京市为例，其劳动争议仲裁委员会的受案范围为外省、市中外合资企业、中外合作企业及外商独资企业驻京办事机构或分支机构与劳动者发生的劳动争议案件。

除了以上案件，劳动争议发生在哪个区，就由哪个区的劳动争议仲裁委员会管辖。

另外，对于其他情形的管辖，我们做以下说明：

一是内资企业的仲裁受理机构为企业注册地的区级劳动争议仲裁委员会。请注意，这里是企业注册地，而非企业实际经营地，因为在实践中，两者的地方有时是不同的。

二是外资企业的仲裁受理机构，作为员工，可直接去市仲裁委员会申请。当然，这里还有一个是区批准成立的，还是市批准成立的问题，但是这一点对于员工来说，往往难以查对，因此，一旦与外资企业发生争议后，就直接去市仲裁立案，让单位提出反证来证明这些，申请人自己没有必要为此举证。

（8）申请劳动仲裁时应当提交的材料。

一是申诉书。申请人应当按照规定如实准确填写申请书，申请书一式三份，其中两份由申请人或其代理人交仲裁委（仲裁庭），一份由申请人留存。

二是身份证明。申请人是劳动者的，提交本人身份证明的复印件。申请人是用人单位的，提交本单位营业执照副本及复印件、本单位法定代表人身份证明、委托代理人身份证明、授权委托书等。

三是能够证明与被诉人之间存在劳动关系的有关材料，如劳动合同（聘用合同或协议）、解除或终止合同通知书、工资单、社会保险缴费证明等材料复印件。

四是其他材料。申请人在申请劳动仲裁时，仲裁委根据立案审查的需要，要求申请人提交能够证明被诉人身份的有关材料的，申请人应当提交。如被诉人是用人单位，应当提交其工商注册登记相关情况的证明（包括单位名称、法定代表人、住所地、经营地等情况），如被诉人是劳动者，应当提交其本人户口所在地、现居住地地址、联系电话等。

（9）申请人递交申诉书后的程序。

根据《劳动争议调解仲裁法》的规定，劳动争议仲裁委员会收到仲裁申请之日起5日内，认为符合受理条件的，应当受理，并通知申请人；认为不符合受理条件的，应当书面通知申请人不予受理，并说明理由。对劳动争议仲裁委员会不予受理或者逾期未作出决定的，申请人可以就该劳动争议事项向人民法院提起诉讼。

经仲裁委批准决定受理的案件，当事人在办理受理或应诉手续时预交仲裁费。案件结束后，仲裁费根据案件的处理情况，按照当事人各自实际应当支付的仲裁费数额交纳。

三、实训任务

任务1：原理学习

任务要求：认真学习实训原理，思考：怎么在10～15分钟内给同伴讲清楚劳动仲裁申请书的写作要领？（建议制作PPT）

任务2：实例学习

任务要求：

（1）认真阅读下列实例，分析实例的写作目的、逻辑结构及其表述特点或问题。

（2）任选一实例，思考：如何把实例分析的成果向小组同伴讲述清楚？

（3）小组长要认真组织和记录小组的学习活动。

【实例1】

劳动仲裁申请书

申请人：××．男，汉族，198×年×月×日出生，身份证号：××××××××××××××

××××××，住址：××××××××××××

通讯方式：××××××××××××

代理人；××，××律师事务所律师，电话：×××××××××

被诉人：四川××建设劳务有限公司（劳务派遣单位）

法定代表人：××

职务：总经理

住所地：×××××××××

通讯方式：×××××××××

被诉人：四川××建设工程有限公司（用工单位）

法定代表人：××

职务：总经理

住所地：××××××

电话：×××××××××

申请事项：

1. 请求裁决被诉人支付申请人9级工伤伤残补偿金合计人民币52 362元。

2. 请求裁决被诉人支付申请人将来必然会发生的后续治疗费7 000元（司法鉴定书确认）。

3. 请求裁决被诉人支付申请人在医院治疗工伤期间的伙食补助费2 520元。

4. 请求裁决被诉人补交申请人于××××年2月26日开始参保至今的社会保险费（包括基本养老保险、基本医疗保险、工伤保险、失业保险）。

5. 请求裁决被诉人向申请人支付因没有与劳动者签订书面劳动合同而应当向劳动者每月支付2倍的工资，即11个月的工资赔偿，共计2××元。

6. 请求裁决被诉人支付给申请人经济补偿5 000元（解除劳动合同时每满一年工龄支付一个月工资给劳动者，不满六个月的，按半个月工资予以补充）。

7. 请求裁决被诉人支付申请人××××年2月至××××年11月的加班工资24 000元

事实与理由：

20××年2月，××应聘到四川××建设劳务有限公司，职位为电焊工，月基本工资为××××元，公司承诺一个月后与其签订书面劳动合同，入职后公司以种种借口拖延劳动合同的签订，也没有为其购买职工基本社保。××××年3月，××被四川××建设劳务有限公司劳务派遣到四川××建设工程有限公司的项目工地上工作，××××年11月14日在工作过程中从高约4米处跌落，致左足受伤，送成都第一骨科医院，被确诊为“左足跟骨粉碎性骨折”，后被劳动和社会保障行政部门认定为工伤。××××年6月8日被成都市劳动能力鉴定委员会（成劳鉴字［××］2457号）评定为工伤伤残9级。××××年5月3日，经四川西南司法鉴定中心鉴定，确认“被鉴定人××后续医疗费用还需人民币7 000元”。根据以下法律法规，被诉人应当承担相应的法律责任：

1. 依据《工伤保险条例》第十七条、第三十七条的规定，被诉人应当支付给申请人52 362元的工伤伤残补助金（其中含：一次性伤残补助金本人工资8个月，一次性医疗补助金和一次性伤残就业补助金16个月）。

2. 依据《中华人民共和国劳动合同法》第八十二条、第七条的规定，用人单位不与劳动者订立书面合同，自用工之日起满一个月的次日起应向劳动者支付本人工资标准2倍的工资，申请人依法应当获得2××元的赔偿（即11个月的工资赔偿）。

3. 依据《中华人民共和国劳动合同法》第三十八条、第四十六条和第四十七条的规定，用人单位应当向劳动者支付经济补偿金，即每满一年支付一个月工资的标准向劳动者支付，不满六个月的向劳动者支付半个月工资的经济补偿，申请人应当获得工资补偿共计5 000元。

为了维护法律的尊严，保护劳动者的合法利益，恳请仲裁委员会依法支持申请人的主张。

此致

成都市劳动仲裁委员会

申请人：×××

20××年7月26日

附：1. 副本2份。

2. 成都市劳动能力鉴定委员会鉴定意见1份。

【实例2】

劳动仲裁申请书

申请人：××，女，汉族，出生于××××年××月××日，住址：××××××××××

被申请人：×××，公司地址：××××××××××

法定代表人：××，电话：×××××××××

申请事项：

一、请求依法裁决被申请人为申请人补交社会养老保险费及滞纳金合计18 000元人民币。

二、请求依法裁决被申请人为申请人补交医疗保险费滞纳金合计×××元。

三、请求依法裁决被申请人支付申请人双倍的工资合计26 000元（××××年1月至今）。

事实与理由：

申请人于××××年3月8日开始至今一直在被申请人处工作，现担任公司的销售经理，双方已经形成了事实上的劳动关系。申请人在被申请人处工作至今，被申请人从未给申请人交纳过任何的保险，同时也未与申请人签订书面的劳动合同。

申请人认为，根据劳动合同法及相关法律规定，用人单位应当与劳动者签订劳动合同并为劳动者交纳各类法律规定的保险，而被申请人却一直未给申请人交纳各类保险，此行为已违反了法律的规定，为维护申请人的合法利益，申请人曾多次要求其交纳保险，但被申请人却拒绝交纳，致使申请人的保险费用产生了高额的滞纳金，同时，根据劳动合同法的规定，未签订劳动合同的，用人单位应向劳动者支付双倍的工资。为维护申请人的合法利益，现申请劳动争议仲裁，请求裁决被申请人为申请人补交保险及滞纳金并依法向申请人支付双倍的工资。

此致

×××劳动争议仲裁委员会

申请人：××

××××年××月××日

【实例3】

劳动仲裁申请书

申请人：×××

被申请人：×××

法定代表人：××

请求事项：

1. 裁决被申请人向申请人支付解除劳动合同经济补偿金 16 750 元（月平均工资 6 700 元×2.5，工作 2 年 1 个月多 10 天）。

2. 未提前通知解除劳动合同须支付经济补偿金 1 个月工资 6 700 元。

3. 裁决被申请人向申请人支付未签订劳动合同自 2018 年 2 月 1 日至 2018 年 3 月 10 日期间的二倍工资 11 022 元。

以上三项合计：34 472 元。

事实与理由：

申请人于 2016 年 1 月 31 日进入被申请人处工作，任传输设计部湘潭项目组设计员职位至今。第 1 次签订劳动合同时限为 2016 年 1 月 31 日至 2017 年 1 月 30 日，2017 年 2 月 8 日续签合同为 1 年期限至 2018 年 1 月 31 日止，签订的劳动合同第 2 条规定为从事设计部外派中移通信技术工程有限公司设计员岗位工作，工作地点为无固定地点。从 2017 年 2 月 8 日续签 1 年劳动合同后至 2018 年 2 月 27 日期间，被申请人从未通知申请人续签或解除劳动合同，只在 2018 年 2 月 28 日通过电话和 Q 群通知申请人不再在原来的岗位工作，且不再继续在湘潭工作，需派往外省工作，并要求申请人尽快交接手上的工作。当时，申请人同意在 2018 年 3 月内尽快交接手上工作，但不同意调换岗位和工作地点。被申请人不同意支付 2018 年 3 月份工作交接期间的工资以及按照《劳动合同法》以支付经济补偿金的方式解除合同。申请人在被申请人处工作两年多的时间内一直在湘潭市内工作，从未出差或外派，工作态度、工作积极性以及技术能力一直受到中移通信技术工程有限公司的好评，并被中移通信技术工程有限公司推荐给被申请人处评为优秀员工。申请人与被申请人拟定的劳动合同 2 份先由申请人签订后邮寄给被申请人，申请人要求被申请人签订后邮寄一份给申请人，但被申请人一直推托未给，直到 2018 年 3 月 8 日才通过电子邮件形式发了 4 张劳动合同的关键页照片给申请人。被申请人多个在湘潭工作的员工同样未拿到被申请人签字确认后的劳动合同，被申请人违反了《劳动合同法》。被申请人在劳动合同到期前、后都未通知申请人签订续签劳动合同，合同到期后再要求申请人继续工作一个月后才电话通知申请人调换岗位和工作地点或选择辞职，违反了《劳动合同法》中要求续签劳动合同并提前一个月通知劳动者的条款。2018 年 2 月 28 日，被申请人要求申请人尽快交接工作，由于是设计工作，交接工作过程中需对手上的事项、资料一一说明和移交，并需完成未完成的设计，但被申请人不同意支付交接期内的工资，同样违反《劳动合同法》。按照签订的劳动合同第 2 条，被申请人调换工作岗位和工作地点需双方协商，协商不一致的情况下，申请人（劳动者）有权要求被申请人（用人单位）按照《劳动合同法》支付经济补偿。

从 2017 年 2 月至 2018 年 2 月，被申请人支付给申请人平均工资为 6 700 元每月（基本工资＋绩效工资＝6 200 元＋每个月发 500 元优秀员工奖金，详见银行工资流水）。《劳动合同法》第四十条第三项规定：劳动合同订立时所依据的客观情况发生重大变化，致使劳动合同无法履行，经用人单位与劳动者协商，未能就变更劳动合同内容达成协议的，用人单位需提前三十日以书面形式通知劳动者本人或者额外支付劳动者一个月工资后，可以解除劳动合同。《劳动合同法》第四十六条第三项规定：用人单位依照本法第四十条规定解除劳动合同的，用人单位应当向劳动者支付经济补偿。依据《劳动合同法》第四十条和第四十六条规定，被申请人应支付申请人 2.5 个月经济补偿金，加上解除劳动合同通知期 1 个月经济补偿，合计 23 450 元［6 700×（1＋

2.5)=23 450]。《劳动合同法》第八十二条规定：用人单位自用工之日起超过一个月不满一年未与劳动者订立书面劳动合同的，应当向劳动者每月支付二倍的工资。在未续签劳动合同的情况下，申请人2018年2月1日至2018年3月10日在被申请人处工作期间二倍工资的剩余未付款为11 022元（月平均工资6 700×2+6 700+10/31×2－已支付1个月工资）。为维护申请人的合法权益，特向贵会申请仲裁，请求仲裁委在查明事实的基础上要求被申请人支付申请人的仲裁诉求的金额34 472元，请依法裁决。

此致

长沙市雨花区劳动人事争议仲裁委员会

申请人：×××

20××年×月×日

任务3：法律思维训练

任务要求：

（1）根据【案例】提供的材料，在小组内开展讨论什么是性骚扰？怎么证明？

（2）经验法则的应用可能体现在裁判文书的方方面面，如事实的认定、法律的释义、规则的理解、证据的判断等。请举例说明可以适用“经验法则”的情况。

（3）小组长应当组织大家查询相关资料和讨论案例，并派出代表上台讲述讨论成果。

（4）小组长要认真组织活动、记录和报告。

【案例】

原告：熊某。

被告：曼宁家屋面系统（成都）有限公司。

2007年1月，原告熊某到拉法基屋面系统（成都）有限公司（以下简称拉法基公司）工作。双方于2007年4月1日签订了劳动合同，合同期限为2007年4月1日至2009年3月31日，熊某任维修主管。在工作期间，熊某采用语言挑逗、通过电脑网络发送黄色照片以及趁对方不注意时触摸臀部等方式，对同一办公室的同一女员工赵某多次进行骚扰。拉法基公司经调查确认上述行为后，多次找熊某谈话、教育，但熊某拒不接受教育，拒不承认错误。2007年8月29日，拉法基公司依据《劳动法》第25条第1款第（2）项和公司《员工奖惩条例》第7条的规定，以熊某严重违反纪律和公司的规章制度，且不接受教育为由，作出解除劳动合同关系的决定。

另查明，拉法基公司《员工奖惩条例》第6条规定：“……C违反纪律……23犯有其他严重错误的”；第7条“立即解雇”规定：“A违反纪律……严重违反纪律或连续旷工5天以上或一年内累计旷工达10天以上，或其他未列举的严重违纪行为”；第8条“备注”规定：“2‘严重违反纪律’指的是个人行为给公司造成恶劣的后果，或损坏公司利益，使公司形象受损，或纠正面谈后，仍多次重复以上行为”。

四川省金堂县人民法院一审判决：驳回原告熊某的诉讼请求。宣判后，原告熊某不服，提出上诉。四川省成都市中级人民法院经审理后作出终审判决：驳回上诉，维持原判。

问题：

（1）本案中，在认定熊某性骚扰女员工赵某这个问题上，你如何说理？

（2）经验法则的应用可能体现在裁判文书的方方面面，如事实的认定、法律的释义、规则的理解、证据的判断等。请举例说明可以适用“经验法则”的情况。

任务 4：文体写作训练

任务要求：

（1）请根据下列材料制作一份劳动仲裁申请书。

（2）个人完成后，要结“对子”互评，对作品的结构、写作目的是否达成、语言表达等内容进行评价。小组要推荐做得好的同学在课堂上展示，展示的同学可使用 PPT。

（3）在小组中讨论交流自己的写作体会与互评中的感受，分享经验。

（4）每位同学对文体写作训练中存在的问题要进行修改，提交的劳动仲裁申请书应该是反复定稿、修改后的成果。

【案情简介】

侯××于 2006 年 9 月 25 日进入菲尔创纳特种纤维产品（宁波）有限公司（以下简称菲尔创纳公司）上班，从事操作员工作。双方签订了劳动合同，合同约定月薪为人民币 1 591 元，一年共支付 12 个月的薪酬和以 1 个月合同工资为固定额度资金（或称为第十三薪），固定额度资金和当年度第 12 个月份的工资同时发放。

由于公司生产操作需要佩戴安全镜，在该公司制定的员工手册中关于“个人行为”章节中，规定“下列行为在公司内是严厉禁止的……”这些行为包括赌博、偷窃、打架斗殴以及安全眼镜未佩戴等行为。在对于赌博、偷窃、打架斗殴等行为的分节规定里，都有“违反者将立即解雇”等处罚措施的规定，而安全眼镜佩戴行为栏中并无该行为需要解除合同的相关规定。

菲尔创纳公司发现侯××在从事操作员工作的上班期间没有按照规定佩戴安全眼镜，认定其违反了公司的安全规章制度，在生产主管部门与其本人三次沟通要求其佩戴的情况下，仍然拒不执行。2011 年 11 月 25 日，菲尔创纳公司以侯××违反公司规定为由，解除了与侯××的劳动合同。侯××于当日办理了离职手续。侯××认为，菲尔创纳公司作为规章的制定方应将规章制度制定得明确清晰，在此规章中没有明确规定解除劳动关系的条件，应当认定不可以解除劳动关系。

2012 年 2 月 23 日，侯××向菲尔创纳公司提出请求，要求菲尔创纳公司支付违法解除劳动合同赔偿金 34 738 元，年休假工资 5 220 元及 25%补偿金 1 305 元，拖欠的一个月工资 3 158 元（第 13 个月的工资）。

【案情素材】

（1）劳动合同；

（2）员工手册及员工工作交接表；

（3）全体员工会议纪要及签名；

（4）解除合同公告；

（5）工资发放单。

附　　录

1. 中华人民共和国国家标准标点符号用法
2. 中华人民共和国国家标准出版物上数字用法
3.“刑事法律文书”“任务 3：语言表达与修辞训练（语病修改）”分析参考
4.“行政法律文书”“任务 3：语感提升训练”答案参考

附录 1：中华人民共和国国家标准标点符号用法

附录 2：中华人民共和国国家标准出版物上数字用法

附录 3：“刑事法律文书”“任务 3：语言表达与修辞训练（语病修改）”分析参考

附录 4：“行政法律文书”“任务 3：语感提升训练”答案参考

图书在版编目（CIP）数据

法律文书写作实训教程/杨天勇，任晓宏编著．--
北京：中国人民大学出版社，2022.6
普通高等学校应用型教材．法学
ISBN 978-7-300-30454-0

Ⅰ.①法… Ⅱ.①杨… ②任… Ⅲ.①法律文书-写
作-中国-高等学校-教材 Ⅳ.①D926.13

中国版本图书馆 CIP 数据核字（2022）第 046686 号

普通高等学校应用型教材·法学
法律文书写作实训教程
杨天勇　任晓宏　编著
Falü Wenshu Xiezuo Shixun Jiaocheng

出版发行	中国人民大学出版社		
社　　址	北京中关村大街 31 号	**邮政编码**	100080
电　　话	010－62511242（总编室）		010－62511770（质管部）
	010－82501766（邮购部）		010－62514148（门市部）
	010－62515195（发行公司）		010－62515275（盗版举报）
网　　址	http://www.crup.com.cn		
经　　销	新华书店		
印　　刷	北京溢漾印刷有限公司		
规　　格	185 mm×260 mm　16 开本	**版　　次**	2022 年 6 月第 1 版
印　　张	22.5 插页 1	**印　　次**	2022 年 6 月第 1 次印刷
字　　数	558 000	**定　　价**	49.00 元

《　　　　　　》※任课教师调查问卷

为了能更好地为您提供优秀的教材及良好的服务，也为了进一步提高我社法学教材出版的质量，希望您能协助我们完成本次小问卷，完成后您可以在我社网站中选择与您教学相关的1本教材作为今后的备选教材，我们会及时为您邮寄送达！如果您不方便邮寄，也可以申请加入我社的**法学教师QQ群：83961183（申请时请注明法学教师）**，然后下载本问卷填写，并发往我们指定的邮箱（cruplaw@163.com）。

邮寄地址：北京市海淀区中关村大街31号中国人民大学出版社806室收

邮　　编：100080

再次感谢您在百忙中抽出时间为我们填写这份调查问卷，您的举手之劳，将使我们获益匪浅！

基本信息及联系方式：※

姓名：________ 性别：________ 课程：________________

任教学校：________________ 院系（所）：________________

邮寄地址：________________ 邮编：________________

电话（办公）：________ 手机：________ 电子邮件：________

调查问卷：※

1. 您认为图书的哪类特性对您使用教材最有影响力？（　　）（可多选，按重要性排序）

   A. 各级规划教材、获奖教材　　B. 知名作者教材

   C. 完善的配套资源　　D. 自编教材

   E. 行政命令

2. 在教材配套资源中，您最需要哪些？（　　）（可多选，按重要性排序）

   A. 电子教案　　B. 教学案例

   C. 教学视频　　D. 配套习题、模拟试卷

3. 您对于本书的评价如何？（　　）

   A. 该书目前仍符合教学要求，表现不错将继续采用。

   B. 该书的配套资源需要改进，才会继续使用。

   C. 该书需要在内容或实例更新再版后才能满足我的教学，才会继续使用。

   D. 该书与同类教材差距很大，不准备继续采用了。

4. 从您的教学出发，谈谈对本书的改进建议：________________

____

____

选题征集：如果您有好的选题或出版需求，欢迎您联系我们：

联系人：黄　强　联系电话：010-62515955

索取样书：书名：________________________

书号：________________________________

备注：※ 为必填项。